Anne-Marie Schlösser, Alf Gerlach (Hg.)
Grenzen überschreiten – Unterschiede integrieren

Das Anliegen der Buchreihe BIBLIOTHEK DER PSYCHOANALYSE besteht darin, ein Forum der Auseinandersetzung zu schaffen, das der Psychoanalyse als Grundlagenwissenschaft, als Human- und Kulturwissenschaft und als klinische Theorie und Praxis neue Impulse verleiht. Die verschiedenen Strömungen innerhalb der Psychoanalyse sollen zu Wort kommen, und der kritische Dialog mit den Nachbarwissenschaften soll intensiviert werden. Bislang haben sich folgende Themenschwerpunkte herauskristallisiert:

Die Wiederentdeckung lange vergriffener Klassiker der Psychoanalyse – wie beispielsweise der Werke von Otto Fenichel, Karl Abraham, W.R.D. Fairbairn, Sándor Ferenczi und Otto Rank – soll die gemeinsamen Wurzeln der von Zersplitterung bedrohten psychoanalytischen Bewegung stärken. Einen weiteren Baustein psychoanalytischer Identität bildet die Beschäftigung mit dem Werk und der Person Sigmund Freuds und den Diskussionen und Konflikten in der Frühgeschichte der psychoanalytischen Bewegung.

Im Zuge ihrer Etablierung als medizinisch-psychologisches Heilverfahren hat die Psychoanalyse ihre geisteswissenschaftlichen, kulturanalytischen und politischen Ansätze vernachlässigt. Indem der Dialog mit den Nachbarwissenschaften wiederaufgenommen wird, soll das kultur- und gesellschaftskritische Erbe der Psychoanalyse wiederbelebt und weiterentwickelt werden.

Stärker als früher steht die Psychoanalyse in Konkurrenz zu benachbarten Psychotherapieverfahren und der biologischen Psychiatrie. Als das anspruchsvollste unter den psychotherapeutischen Verfahren sollte sich die Psychoanalyse der Überprüfung ihrer Verfahrensweisen und ihrer Therapie-Erfolge durch die empirischen Wissenschaften stellen, aber auch eigene Kriterien und Konzepte zur Erfolgskontrolle entwickeln. In diesen Zusammenhang gehört auch die Wiederaufnahme der Diskussion über den besonderen wissenschaftstheoretischen Status der Psychoanalyse.

Hundert Jahre nach ihrer Schöpfung durch Sigmund Freud sieht sich die Psychoanalyse vor neue Herausforderungen gestellt, die sie nur bewältigen kann, wenn sie sich auf ihr kritisches Potenzial besinnt.

BIBLIOTHEK DER PSYCHOANALYSE
HERAUSGEGEBEN VON HANS-JÜRGEN WIRTH

Anne-Marie Schlösser, Alf Gerlach (Hg.)

Grenzen überschreiten – Unterschiede integrieren

Psychoanalytische Psychotherapie im Wandel

Mit Beiträgen von Elitsur Bernstein, Christopher Bollas,
Peter Bründl, Michael B. Buchholz, Georgia Chalkia,
Alf Gerlach, Wouter Gomperts, Bernard Golse,
Stephan Hau, Grigoris Maniadakis, Luisa Perrone,
Jan Philipp Reemtsma, Maurizio Russo,
Hermann Staats, Martin Teising,
Sieglinde Eva Tömmel und einem
Vorwort von Serge Frisch

Psychosozial-Verlag

Titel der Originalausgabe:
»Crossing Borders – Integrating Differences.
Psychoanalytic Psychotherapy in Transition«
© Anne Marie Schloesser and Alf Gerlach 2010
First published by Karnac Books Ltd,
represented by Cathy Miller Foreign Rights Agency, London, England
German language edition © Psychosozial-Verlag 2012

Bibliografische Information der Deutschen Nationalbibliothek
Die Deutsche Nationalbibliothek verzeichnet diese Publikation
in der Deutschen Nationalbibliografie; detaillierte bibliografische Daten
sind im Internet über http://dnb.d-nb.de abrufbar.

Deutsche Erstveröffentlichung
© 2012 Psychosozial-Verlag
Walltorstr. 10, D-35390 Gießen
Fon: 0641-969978-18; Fax: 0641-969978-19
E-Mail: info@psychosozial-verlag.de
www.psychosozial-verlag.de
Alle Rechte vorbehalten. Kein Teil des Werkes darf in irgendeiner Form
(durch Fotografie, Mikrofilm oder andere Verfahren) ohne schriftliche
Genehmigung des Verlages reproduziert oder unter Verwendung
elektronischer Systeme verarbeitet, vervielfältigt
oder verbreitet werden.
Umschlagabbildung: Peter von Tresckow (2011)
Umschlaggestaltung & Satz: Hanspeter Ludwig, Wetzlar
www.imaginary-world.de
Druck: CPI books GmbH, Leck
Printed in Germany
ISBN 978-3-8379-2157-1

Inhalt

Vorwort 9
Serge Frisch

Einleitung 15
Anne-Marie Schlösser und Alf Gerlach

I   Psychoanalytische Konzeptualisierung hinterfragt

1   **Übertragungsdeutung als Widerstand
    gegen die freie Assoziation** 27
    Christopher Bollas

2   **Bindung und Psychoanalyse** 45
    Ist der Begriff Bindungstrieb tatsächlich ketzerisch?
    Bernard Golse

3   **Ambulante analytische Einzel-
    und Gruppentherapie bei Patienten
    mit Persönlichkeitsstörungen** 59
    Hilfreiche Kombination oder Einladung zum Agieren?
    Hermann Staats

4   **Muss man Religiosität respektieren?** 75
    Jan Philipp Reemtsma

**II Psychotherapie in Kultur und Gesellschaft –
     Migration und Interkulturalität**

5   **Im Schatten des Großvaters** 97
    Trauma, Migration und Kreativität
    Peter Bründl

6	**Kulturorientierte Psychoanalyse** Welche Rolle spielt die Berücksichtigung der kulturellen Herkunft bei der Behandlung von Migranten? *Sieglinde Eva Tömmel*	113
7	**Ähnlich und doch verschieden** Psychoanalytische Psychotherapie für Migranten der ersten und späteren Generation in den Niederlanden *Wouter Gomperts*	131
8	**Psychotherapieunterricht als Brückenschlag in einem multikulturellen Umfeld** *Elitsur Bernstein*	147
III	**Erweiterung der Begrenzung der psychoanalytischen Behandlung**	
9	**Nachdenken über Borderline-Pathologien** Der perverse Kern und seine Rolle am Schnittpunkt zwischen Selbstrepräsentation und Konfusion *Luisa Perrone und Maurizio Russo*	157
10	**Aufgegebene Hoffnung** Folgerungen aus Übertragung und Gegenübertragung einer narzisstischen Fantasie *Georgia Chalkia*	169
11	**Die Erfahrung von Verlust und Trauer in der Gegenübertragung** *Grigoris Maniadakis*	183
12	**Die Funktion von Grenzen: Permeabilität und Abgrenzung** Die Kontaktschranke im psychoanalytischen Prozess *Martin Teising*	197
IV	**Ist psychoanalytische Forschung möglich?**	
13	**Profession und empirische Forschung – Souveränität und Integration** *Michael B. Buchholz*	211

14	**Evidence based psychoanalysis?** Zur Forschungs- und Wissenschaftspolitik der Psychoanalyse *Alf Gerlach*	241
15	**Psychosoziale Probleme bei Patienten mit chronischer Depression** *Stephan Hau*	255
	Die Autorinnen und Autoren	275

Vorwort

Serge Frisch

Grenzen überschreiten – Unterschiede integrieren [Crossing Borders, Integrating Differences] kann auf eine Vielzahl von Arten verstanden werden. Hier möchte ich diese Worte so verstehen, dass sie bedeuten, Brücken zu bauen und Verbindungen zu knüpfen. Diese Begriffe wiederum evozieren für mich sofort Freuds Metapsychologie und ihre therapeutischen Anwendungen. Sowohl in Freuds topografischer als auch der strukturalistischen Theorie, die er später entwickelte, ist die Psychoanalyse eine Theorie der Oppositionen, der Grenzen und der Gegenüberstellungen zwischen psychischen Wirkkräften. Das ist der Fall beim Antagonismus zwischen dem Lust- und dem Wirklichkeitsprinzip, auch zwischen dem Lebens- und Todestrieb und zwischen weiteren anderen. Schon vom Anbeginn der Psychoanalyse an hat uns Freud gezeigt, dass jeder von uns sich selbst ein Fremder ist, ein geteiltes Selbst hat – keinesfalls sind wir Herren im eigenen Hause. Alle sind wir vom Unbewussten – dem internen Anderen – und von unseren internen Objekten bewohnt: Das fängt beim Über-Ich an und setzt sich fort mit der unendlichen Vielzahl von ganzen und Teilobjekten, die auf der Bühne unserer inneren Psyche eine Rolle spielen und sie zum Leben erwecken, wie Klein und Bion später zeigen sollten. Die Idee des Konflikts (es fällt einem der Begriff »Grenzstreitigkeiten« ein) ist dabei zentral in dieser Art der Opposition.

Das klinische Setting und die Grundregel der Psychoanalyse, die den Patienten dazu auffordert, »alles zu sagen«, sowie die wohlwollende Neutralität des Analytikers lassen eine Asymmetrie zwischen Patient und Analytiker entstehen, welche an die fundamentale primäre Asymmetrie des Kindes erinnert. Die Situation des Patienten kann mit der des Kindes verglichen werden und die des Analytikers mit der des Erwachsenen – was Laplanche als ein Moment der »Verführung« angesehen hat.

In einer Psychoanalyse erzählt jemand seine vergangene und gegenwärtige Geschichte. Dieser Prozess der Konstruktion und Dekonstruktion *ad infinitum* bedeutet, dass sich eine gänzlich neue zeitliche Perspektive eröffnen kann. Dank seiner Psychoanalyse hat der Patient die Möglichkeit, alte Verhaltensmuster, Wiederholungstendenzen und unerschütterliche Glaubenskonstrukte aufzubrechen, sodass neue Formen der psychischen und zwischenmenschlichen Organisation, neue Bedeutungen und neue Synthesen hervortreten können. Anders gesagt, neue Grenzen anstatt der »Rekonstruktion« und Wiederherstellung der alten (was eher bei der Psychotherapie zutrifft, wie es scheint), und zwar dank der freien Assoziationen des Patienten und der Interpretationen des Analytikers im Kontext der Übertragungs-/Gegenübertragungsbeziehung. Der Therapeut kann natürlich auch vom Patienten »versetzt« werden, dann findet sich der Therapeut oftmals in unbekannten Gewässern wieder, als Repräsentant bedeutender Figuren aus der Vergangenheit des Patienten.

Wenn wir den Bereich der klassischen Neurosen verlassen und uns auf neuere Formen klinischer Darstellung von psychopathologischen Zuständen fokussieren, sehen wir, dass die Grenzen zwischen den verschiedenen inneren psychischen Räumen verschwimmen und weniger eindeutig werden. Narzissmus und Kontrolle stehen im Vordergrund und drücken sich durchs Agieren, durch den Körper und konkretes Denken aus. Ich glaube, dass es McDougall war, die gesagt hat, dass in solchen klinischen Mustern Symptome Bollwerke gegen Nicht-Differenzierung, gegen den Verlust von Identität und gegen die zertrümmernde Implosion durch Andere darstellen. In solchen Fällen bemüht sich der Therapeut, anstatt die wackligen existierenden Grenzen verschwinden zu lassen, sie (wieder) aufzurichten. Bei solchen Patienten legt analytische Arbeit wohl den Fokus auf »Defektologie«. Roussillon (1999) sagt, es genüge nicht, die Verdrängung aufzuheben mit dem Ziel, den mentalen Zustand des Patienten dank der Erinnerung zu verbessern:

> »Der Patient leidet an einer Unfähigkeit, seine oder ihre Geschichte zu besitzen; die Behandlung muss daher einen Raum zur Verfügung stellen, in dem das, was nie stattgefunden hat, entstehen kann und wieder und wieder durchgespielt und durchgearbeitet werden kann.«

Die Behandlung solcher Patienten muss für eine ziemlich lange »therapeutische Zeit« nicht nur die interne, sondern unbedingt auch die externe Wirklichkeit in Betracht ziehen. Dazu sagt Green (2002):

»Es wird zunehmend schwieriger zu verstehen, wie eine psychoanalytische Theorie, die Umwelteinflüsse vollständig ignoriert und sich ausschließlich auf das bezieht, was in der analytischen Sitzung hervortritt, überhaupt von Interesse für den *Korpus* des gegenwärtigen Wissens sein kann. Eine Psychoanalyse, die auf diese Weise das, was sie in der Welt vorgehen sieht, von dem trennt, was sie in der analytischen Sitzung lernt, ist im wahrsten Sinne des Wortes schizophren.«

In die inneren Welten mancher dieser nicht-differenzierten Patienten dringen interne Objekte ein, die dort nicht hingehören. Sie sind auf verschiedenen Wegen dorthin übertragen worden, oft ohne dass der Patient davon eine Ahnung hätte: Evakuierende oder verfremdende Formen der projektiven Identifikation (Palacio-Espasa), Verzerrung des Imago (Ciccone), endokryptische Identifikation (Abraham & Torok). Diese internen Objekte oder Teilobjekte, die von vorherigen Generationen dort hinterlegt wurden, kolonisieren die Psyche des Patienten, ohne dass er oder sie sich dessen bewusst wird. In solchen klinischen Situationen sind die inneren Welten dieser Patienten so von in sie projizierten elterlichen und transgenerationellen Objekten überflutet, dass es unmöglich wird, an ihrer inneren Welt zu arbeiten, ohne gleichzeitig ihre äußere Wirklichkeit ins Blickfeld zu nehmen. Von einer psychoanalytischen Warte aus aber heißt dieses Ins-Blickfeld-Nehmen der äußeren Wirklichkeit in der Psyche des Patienten nicht, dass, was der Patient beispielsweise über das Verhalten der Eltern sagt, einfach mit dem eigenen Problemkomplex des Patienten gleichzusetzen sei, als ob sich mit Ersterem das Letztere ausreichend erklären ließe: Wir müssen immer mögliche Interaktionen zwischen den internen und äußeren Bereichen mitdenken.

Wir müssen uns auch die Frage stellen, ob in einer Zeit der Globalisierung, Standardisierung und Konformisierung des Denkens das Reden über *Grenzen überschreiten – Unterschiede integrieren* als eine Einladung verstanden werden könnte, alle Unterschiede auszuradieren oder Konflikte zu vermeiden und zu behaupten, dass alles mehr oder weniger das Gleiche sei, Pi mal Daumen gemessen.

Wenn ich das sage, denke ich natürlich auch an die Unterschiede zwischen Psychotherapie und Psychoanalyse. Eine Psychotherapie, die behauptet, psychoanalytisch zu sein, muss notwendigerweise in der Freud'schen Metapsychologie wurzeln – ansonsten ist sie ganz einfach keine Psychoanalyse. Meiner Meinung nach ist die Zukunft der *psychoanalytischen* Psychotherapie untrennbar mit der Psychoanalyse verknüpft. Schließlich ist die psychoanalytische Psychotherapie ursprünglich aus der Psychoanalyse entstanden, wenn sie auch später gewisse spezielle technische Merkmale entwickelt hat – ebenso wie vielleicht unterschiedliche Ideen in Hinblick auf die stattfindenden psychischen Prozesse –, um sich an eine große Vielfalt von pathologischen Zuständen anpassen zu können (Frisch-Desmarez/Frisch 2005). Wie Freud (1972 [1918]) es ausdrückt, sind einige dieser Patienten so verstört, »daß man bei ihnen die analytische Beeinflussung mit der erzieherischen vereinigen muß« (S. 190). Er fügt noch hinzu, hier zweifellos von Ferenczi beeinflusst, dass die Entwicklung therapeutischer Techniken vom Psychoanalytiker die Annahme einer aktiveren Rolle fordern wird. Es ist also offensichtlich, dass Freud schon 1918 eine Vorahnung von dem hatte, was später ein signifikanter Unterschied zwischen klassischer Psychoanalyse und ihrer angewandten Form, die wir psychoanalytische Psychotherapie nennen, werden würde – und diese Entwicklung hieß er eindeutig willkommen. Er schließt seinen Aufsatz mit den Worten:

> »Aber wie immer sich auch diese Psychotherapie fürs Volk gestalten, aus welchen Elementen sie sich zusammensetzen mag, ihre wirksamsten und wichtigsten Bestandteile werden gewiß die bleiben, die von der strengen, der tendenzlosen Psychoanalyse entlehnt worden sind« (S. 193f.).

Ich möchte auf diesen letzten Satz besondere Betonung legen: Freud besteht darauf, dass die psychoanalytische Psychotherapie ihre Lebenskraft, wie auch ihre therapeutischen und theoretischen Ideen, aus der Psychoanalyse ziehen muss. Er scheint zu sagen, dass sich andernfalls die Psychotherapie nicht mehr psychoanalytisch nennen könnte.

Obwohl die psychoanalytische Psychotherapie in der Psychoanalyse fest verwurzelt ist, hat sie dennoch auch Zugriff auf andere Techniken, die nicht psychoanalytisch sind.

> »Interventionen, wie Versuche, den Anderen für sich zu gewinnen, Argumente, die mehr oder weniger logisch sind oder auf Rationalisierung aufbauen, Entdramatisierung, das Beruhigen von Schuldgefühlen, warmherziges Zuhören oder gemeinsame Beteiligung, das alles jewils entweder nur leicht, oder intensiver ausgeübt, Konfrontation, Manipulation … die Interpretation nicht zu vergessen. All diese Arten von Interventionen zielen in ihrer Essenz auf das Ego, und haben wenig mit der impliziten Entfaltung oder Ausnutzung der Übertragung zu tun, deren Ausmaß und Qualität variieren kann« (Cahn 2007).

In diesem bestimmten Fall impliziert *Grenzen überschreiten – Unterschiede integrieren* meiner Meinung nach nicht, Unterschiede auszuradieren oder

Psychoanalyse, psychoanalytische Psychotherapie oder andere verschiedene Formen, die sich heutzutage schnell entwickeln, gemeinsam in einen Topf zu werfen. Ganz im Gegenteil, diese unterschiedlichen Ansätze müssen sich weiterhin füreinander öffnen und miteinander kommunizieren, sodass bei der Bestimmung, was sie gemeinsam haben und was sie klar voneinander unterscheidet, Fortschritte gemacht werden können.

Indem das Ding, das wir Europa nennen, mit jedem Tag mehr Realität annimmt, kann es nicht darum gehen, die sehr realen Unterschiede zu unterdrücken zwischen dem psychoanalytischen Ansatz, wie er in den südlicheren Ländern Europas stark von den Humanwissenschaften beeinflusst ist, und dem pragmatischeren Ansatz, der in den stärker Englisch oder Deutsch sprechenden Teilen der Welt angenommen wird. Es gibt auch signifikante Unterschiede zwischen Ländern, in denen die Psychoanalyse eine lange etablierte Tradition besitzt, und solchen, die nach dem Ende des Kalten Krieges jüngst die Psychoanalyse (wieder) entdeckt haben. Ihre Energie und ihr Enthusiasmus können sehr hilfreich sein, unsere eigenen Ideen mit frischem Geist zu beleben. In einigen Ländern ist die Psychotherapie Teil der staatlichen Krankenversorgung, und die Ausbildung zum Psychotherapeuten wie auch die psychotherapeutische Praxis wird von staatlichen Organen kontrolliert. In anderen wiederum ist die bloße Vorstellung, dass der staatliche Apparat damit irgendetwas zu tun haben könnte, ein rotes Tuch – es wird als Häresie oder als ein direkter Angriff auf den ikonoklastischen Aspekt der Psychoanalyse empfunden. *Grenzen überschreiten* heißt in diesen Fällen, Interesse zu zeigen an dem, was in anderen Ländern vor sich geht, zu versuchen, die Situation zu verstehen, zu akzeptieren, dass Unterschiede da sind, ohne den Versuch zu machen, diese zu nivellieren, und aller Versuchung zu widerstehen, den anderen die eigene spezielle Art, Dinge zu tun, aufzwingen zu wollen. Wenn wir in unserem Herangehen an diese Unterschiede intelligent genug sind, können wir die Sorte gegenseitiger Befruchtung fördern, die für alle Beteiligten zuträglich ist. Und zwar aus dem einfachen Grund, dass neue Ideen häufig aus der Peripherie entspringen, weil man in der Nähe des Zentrums meist in seinen Wegen zu gefestigt ist.

Übersetzung: Timo Buchholz

Literatur

Cahn, R. (2006): Du divan au face à face. La question du cadre. Le Carnet Psy, 2006 Nr. 105, 38–39.
Freud, S. (1972 [1918]): »Wege der psychoanalytischen Therapie«. GW XII, S. 181–194.
Frisch-Desmarez, C. (2003): Violences familiales et limites de la clinique: comment ouvrir un espace pour penser la souffrance. Revue Belge de Psychanalyse Nr. 43, 17–38.
Frisch-Desmarez, C.; Frisch, S. (2005): Enjeux actuels de la psychothérapie psychanalytique en Europe. Journal de la Psychanalyse de l'enfant. Paris, Bayard, Nr. 36, 291–331.
Green, A. (2002): Idées directrices pour une psychanalyse contemporaine. Paris, PUF.
Roussillon, R. (1999): Psychothérapie et symbolisation. Paper at the First Francophone Conference of the EFPP, Louvain-La-Neuve, 27–28 February 1999.

Einleitung

Anne-Marie Schlösser und Alf Gerlach

Der vorliegende Band vereinigt Vorträge, die von Psychoanalytikern und analytischen Psychotherapeuten aus den unterschiedlichen Ländern Europas auf der Fünften Konferenz der Erwachsenen-Sektion der Europäischen Föderation für Psychoanalytische Psychotherapie im Gesundheitswesen (EFPP) im Jahr 2005 gehalten wurden. Zu dieser Konferenz in Dresden waren fast 400 analytische Psychotherapeuten aus Europa zusammengekommen, die sich im Rahmen der EFPP in ihren nationalen Gesellschaften für die unterschiedlichen Anwendungen der psychoanalytischen Methode im öffentlichen Gesundheitswesen einsetzen – sei es im Rahmen öffentlich-rechtlicher Gesundheits- oder staatlicher Versorgungssysteme, sei es in der stationären, ambulanten oder Rehabilitationsbehandlung.

Das Thema der Tagung »Crossing Borders – Integrating Differences« forderte die Referenten heraus, ausgehend von ihrer täglichen Arbeit als psychoanalytische Psychotherapeuten über Grenzüberwindungen und über die Integration von Unterschieden nachzudenken. Dabei drängten sich zunächst Fragen auf, die mit der psychoanalytischen Arbeit mit Patienten mit schweren Störungen in Verbindung stehen, die oft als besondere Herausforderung für den Therapeuten und sein Handwerkszeug erlebt werden. Daneben ging es angesichts neuer klinischer Phänomene um die Frage, ob es sich hier überhaupt noch um Krankheiten im engeren Sinne oder nicht doch um Varianten der menschlichen Existenz handele. Auch Modifikationen und Erweiterungen des psychoanalytischen Standardverfahrens sollten kritisch reflektiert und diskutiert werden. Schließlich bot die Tagung mit den Begegnungen mit Kolleginnen und Kollegen aus den unterschiedlichen europäischen Staaten auch eine ausgezeichnete Gelegenheit, Gemeinsamkeiten und Trennendes in der täglichen Arbeit herauszuarbeiten und zu sehen, wie psychoanalytische

Therapeuten in den verschiedenen Ländern mit den Herausforderungen des Praxisalltags umgehen.

Es sollte aber nicht bei der Diskussion über Behandlungsprobleme in den unterschiedlichen Settings klinisch-psychoanalytischer Arbeit bleiben. Auf dem Hintergrund der jüngeren europäischen Geschichte ging es etwa um Übergangssituationen nach politischen und sozialen Umbrüchen, um Migration und ihre Folgen, um Folter und andere Formen der Gewalt.

Die Beiträge, die nun in diesem Band einen Platz finden konnten, lassen sich vier großen Bereichen zuordnen, die zugleich Schwerpunkte aktueller psychoanalytisch-psychotherapeutischer Debatten darstellen: »Fragen der psychoanalytischen Konzeptualisierung«, »Psychotherapie in Kultur und Gesellschaft: Migration und Interkulturalität«, »Erweiterung der Grenzen in der analytischen Behandlungstechnik«, »Ist psychoanalytische Forschung möglich?«.

Um Beschränkungen und notwendige Erweiterungen psychoanalytischer Konzepte geht es im ersten Kapitel. In diesen ersten Schwerpunkt haben wir auch den Vortrag von *Jan Philip Reemtsma* mit dem Titel »Muss man Religiosität respektieren?« aufgenommen. Reemtsma lotet die Grenzen aus, die die psychoanalytische Erforschung des Seelenlebens mit ihrer Verpflichtung zur Wahrheit und ihrer Offenheit für das Unbewusste einerseits von jeglicher religiösen Bindung andererseits scheidet bzw. diese eher als unzumutbare Begrenzung für den psychoanalytischen Prozess und für jede Psychotherapie ausweist. Er versteht Religiosität als Überzeugung, einen privilegierten Zugang zur Welt und zur Wahrheit zu besitzen, ein Weg, der als einziger in der Lage sei, die Welt als Ganzes zu verstehen. Dagegen grenzt er den Grundgedanken jeder säkularen Gesellschaft ab, dass es keinen solchen einzigartigen Zugang zur Wahrheit gebe. Die themenleitende Frage, ob man Religiosität respektieren müsse, beantwortet der Autor mit dem notwendigen Respekt für das gläubige Individuum, der sich aber nicht auf dessen Überzeugungen und dessen Glauben erstrecken kann. Er konstatiert eine notwendige Spannung zwischen jeder Form religiöser Überzeugung und den Realitäten einer offenen, säkularen Gesellschaft. Hier schließt er sich Freuds These von der in der Religion kollektiv gebundenen Neurose an und sieht es als Aufgabe jeder Therapie, den mit der Berufung auf einen Glauben konsequenterweise beendeten kommunikativen Austausch wieder zu öffnen. Religion und ihre Bedeutung für einen Patienten können in einer Therapie nicht ausgeschlossen bleiben.

Einen imposanten und nachdenkenswerten Auftakt setzt *Christopher Bollas* mit seinem Aufsatz »Übertragungsdeutung als Widerstand gegen die freie

Assoziation«. Er erinnert an Freuds ursprüngliches Verständnis des Begriffs der »Übertragung« als Bewegung vom Unbewussten hin zum Bewussten, die sich das »analytische Paar« als Arbeitsaufgabe gestellt und funktional zwischen Analysand und Analytiker aufgeteilt hat. Die bei Fallvorstellungen unter Analytikern häufig gestellte Frage »Und was ist mit der Übertragung?« greift Bollas zentral an. In ihr spiegele sich die fälschliche Annahme, Übertragung im ursprünglichen Freud'schen Sinne sei nicht mehr möglich, sobald die Übertragung von Selbst- oder Objektaspekten des Analysanden auf den Analytiker die Situation bestimme. Nach seiner Auffassung werden mögliche Behinderungen des analytischen Prozesses durch Übertragungsvorgänge durch die freie Assoziation gleichsam naturwüchsig immer wieder aufgebrochen. Er hält es für einen entscheidenden Fehler, dass schon Freud in seinen Überlegungen zum »Dora«-Fall das Nicht-Erkennen und die Nicht-Deutung der Übertragung als entscheidenden Faktor für das Scheitern der Behandlung betrachtete und nachfolgende Analytikergenerationen sich an dieser Fehleinschätzung orientierten.

Vehement greift Bollas die Britische Schule der Objektbeziehungstheorie an, die mit ihrer Orientierung an Deutungen im »Hier und Jetzt« ein Vorurteil an die Arbeit des analytischen Paares herantrage: dass nämlich der Analytiker ständig nach Manifestationen der Übertragung Ausschau halten und diese deuten müsse. Er sieht hier die Tendenz, andere unbewusste Bedeutungen im Material des Analysanden zu übersehen, was letztlich die Fähigkeit des Analytikers behindere, im Prozess der Analyse selbst »unbewusst zu sein«. Eine einseitig an »Hier und Jetzt«-Deutungen orientierte Technik verhindere letztlich systematisch die Entfaltung freier Assoziation.

Bollas untersucht auch, wie Gruppenprozesse bei Supervisionen die Demonstration von »Hier-und-Jetzt«-Deutungen forcieren und eine Öffnung zu den unbewussten Prozessen freier Assoziation behindern können. Oft komme es zu einem »wahnhaften Denken« innerhalb solcher Gruppen, das insbesondere bei drohenden Zerwürfnissen zu einer die Einheit rettenden Idee werden könne. Dies sieht er innerhalb der »British Group« realisiert, die vor der Spaltung stand und sich stattdessen in den »paranoiden Autoritarismus« der »Here-and-now«-Deutungen geflüchtet habe.

Aus der Position eines Forschers im Bereich der kindlichen Psychopathologie unterwirft *Bernard Golse* die strittige Auffassung, Metapsychologie und Bindungstheorie seien sich gegenseitig ausschließende Modellbildungen, einer fundierten kritischen Betrachtung. Seine Ausgangsvermutung, es handle sich teilweise um ähnliche Phänomene, die mit unterschiedlichen Begriffen belegt würden, untermauert er anhand einer subtilen Analyse des Bindungsbegriffs. Hierbei stützt er sich auf Anzieu und dessen Neuformulierung des »Bindungstriebes«: Wie schon von Bowlby betont, seien Triebquelle und Objekt, also Kind und Erwachsener, als Facetten desselben Prozesses zu sehen, da beide nicht getrennt voneinander zu denken seien. Das, was im Falle einer gelungenen Zärtlichkeitsbeziehung zwischen Mutter und Kind geschieht, sei eine nicht libidinisierte Trieberfüllung, lokalisierbar zwischen Selbsterhaltungs- und Sexualtrieb. Schlägt diese Beziehung fehl, entwickelt sich aus der Verknüpfung des Bindungstriebes mit dem Selbstzerstörungstrieb eine »negative Bindung«, was wiederum den Zugang zur ödipalen Organisation erschwere.

Zahlreiche Forschungsergebnisse legen es nahe, Bindungsmustern den Status mentaler Repräsentationen einzuräumen, die transgenerational wirksam werden können. Auch daraus, so Golse, ergebe sich, dass man von einem Bindungstrieb sprechen könne; allerdings im Sinne eines globalen Selbsterhaltungstriebes, der innerhalb des frühen interaktiven Systems erst sekundär libidinös besetzt werde. Diese Auffassung würde auch dem sich an dieser Stelle aufdrängenden Einwand begegnen, dass Triebe sexueller Natur seien. Folgt daraus, dass dieser Bindungstrieb mit einer eigenen Entwicklungslinie zu betrachten ist? Gibt es Triebe, die (noch) nicht sexueller Art sind? Oder stellt die Bindung nur den dynamischen Prozess dar, der den Trieb mit dem Objekt verbindet? Golse bezieht sich an dieser Stelle auf Bollas, der im Zusammenhang mit seinem Kontext des wahren und falschen Selbst postuliert, das wahre Selbst könne sich nur über den Weg des Umganges und der Erfahrungen des Subjektes mit dem Objekt aufbauen, sich differenzieren und offenbaren. Dies ist in den Augen des Verfassers eine Position, die der Objektbeziehungstheorie den Vorrang gibt und damit das Risiko einer Entsexualisierung eingeht. Hier gebe es noch zu viele offene Fragen an die Forschung.

Zur Frage nach der Verortung der Bindungstheorie zwischen Triebtheorie und Objektbeziehungstheorie stellt Golse die Ergebnisse neuerer Forschungen vor, die sich mit der nachträglichen Verarbeitung kindlicher Repräsentanzen früher Bindungserfahrungen befassen. Die Tatsache, dass das Kind aktuelle Reaktionen des Objektes mit mental gespeicherten »Durchschnittswerten« vergleicht, weist in den Augen des Autors darauf hin, dass sowohl die Triebquelle (Säugling) als auch das Objekt (der Erwachsene) beteiligt sind. Die Bindung könne daher als eine Art Brückenkopf zwischen beiden Theorien gelten. In seinem Fazit kommt Golse zu dem Schluss, wenn man die Bedeutung der Bindungstheorie anerkenne, heiße das nicht, metapsychologische Errungenschaften zu leugnen; im Gegenteil erlaube dies erst eine differenziertere Sicht auf das komplexe Zusammenwirken von Subjekt und Objekt.

Ein Beispiel dafür, wie man institutionell bzw. konzeptionell vorgegebene Grenzen in der psychotherapeutischen Praxis erweitern kann, gibt *Hermann Staats*. Es geht um die Übertragung stationärer Behandlungskonzepte, hier der Kombination von Einzel- und Gruppenpsychotherapie, auf das ambulante Setting. Der Autor diskutiert mögliche Gründe dafür, weshalb dieses Modell selten angewendet wird, und stellt eigene Erfahrungen aus einer universitären Beratungsstelle für Studierende vor. Hier wurden Patienten teils in einem »conjoint«-Modell (»Verbundtherapie«: Einzelbehandlung in ambulanter Praxis plus Gruppenpsychotherapie in der Beratungsstelle), teils in einer »combined therapy« (»Kombinierte Behandlung«: Gruppenpsychotherapie plus zusätzliche Einzelsitzungen beim selben Therapeuten) behandelt.

Eine kombinierte Behandlung erscheint vor allem für solche Patienten geeignet, die an schweren Persönlichkeitsstörungen leiden. Ein großer Vorteil liegt darin, dass Informationsverluste durch Kommunikationsstörungen zwischen mehreren Therapeuten vermieden werden, was etwa im Hinblick auf Spaltungstendenzen bei Borderlinepatienten relevant werden kann. Darüber hinaus können bei der Verbundtherapie narzisstische Verletzlichkeiten der beteiligten Therapeuten die gegenseitige Information behindern. Andererseits wird Yalom mit seiner Auffassung zitiert, dass gerade die Verbundtherapie durch die unterschiedlichen Einschätzungen der behandelnden Therapeuten dem Patienten ein bereicherndes Bild seiner inneren Welt erlaubt, was zweifellos förderlich ist. Differenziert diskutiert wird die Gefahr, Tendenzen des Patienten zum Agieren zu unterstützen.

Das zweite Kapitel behandelt die Themen Migration und Interkulturalität, die für die sozialen und politischen Veränderungen Europas v. a. im 20. Jahrhundert eine entscheidende Rolle spielen. Hier stehen die Auswirkungen freiwilliger wie erzwungener Migration auf die innerpsychische Strukturbildung im Vordergrund, wie auch die Frage, welche Rolle der kulturelle Hintergrund des Therapeuten und des Patienten in der psychoanalytischen Psychotherapie spielt. *Peter Bründl* beschäftigt sich in seinem Aufsatz »Trauma, Migration and Creativity« mit der Adoleszenz als einem spezifischen Übergangsstadium, in dem mörderische und paranoide Fantasien durchgearbeitet werden müssen, die oft in spezifischer Weise mit dem Schicksal der Eltern oder anderer vorhergehender Generationen verbunden sind. Er erläutert dies ausführlich an zwei Fallbeispielen, an denen auch die Notwendigkeit einer ausreichend dichten und intensiven Arbeit mit solchen Patienten zum Ausdruck kommt.

Dabei nimmt er Bezug auf Migrationsschicksale, in denen trotz einer Veränderung der äußeren Welt die inneren Objekte der Vergangenheit den Patienten weiter begleiten.

Aus der Diskussion theoretischer Beiträge sowie der Auswertung eigener therapeutischer Erfahrungen mit Migranten-Patienten leitet *Sieglinde Eva Tömmel* einige allgemein gültige Bedingungen für diese Art der Psychotherapie ab. Vorrangig erscheint ihr die initiale Wahrnehmung und Anerkenntnis der kulturellen Bedingungen, die ein Migrant mitbringt. Wenn diese Anerkennung des Anderen, die Realisierung des Fremden als Fremdes und das Gewahrwerden des Eigenen als Eigenes misslingt, ist der »fruchtbare therapeutische Dialog«, geprägt von Respekt und Zuversicht sowie von einer gewissen Großzügigkeit im Umgang mit eingefahrenen Mustern des westlichen Denkens und Handelns, gefährdet. Dabei muss nicht nur der individuelle, sondern auch der kulturelle Narzissmus überwunden werden, was in den Augen der Autorin deshalb schwieriger ist, weil der postulierte kulturelle Narzissmus eher in unbewussten Ebenen verankert sei als der individuelle. Darüber hinaus stellt sich erst in einer globalisierten Welt die Aufgabe, die Konfrontation mit dem Fremden zu verstehen, was im Rahmen einer kleineren nationalstaatlich geordneten Welt ohne Migration nicht im jetzigen Ausmaß auftrat – so die These der Verfasserin. Wenn die Einsicht Freuds zutrifft, der Devereux und andere Ethnopsychoanalytiker gefolgt sind, ist die Grundstruktur der menschlichen Psyche universell. Verschieden sind die Symbolsysteme der Kulturen, was vom Therapeuten die jeweils neue Deutung des »sinnstiftenden Rahmens« fordert.

Wouter Gomperts berichtet in seinem Beitrag von einer Untersuchung am Niederländischen Psychoanalytischen Institut (NPI), das seit Jahren seinen Schwerpunkt auf die psychoanalytische Behandlung von Einwanderern und Flüchtlingen der ersten und zweiten Generation gelegt hat. Er untersuchte die Unterschiede zwischen der gelungenen oder misslungenen sozialen und mentalen Integration. Wie spiegeln sich der ethnokulturelle Hintergrund von Patienten, die aus außereuropäischen Ländern in die Niederlande eingewandert sind, und die Konfrontation mit der anderen Kultur in den vorgestellten psychischen Problemen und im Behandlungsprozess wider? Eine Auswertung von 35 Erstinterviews bezüglich der Indikation und Prognose der geplanten Behandlung ergab, dass in der Mehrzahl der Fälle die soziale Integration gelungen war. Diese Patienten hatten Arbeitsplätze oder studierten. Anders sah es mit der inneren Integration aus. Idealisierung und nachfolgende Enttäuschung konnten als fast regelhafte Reaktionen der eingewanderten Patienten festgestellt werden, und zwar sowohl in der Beziehung zum Einwanderungsland (»wo

Milch und Honig fließen«) als auch gegenüber dem Therapeuten. Ähnlich wie Tömmel in ihrem Beitrag betont auch Gomperts die Notwendigkeit, Unterschiede anzuerkennen, um sie therapeutisch bearbeiten zu können.

Ein Modell gemeinsamer psychoanalytischer Ausbildung für Teilnehmer mit ganz unterschiedlichem religiösen Hintergrund stellt *Elitsur Bernstein* vor. In Obergaliläa finden sich Juden, Moslems, Christen und Druiden in einem analytischen Institut zusammen. Bernstein arbeitet aus seinen Erfahrungen einige Aspekte heraus, die die nicht zu leugnenden Gegensätze überbrücken können: Gegenseitige Empathie, geteilte religiöse Basisüberzeugungen und eine gemeinsame »Nicht-Muttersprache« (Englisch) scheinen dazu beizutragen, Ausbildungskandidaten mit ganz unterschiedlichen Orientierungen unter einem Dach zusammenzuhalten.

Das dritte Kapitel setzt sich mit Grenzen und Begrenzungen in psychoanalytischen Behandlungen auseinander, die v. a. die Gegenübertragung des psychoanalytischen Therapeuten berühren. *Luisa Perrone* und *Maurizio Russo* zeigen in ihrem Beitrag »Nachdenken über Borderline-Pathologien: Der perverse Kern und seine Rolle am Schnittpunkt zwischen Selbstrepräsentation und Konfusion« die Schwierigkeit der psychoanalytischen Konzeptualisierung bei Borderline-Pathologien auf. Sie betonen, dass Borderline- oder psychotische Strukturen oft mit perversen Verhaltensweisen einhergehen, die den Einsatz des Körpers mit einschließen. Sie orientieren sich an den Theorien zur Perversion von S. Freud, J. Chasseguet-Smirgel, M. Khan, J. McDougall und anderen. Ihrer Auffassung nach schlägt sich in den perversen Verhaltensweisen oft eine neu erschaffene Vorstellung der Primärszene nieder, die mit destruktiven, sadistischen sexuellen Fantasien angereichert ist. In ihrem Fallbeispiel geht es um einen Patienten, dessen innere Welt voller verfolgender Objekte ist, die ihm nur die Ausbildung einer perversen und verwirrenden Urszenenfantasie erlauben. Die Autoren betonen die Aufgabe der psychoanalytischen Therapie, die es auch solchen Patienten erlaubt, bisher »ungeborene« Teile ihres Selbst lebendig werden zu lassen.

Für das Verständnis von Behandlungsproblemen bei narzisstischen Patienten schlägt *Georgia Chalkia* eine interessante konzeptuelle Erweiterung vor. Ein Fallbeispiel illustriert ihre Auffassung, dass die Abwehrfunktion narzisstischer Störungen sich in der Übertragungssituation in paradoxer Weise darstelle. Der Patient bringt zwar seine infantilen Sehnsüchte in die Behandlung und besetzt den Therapeuten mit starken Übertragungsbedeutungen. Gleichzeitig befürchtet er aber, dass seine Hoffnung auf eine tiefe und bedeutsame Beziehung zum Therapeuten sich nie erfüllen könnte. In diesen Fällen, so die Autorin, bewahrheitet sich Bions Auffassung, dass »eine Hoffnung nur dadurch eine Hoffnung bleibt, dass sie fortbesteht« und nimmt die Existenz einer Kernfantasie an, die sie die »Fantasie der aufgegebenen Hoffnung« nennt. Dieses provisorische konzeptuelle Instrument verbindet sie mit der Vorstellung einer Abschwächung (»impairment«) der Affekt- und Objektrepräsentanzen. Darüber hinaus sieht sie eine Verbindung zur fehlenden elterlichen Repräsentanz, d. h. einer Repräsentanz, die die Entwicklung zur depressiven Position im Sinne M. Kleins fördern würde. Wenn diese Kernfantasie in der Übertragung gedeutet wird, kann ein Gefühl von Unerwünschtheit (»undesirableness«) und narzisstischer Abtötung (»mortification«) entstehen; in der Gegenübertragung stellen sich Gefühle der Leere und Unverbundenheit ein.

Grigoris Maniadikis untersucht in seinem Aufsatz »Die Erfahrung von Verlust und Trauer in der Gegenübertragung« die Wirkung einer Verlusterfahrung auf die Gegenübertragung, wenn ein Therapeut mit Patienten zu arbeiten versucht, die seinen Interventionen gegenüber unzugänglich oder gar feindselig bleiben. Er bezeichnet das Erleben und Durcharbeiten von Verlust als eine der Hauptaufgaben psychoanalytischer Therapie. Im Fallbeispiel demonstriert er sehr klar, dass erst in dem Moment, in dem der Therapeut bereit ist, den Verlust seiner therapeutischen Fähigkeit zu akzeptieren und zu betrauern, er möglicherweise frei wird für stärker reealitätsbezogene Interventionen, die für diese Patienten hilfreich werden.

Martin Teising bearbeitet das Thema der »Funktion von Grenzen: Permeabilität und Abgrenzung. Die Kontaktschranke im psychoanalytischen Prozess«. Er nimmt zunächst Freuds Konzept der psychischen Grenze auf und erweitert es um Bions Überlegungen zur Mentalisierung von Beta-Elementen und bezieht in Anlehnung an Ogden Funktionsmodi der Kontaktschranke in monadischer, dyadischer oder triadischer Qualität ein. An einem klinischen Beispiel stellt er dar, wie außerordentlich hilfreich es für das Verständnis des psychoanalytischen Prozesses sein kann, Kontaktstellen und deren Funktionsweise zu identifizieren, mit denen Patient und Analytiker sich jeweils berühren und/oder sich voneinander abgrenzen.

Im vierten Abschnitt des Buchs geht es schließlich um die Überschreitung bisheriger Grenzen in der psychoanalytischen Forschung, die teils durch Selbsteinschränkung der Psychoanalytiker, teils durch von außen kommende Forderungen errichtet wurden.

Eröffnet wird dieses Kapitel durch grundsätzliche Überlegungen von *Michael Buchholz* zum Verhältnis von psychoanalytischer Profession und Forschung. Er legt dar, wie trügerisch und ergebnislos schon der Versuch ist, einen »common ground« der unterschiedlichen theoretischen Ansätze zu finden: Zu viele Theorien über eine klinische Situation, die selbst keine theorieunabhängigen Fakten liefern kann, auch wenn seit einigen Jahren zahlreiche Untersuchungen zur Wirksamkeit analytischer Psychotherapie ins Werk gesetzt wurden, wobei sich neben ermutigenden Befunden gleichzeitig die Grenzen empirischer Forschung zeigen. Der Autor führt schwerwiegende Einwände gegen die Vorstellung ins Feld, man könne die analytische Praxis der Methodologie der empirischen Forschung folgen lassen. Der entscheidende Grund liege in der Bedeutung des empirisch schwer oder gar nicht fassbaren Erfahrungswissens für die Professionalität des Psychotherapeuten, was an zahlreichen Beispielen veranschaulicht wird. Als Fazit seiner Ausführungen hält der Autor ein leidenschaftliches Plädoyer für eine Annäherung von empirischer Forschung und professionellen Praktikern, etwa wenn Wissenschaftler Theorien formulieren, die auf Vorahnungen und Visionen basieren. Beim Versuch einer Integration von Forschung und Praxis sieht Buchholz die Notwendigkeit der Differenzierung zweier Ebenen: Zum einen sind Forschung und Profession unterschiedliche Systeme, die sich gegenseitig Umwelt bedeuten, d.h. keins der Systeme kann das andere steuern. Auch auf der zweiten, der individuellen Ebene, geht es um gegenseitige Anerkennung. Hier lauten die entscheidenden Fragen: Wie kann man als Analytiker seine Intuition so gestalten, dass der Patient davon profitiert? Wie muss eine Ausbildung aussehen, damit sie gute Analytiker hervorbringt?

Alf Gerlach diskutiert in seinem Beitrag, der gegenüber der englischen Ausgabe überarbeitet wurde, die Auswirkungen der »Evidence Based Medicine« auf die Konzeptualisierung von Forschungsstrategien und die Darstellung von Forschungsergebnissen im Bereich der Anwendungen der psychoanalytischen Methode in ihren unterschiedlichen Settings. Er stimmt zwar, gerade aus einer psychoanalytischen Haltung des Zweifelns heraus, wesentlichen Forderungen der Evidence Based Medicine zu, kritisiert aber die im öffentlichen Raum erhobene Forderung nach Ausrichtung aller Forschung im Bereich der Psychotherapie am sogenannten Goldstandard der »Randomized Controlled Trials«, die er hier dem Forschungsgegenstand gegenüber für nicht angemessen hält. Zugleich unterstreicht er, dass die bisher vorliegenden Forschungsergebnisse die Effektivität und Effizienz der unterschiedlichen Anwendungen im Bereich der psychoanalytischen Therapie belegen.

Stephan Hau untersucht in seinem gegenüber der englischen Ausgabe aktualisierten Beitrag »Psychosoziale Probleme bei Patienten mit chronischer Depression« die Gruppe von ca. der Hälfte aller Patienten mit Depressionen, die in einer zunächst für adäquat gehaltenen Behandlung keine wirksame Hilfe erhalten und weiterhin an depressiven Symptomen leiden. Diese Gruppe der »difficult to treat depressions« bedarf weiterer Erforschung, sowohl von psychopharmakologischer wie von psychoanalytischer Seite, weil sich sonst für die Patienten eine besonders hoffnungslose Situation abzeichnet. Der Autor bringt insbesondere auch die Selbst-Perspektive der Patienten mit ins Spiel, ihr Erleben und ihre Verantwortung für die Wahl der Behandlungsmethode und den Verlauf der Erkrankung.

Wir hoffen, dass das Buch durch seine Beiträge zu Grenzüberschreitungen anregt: Zwischen Theorie und Praxis, zwischen Forschung und therapeutischem Alltag, zwischen ambulanter und stationärer Psychotherapie, zwischen dem Blick auf Eigenes, Bekanntes und auf kulturell Fremdes. Aber erst wenn man um die Grenzen weiß, sie anerkennt und respektiert, kann man sich auf den Weg machen, auch Unterschiede zu integrieren, wo es sinnvoll und notwendig erscheint.

I
Psychoanalytische Konzeptualisierung hinterfragt

1 Übertragungsdeutung als Widerstand gegen die freie Assoziation[1]

Christopher Bollas

Denken wir an das Freud'sche Paar (die freie Assoziation des Analysanden und gleichschwebende Aufmerksamkeit des Analytikers), so wenden wir uns per definitionem einigen Übertragungsaspekten zu, aber es fragt sich, auf welches Bild der Übertragung diese Beziehung zutrifft. Eine der ersten Freud'schen Definitionen der Übertragung war der Transfer unbewusster gedanklicher Inhalte ins Bewusstsein, und obwohl diese Sichtweise der Übertragung bald hinter dem verfeinerteren Verständnis der Vorgänge in *der* Übertragung zurücktrat, glaube ich, wir müssen zu seiner ursprünglichen Definition zurückkehren, um deren Weisheit wiederzugewinnen.

Das Freud'sche Paar ist eine Beziehung, die speziell entwickelt wurde, um unbewusste Gedankenverbindungen ans Licht zu bringen, mit dem erklärten Ziel, latente Gedankeninhalte zu entdecken. Wie wir wissen, taucht diese überraschende Entdeckung auf, nachdem dem Analytiker (oder auch dem Analysand) die Logik der in der Sitzung präsentierten Abfolge der Ideen auffällt. Unbewusst nimmt der Analytiker zuerst latente Gedankeninhalte auf und erkennt ihre Logik, dann wird sein Bewusstsein von den Ideen ergriffen, die bis dahin sehr bewusstseinsfern waren.

Darüber hinaus wissen wir, dass das Freud'sche Paar nicht nur einen Transfer vom unbewussten Denken zu bewussten Gedanken herstellt, sondern auch als unbewusste denkende Einheit in sich funktioniert. Nur ein Ausschnitt von dem, was der Analysand denkt, kommt beim Analytiker an, obwohl das, was ihn anspricht, gewöhnlich Teil einer Serie unbewusster Fragen des Analysanden ist.

---

1 Eine veränderte Fassung dieses Vortrags wurde veröffentlicht in Heft 9/10 der Zeitschrift Psyche, 2006, 932–947.

Aus dem Blickwinkel der Übertragung betrachtet, erkennt das Unbewusste des Analysanden den Analytiker als mentale Funktion an, die durch eine Beziehung konstituiert wird. Der Analysand versteht: Weil der Analytiker seine freien Assoziationen aufnimmt, kann unbewusstes Denken zwischen zwei Geistern (minds) mit verteilten Aufgaben stattfinden: Der eine soll ohne Überlegung und Zensur offen sprechen und der andere frei zuhören.

Zu sagen, Übertragung sei ubiquitär, überall, ist eine Binsenweisheit. Tatsächlich ist die Übertragung, die von und für Analytiker erfunden wurde, nicht ubiquitär, sondern gilt nur für die analytische Situation. Das führt zu einer merkwürdigen Ironie im zeitgenössischen psychoanalytischen Diskurs. PsychoanalytikerInnen, die mit dem Freud'schen Paar arbeiten, werden oft gefragt: »Was ist mit der Übertragung?«

Ich werde später zu den Übertragungsformen kommen, die diese Frage gewöhnlich meint; jetzt ist wichtig, zu sehen, dass die Frage die ganz besondere analytische Übertragung eliminiert. Stellen wir diese Frage an das Freud'sche Paar, so fragen wir, ob es eine erfolgreiche Aufteilung der geistigen Funktionen als Teil des psychoanalytischen Prozesses gegeben hat oder nicht. »Was ist mit der Übertragung?« fragt, ob Patient und Analytiker erfolgreich als Paar arbeiten. In einem bestimmten Kontext ist die Frage nach der Übertragung, die implizit fragt: »Versteht der Analytiker die Übertragung des Analysanden?« wirklich wichtig. Stellt man sie an das Freud'sche Paar, fragt man nach dem Verständnis des Analytikers für das Bedürfnis des Analysanden, in Gegenwart des Analytikers, der frei zuhören soll, frei zu denken.

Man sollte sich auch über die Kategorie klar sein, in der gefragt wird. Es wird nicht gefragt, welche Figur aus der Geschichte des Analysanden spricht. Das ist eine andere Frage und eine andere Übertragungskategorie. Es wird nicht gefragt, welches innere Objekt der Analysand durch ein spezielles Gedankenobjekt im Lauf der freien Assoziation darstellt. Das ist ebenfalls eine andere Frage und eine andere Gedankenkategorie. Und wir könnten weitere Fragen über andere Übertragungsformen anschließen, die jede in ihrer eigenen Kategorie gestellt werden.

Die Frage nach der Übertragung, die das Freud'sche Paar herstellt, untersucht die Entwicklung der geistigen Funktionen, die unbewusstes Denken, unbewusste Kreativität und unbewusste Kommunikation zwischen den beiden Prozess-Teilnehmern ermöglichen. Welcher Analytiker kennt nicht die Geschichte von Freuds Entdeckung *der* Übertragung? Ihr vielleicht berühmtester Ausdruck ist Freuds Klage über Dora, in der er meint, die Analyse sei zum Abbruch gekommen, weil er die Übertragung der jungen Frau nicht erkannt habe. Aus dieser weitreichenden Enthüllung gingen viele spätere analytische Einsichten über *die* Übertragung hervor. Die Übertragung bezieht sich auf unbewusste Wünsche oder wiedererlebte Erinnerungen alter Beziehungen zu früheren Objekten im Leben des Patienten, die nun in oder auf den Analytiker projiziert werden und unter anderem einen störenden Einfluss auf das Freud'sche Paar ausüben. Es ist *die* Übertragung, die nun bedacht werden muss.

Aber was ist mit der anderen Übertragung, der Übertragung, die die ganze Zeit im Freud'schen Paar wirkte, die Übertragung, die Freud als »unanstößig« ansah? Wird der Transfer geistiger Funktion durch *die* Übertragung so behindert, dass er außer Kraft gesetzt wird, bis diese andere Übertragung durchgearbeitet ist?

Das könnte sein. Eine Patientin könnte sich zum Beispiel entschließen, zu schweigen, und damit die Aufteilung der geistigen Arbeit, die für das Freud'sche Paar entscheidend ist, unmöglich machen. Sicherlich ist Schweigen eine andere Form der Kommunikation, aber die funktioniert in noch einer anderen Bedeutungskategorie, und es würde verwirren, zu argumentieren, das sei schlicht eine andere Variation des Freud'schen Paares. Das ist genauso wie die Erkenntnis, dass das Freud'sche Paar aufgehoben ist, wenn der Patient nicht zur Sitzung erscheint.

Nun liefert Freud allerdings aus der Arbeit mit Dora keinen einzigen inneren Beweis, dass *die* Übertragung Doras Transfer unbewusster Ideen durch das Freud'sche Paar störte. In der Tat, diese Frage – stört *die* Übertragung die Freud'sche Übertragung? – scheint uns aus dem Sinn geraten zu sein. Es scheint, als habe man automatisch angenommen, wenn der Patient in *der* Übertragung sei, höre die Freud'sche Übertragung auf zu existieren.

Ich denke, diese Annahme könnte sich bewahrheitet haben, aber durch eine ziemlich bedauerliche Wendung der Ereignisse. Soweit ich in der analytischen Literatur sehen kann, ist es Brauch, diese Veränderung dem Patienten anzulasten, von dem man annimmt, er habe durch Wunsch, Erinnerung oder Objektbeziehung den analytischen Prozess (der freien Assoziation) gestört und letztlich aufgehoben, eine Sichtweise, die Freud unterstützte, was kein Zufall war. Man argumentiert nicht, die Suspendierung der geistigen Arbeitsaufteilung im Freud'schen Paar rühre von der übermäßigen Beschäftigung des Analytikers mit *der* Übertragung her. Aber ich glaube, genau das ist passiert. Von Dora an zeigt die analytische Literatur ein wachsendes Interesse an *der* Übertragung, und entsprechend findet man eine dramatische Abnahme der Literatur über freie Assoziation, und, viel weitreichender, der intellektuellen Erforschung dieser Funktionsteilung.

Hat dann die Fixierung des Analytikers auf die Bewegung *der* Übertragung die Freud'sche Übertragung an den Rand gedrängt, oder ist der Analytiker aus irgendeinem Grund vertrieben worden durch die ubiquitäre Übertragung – die Übertragung, die in allen Objektbeziehungen stattfindet?

In einem anderen Essay, das klinisches Material im Detail untersucht, wurde argumentiert, nur unter ganz widrigen Umständen könne gesagt werden, *die* Übertragung störe die Freud'sche Übertragung. Soweit die Freud'sche Übertragung sich auf die Aufteilung geistiger Arbeit bezieht, ist sie tatsächlich nicht beeinflusst durch ihre eigenen Inhalte. Was auch immer an Wunsch, Erinnerung oder innerer Beziehung der Patient auf den Analytiker projizieren mag – das heißt, welchen Inhalt auch immer er offenbaren will – es bringt nicht aus sich heraus den Geist um, der ihn denkt. Als Bion sich auf die Aufgabe des Analytikers in jeder Sitzung bezog, ohne Erinnerung oder Verlangen zu sein, sagte er wirklich nicht mehr und nicht weniger, als dass jeder Psychoanalytiker in der Begegnung mit Patienten Psychoanalytiker sein solle. Das heißt, jeder Analytiker solle sich auf die Aufteilung der geistigen Arbeit einlassen, die das Freud'sche Paar herstellt.

Aber stört *die* Übertragung denn nicht das Freud'sche Paar? Wenn der Analysand unbewusst einen kritischen Vater in den Analytiker projiziert, wird das nicht Einfluss haben auf die Freiheit der Gedanken, die sich angeblich im Prozess herstellt? Bringt das z. B. nicht den Analysanden dazu, Mitteilungen auszulassen, die nach seiner Vermutung das Missfallen des Analytikers ernten?

Das könnte wohl sein, wenn dem Patient ein Gedanke durch den Kopf geht, den auszusprechen ihm genau deshalb schwer fällt, weil er Missfallen ernten könnte. Gewöhnlich kündigen sich aber solche Vorkommnisse irgendwie durch Schweigen oder ausweichendes Reden an, die dummerweise für den Patienten den Widerstand signalisieren und meist Patient oder Analytiker dazu bringen, das Ausweichen zu kommentieren. Das heißt, offener Widerstand wie etwa Schweigen erreicht das entgegengesetzte Resultat, indem es die Aufmerksamkeit auf einen unerwünschten Gedankeninhalt zieht.

Erinnern wir uns noch einmal an Freuds Credo, nicht, was der Patient für den wichtigsten Gedanken halte – im obigen Beispiel: das Geheimnis, das nicht enthüllt werden kann – sei das wichtigste, sondern es sei ganz im Gegenteil die unwichtigste freie Assoziation von höchstem Wert. Dann stellt sich die Frage, welchen Unterschied die Auslassung eines bestimmten Gedankenganges für das Freud'sche Paar macht, *wenn* der Analysand trotzdem fortfährt, über andere Dinge zu sprechen, die ihm durch den Kopf gehen. Nehmen wir für einen Moment an, Angst vor dem Missfallen des Analytikers bringe den Patienten dazu, über etwas nicht zu sprechen. Verhindert das den Prozess der freien Assoziation? Kurz gesagt: nein.

Tatsächlich ist es vereinbar mit der Komplexität des Unbewussten – all den Interessen, die, getrieben von unbewussten Wünschen, Erinnerungen, Ängsten, Wissbegierden und so fort, in jedem Moment psychischer Zeit auftauchen –, dass irgend eine Patientin denken könnte, wenn sie einen beunruhigenden Inhalt nicht mitteilt, dass sie dann faktisch nicht darüber spricht, was ihr durch den Sinn geht. Das würde aber nur für den manifesten Inhalt stimmen. Es könnte nur der Fall eintreten, dass die Patientin nicht über das spricht, was ihr bewusst durch den Sinn geht. Das ist aber nicht die Freud'sche Definition davon, was im »Sinn« des Selbst ist, denn, wie wir wissen, ist das durch das Unbewusste bestimmt.

Aber, könnte man sagen, was ist mit Übertragungswiderständen, die auf unbewussten Übertragungen fußen? Stimmt es nicht, dass solche Strukturen die freie Assoziation stören oder ernsthaft verdrehen, sodass die geäußerten Gedankengänge unter dem Einfluss des Übertragungswiderstandes stehen, bis diese Verdrehung gedeutet wird? Dieser Punkt leuchtet mehr ein, trifft aber trotzdem nicht den Punkt. Die freie Assoziation enthüllt Gedankengänge, solange der Analysand weiter frei assoziiert. So lange der Analysand sich von einem Thema zum nächsten bewegt, denkt er weiter unbewusst. Solche Gedankenprozesse sind natürlich hoch verdichtet und vielfach überdeterminiert, sodass von Phrase zu Phrase (Ich benutze die musikalische Metapher zur Beschreibung einer Einheit frei assoziativer Logik) viele Einfälle gedacht werden. Wie gesagt kann der ganze Prozess durch Schweigen, Abwesenheit und andere kruden Bemühungen gehemmt werden. Ein bestimmter Gedankeninhalt könnte durch die Zensur verdreht werden, aber in Wirklichkeit weisen solche Verdrehungen, wie schon angedeutet, auf einen Inhalt hin und bringen ihn zum Vorschein. Um jedoch mehr auf den Punkt zu kommen: Es ist ein absurder Gedanke, die Fülle der Einfälle, die sich in der psychischen Zeit bewegen, würden in sich selbst erfolgreich gehemmt. Unbewusstes Denken ist doch nicht in einem, zwei oder zwanzig Inhalten enthalten – das heißt, nicht in einzelnen Ideen – sondern findet als logischer Prozess statt. Es enthüllt sich nicht in einer Erzähleinheit, wie wenn eine Patientin vom Kuchenbacken erzählt, sondern in den Verbindungen zwischen den Erzähleinheiten. In der Zäsur findet man die logische Möglichkeit. Und genau in und durch diese Lücken ereignet sich die Logik der Gedanken, die nie Gegenstand der Übertragung wird.

Ist jedoch nicht jede Assoziation Teil einer bewussten oder unbewussten rhetorischen Strategie? Wenn jemand spricht, muss man mit Heimann und anderen dann nicht fragen, wer spricht, zu wem, über was, und warum jetzt? Und ist nicht auch jede Sprache eine Art Handlung, ein illokutorischer Akt oder ein Sprechakt, der immer eine objektgerichtete Übertragung mit sich bringt? Das sind die Fragen, die aus der Sicht der hochgeschätzten Objektbeziehungstheorie gestellt werden.

Beim Blick auf detailliertes klinisches Material, das Analytiker präsentieren, ist ein interessanter Aspekt, genau solche bewussten oder unbewussten Absichten zu entdecken und doch im gleichen Augenblick zu sehen, dass die Logik der Sequenz nichtsdestoweniger klar ist. Wie müssen wir das verstehen? Wie kommt es, dass unbewusste Phrasen Teil einer rhetorischen Strategie sind – wirklich die Stimme eines Selbstanteils, die zu einem Objekt spricht – und doch noch *außerhalb* oder *neben* dieser Absicht stehen?

Die Antwort liegt wieder in der Kategorienfrage. Angenommen, die Rede ist eine Form der Poetik. Sie setzt voraus, dass es einen Sprecher gibt, der darauf zielt, beim Hörer eine bestimmte Wirkung zu erzeugen. Sie fragt nicht nach dem Inhalt oder der Gedankenlinie *per se*, denn die sind nur als Zulieferer einer rhetorischen Strategie relevant.

So könnte eine Patientin sagen: »Ich erinnere mich, wie ich erst gestern einen Kuchen gebacken habe«, und dass sie das sagt, könnte Teil einer selbstidealisierenden Stimmung sein, und dass sie es dem Analytiker sagt, darauf zielen, seine Liebe zu ihr als einer guten Seele, die Gutes tut, hervorzulocken. Der Analytiker mag die Absicht dieser Poetik spüren. Aber der Inhalt ist noch nicht Teil einer Ideenkette, in anderen Worten, er ist weder eine freie Assoziation noch ein Ausdruck unbewusster Logik. Es bleibt abzuwarten, was die Patientin weiter sagt. Aber angenommen, die Patientin bleibt in der selbstidealisierenden Stimmung und redet als nächstes über eine Freundin, die ein Dessert ruinierte, spricht dann von der Lektüre eines Buchs über notleidende Kinder und die Arbeit mit ihnen, spricht dann über ihre eigene Distanz einer aufdringlichen Mutter gegenüber, spricht dann ... Jetzt erkennen wir schon die Absicht der rhetorischen Strategie: d. h. die Patientin versucht, das verliebte Mitgefühl des Analytikers zu gewinnen, indem sie sich vermutlich im Vergleich zu anderen als ideal darstellt.

Aber während die Patientin weiter und weiter redet und von einem Punkt zum nächsten kommt, bröckelt allmählich die rhetorische Strategie unter der zerstreuenden Wirkung der Gedankenbewegungen, die sich nicht in diese Strategie einreihen lassen.

In anderen Worten, nach einer Weile ist die Objektbeziehungsstruktur, die im Sprechakt mit eingebettet war, vom Fluss der Einfälle verdrängt worden. Auch wenn die Objektbeziehung – die Suche nach dem Beifall des Analytikers – als Stimmung in der Analysandin aufrechterhalten bleibt oder von beiden bewusst als nur zu bekannte Strategie der Analysandin verstanden wird, wird der reine Akt, *weiterzusprechen*, gemäß dem Diktat der freien Assoziation fortzufahren, den Erfolg der Strategie brechen.

Mit anderen Worten, nicht die Deutung löst die Übertragung auf, sondern der reine Gang der Zeit, die man dem Prozess der freien Assoziation lässt. Im Alltag sehen wir das natürlich ständig. Wir können sehen, wie eine Person eine Geschichte zu erzählen beginnt mit der Absicht, die Zuhörerschaft für sich zu gewinnen. Wir können die geneigte Haltung des Zuhörers beobachten, nur um nach einer Weile zu sehen, dass das tatsächlich Gesagte diese Absicht nicht erfüllt, sondern den Zuhörer entweder verwirrt oder ärgert. Anders gesagt, wissen wir alle zu gut, dass, wenn wir weiter und weiter reden, die unbewusste Logik des Selbst-Diskurses für sich spricht, ganz egal, was die Absicht des Sprechaktes ist und welche Fantasie die Äußerung leitet. In diesem Sinne ist die unbewusste Logik nicht nur kein Teil der Übertragung, sondern weicht nur zu häufig von ihr ab. Aber wenn wir das aus alltäglicher Lebenserfahrung wissen, warum hat unsere Theorie der Übertragung unseren Blick auf die freie Assoziation versperrt? Warum haben wir in unserem eigenen Denken einen so grundlegenden Fehler gemacht? (Ich werde später die stillschweigenden Implikationen und Konsequenzen dieses Fehlers aufgreifen.)

Viele unserer besten Gedanken stammen von Freuds eigenen Theorie-Revisionen, aber ich fürchte, wir haben seine schlechtesten Ideen vielleicht genau so geerbt und schleppen sie viel zu lang mit uns herum. Freuds Irrtum bestand in der Annahme, dass mangelndes Verständnis und Deutung von Doras Übertragung (und späterer Patienten) verantwortlich für das Scheitern dieser Analyse sei. In Erweiterung haben Psychoanalytiker angenommen, nur die Analyse der Übertragung wirke in der Psychoanalyse verändernd.

Es ist übrigens nicht uninteressant, dass Freud in einer Fußnote zum Postscript über Dora die Idee, die fehlende Übertragungsdeutung sei verantwortlich für den vorzeitigen Abbruch dieser Analyse, tatsächlich wieder fallen ließ.

»Je weiter ich mich zeitlich von der Beendigung dieser Analyse entferne, desto wahrscheinlicher wird mir, dass mein technischer Fehler in folgender Unterlassung bestand: ich habe es versäumt, rechtzeitig zu erraten und der Kranken mitzuteilen, dass die homosexuelle (gynäkophile) Liebesregung für Frau K. die stärkste der unbewußten Strömungen ihres Seelenlebens war« (Studienausgabe Bd. VI, S. 184).

Also: nicht mehr Übertragung sondern das Versäumnis, richtig zu verstehen. Oder vielleicht ist es komplizierter. Freud bezieht sich auf die zeitliche Entfernung, von der wir wissen, dass sie für den Prozess der freien Assoziation wesentlich ist. Diese zeitliche Entfernung liefert ihm die fehlende Deutung. Hätte diese Deutung den Lauf der Analyse geändert? Wer weiß. Ich bezweifle es eher. Aber unbewusst stellt Freud damit erneut die dringende Notwendigkeit fest, dass Zeit ver- und die Gedankenkette weitergeht – und gesteht so den eigentlichen Fehler zu.

Dank seines Unbewussten verwarf er die Theorie, sein mangelndes Verständnis der Übertragung sei der Kern der Sache. Dass er eine Fußnote anfügte, die das Vergehen der Zeit und die Einführung neuer Ideen zur Kenntnis nahm, geht auch auf das Konto seines Unbewussten. Leider erkannte er nicht, dass diese Fußnote mehr war als das: Sie war eine profunde Kritik der Theorie von der Übertragung als dem Kernstück des analytischen Unternehmens.

Aber denken wir sie doch einmal durch, seine Theorie der Übertragung als dem »missing link«. Angenommen, Freuds Versäumnis, Doras Übertragung zu verstehen, war wirklich für das Scheitern der Analyse verantwortlich. Setzen wir einmal echt voraus, Freud habe die Übertragung verstanden und gedeutet. Wäre die Analyse dann ein Erfolg gewesen?

Nun könnten einige sofort einwenden, Freuds mangelhaftes Verständnis seiner eigenen Gegenübertragung sei für dies Scheitern verantwortlich, also schließen wir das schnell in unser Statement mit ein. Nehmen wir zu Diskussionszwecken an, Freud habe Übertragung und Gegenübertragung verstanden und durch geschickte Deutung genutzt, sodass Dora die darunter liegenden Wünsche, Erinnerungen und Strukturen des inneren Objekts verstanden habe, die von ihr als Sprechakte ausgedrückt worden seien. Wäre das der mutative Faktor gewesen?

Bevor ich das direkt anspreche, möchte ich eine Schwäche dieser Denkweise aufzeigen. Sie nimmt an, was im Wirken, Verständnis oder Erzählen einer Situation fehlt oder ausgelassen worden ist, ist deshalb verantwortlich für das mangelnde Gedeihen der Situation. Der momentane »crie de coeur« – »Was ist mit der Übertragung?« – steht dann für eine Logik, dass das Versäumte der Grund für das Scheitern sein muss. Wenn nur »das« mit bedacht worden wäre, wäre die Sache anders gelaufen. (Wer sich auskennt in der Arbeit mit psychotischen Prozessen, erkennt in dieser Vorstellung – das, was fehlt, ist das vitale Element einer Erklärung – eine gängige Form paranoiden Denkens.)

Ich bin überhaupt nicht sicher, ob Doras Analyse ein Erfolg geworden wäre, wenn Freud sowohl Doras Übertragung als auch seine Gegenübertragung verstanden hätte. Wenn irgendein Analysand die Analyse abbricht, weiß höchstwahrscheinlich keiner der Beteiligten wirklich genau, warum »es« scheiterte. Es sind so viele Erklärungen für eine Beendigung möglich wie für Anfänge oder Unterbrechungen, oder für irgendein anderes menschliches Phänomen.

»Was ist mit der Übertragung?« wurde in der Psychoanalyse zum Zeichen für »Was haben wir versäumt?« Es negiert nicht nur die Möglichkeit, dass Analytiker nie wissen werden, warum einige Patienten die Analyse verlassen oder einige Analysen nicht vorankommen, sondern konkretisiert diesen unbewussten Inhalt in der vermessenen Annahme, es gebe immer eine Antwort auf die Frage nach dem Scheitern.

Heutzutage nimmt man in immer weiteren Kreisen der psychoanalytischen Welt an, wenn eine Analyse fehlgeschlagen sei, habe der Analytiker irgendwie versäumt, die Übertragung zu verstehen und damit zu deuten. *Hier* jedoch, als Name für das Fehlende, konstituiert Übertragung die Weigerung, die Existenz des Ungewissen, Undenkbaren zu akzeptieren. Kennen und Deuten der Übertragung heißt die Lösung für jedes Problem, das der Analysand stellt, und das Konzept, dem sich die analytische Gruppe zuwendet, wenn in einer Falldarstellung alles außer der Wahrnehmung der Übertragung nicht leicht zu verstehen ist.

Das interessante Resultat dieser Denklinie ist, dass die Übertragung nun *die Lösung* für die Frage nach dem Unbewussten des Patienten wurde. »Was ist mit der Übertragung?« brachte viele in der analytischen Welt dazu, eilends diesen Inhalt anzusprechen in der Annahme, dass sie so dichter am Analyse-Verlauf sind, eher in der Lage, den Patienten zu erreichen, und wahrscheinlich weniger als bewusstes Wesen im Dunkel unendlicher heimtückischer Subtexte umhertappen, die durch die unbewussten Gedankenlinien geschaffen wurden.

Normalerweise greifen Psychoanalytiker, die noch nicht von der sogenannten Deutung der Übertragung im Hier und Jetzt eingeholt worden sind, bei einer Falldiskussion viele verschiedene Dimensionen auf. Da jede Analyse voll unbewusster Gedankenlinien und Bewegungen ist, wundert es nicht, dass in jeder beliebigen Gruppe frei denkender Analytiker die Vorstellungen darüber, was bedeutsam sei, auseinander gehen.

Der Analytiker denkt und fühlt wahrscheinlich anders über das Material wenn er den Fall darstellt, als während er mit dem Patienten zusammenarbeitet. Studiert die Gruppe eine Sitzung länger, werden weitere Gedankenlinien und latente Inhalte bewusst, so wie in der psychoanalytischen Literaturkritik (Hermeneutik) bekanntlich die wiederholte Rückkehr zu gleichen Texten immer neue Einsichten über die latenten Inhalte liefert. Anders gesagt: die meisten Mitteilungen, ob vom Patient an den Analytiker oder von einem Dichter in einem Gedicht, sind in hohem Maße überdeterminiert und bringen mit der Zeit vielfältige Bedeutungen hervor. Diese Tatsache sollte Analytiker als – angebliche – intellektuelle Hüter des Studiums unbewusster Gedankenprozesse nicht überraschen.

Aber wenden wir uns nun der Art und Weise zu, wie viele zeitgenössische Psychoanalytiker in der Sitzung zuhören. Es gibt zwei grundsätzliche Positionen zum Zuhören. Die erste Position nimmt an, dass Menschen, Orte und Ereignisse, von denen der Patient erzählt, projizierte Selbstanteile des Patienten sind. Egal über wen, was oder wann der Analysand redet, es ist immer ein abgespaltener Teil von ihm selbst, und das beschriebene Zusammenspiel der Leute, Orte und Ereignisse stellt eine versteckte Dynamik der Selbstanteile her. Die zweite Art zu hören nimmt an, dass Menschen, Orte und Ereignisse, von denen der Analysand erzählt, sich immer teilweise auf den Analytiker beziehen. Mit anderen Worten: Die Übertragung kann in der Erzählung gefunden werden.

Die erste Art zu hören war immer Teil des Freud'schen Vorgehens, das Material des Patienten zu betrachten, was sicherlich einen Raum für das Projizierte schuf. Das Projizierte wird und kann dabei auch Teil des analytischen Gedankenflusses im Prozess der freien Assoziation sein.

Die zweite Art des Zuhörens gefährdet aber nicht nur das reichere Konzept der ersten Art (das berücksichtigte, dass solche Projektionen fast alles vom Selbst enthalten, einschließlich der Sicht des Selbst vom anderen), sondern es hat den Analytiker dazu bestimmt, das Material grundsätzlich (und für einige ausschließlich) im Bezug auf den Analytiker zu hören. Das hat zu einer tiefgreifenden Verschiebung in der Psychoanalyse geführt, oft im Namen der »Britischen Schule«, die nicht nur beharrlich von den Kollegen fordert: »Was ist mit der Übertragung im Hier und Jetzt?«, sondern vom Kliniker auch verlangt, er oder sie solle *das Material in Begriffen der vermutlichen Übertragungsbezügen auf den Psychoanalytiker hören*. Das ist eine ganz andere Art, die Übertragung zu hören, als die Ansicht vieler außerhalb der Britischen Schule, nämlich, dass man über die Übertragung nachdenkt, *wenn sie einem in den Sinn kommt*. Vielleicht sollten wir diese letztere Gruppe die »Hier-und-da-Übertragungsdeuter« nennen. »Hier-und-da-Deuter« sind geschult als »Hier-und-jetzt-Deuter« im Verstehen der Übertragung, aber sie denken über das Material in Bezug auf sie selbst nur dann nach, wenn es ihnen durch den Kopf geht: d. h. wenn solch ein Gedanke ohne (Vor-)Urteil in ihrem Bewusstsein auftaucht.

»Hier-und-jetzt-Deuter« sind dagegen höchst voreingenommen. Der Grundsatz ist, dass die Rede des Analysanden sich immer auf den Analytiker bezieht, und für manche konstituiert das eine Übertragungs-Handlung. Bevor eine Sitzung beginnt, weiß der Analytiker, dass er über Menschen, Orte und Ereignisse hören wird, die eine Erfahrung des Analysanden mit dem Analytiker im Hier und Jetzt umschreiben. Aufgabe des Analytikers ist, das dem Analysanden zu deuten, besser früher als später, da Aufschub dem Analysanden als Akt der Komplizenschaft erschiene: d. h. der Analytiker ist entweder zu ängstlich zu deuten, zu depressiv, irgendetwas zu sagen, vielleicht auch zu erregt, um zu deuten, und hofft auf mehr des Gleichen, und so weiter und so fort.

Dieses Vorurteil hat viele beunruhigende Züge, aber am beunruhigendsten ist die Tatsache, dass diese Art des Hörens einen Begriff der Referenz festsetzt. Alle Analytiker wissen sicher theoretisch, dass jeder ein System des Zuhörens konstruieren kann, das auf einer selektiven Tatsache aufbaut, und so ist kein Zweifel, dass bei Gelegenheit – und vielleicht einer gewissen Zeitdauer – die »Hier-und-jetzt-Hörmaschine« Aspekte der Wahrheit wahrnehmen wird.

Uns interessiert hier die Überlegung, wie und in welcher Beziehung dieses Vorurteil auf das Freud'sche Paar wirkt.

Es überrascht nicht, dass der Analysand unbewusst den Psychoanalytiker nicht als unvoreingenommenen Zuhörer wahrnimmt. Die Vorhersagbarkeit und Redundanz dieses Zuhörens macht nicht nur den Wunsch, sich mitzuteilen, zunichte, sondern verkündet auch die Abwesenheit von *Unbewusstheit* in der Psychoanalyse, das heißt die Fähigkeit des Analytikers, *unbewusst* und somit imstande zu sein, die unbewussten Mitteilungen des anderen aufzunehmen.

Zweitens merkt der Analysand, dass der Analytiker nach Bedeutung rund um die vermutete Beziehung des Analysanden zu ihm sucht, d. h., es gibt etwas, das Vorrang in der Bedeutungshierarchie heischt, worauf er sich verlassen kann.

Erinnern wir uns an die Weisheit in Freuds Definition des analytischen Zuhörens: Dass der unerheblichste Einfall den bedeutsamsten Sinn enthalte. »Hier–und-jetzt-Deuter« räumen auf paranoide Weise der Übertragungsmitteilung ein Ausmaß an Vorrecht ein, sodass sie ausnahmslos alle anderen unbewussten Bedeutungen in der Mitteilung des Patienten wegfegen.

Durch die frühe Übertragungsdeutung wird drittens der Gedankenstrom, der für den Prozess der freien Assoziation wesentlich ist, abgesperrt. Es kann keine Bedeutungs-Kette hergestellt werden, da das von Anfang an durch die Hartnäckigkeit des Analytikers abgelehnt wird. Folgerichtig glauben Analytiker, die in dieser Tradition ausgebildet sind, nicht wirklich an die freie

Assoziation. Sie haben es nicht von ihren Analysanden erfahren, denn sie haben eine Technik angewandt, die das systematisch verweigert. Ihre Analysen werden dann selbsterfüllende Prophezeiungen. Gewappnet mit der Sicht, die Mitteilungen der Analysanden seien versteckte Referenzen auf das Selbst des Analytikers, ziehen sie wiederholt solche Verbindungen, entfremden dadurch oft den Patienten, rufen gelegentlich eine negative Übertragung hervor, und bestimmen so im Voraus, dass die Analyse sich tatsächlich so oder so um den Analytiker dreht.

Ich möchte nicht bei den technischen Implikationen der »Hier-und-jetzt-Übertragungsdeutung« verweilen, da ich diese in anderen Schriften seit Mitte der 70er Jahre mehrfach erörtert habe. Die Diskussion über die heutige analytische Praxis wirft die Frage auf, warum vergleichsweise wenig Interesse an der freien Assoziation besteht. In den letzten Jahren habe ich viel mit Analytikern gearbeitet, die ausdrücklich und entschieden lernen wollten, wie man assoziativ zuhört und Gedankenlinien verfolgen kann, um zu einer Deutung zu kommen, und ich habe eins gelernt dabei: es ist äußerst schwer für PsychoanalytikerInnen, die die Erfahrung der »Britischen Schule« durchgemacht haben.

Interessanterweise haben AnalytikerInnen, die ihre Fälle eher einzeln als in Gruppen diskutieren, eine weit bessere Chance, wieder mit dem Freud'schen Erbe in Kontakt zu kommen, oder, falls sie nicht in dieser Vorgehensweise geschult waren, es zu lernen. Aber Analytiker in Gruppen sind eine andere Sache. Denn fast ausnahmslos sagt der eine oder andere Gruppenteilnehmer bei der Falldiskussion »Aber was ist mit der Übertragung?« und sofort scheint der Geist der Gruppe zu verfliegen. Die Fähigkeit, über dem Material in einem träumerischen Zustand der Reverie zu sinnieren, über die Bion so wortgewandt schreibt, ist vorbei, und das Problem ist nun, zumindest aus meiner Sicht: Kann die Gruppe sich von dieser Unterbrechung der Übertragung erholen, oder ist der Schaden so groß, dass die Gruppe ihren analytischen Geist nicht wiedergewinnen kann?

Ironisch könnte man sagen, man kann *im Hier und Jetzt* sehen, wie diese Denkart die Träumerei einer Gruppe beendet, wie die gebieterische »Hier-und-jetzt-Übertragungsdeutung« psychoanalytisches Zuhören unterbricht.

Ich denke, die obige Erfahrung sagt uns etwas darüber, warum diese Idee der Referenz die analytische Welt reingefegt hat. Obwohl Psychoanalyse ein einsames Unternehmen und unbewusstes Leben nicht nur immateriell, sondern auch in den Nebeln des deskriptiven Unbewussten versteckt ist, entschieden sich Psychoanalytiker irgendwann, einander ihre Arbeit in den berüchtigten Fallkonferenzen vorzustellen. Gab es vorher nur *einen* analytischen Geist, der dem Patienten zuhörte, konnten es nun vier, fünf oder acht sein, und psychoanalytische Praxis wurde nun zum Teil durch die Gruppensicht bestimmt. Mehr als alles andere ist diese Entwicklung meiner Ansicht nach für Geburt, Wachstum und Verbreitung eines Irrtums verantwortlich. In der Gruppe wurde die Frage »Was ist mit der Übertragung?« für jeden, der anderen einen Fall vortrug, so vorhersagbar in dieser Schule, dass Fallvorstellende vor ihrer Vorstellung wussten, dass sie kommen würde, und im Lauf der Zeit – ich denke, es brauchte eine Weile – machten Analytiker diese Deutungen, damit sie ihre Arbeit im Kollegenkreis verteidigen konnten. Ich meine, wer wollte dumm da stehen? Und so stand man da in der Britischen Schule, wenn der Analytiker auf die Frage, was in der Übertragung im Hier und Jetzt passiere, keine Antwort parat hatte.

Tatsächlich, wo in der Sitzung hatte der Analytiker gezeigt, dass er über die Übertragung im Hier und Jetzt Bescheid wusste? Wo in der Sitzung hatte er echt die Übertragung gedeutet? Es blieb in so einer Umgebung wirklich nur ein Weg, seine analytische Glaubwürdigkeit zu etablieren, und das war, sich der Bewegung anzuschließen und seinen Kollegen zu demonstrieren, dass man das so gut wie die anderen könne.

Vielleicht sieht der Leser hier, dass Psychoanalytiker in Gruppen untereinander das taten, was sie mit ihren Patienten machten. Vorstellende Analytiker wussten, dass ihre Kollegen ihnen nicht offen zuhörten, zumindest nicht weiter als zur Übertragung. Obwohl von Zeit zu Zeit andere Themen in Betracht gezogen und dritte Inhalte erwähnt wurden, wurde die Krux der Stunde darin gesehen, wie der Analysand im Material über den Analytiker sprach, und was er mit dem Analytiker durch sein Sprechen machte. Es dauerte nicht lange, und praktizierende Kliniker brachten kein »offenes« Material mehr, sondern Sitzungen, die zeigen sollten, dass sie mithielten in der Art, wie die Gruppe dachte, und da dieses Denken eingeschränkt war, mussten die Sitzungen auch diese eingeschränkte Sicht demonstrieren.

Vielleicht versteht man das als Kritik am kleinianischen Denken. Deshalb sollte ich hinzufügen, dass kleinianische Theoretiker in der Britischen Schule sicher unter den ersten waren, die diese Position vertraten, in den späten 70ern dies aber die vorherrschende klinische Sichtweise innerhalb der Britischen Gesellschaft geworden war. Wieder, glaube ich, hilft uns die Gruppendynamik zu verstehen, warum Analytiker, die doch einen anderen Zugang gelernt hatten, diesen Wahn aufgriffen. Wahnhaftes Denken gedeiht in verfolgenden Umgebungen und weitet sich sehr erfolgreich in und durch Gruppen aus. Der einzelne wahnhafte Patient in einem Krankenhaus, der denkt, der Disc Jockey im Radio spricht zu ihm, lebt nicht so gut, bis fünf oder sechs Patienten mit der gleichen Idee anfangen, dann verbreitet sich die Idee und kann schwer zu stoppen sein. In den USA der frühen 50er glaubten viele Amerikaner, ihre Gesellschaft sei von Hunderttausenden Kommunisten infiltriert, die planten, die Regierung zu übernehmen. Es war eine mächtige Idee, die Millionen Leute für eine ganze Weile zu einer paranoiden Gruppe verband. Natürlich gab es *ein paar* aktive Kommunisten in den USA, aber für *aficionados* des paranoiden Prozesses ist das ein gutes Beispiel dafür, wie eine ausgewählte Tatsache durch Überbewertung zum psychotischen Objekt wird, das wie in einem Gesichtsfeldausfall Wahrnehmung zerstört.

Sind Leute, die wahnhaft denken, psychotisch? Natürlich nicht immer. Viele Leute glaubten eindeutig den Beteuerungen, der Irak besitze Massenvernichtungswaffen, obwohl es noch keinen Beweis gab und sehr viel dafür sprach, eine Weile abzuwarten, um zu sehen, wie realistisch die Befürchtungen waren. Sie unterlagen sozusagen dem Druck des »Hier und Jetzt« und konnten nicht den Ablauf der Untersuchungsreihe abwarten.

Aber ein verfolgendes Klima ist auch schwer auszuhalten und es kann einen großen Gruppendruck geben, diese Ängste durch Wahn zu lösen, besonders, da Wahn eine Gruppe bindet, wenn sie wirklich ernsthaft in Stücke zu gehen droht. Das Nachkriegs-Amerika war in der Tat über seine Beziehung zur Sowjetunion und zu sozialistischen Ideen, die in beiden Ländern vor dem Krieg hochgehalten wurden, politisch tief gespalten. Diese Ideen schufen nach dem Krieg eine unbehagliche Welt. Da bot die »Hier-und-jetzt-Sicht« Zusammenhalt. Die Kommunisten waren direkt da und mussten unverzüglich »erledigt« werden.

Der Brite Tony Blair und der Amerikaner George Bush stürzten sich über den Irak in eine enge Verbindung, weil es in ihren jeweiligen Regierungen, Bevölkerungen und politischen Ideologien wirklich schwere Konflikte gab: Ein »clash« von Ansichten, der im englischen Labour-Kabinett sicherlich ein Verfolgungs-Klima entstehen ließ. Aber ein Irak, der hier und jetzt einen Flugkörper abfeuern konnte – in nur 45 Minuten – zerstörte die Auffassung der Weltbevölkerungsmehrheit, dass es weiser sei, die Entwicklung der Zeit abzuwarten, bis Beweise auftauchen.

Die Britische Psychoanalytische Gesellschaft war bis zum Tode von D. W. Winnicott und Michael Balint eine zutiefst gespaltene Gesellschaft mit völlig unterschiedlichen Vorstellungen darüber, was eine gute Analyse ausmache. Winnicotts und Balints Tod, die Geisteskrankheit Masud Khans und Bions Marginalisierung (exiliert in L. A. und in mystische Gedanken) bot für die

Britische Gesellschaft die Chance, sich durch Konsens über eine gemeinsame Idee näher zu kommen. Der Diskurs des Patienten war eine versteckte Mitteilung an den Analytiker. Um den Patienten – oder indem sie sich um den Patienten im Kreis scharte – formte die Britische Gesellschaft ihren Konsens. Die durch die Differenzen ausgelösten Verfolgungsängste wurden auf ewig durch diese mächtige Idee geheilt, die nun Menschen mit weit auseinanderklaffenden analytischen Überzeugungen zusammenbrachte.

Tatsächlich wurde es unter britischen Analytikern zum Gemeinplatz, bei der Rückkehr zu ihrer Gesellschaft zu behaupten, die Teilnahme an auswärtigen Konferenzen habe ihnen nur gezeigt, wie viel sie wirklich gemeinsam hätten. Die Welt draußen wurde Gradmesser dieser neuen britischen Verbindung. Und wie bei jeder Wahnbildung wurde es für die Gesellschaft wichtig, nun ihren Feind *außerhalb* der Gesellschaft zu finden, und der sollte im Rest der psychoanalytischen Welt bestehen.

Aber wie sind der außerordentliche Erfolg und die Popularität der britischen Herangehensweise *außerhalb* Großbritanniens zu verstehen? Warum hat sie in vielen anderen Ländern einen so relativ großen Erfolg, z. B. verglichen mit der zeitgenössischen französischen analytischen Praxis?

Die britische Gesellschaft betrachtete sich immer sehr stolz als empirisch fundiert, was jetzt als »evidence based« angepriesen wird. Das heißt, die Briten präsentieren Fälle als Beweis ihrer Behauptungen, und wenn sie reisen, bitten sie, dass man ihnen Fälle vorstellt. Die Objektbeziehungstheorie konnte tatsächlich in nicht englischsprachige Länder exportiert werden, denn anders als die Freud'sche Theorie ist die Objektbeziehungstheorie nicht sprachgebunden. Was zählt, ist das Bild oder das Objekt, und egal wie man »tree« (Baum) in verschiedenen Sprachen buchstabiert, oder welche Wurzeln es mit anderen Wörtern dieser Sprachgruppe teilt, man brauchte nur das Bild eines Baumes, um die Diskussion über die Objektbeziehung auf jedem Boden sprießen zu lassen. Das traf und trifft entschieden nicht für die klassische französische Theorie zu, die fest auf Freuds Privilegierung der Sprache gründet. Und wenn der französische Analytiker nicht die Sprache des Gastlandes sprach, konnte er nicht »französisch« arbeiten, und die Zahl der umherreisenden französischen Analytiker, die das können, ist heutzutage begrenzt. (Ich lasse jetzt andere Probleme beim Lehren dieses Vorgehens außen vor.)

Der Punkt ist: Objektbeziehungstheorie konnte sehr schnell exportiert werden und die supervidierten Analytiker des Gastlandes lernten bald, dass britische Analytiker sie nach der Übertragung fragen würden. Das ging relativ einfach und sprachfrei, da man, damit dieses System griff, nur zu sehen brauchte, wie die Menschen, Orte und Ereignisse das Objekt des Analytikers in der Übertragung darstellten.

Aber ein Wahn wirkt nur, wenn er die Ängste lindert, die ihn hochbrachten, und die britische Objektbeziehungstheorie hätte nicht auf diese Art gewirkt, wäre die analytische Welt nicht in einer Art Kompetenzkrise. Es würde hier zu weit führen, aber die Vertrauenskrise der Psychoanalyse beschränkte sich sicher nicht auf Großbritannien, sondern griff weiter. Die Ich-Psychologie entkleidete die Freud'sche Theorie jedes bedeutungsvollen Zugangs zur Theorie der freien Assoziation. Die ich-psychologischen Haupttexte spenden dem Freud'schen Paar spärliche Aufmerksamkeit. Ohne Kohuts Entdeckung der Selbstpsychologie – die Psychotherapie als Form der Psychoanalyse legitimierte – und ohne die britische Objektbeziehungstheorie – die Analytikern das Gefühl erlaubte, sie hätten die Zweideutigkeiten einer Sitzung gelöst – hätte die Psychoanalyse sich, glaube ich, nicht weiter entwickelt, außer im lacanianischen Feld, das sich in der schmerzvollen Beackerung von Lacans Ideen wand.

Durch Fokussierung auf die Übertragung löste die britische Schule das Problem der täglichen Begegnung mit dem Unbewussten des anderen. »Was ist mit der Übertragung?« steht unbewusst für »Hören wir auf zu denken«, was unbewusst für »Wie kann ich mich hier effektiv fühlen?« steht. Die Nachkriegspsychoanalyse interessierte sich nicht nur für die Arbeit des Ich, sondern für das Problem des Analytikers, der wie das Ich Aufgaben zu lösen hatte, und so entstand eine graduelle Bewegung weg vom Studium der freien Assoziation, denn der Geist war letztlich einfach zu komplex. Man konnte nicht bewusst zum Unbewussten des Patienten sprechen, geschweige denn es verstehen: Es war nicht möglich.

Die Frage »Dora« stellt sich Analytikern, die glauben, sie sollten wissen, was in einer Psychoanalyse stattfindet, als unlösbare Aufgabe. Die Ansicht, Freud habe die Übertragung, oder später auch die Gegenübertragung, nicht verstanden, hat diesen Konzepten die Vorstellung verliehen, wenn wir nur Übertragung und Gegenübertragung begriffen, verstünden wir unsere Patienten wirklich. So sind diese Begriffe nun für Psychoanalytiker mit Bedeutung überladen. Das Verstehen von Übertragung und Gegenübertragung ist gleichbedeutend mit dem Verstehen des Unbewussten.

Das Extrem der britischen Praxis bedeutet dann nur die logische Ausweitung der drängenden Notwendigkeit, das Problem, das das Unbewusste stellt, zu lösen. Ein bekannter britischer Psychoanalytiker soll auf einer internationalen Konferenz gesagt haben: »Ich habe allmählich die freie Assoziation begraben«, und zweifellos ist das seine Praxis. Aber sie ist tot, weil Psychoanalytiker sie töteten und kein Interesse an ihr haben. Sie ist tot, weil die Praktiker der »Hier-undjetzt-Übertragung« sich in einem Beziehungswahn weigern, die unbewussten Gedankengänge des Analysanden aufzunehmen.

Vor einiger Zeit kam eine Gruppe von »britisch geschulten« Analytikern zu mir in Supervision, weil sie insbesondere mehr über freie Assoziation lernen wollten. Die Treffen waren sehr schwierig, weil die Analytiker so voll waren von »nach der Übertragung suchen« und dem Verfertigen von »Hier-und-jetzt-Übertragungsdeutungen«, dass sie nichts anderes aus der Stunde heraushören konnten.

Einige Analytiker entschieden sich, diese Deutungen aufzugeben, und wurden viel ruhiger in den Sitzungen, waren aber unfähig, die Logik der Assoziationen zu begreifen, obwohl es möglich war, hier und da Gedankenlinien zu erkennen, wenn es mit ihnen in unseren Treffen durchgegangen wurde. Trotzdem konnten sie sich diese Materie nicht wirklich als Muster, das sie meinten nutzen zu können, verinnerlichen. Einige Gruppenmitglieder aber waren unglücklich, weil sie sich aus ihrer eigenen Analyse erinnerten, dass ihre Analytiker mit der freien Assoziation gearbeitet hatten. Mit anderen Worten: Ihre eigene Lehranalyse war nicht in der Maschine der Übertragungsdeutungen durchgeführt worden. Aber ihre analytische Erziehung in Seminaren, Supervisionen und im wissenschaftlichen Leben ihrer Gesellschaft war so durchtränkt von der Annahme, Analyse finde in und durch Übertragungsdeutungen im Hier und Jetzt statt, dass sie, um diese vorherrschende Ansicht zu adoptieren, auf ihr eigenes analytisches Erbe verzichtet hatten.

Ich habe etwas gezögert, diesen Essay zu schreiben, weil ich genau weiß, wie herausfordernd er ist. Aber ich denke, wir alle haben eine ethische Verpflichtung, uns zu Wort zu melden, wenn wir, zu Recht oder Unrecht, glauben, Zeugen einer Form von Extremismus zu sein, der die guten Seiten im Menschen bedroht. Ich glaube, hier in der relativ seltsamen Welt der Psychoanalyse sind wir nun konfrontiert mit einer grundlegenden moralischen Herausforderung. Wenn meine Argumentation stimmt – und vielleicht irre ich mich –, dann bedeutet, die Verrücktheit der »Hier–und–jetzt-Übertragung« immer weiter gehen zu lassen, die Kollusion mit einem paranoiden Autoritarismus, der sicherlich die Psychoanalyse zerstören wird.

In diesen extremistischen Momenten der psychoanalytischen Geschichte beobachten wir, glaube ich, die unbewusste Anstrengung des Analytikers, das Dilemma, in einer überwältigend unbewussten Praxis zu leben, zu lösen. Heutzutage ist es ganz und gar nicht einfach für eine professionelle Person, zu sagen, er oder sie sei sich nur über einen kleinen Teil der Arbeit in seiner

Praxis bewusst im Klaren. Der Freudianische Analytiker kann aber nicht beanspruchen, bewusst überhaupt viel zu wissen, was seine Patienten mit Worten oder Inszenierungen meinen, obwohl es von Zeit zu Zeit Momente tiefer und grundlegender Einsicht über die Bedeutung des Gesagten oder Getanen gibt. Ansonsten verläuft das Experiment, das wir Psychoanalyse nennen, an unbewussten Kommunikationslinien zwischen seinen Teilnehmern entlang. Eine Therapie für den Analysanden, die sich auf die simple Freiheit des freien Gedanken gründet, übertragen in freie Sprache in Gegenwart des schweigend aufmerksamen Anderen, der anstelle aller Objekte sitzt, die vormals im Leben oder der Vorstellung des Analysanden existierten.

Dieser Essay über freie Assoziation und Übertragung fokussiert gezwungenermaßen auf *die* Übertragung als Widerstand gegen die freie Assoziation. Anfangs vermuteten Analytiker, die Patienten widersetzten sich der freien Assoziation wegen der Übertragung, und da war und ist einiges wahr dran. Leider liegt aber der schlimmere und hartnäckigere Widerstand gegen die freie Assoziation in der Hauptbeschäftigung des Psychoanalytikers mit *der* Übertragung, die die Offenheit für die freie Assoziation des Analysanden behindert. Die Überwindung dieses Widerstandes wird nachfolgenden Analytiker-Generationen die Rückkehr zu nicht wahnhaften Gedankensystemen ermöglichen. Aber gibt es dann noch eine Erinnerung an die einstige Psychoanalyse, nicht nur daran, was sie versprach, sondern, was sie brachte? Die zukünftige Antwort auf diese beunruhigende Frage werden wohl nur wenige von uns hier noch erleben.

Übersetzung: Karla Hoven-Buchholz

2 Bindung und Psychoanalyse

Ist der Begriff Bindungstrieb tatsächlich ketzerisch?

Bernard Golse

Die Kluft zwischen Bindungstheorie und Metapsychologie ist uns zweifellos in den letzten Jahrzehnten für unsere verschiedenen theoretisch-klinischen Modellbildungen im Bereich der kindlichen Psychopathologie teuer zu stehen gekommen. Die drei großen Kontroversen, die nacheinander die Geschichte der Bindungstheorie geprägt haben, sind hinreichend bekannt:

➤ Eliminiert der Bindungsbegriff die Frage der mentalen Repräsentation oder nicht?

➤ Ist der Bindungsbegriff vollständig an die Frage der Präsenz des Objektes gekoppelt oder ist es im Gegenteil möglich, zwischen Abwesenheit und Präsenz des Objektes einen eigenen Platz zu konstituieren, d. h. einen Platz für die Unterschiede zwischen dem, was vom Objekt erwartet, und dem, was tatsächlich von ihm erhalten wird?

➤ Ist der Bindungsbegriff mit dem Begriff des Sexuellen oder der infantilen Sexualität inkompatibel?

Zunächst werde ich den offenbar ketzerischen aber sehr heuristischen Begriff »Bindungstrieb« näher betrachten, was uns ermöglicht, einige der bestehenden Aporien zu überwinden. Dann versuche ich darzustellen, in welcher Weise die Bindung uns auch eine Brücke zwischen der Triebtheorie und der Theorie der Objektbeziehungen zu schlagen erlaubt.

Der Begriff Bindungstrieb

Ist eine Verknüpfung von Bindungstheorie und unseren klassischen metapsychologischen Ansätzen möglich? Meiner Meinung nach ja, und seit einigen

Jahren versuche ich nun diesen Gedanken zu untermauern. Mir geht es nicht darum, mich um jeden Preis für eine illusorische alle Richtungen umfassende Perspektive einzusetzen, sondern schlichtweg darum, objektiv zu sein und so genau wie möglich zu analysieren, was die einen und die anderen von uns wirklich Verschiedenes mit identischen Begriffen sagen und zugleich Ähnliches mit verschiedenen Worten. In dieser Hinsicht wird uns die Bindung sicherlich noch weiter zusammenführen beziehungsweise entzweien.

1. Warum von Bindungstrieb sprechen wollen?

Der Begriff Trieb verweist in der Tat auf die Triebtheorie (S. Freud), während der Begriff Bindung selbstredend auf die Bindungstheorie (J. Bowlby) hinweist, und es ist bekannt, dass diese beiden Theorien gewöhnlich als vollkommen inkompatibel dargestellt werden.

J. Bowlby wurde lange von den Psychoanalytikern angegriffen und verurteilt, blieb aber dennoch bis an sein Lebensende Mitglied der Britischen Psychoanalytischen Gesellschaft; der Begriff »Bindungstrieb« mag also provokant erscheinen, so als versuche er, das Unvereinbare zu vereinbaren unter einer trügerischen Perspektive des Pseudokonsenses.

Ich persönlich habe den Begriff Bindungstrieb bei D. Anzieu entdeckt, der ihn de facto nur wenig ausgebaut hat, während es sich doch um einen Begriff handelt, der äußerst anregend ist und zwei Perspektiven eröffnet:

1.1 Die Perspektive eines Brückenschlags zwischen Triebtheorie und Objektbeziehungstheorie mithilfe des Bindungsbegriffes.

In diesem Zusammenhang ist daran zu erinnern, dass J. Bowlby im Jahr 1990 starb, kurz vor dem ersten gemeinsamen Kolloquium der Tavistock Clinic und des Anna-Freud-Zentrums, das unter seiner Leitung in London stattfinden sollte. Dieses Kolloquium wurde wie vorgesehen durchgeführt, allerdings übertrug man ihm die Leitung »in memoriam«. Dies war ein symbolischer Hinweis auf eine mögliche Annäherung der Theorie der Objektbeziehungen (im Zentrum der Überlegungen der post-kleinianischen Autoren der Tavistock Clinic) und der Triebtheorie (welcher die Anhänger des Anna-Freud-Zentrums treu geblieben waren).

1.2 Zum anderen eine Reintegration der Bindung in die Anlehnungstheorie, wobei man sich mit dem Säugling befassen und gleichzeitig Psychoanalytiker bleiben kann.

Der Säugling zwingt uns in keiner Weise dazu, unsere klassischen metapsychologischen Ansätze aufzugeben, also weder die Triebtheorie noch die Anlehnungstheorie, nicht einmal die Theorie der nachträglichen Verarbeitung, und es ist wichtig, sich heutzutage daran zu erinnern. Er zwingt uns wahrscheinlich lediglich dazu, die topische Sichtweise der psychoanalytischen Perspektive zu überdenken, um das dyadische und triadische System berücksichtigen zu können, in dessen Rahmen »die ursprüngliche Einheit«, die der Säugling und seine beiden Elternteile bilden, eingebettet ist (M. Perez-Sanchez und N. Abello).

Der Autor D. Widlocher betont oft, dass man darauf bedacht sein müsse, den Säugling nicht zwischen seinem Körper und dem Anderen »einzuklemmen«, unterstreicht jedoch gleichzeitig die ungeheure Anziehungskraft, die das Kind zum Erwachsenen drängt, der sich um es kümmert. Meiner Ansicht nach besteht darin auch eine Art und Weise, die Triebquelle und das Objekt, d. h. das Kind und den Erwachsenen, in einer gleichen Bewegung miteinander zu verbinden, also wieder die Triebtheorie und die Theorie der Objektbeziehungen zu verbinden, die lediglich zwei Facetten ein- und desselben Prozesses sind und sein können.

Unter dieser Perspektive möchte ich auf das kürzlich veröffentlichte Buch von P. Fonagy *Attachment Theory and Psychoanalysis* (deutsch: *Bindungstheorie und Psychoanalyse*) hinweisen. Ich erinnere auch an die Position von A. Green, der stets die veritablen »aufgeblähten Denkweisen« angeprangert hat, die seiner Meinung nach viel zu radikal darauf abzielen, der Psychoanalyse, die für einige nur eine strikte Metapsychologie der Abwesenheit darstellte, die Bindungstheorie entgegenzustellen, die lediglich eine einfache Modellbildung der Präsenz des Objekts sei.

Selbstverständlich sind die Dinge nicht so klar abgegrenzt und der Begriff Bindungstrieb hat vielleicht das Verdienst, diesen scheinbaren Unterschied zu verkleinern, ohne deshalb zu versuchen, die begrifflichen Divergenzen zu verschleiern.

2. Die Bindung nach Didier Anzieu

Im Werk von Didier Anzieu bin ich zum ersten Mal dem Begriff »Bindungstrieb« begegnet. Genauer gesagt habe ich ihn bei der 1. Internationalen Konferenz der Kinder- und Jugendpsychiatrie, die 1985 in Paris stattfand, davon sprechen hören. Dort stellte er seinen Begriff der »formalen Signifikanten«

vor, von denen er damals sagte, dass sie leicht durch den »Bindungstrieb« besetzt würden, und zwar im Unterschied zur klassischen Fantasie, deren »Triebbesetzung aus Sexualität und Aggressivität besteht«, was er 1987 in seinem Artikel über »Les signifiants formels et le Moi-peau« (»Die formalen Signifikanten und das Haut-Ich«) wieder aufgegriffen hat. Danach habe ich den Bindungstrieb in seinem 1990 erschienenen Buch *L'épiderme nomade et la peau psychique* (*Die nomadische Epidermis und die psychische Haut*) wiedergefunden:

> »Bowlby hat fünf Kriterien herausgearbeitet, die meiner Ansicht nach durch ein sechstes ergänzt werden müssen. Ihr gemeinsames Vorliegen ist Bedingung dafür, dass die gegenseitige Bindung zwischen der Mutter (oder der bemutternden Umwelt) und dem Säugling Erfolg hat, d.h. dass diese ihm die strukturierende Erfahrung eines Zärtlichkeitsaustausches gibt. Es handelt sich um *eine nicht libidinisierte Trieberfüllung, unabhängig von der Besetzung erogener Zonen* [Hervorh. BG], die Bowlby zu der Hypothese geführt hat, dass ein spezifischer Bindungstrieb besteht, *zwischen dem Selbsterhaltungstrieb und dem Sexualtrieb* [Hervorh. BG]. In der Tat weisen die Patienten, denen diese vollständige Erfahrung der Bindung gefehlt hat, eine große Bandbreite in ihrem sexuellen Leben auf: aktives, mäßiges oder gar kein Sexualleben« (Anzieu 1990).

D. Anzieu zählt dann die fünf Kriterien Bowlbys auf (das gegenseitige Lächeln, der Halt des Tragens, die Wärme der Umarmung, die sanfte Berührung und die Interaktion sensorischer und motorischer Signale während des Stillens), denen er die Übereinstimmung der Rhythmen hinzufügt. Er entwickelt dann seine persönliche Sicht einer Metapsychologie »der negativen Bindung« und präzisiert, dass »dynamisch gesehen, sich die negative Bindung eher aus der Verknüpfung des Bindungstriebs mit dem Selbstzerstörungstrieb als mit dem Selbsterhaltungstrieb ergibt« (Anzieu 1990).

Und weiter: »Die negative Erfahrung der Bindung belastet den Zugang zur ödipalen Organisation und ruft einen Widerstand gegen diesen Zugang hervor« (ebd.), was auf die Aussage hinausläuft, dass die Prozesse der Weitergabe einer negativen Bindung von Generation zu Generation der Annahme der von G. Rosolato beschriebenen »relation d'inconnu« (etwa: Beziehung des Unbekannten) entgegenstehen, also auch einem Zugang zu einer Funktionsweise, die auf der innerpsychischen Triangulation beruht.

Diese wenigen Bruchstücke enthalten die wichtigsten Elemente, auf die sich meine aktuellen Überlegungen stützen. Dennoch ist es wichtig, darauf hinzuweisen, dass sich J. Bowlby an einigen Punkten seines Werkes de facto gegen den Begriff des (Bindungs-)Triebs stellt, insbesondere, wenn er in Zusammenhang mit seiner Bindungstheorie sagt, dass dieses »neue Paradigma in der Lage ist, auf eine Anzahl abstrakter Begriffe zu verzichten, einschließlich jener der psychischen Energie und des Triebs, und (auf diese Weise) Verbindungen zu der kognitiven Psychologie herzustellen.«

D. Anzieu entwickelt folglich in gewisser Weise eine andere Lesart der Bindungstheorie als J. Bowlby selbst.

3. Bindung und Trieb

Zunächst existiert eine gewisse Zahl von Komponenten, die de facto den Bindungsbegriff durchdringen und die es ermöglichen, ihn im Lichte der Metapsychologie zu verstehen.

3.1 Wenn die Bindung einem primären Bedürfnis des Kindes entspricht, warum sollte man sich nicht vorstellen, dass sie dann libidinös besetzt werden kann, genauso wie alle anderen Bedürfnisse der Selbsterhaltung im Rahmen der freudianischen Theorie der Anlehnung?

3.2 Im Übrigen kann die Bindung meiner Meinung nach nicht durch rein kognitive Begriffe erfasst werden. Sogar in der »Strange Situation« (Fremde-Situations-Test) von Mary Ainsworth werden die verschiedenen Bindungsarten des Säuglings mithilfe von Affektbegriffen beschrieben (sichere Bindung, unsicher-vermeidende Bindung oder unsicher-ambivalente Bindung). Folglich müssen die Bindungsmuster als Mischungen von Kognitivem und Affektivem angesehen werden. Anders gesagt: Das Bindungsobjekt oder die Bindungsperson ist zugleich ein kognitiv zu entdeckendes und ein affektiv zu besetzendes Objekt (Triebobjekt).

3.3 Die inneren Arbeitsmodelle (die verinnerlichten Erwartungen), die insbesondere von I. Bretherton beschrieben worden sind, kann man tatsächlich als mentale Repräsentanzen bezeichnen, und seit dem Tod von J. Bowlby im Jahr 1990 wird immer deutlicher, dass die mentalen Repräsentanzen in seiner Theorie absolut nicht fehlen, wie es zuweilen gesagt worden ist. Die Arbeiten von M. Main zum »Adult Attachment Interview« (AAI), die von dem Team um B. Pierrehumbert in Lausanne untersucht wurden, zeigen deutlich, dass die Weitergabe von Bindungsmustern von einer Generation zur nächsten den Mechanismen der Weitergabe von Fantasien wie auch der kognitiven Vererbung folgt.

Zurzeit räumen die Forschungen zum Verhältnis von Bindung und Narrativität beim Kind übereinstimmend den Bindungsmustern den Status mentaler Repräsentanzen ein.

3.4 Außerdem lassen die Bindungsforschungen dem Begriff der nachträglichen Verarbeitung seine Bedeutung. So hat beispielsweise P. Fonagy klar gezeigt, dass in der Fremden Situation die Art der Antworten der Mutter im AAI und die Art des Bindungsmusters des Säuglings hoch korrelieren (ca. 80%). Anders gesagt: Eine Mutter, die, zu Recht oder zu Unrecht, sich eine nachträgliche Vorstellung von der Sicherheit oder Unsicherheit ihrer eigenen frühen Bindungssituation macht, wird in nahezu 80% der Fälle bei ihrem Kind ebenfalls entsprechend sichere oder unsichere Bindungsmuster induzieren.

Nun eröffnet das AAI de facto Zugang zu den aktuellen Vorstellungen, die sich der Erwachsene von seinen früheren Bindungsprozessen macht, und diese Repräsentanzen werden natürlich durch eine ganze Reihe sekundärer Verzerrungen und Verdrängungen (die mit seiner Biografie, seiner kindlichen Neurose sowie mit seinem eigenen ödipalen Konfliktstoff zusammenhängen) neu bearbeitet und rekonstruiert.

Alles geschieht also so, als ob die Geburt und die interaktive Präsenz des Säuglings durch einen nachträglichen Effekt die Erfahrungen der frühen Kindheitsgeschichte der Mutter reaktivieren würden, und dies gilt besonders für den Bindungsbereich. Diese Erfahrungen der Vergangenheit beeinflussen – wenn auch deformiert – die Qualität des Beziehungssystems, das die Mutter unbewusst ihrem Kind nahebringt.

3.5 Im Übrigen besteht eine wichtige Dialektik zwischen dem Bindungswunsch und dem Explorationswunsch, woraus eine gewisse innere Konfliktdimension entsteht, die sehr gut als Narzissmus verstanden werden kann oder als »Hintergrund-Objekt oder Hintergrund-Präsenz primärer Identifikation« (Grotstein 1981). Anders gesagt: Das Kind erkundet umso effizienter seine Umgebung, je besser es sich eine »sichere Basis« schaffen konnte, als ob es in gewisser Weise sein Rückzugsgebiet sichern müsste, bevor es sich nach vorne wagt.

Es wird also deutlich, dass die Bindungstheorie dem intrapsychischen Konflikt durchaus einen Platz – und nicht den unwichtigsten – einräumt.

3.6 Was die »Selbst«-Zeiten angeht oder die Möglichkeit, sich sich selbst zuzuwenden, die jeder Triebdynamik eigen ist (man denke hier an den ursprünglichen Autoerotismus und Masochismus), kann man diese zweifellos in den oft erwähnten Vorgängen der Selbst-Beherrschung (*auto-contention*), Selbst-Bindung (*auto-attachement*), Self-Holding (*auto-holding*) beziehungsweise der Verknüpfung auf der Medianlinie, die G. Haag so gut beschrieben hat, erkennen.

4. Darf man also von »Bindungstrieb« sprechen?

Dies kann man sicher nicht im Sinne eines klassischen sexuellen Partialtriebes, der in einer ihm spezifischen erogenen Zone verwurzelt ist. Aber schließlich hätte man auch ziemliche Schwierigkeiten, die erogenen Zonen der Lebenstriebe, der Todestriebe und sogar des sogenannten skopischen Triebs (C. Chiland) zu definieren. Sicher kann man von einem Bindungstrieb sprechen, aber dann im Sinne eines sekundär libidinisierten globalen Selbsterhaltungstriebes innerhalb des frühen interaktiven Systems. Man kann sich daher auch auf die Anlehnungstheorie beziehen.

So früh und prägenital der Bindungstrieb auch verortet sein mag, so erscheint er doch grundsätzlich global und vorrangig im Register der Selbsterhaltung verankert. Dies ist der Stand meiner Überlegungen, und ich weiß nur zu gut, dass diese Konzeptualisierung die Frage der sexuellen Natur aller Triebe neu stellt, der sexuellen Natur, die ein Autor wie J. Laplanche seit Langem verteidigt.

Etwas schematisch, ja provokant, schlage ich vor, den Bindungstrieb – akzeptiert man ihn als Hypothese – als den noch nicht durch Anlehnung sexualisierten Lebenstrieb zu betrachten. Dies erscheint mir mit dem Vorschlag von D. Anzieu »einer nicht libidinisierten Trieberfüllung, unabhängig von erogenen Zonen [...], in der Mitte zwischen dem Selbsterhaltungstrieb und dem Sexualtrieb« (siehe oben) kompatibel.

Eine interessante Fragestellung betrifft den möglichen Platz der Bindung im Aufbau des Triebkreislaufes, den M.-Ch. Laznik-Penot wiederholt untersucht hat.

Nachdem das Kind entdeckt hat, dass dieses eine selbst-erhaltende Rolle für es spielt (erste Phase des Triebs) und dass es zeitweilig abwesend ist (zweite Phase des Triebs), wäre das Bindungsobjekt das Objekt, welches das Kind dazu bringen könnte, sich ihm als Objekt seiner eigenen Triebe anzubieten (dritte Phase des Triebes). Dies führt dazu, dass das Bindungsobjekt oder die Bindungsfigur als ein besonderes Objekt wahrgenommen wird, das für das Überleben des Kindes sorgt und von dem das Kind lernen muss, manchmal auf es zu verzichten, es aber auch als ein Objekt wahrzunehmen, das bereits über eine eigene Triebhaftigkeit verfügt und welches das Kind aktiv animieren muss, um sich in einer passiven Position als Partialtriebobjekt des Bindungsobjekts anzubieten.

Im Übrigen kann die Diskussion über die Existenz des Triebes auch die Thematik der Bindung betreffen. Dabei denke ich vor allem an die Diskussion zwischen den beiden Autoren R. D. Stolorow und L. Friedman vor zwanzig Jahren in den USA. Ohne diese Auseinandersetzungen im Detail aufzunehmen, soll hier nur gesagt werden, dass die Bindung die Reflexionen über die Genese des Selbst, des Objekts und der Objektbeziehungen unter einer neuen Perspektive beleuchtet. Bringen die Repräsentanzen per se das Denken oder Handeln hervor oder nicht? Kann man die traditionelle Triebtheorie vernachlässigen oder nicht? Diese Fragestellung wurde in Frankreich bekanntermaßen von D. Widlocher innerhalb der *Associaton Psychanalytique de France* (Psychoanalytische Vereinigung Frankreichs) erneut stark diskutiert.

Akzeptiert man den Begriff Trieb und die Hypothese eines »Bindungstriebs«, bleibt dennoch zu klären, ob dieser Bindungstrieb eine eigene Trieblinie darstellt, die sich von den klassischen sexuellen Trieben unterscheidet, oder ob er im Gegenteil als noch nicht sexualisierter Vorläufer dieser Triebe gelten könnte, wie es die Sichtweise von D. Anzieu nahe legen würde. Dies führt uns also zu der Hypothese, dass es Triebe (noch) nichtsexueller Natur gibt, eine Hypothese, die bekanntermaßen alles andere als einfach ist.

Die Bindung als Brücke zwischen Triebtheorie und Theorie der Objektbeziehungen

Auf der Grundlage des Gesagten kann man sich in der Tat die Frage stellen, ob die Bindung nicht nur der dynamische Prozess ist, der den Trieb mit dem Objekt verbindet, der das Eine zum Anderen lenkt, der ihre Verbindung und ihr Wiederauffinden ermöglicht.

An dieser Stelle trifft man wieder auf den schwierigen Begriff der Triebregung, das nach S. Freud neben Triebquelle, Triebziel und Triebobjekt jedem Trieb innewohnende Element, das für einige Autoren in gewisser Weise den »Trieb des Triebs« darstellt.

Daher ist meiner Meinung nach ein metapsychologischer Ansatz der Bindungstheorie denkbar, und zwar umso mehr, als ich persönlich daran zweifle, dass uns diese Theorie so markerschütternde Revisionen unserer klassischen metapsychologischen Bezugspunkte abverlangt, wie zu lesen war. Dies habe ich versucht, in meinem Artikel »Attachment, modèles internes opérants et métapsychologie ou comment ne pas jeter l'eau du bain avec le bébé?« (deutsch: »Bindung, innere Arbeitsmodelle und Metapsychologie oder wie das Badewasser nicht mit dem Baby ausschütten?«) zu zeigen (Golse 1998).

1. An dieser Stelle muss etwas zur Arbeit von Ch. Bollas gesagt werden, der meiner Meinung nach in seinem Buch *Les forces de la destinée* (Original: *The Forces of Destiny*, 1989) die Frage der Beziehungen zwischen Triebtheorie und Theorie der Objektbeziehungen anders formuliert.

Es ist bekannt, dass dies der Boden ist, auf dem alle Kontroversen zwischen der europäischen und der angelsächsischen Psychoanalyse wachsen, will man die Dinge schematisch zuspitzen.

Zwischen der Triebtheorie und der Objektbeziehungstheorie erscheint der Abstand zugleich winzig und gleichzeitig von entscheidender Bedeutung. Winzig, weil die Triebe die »großen Objektsucherinnen« sind, wie man weiß (S. Freud), und weil es kein Objekt gibt, dass sich ohne eine doppelte triebhafte Besetzung (von Liebe und Hass) psychisch eingravieren kann. Der Abstand ist aber auch von entscheidender Bedeutung, und diesen Punkt verdeutlicht uns das Buch von Ch. Bollas.

Die Triebtheorie begrenzt in der Tat in gewisser Weise ein Diesseits des Objekts, als freudianisches Register schlechthin öffnet sie die Tür zur Frage der Metapsychologie der Abwesenheit. Die Theorie der Objektbeziehungen hingegen, die den Blick zum Objekt verschiebt, führt ihrerseits zu all den – so häufig angeprangerten – Abweichungen der Metapsychologie der Präsenz. Die Veränderung der Vertex, wie W. R. Bion gesagt hätte, ist also von Bedeutung.

Die Position von Christopher Bollas erscheint folglich wie eine Art Mittelstück (ich wage nicht, Kompromiss zu sagen), denn sie versucht durch einen einheitlichen Blick sowohl das wahre Selbst (und seine Triebe) als auch das Objekt zu erfassen, und schlägt vor, dass das wahre Selbst des Individuums sich nur über den Weg seines Umgangs und seiner Erfahrungen mit dem Objekt aufbauen, ausarbeiten und offenbaren kann.

Das Interessante der Arbeit von Christopher Bollas hängt also mit dem Thema zusammen, das sich leicht im Hintergrund erkennen lässt: Der Trieb ohne Objekt ist ein Mythos, das Objekt ohne Trieb ist eine Illusion, und das wahre Selbst wurzelt genau dort, wo sie sich treffen. Dieser Ansatz ist verführerisch, aber er ist vor allem pragmatisch: In der Art und Weise, wie das Subjekt seine Objekte nutzt, baut es sein Selbst auf und offenbart es (wahr oder falsch, je nach Fall).

Trotz allem, und so habe ich jedenfalls das Buch verstanden, neigt sich die Waage dort leider eher zugunsten der Theorie der Objektbeziehungen. Daher wird die Frage der infantilen Sexualität im Freud'schen Sinne des Wortes etwas marginalisiert. Diese de facto vorhandene Entsexualisierung geht wie immer damit einher, dass das Prinzip Lust-Unlust schlichtweg eliminiert wird, da die Suche nach dem Objekt die Problematik der Triebquelle der beteiligten Prozesse in den Schatten stellt. Wie dem auch sei: In Bezug auf die Bindung stellt sich diese Perspektive als recht heuristisch heraus, wenn man das Risiko der Entsexualisierung im Auge behält.

Tatsächlich steht dem nichts im Wege, die Dinge ebenso wie D. Anzieu – wie dargestellt – als »Bindungstrieb« zu sehen, dessen ursprüngliches Ziel Selbsterhaltung ist, der jedoch im Rahmen einer raschen Anlehnung des Sexuellen an das Bedürfnis entsprechend der gewöhnlichen Modalitäten eine sekundäre Libidinisierung des Bindungsobjekts erfährt.

Selbst der Trieb wird durch zwei Personen aufgebaut, und dies ist zweifellos völlig kompatibel mit den Positionen von J. Laplanche in Bezug auf die »Quell-Objekte« des Triebs im Rahmen seiner »allgemeinen Verführungstheorie«.

Infolgedessen würde unser Bindungspotenzial einen Teil unseres »Schicksalstriebs« darstellen, während unser Zusammentreffen mit diesem oder jenem Bindungsobjekt unser Schicksal wäre. Unter dieser Perspektive schließt die Bindung die Lust nicht aus, die ganz im Gegenteil ebenso sehr Grundlage der Bindung ist wie die Unlust sie verderben kann. Allerdings muss darauf hingewiesen werden, dass Ch. Bollas den »Schicksalstrieb« aufseiten des Lebenstriebs einordnet, d.h. eines Triebes der Liebe und der Verbindung im weiteren Sinne.

Nun wird, wie A. Green zu Recht bemerkt, der Begriff des Partialobjekts, sobald S. Freud nach 1920 nicht mehr vom Sexuellen sondern von Liebe spricht, ipso facto ausrangiert, denn die Liebe, das heißt Eros, impliziert unweigerlich das ganze Objekt.

An dieser Stelle trenne ich mich von Christopher Bollas und seinen Äußerungen zur Bindung, weil er mit Teilaspekten des Objekts spielerisch umgehen kann, während meiner Meinung nach hier noch ein gutes Stück Forschungsarbeit auf uns wartet.

2. Schließlich erlaubt die Frage nach den Verknüpfungen zwischen den Bindungsprozessen und dem Begriff der mentalen Repräsentanzen, darüber nachzudenken, welchen besonderen Platz die Bindungstheorie zwischen Triebtheorie und Objektbeziehungstheorie einnimmt.

Zunächst scheinen mir bezüglich des Bindungsbegriffes zwei große Veränderungen im Hinblick auf die mentale Repräsentation im Rahmen von John Bowlbys Theorie stattgefunden zu haben. Die erste Veränderung hängt mit den Arbeiten von Mary Main über die nachträgliche Analyse beim Erwachsenen zusammen, also Repräsentanzen des Erwachsenen seiner eigenen frühen Bindungen. Die zweite Veränderung, über die ich viel mit Blaise Pierrehumbert diskutiert habe, als er anlässlich einer Tagung der Gruppe Waimh-Francophone (*Waimh: World Association of Infant Mental Health*) nach Paris kam, hängt mit den aktuellen Studien über die Narrativität des Kindes zusammen. Hier scheint eine enge Korrelation (über mehr oder weniger ausgeprägte Flüssigkeit und Kohärenz der kindlichen Rede) mit der Qualität seiner »inneren Arbeitsmodelle« (Working Internal Models von I. Bretherton) zu bestehen, das heißt auch hier, mit der Art der Repräsentanzen, die das Kind über seine frühen Bindungsprozesse aufgebaut hat.

Diese beiden Veränderungen sind von wesentlicher Bedeutung, und wir können zukünftig die Bindung nicht mehr als eine Art automatischen Mechanismus auffassen, der nicht mental verarbeitet wird.

Der Aufbau der Bindungsmuster durch den Säugling erfolgt also durch die Entwicklung »generalisierter Interaktionsrepräsentanzen«, wie Daniel Stern es nennt, in deren Rahmen die Abwesenheit, der Unterschied und die Abweichung einen wesentlichen Raum einnehmen.

Das Kind zieht in der Tat aus seinen verschiedenen interaktiven Erfahrungen eine Art Durchschnittswert, ein fiktives, niemals als solches erzieltes Ergebnis, das jedoch in der Psyche des Kindes wie eine Abstraktion des interaktiven Stils seiner wichtigsten Bezugspersonen eingegraben ist, wenn man unter dem Begriff Abstraktion eine derartige Aktivität der Extraktion von Invarianten versteht.

Bei jedem interaktiven Zusammentreffen in der Realität wird das Kind nun in gewisser Weise die Abweichung wahrnehmen zwischen dem, was es in diesem Augenblick erlebt, und der dynamischen und prototypischen Vorstellung, die es sich vom Erwachsenen gemacht hat. Diese Abweichung gibt ihm Auskunft über dessen emotionalen Zustand (mithilfe des interaktiven Stils, der mit der affektiven Abstimmung oder der Harmonisierung der Affekte verknüpft ist).

Die Dinge können wahrscheinlich analog beschrieben werden, wenn es um Bindungsverfahren geht. Auch hier misst das Kind die Abweichung zwischen der Art und Weise, wie seine Mutter gewöhnlich auf seine Anwesenheitssignale und Apelle reagiert, und ihrer aktuellen Antwort. Dieser Abstand ermöglicht ihm zu prüfen, ob sie ebenso zuverlässig und verfügbar oder im Gegenteil ebenso beschäftigt und weit entfernt ist wie gewöhnlich.

Schließlich ist immer, ob es sich nun um »generalisierte Interaktionsrepräsentanzen« von D. N. Stern oder um »innere Arbeitsmodelle« von I. Bretherton handelt, die Abweichung zwischen dem, was erwartet wird, und dem, was erlebt wird, für das Kind informativ, und vor allem spiegeln die betreffenden Repräsentanzen gemeinsam etwas über das Subjekt (den Säugling), das Objekt (den fürsorgenden Erwachsenen) und die Art der sie verbindenden Beziehung wider.

Noch einmal mit anderen Worten: Hier haben wir etwas, das sowohl die Triebquelle (vonseiten des Säuglings) und das Objekt (den Fürsorgenden) berücksichtigt, was meiner Meinung nach die Bindung (und eventuell die affektive Abstimmung) als überzeugenden Anwärter für die Funktion einer Brücke zwischen diesen beiden Theorien zulässt, die so oft als inkompatibel dargestellt worden sind, nämlich die Triebtheorie und die Bindungstheorie.

Alle diese Überlegungen führen mich zu dem Schluss, dass die Berücksichtigung der Bindungstheorie nicht bedeutet, auch nur im Geringsten auf alle unsere metapsychologischen Errungenschaften verzichten zu müssen; und dass die oben angesprochene Frage der Abweichung in gewisser Weise das »Bett des Dritten« darstellt, d. h. dem Säugling die Frage nach dem »Anderen des Objekts« (A. Green) zugänglich macht, die den Platz der späteren väterlichen Funktion vorwegnimmt.

Fazit

Abschließend stellt sich die Frage, was man gewinnt, wenn man von Bindungstrieb spricht, und ich persönlich meine, dass man mehr gewinnt als verliert:
1. Von Bindungstrieb zu sprechen, erlaubt meiner Ansicht nach, die Anlehnungstheorie von Freud und die Bindungstheorie von Bowlby unter einer Perspektive zu verbinden.
2. Von Bindungstrieb zu sprechen, schützt uns zweifellos vor einer allzu großen Linearität unserer psychopathologischen Modelle, verhindert das Risiko einer trügerischen Ambition der Vorhersage und erlaubt es, im Bereich der Kinderpsychiatrie den Bezug auf die Anlehnungstheorie, die Triebtheorie und die Theorie der nachträglichen Verarbeitung beizubehalten.
3. Von Bindungstrieb zu sprechen, ermöglicht uns, das Register des Sexuellen im Bereich der Bindung aufrechtzuerhalten und die menschliche

Bindung als einen komplexen Mechanismus zu verstehen und nicht als einen simplen, von der Evolution selektionierten Instinkt.

4. Von Bindungstrieb zu sprechen, erlaubt uns schließlich, das Zusammenwirken von Vorgängen aufseiten des Subjekts und zugleich aufseiten des Objekts in Betracht zu ziehen, und dies ist sicher nicht bedeutungslos, wenn man der Freiheit im Bereich des psychischen Wachstums und Reifens des Kindes Raum geben möchte.

Übersetzung: Sabine Albrecht

Literatur

Ainsworth, M. (1982, 1992): Attachment: retrospect and prospect. In: C. M. Parkes & J. Stevenson-Hinde, (ed): The place of attachment in human behaviour, New York, Basic Books, 3–30.
Anzieu, D. (1987): Les signifiants formels et le Moi-peau. In: Les enveloppes psychiques (ouvrage collectif), Paris, Dunod, Coll., 1–22 (dt.: D. Anzieu: Das Haut-Ich. Frankfurt/M., 1996).
Anzieu, D. (1990): L'attachement au Négatif. In: L'épiderme nomade et la peau psychique, Paris, Editions Apsygée, 115–129.
Bion, W. R. (1962): Aux sources de l'expérience. Paris, P. U. F. (1979 1ère éd.) (dt: W. R. Bion: Lernen durch Erfahrung. Frankfurt/M., 1992).
Bollas, C. (1996): Les forces de la destinée – La psychanalyse et l'idiome humain. Paris, Calmann-Lévy.
Bowlby, J. (1978, 1984): Attachement et perte (3 volumes). Paris, P. U. F. (dt.: J. Bowlby: Bindung. Frankfurt/M., 1984).
Bretherton, I. (1990): Communication patterns – Internal working models and the intergenerational transmission of attachment relationships. Infant Mental Health Journal 11(3), 237–252.
Chiland, C. (1990): Homo psychanalyticus. Paris, P. U. F.
Fonagy, P. (1993): Measuring the ghost in the nursery: an empirical study of the relation between parents' mental representations of childhood experiences and their infants' security of attachment. J Amer Psychoanal Asso, 41, 957–989.
Fonagy, P. (1999): La compréhension des états psychiques, l'interaction mère-enfant et le développement du Self. Devenir, 11, 4, 7–22.
Fonagy, P. (2001): Attachment theory and Psychoanalysis. N. Y., Other Press (dt.: P. Fonagy: Bindungstheorie und Psychoanalyse. Stuttgart, 2003).
Freud, S. (1976): Pulsions et destins des pulsions, In: Métapsychologie. Paris, Gallimard, Coll. (dt. S. Freud: Zur Technik der Psychoanalyse und zur Metapsychologie).
Friedman, L. (1976): Cognitive and therapeutic tasks of a theory of the mind. Rev Psycho-Anal 3, 259–275.
Friedman, L. (1980): The barren prospect of a representational world. Psa Q, XLIX, 1, 215–233.
Friedman, L. (1980): Basal prospect of representational world. Psa Q, XLIX, 2, 215–243.
Golse, B. (1998): Attachement, modèles opérants internes et métapsychologie ou comment ne pas jeter l'eau du bain avec le bébé? In: Le bébé et les interactions précoces (sous la direction de A. Braconnier et J. Sipos) Paris, P. U. F.

Green, A. (1984): Le langage dans la psychanalyse, In: Langages (II èmes Rencontres psychanalytiques d'Aix-en-Provence, 1983) Paris, Les Belles Lettres, Coll. »Confluents psychanalytiques«, 19–250.
Green, A. (1996): La sexualité a-t-elle un quelconque rapport avec la psychanalyse? Revue Française de Psychanalyse, LX, 3, 829–848.
Grotstein, J. (1981): Splitting and projective identification, New York, Jason Aronson, 77–89.
Haag, G. (1985): La mère et le bébé dans les deux moitiés du corps. Neuropsychiatrie de l'enfance et de l'adolescence 33, 2–3, 107–114.
Laplanche, J. (1970): Vie et mort en psychanalyse. Paris, Flammarion, Coll. »Champs«,(dt.: J. Laplanche: Leben und Tod in der Psychoanalyse. Frankfurt, 1985).
Laplanche, J. (1984): La pulsion et son objet-source; son destin dans le transfert, In: La pulsion pour quoi faire? (ouvrage collectif) Débats, Documents, Recherches de l'Association Psychanalytique de France, Paris, 9–24.
Laplanche, J. (1986): De la théorie de la séduction restreinte à la théorie de la séduction généralisée. Paris, Etudes Freudiennes, 27, 7–25 (dt.: J. Laplanche: Die allgemeine Verführungstheorie und andere Aufsätze. Tübingen, 1988).
Laplanche, J. (1987): Nouveaux fondements pour la psychanalyse. Paris, P.U.F.
Laznik-Penot, M.-Ch. (1992): Du ratage de l'instauration de l'image du corps au ratage de l'installation du circuit pulsionnel; quand l'aliénation fait défaut. In: La clinique de l'autisme, son enseignement psychanalytique (ouvrage collectif). Actes de la Fondation Européenne pour la Psychanalyse. Paris, Point Hors Ligne, 107–125.
Laznik-Penot, M.-Ch. (1996): Pourrait-on penser à une prévention du syndrôme autistique? Contraste 5, 69–85.
Laznik-Penot, M.-Ch. (1999): Discussion critique du CHAT (Test pour le dépistage de l'autisme chez les enfants de moins de 18 mois). Bulletin du Groupe WAIMH-Francophone, 6, 1, 14–15.
Main, M.; Kaplan, K. & Chassidy, J. (1985): Security in infancy, childhood and adulthood: a move to the level of representations. In: Growing points of attachment theory and research (I. Bretherton & E. Waters, Eds) Monographs of the Society for research in child development, 49, serial Nr. 209, 66–104.
Main, M. (1998): Discours, prédiction et études récentes sur l'attachement: implications pour la psychanalyse. In: Le bébé et les interactions précoces (sous la direction de A. Braconnier et J. Sipos). Paris, P.U.F.
Perez-Sanchez, M. & Abello, N. (1981): Unité originaire: Narcissisme et homosexualité dans les ébauches de l'Œdipe. Revue Française de Psychanalyse, XLV, 4, 777–786.
Pierrehumbert, B. (1992): La situation étrange. Devenir, 4, 69–93.
Pierrehumbert, B. (1996): Les modèles de relation; développement d'un auto-questionnaire d'attachement pour adultes. La Psychiatrie de l'enfant, XXXIX, 1, 161–206.
Rosolato, G. (1978): La relation d'inconnu. Paris, Gallimard.
Stern, D.N. (1989): Le monde interpersonnel du nourrisson – Une perspective psychanalytique et développementale. Paris, P.U.F.
Stolorow, R. D.; Atwood, G. E. & Munder-Ross, J. (1978): The representational world in psychoanalytic therapy. Rev Psycho-Anal 5, 247–256.
Stolorow, R. D. (1978): The concept of psychic structure: its metapsychological and clinical psychoanalytic meanings. Rev Psycho-Anal 5, 313–320.
Widlocher, D. (1984): Quel usage faisons-nous du concept de pulsion?, In: La pulsion pour quoi faire? (ouvrage collectif) Débats, Documents, Recherches de l'Association Psychanalytique de France, Paris, 29–42.

3 Ambulante analytische Einzel- und Gruppentherapie bei Patienten mit Persönlichkeitsstörungen

Hilfreiche Kombination oder Einladung zum Agieren?[1]

Hermann Staats

»Patienten werden gebeten, mit Mitpatienten nicht über ihre Therapie oder Inhalte der Einzelsitzungen zu sprechen« – Ratschläge dieser Art, früher als wichtiger Bestandteil stationärer Psychotherapie angesehen, sind heute nahezu vollständig verschwunden. Der Umgang der Patienten miteinander wird in psychotherapeutischen Kliniken und Tageskliniken wichtig genommen und therapeutisch genutzt. Ein Austauschen von Erfahrungen über die eigene Psychotherapie kann Hoffnung geben, motivieren und den Transfer von Veränderungen in den Alltag erleichtern. Patienten schreiben einen großen Teil ihres Behandlungserfolgs Gesprächen mit anderen Patienten zu. Um Interaktionen zwischen Patienten therapeutisch zu nutzen und ein therapeutisch günstiges Klima zu fördern, wird Gruppentherapie in stationären und teilstationären Settings zusätzlich zu Einzeltherapie regelmäßig als Teil eines integrierten Behandlungsplans eingesetzt.

Die in Kliniken vorliegenden Erfahrungen mit Kombinationen von Einzel- und Gruppentherapie werden aber kaum auf die ambulante Versorgung von Patienten übertragen. Zu einem Verwerfen dieser Erfahrungen tragen versicherungsrechtliche Regelungen, Fragen der berufspolitischen Einordnung von Gruppentherapien und Schwierigkeiten mit der Handhabung von Übertragung und Gegenübertragung bei Behandlungen mit paralleler Einzel- und Gruppentherapie bei. Die Kombination von Einzel- und Gruppentherapie im ambulanten Setting ermöglicht daher ein Arbeiten »jenseits der Grenzen« der einzelnen Verfahren, erfordert aber auch die Beachtung der damit verbundenen Risiken und Begrenzungen.

---

1 Um aktuelle Literatur erweiterte eigene Übersetzung des englischen Textes. Einige Absätze dieser Arbeit wurden in ähnlicher Form in der Zeitschrift »Gruppenpsychotherapie und Gruppendynamik« veröffentlicht (Staats, 2005).

Dieser Beitrag geht zunächst auf »äußere« Begrenzungen ein, die rechtlichen Regelungen. Dann wird die Handhabung von Übertragung und Gegenübertragung bei paralleler Einzel- und Gruppentherapie diskutiert. Gezeigt werden soll, wie eine Kombination der beiden Behandlungssettings Patienten helfen kann, ambulante Therapie für sich zu nutzen.

Die Kombination der beiden Verfahren richtet sich besonders an:
➤ Patienten, die in der Einzeltherapie intrapsychische Konflikte angehen, aber in ihren interpersonellen Beziehungen große Schwierigkeiten haben und
➤ Patienten, die sich zwar in einer Gruppe zurechtfinden, aber die dort gemachten Erfahrungen nicht auf ihre innere Welt beziehen können.

Menschen mit diesen Schwierigkeiten erfüllen häufig Kriterien für die Diagnose einer Persönlichkeitsstörung.

Kombinationen von Gruppen- und Einzeltherapie in der ambulanten Praxis – Begrenzungen aufgrund von gesetzlichen Regelungen und berufspolitischen Interessen.

In den Psychotherapierichtlinien (zit. nach Rüger et al. 2003, S. 99) ist in der ambulanten Praxis »bei der Anwendung psychoanalytisch begründeter Verfahren die simultane Kombination von Einzel- und Gruppenpsychotherapie grundsätzlich ausgeschlossen«. Die analytischen Prozesse in den unterschiedlichen Beziehungsebenen der Einzel- und Gruppentherapie werden als zu divergent und zu schwer integrierbar aufgefasst (ebd., S. 40). Damit kann Gruppenpsychotherapie ambulant, anders als im stationären Bereich, nicht als Teil eines Gesamtbehandlungsplans eingesetzt werden.

In Übereinstimmung mit dieser Auffassung wird Gruppentherapie von vielen ihrer namhaften Vertreter als eine eigenständige Grundform psychotherapeutischer Behandlung aufgefasst, nicht als Settingvariable (z. B. von Tschuschke 2001, 2004). Einzel- und Gruppenpsychotherapie stehen sich so als konkurrierende *Verfahren* gegenüber. Die Zuordnung von Gruppentherapien zu den jeweiligen Richtlinienverfahren psychodynamische und verhaltenstherapeutische Psychotherapie wird bedauert und Gruppentherapie als eine unabhängige »dritte Säule« (Enke 1999) in der Versorgung konzeptualisiert. Im Gegensatz zu dieser Einordnung findet sich aber in empirischen Untersuchungen die Feststellung, dass Patienten in kognitiv-verhaltenstherapeutisch und psychodynamisch geleiteten Gruppen deutlich unterschiedliche Erfahrungen machen (z. B. Watzke et al. 2004). Die beobachteten Unterschiede sind so, wie man sie auch in Einzeltherapien erwartet. Dies ist ein Hinweis darauf, dass es zwischen Einzel- und Gruppentherapien innerhalb eines therapeutischen Verfahrens theoriekonforme Verbindungen gibt.

Wissenschaftliche Untersuchungen konzentrierten sich lange darauf, die Effektivität von Gruppenpsychotherapie zu belegen – meist im Vergleich zu Einzeltherapien. Vor diesem Hintergrund mussten beide Verfahren in reiner Form angeboten werden. In dem manchmal anerkennend als »Bibel« der Psychotherapieforschung bezeichneten *Handbook of Psychotherapy and Behavior Change* (Bergin/Garfield 1994) beschreiben Bednar und Kaul als Ergebnis dieser Forschungsphase:

> »[G]roup treatments have been more effective than no treatment, than placebo or nonspecific treatments or than other recognized psychological treatments, at least under some circumstances. This evidence has been gathered under a variety of conditions, from a wide range of individuals, and in many different ways [...] There is a large body of research that indicates that group treatments ›work‹« (S. 632).

In der folgenden Auflage des *Handbook* bewerten Burlingame, MacKenzie und Strauss (2004) den Fortschritt durch diese Arbeiten als ein positives Zeichen der *spezifischen und unabhängigen* Wirksamkeit von Gruppentherapie. Während bis etwa 1970 der Nutzen von Gruppentherapie als zusätzliches Verfahren zur Einzeltherapie etabliert worden sei, hätten die nachfolgenden Vergleichsuntersuchungen zu weit optimistischeren Einschätzungen der unabhängigen Effektivität von Gruppen geführt.

Alle drei Faktoren – der »grundsätzliche Ausschluss« einer Kombination in den Psychotherapierichtlinien, die Auffassung von Gruppentherapie als eigenständigem psychotherapeutischen Verfahren, und die Konkurrenzsituation zur Einzeltherapie in vielen wissenschaftlichen Untersuchungen – haben dazu beigetragen, dass eine Kombination von Einzel- und Gruppentherapie in Deutschland in der Regel auf den stationären Bereich beschränkt ist. Die dort gemachten Erfahrungen werden wenig auf die ambulante Praxis übertragen.

Dabei findet sich im Kommentar der Psychotherapierichtlinien (Rüger et al. 2003, S. 40) auch eine vorsichtige Distanzierung von einer allzu strikten Abgrenzung der Verfahren. Zwar wird darauf hingewiesen, dass »eine gleichzeitige Behandlung des Patienten durch den selben Therapeuten [...] in [...] Einzel- bzw. Gruppenpsychotherapie nicht zulässig« sei. Eine abschließende

Beurteilung der Kombination »der beiden psychoanalytisch begründeten Behandlungsverfahren durch verschiedene Therapeuten« stehe aber noch aus. Und unter bestimmten Bedingungen ist eine parallele Einzel- und Gruppentherapie durch ein und denselben Therapeuten *doch* möglich – Einzelbehandlungen können zusätzlich zu einer genehmigten Gruppentherapie durchgeführt werden, wenn sie ein Verhältnis von einer Einzelsitzung zu zehn Gruppensitzungen nicht überschreiten (Psychotherapievereinbarungen Teil C §11, Abs. 8).

Vor dem Hintergrund dieser divergierenden Auffassungen und verwirrenden Regelungen zur Kombination von Einzel- und Gruppenpsychotherapie (Staats 2005) werden Erfahrungen an einer Ärztlich-psychologischen Beratungsstelle für Studierende vorgestellt. Diese Beratungsstelle hatte als universitäre Poliklinik die Möglichkeit, ambulante Gruppentherapie außerhalb der Richtlinienverfahren anzubieten. Gruppentherapie wurde hier in Verbindung mit Einzeltherapien in unterschiedlichen Formen durchgeführt:

➤ *Parallele* Einzel- und Gruppentherapie (»concurrent group and individual psychotherapy«[2]) ermöglichte die Behandlung eines Patienten im Rahmen eines Gesamtbehandlungsplans durch einen Therapeuten der Beratungsstelle, der sowohl Einzel- als auch Gruppengespräche anbot.

➤ *Kombinierte* Einzel und Gruppentherapie (»combined therapy«): Andere Patienten benötigten zusätzlich zu einer primär indizierten Gruppenpsychotherapie zumindest für eine Weile Einzelgespräche, um die Gruppentherapie für sich nutzen zu lernen. Hier waren – mehr oder weniger regelmäßig – zusätzliche Einzelsitzungen beim Gruppentherapeuten notwendig.

➤ *Verbundtherapie* (»conjoint therapy«): Niedergelassene Therapeuten überwiesen der Beratungsstelle Patienten zur Mitbehandlung, die sie ambulant im Einzelsetting behandelten und bei denen sie eine Kombination mit zusätzlicher Gruppentherapie als notwendig oder hilfreich ansahen. Hier fanden Einzel- und Gruppentherapie also bei unterschiedlichen Therapeuten statt.

In der englischsprachigen Literatur (z. B. im *International Journal of Group Psychotherapy*) findet sich eine stetige, wenn auch nicht sehr reichhaltige Folge von Arbeiten, die sich mit der Kombination von Einzel- und Grup-

---

[2] Die englischen Begriffe werden mit aufgeführt, weil sie für ein Verständnis der Literatur zu ambulant durchgeführten kombinierten Therapien oft notwendig sind.

pentherapie befassen. (Cunningham/Matthews 1982; Rutan/Alonso 1982; Amaranto/Bender 1990; Lipsius 1991; Ulman 2002; Schwartz 2004). 2009 ist ein ganzes Heft mit dem Titel *Models of Combined Psychotherapy: Current Trends in Theory and Technique* zu Fragen des Verbindens von Einzel- und Gruppentherapien erschienen (Billow 2009; Kauff 2009; Phillips 2009; Raps 2009; Roth 2009; Schermer 2009).

Im deutschsprachigen Raum scheinen Einzel- und Gruppenpsychotherapie schärfer von einander abgegrenzt. In der Zeitschrift *Gruppenpsychotherapie und Gruppendynamik* gibt es in den letzten 30 Jahren nur in einer Übersichtsarbeit (Burlingame et al. 2002) und einem Erfahrungsbericht (Staats 2005) Hinweise auf Untersuchungen von Kombinationen aus Gruppen- und Einzeltherapie im ambulanten Bereich. Andere Arbeiten, in denen Aspekte solcher Kombinationen vorkommen, brechen mit Rüger (1981), Sachsse (1982) und Klug und Schwarz (1984) ab.

Angesichts der guten Ergebnisse von Gruppenpsychotherapien in reiner Form liegt die Frage nah, wozu eine Kombination mit Einzelgesprächen erforderlich ist. Wo bietet eine Gruppe allein nicht genug? Wann muss man sie ambulant mit etwas anderem kombinieren? Vorzüge einer Kombination von Einzel- und Gruppenpsychotherapie sind bisher in empirischen Vergleichsstudien – nur – bei einzelnen Patientengruppen belegt: Bei der Behandlung von Patientinnen mit Essstörungen zeigte sich diese Kombination im ambulanten Setting einer stationären Behandlung überlegen. Rückfälle waren geringer, Abbruchraten reduziert und Erfolge größer (Übersicht: Fuhriman/ Burlingame 1994).

Damit sind wichtige Gründe für eine *klinischen* Erfahrungen entsprechende Kombination von Einzel- und Gruppentherapie benannt:

➤ Eine solche Kombination hilft dabei, stationäre Psychotherapie zu vermeiden. Für manche Patienten und einige Störungen gibt es gute Gründe, nicht in ein Krankenhaus zu gehen, wenn dies möglich ist. Stationäre Psychotherapie ist teuer; und sie ist in vielen Ländern kaum verbreitet und damit dort nur für wenige Patienten erhältlich.

➤ Eine Kombination von Gruppentherapie mit Einzelgesprächen trägt dazu bei, die hohe Rate von Therapieabbrüchen in der Anfangsphase einer ambulanten Gruppenpsychotherapie zu senken. Zwar haben Studien der letzten Jahrzehnte gezeigt, dass Gruppentherapie gut wirksam ist. Die berichteten Abbruchraten sind für ambulante Gruppentherapie aber deutlich höher als für Einzeltherapie – bis zu 50% der Patienten, die eine Gruppentherapie beginnen, brechen in den ersten Sitzungen ab. Diese

> inakzeptablen Abbruchraten werden auch aus Studien berichtet, in denen die Teilnehmer für eine Gruppe sorgfältig ausgewählt wurden. Patienten mit ausgeprägten Persönlichkeitsstörungen werden aus diesem Grund manchmal nicht oder nur ungern in ambulante Gruppen aufgenommen. Das Risiko eines Abbruchs wird als zu hoch eingeschätzt.
> Der Transfer von Erfahrungen in der Gruppe auf andere Beziehungen ist für Patienten mit schwereren strukturellen Störungen eine besondere Herausforderung. Manche Patienten mit Persönlichkeitsstörungen können sich nur schwer vorstellen, wie sich gute Erfahrungen in der Gruppe auf ihren Alltag auswirken. Um Erfolge in ihren Gruppen auch im Alltag umzusetzen, brauchen sie den Transfer unterstützende Einzelgespräche.

Therapeuten sind es im stationären Bereich gewohnt, Erfahrungen ihrer Patienten in Einzel- und Gruppentherapie miteinander zu verbinden. Sie verknüpfen Gruppen- (und Stations-)Erleben mit den individuellen Anliegen und Konflikten, die ihre Patienten in Einzelgesprächen zum Thema machen. Dieser so hilfreiche Aspekt stationärer Psychotherapie kann auch ambulant durch ein Verbinden von Gruppentherapie und Einzelgesprächen gefördert werden.

Übertragungen und Gegenübertragungen bei Kombinationen von Gruppen- und Einzeltherapie

Die Beachtung von Übertragungen und Gegenübertragungen wird komplexer, wenn Patienten gleichzeitig mit zwei verschiedenen Therapeuten arbeiten oder einen Therapeuten in zwei unterschiedlichen Settings treffen. Therapeuten, die sich dazu entscheiden, mit diesen Komplikationen zu arbeiten, müssen von den spezifischen Vorzügen der beiden Settings überzeugt sein, die sie verbinden möchten. Einzeltherapeuten, die Patienten zu einer Verbundtherapie überweisen, sehen die folgenden Vorzüge in einer zusätzlichen Gruppentherapie:

> Patienten mit strukturellen Störungen können zunächst multiple Übertragungen und vergleichsweise stabile Spaltungen entwickeln; dies trägt zur Stabilisierung in der Phase der Beziehungsaufnahme in der Gruppe bei.
> Regressives Erleben tritt in Gruppen rasch ein und löst sich mit deren

Auflösung am Ende der Sitzung vergleichsweise rasch wieder auf – es wird so weniger bedrohlich und besser nutzbar.
➤ In Gruppen findet interpersonelles Lernen statt.
➤ Die eigene Subjektivität und trianguläres Denken werden im Gruppensetting erlebt und gefördert.

Darüber hinaus beschreiben Hopper (2005) und Rubenfeld (2005) wie Gruppentherapie bei schwierigen Patienten den Analytikern besonders gute Möglichkeiten bietet, ihre Gegenübertragung diagnostisch und therapeutisch zu nutzen. Therapeuten haben in Gruppen zusätzliche Möglichkeiten, z.B. indem sie ihre Gegenübertragung und ihre Interventionen auf die Gruppe als Ganzes beziehen und Patienten so die Möglichkeit bieten, sich *selbst* aktiv mit dem für sie Passenden zu identifizieren. Die hier genannten Möglichkeiten in einer Gruppe sind für Patienten mit narzisstischen und Borderline-Störungen, aber auch mit schwereren anderen Formen von Persönlichkeitsstörungen hilfreich, sie kränken weniger und bieten bessere Möglichkeiten, die eigene Autonomie zu wahren.

Vor dem Hintergrund einer wohlwollenden Haltung gegenüber einer Verbindung von Gruppen- und Einzeltherapie beschreibe ich im folgenden einige Schwierigkeiten dieses Vorgehens – zunächst für parallele und kombinierte Therapien (»concurrent and combined therapies«, ein Therapeut führt Einzel- und Gruppensitzungen durch), dann für Verbundtherapien (»conjoint therapies«, unterschiedliche Therapeuten sind beteiligt).

Parallele und kombinierte Therapien

Patienten und Therapeuten knüpfen bei diesem Setting häufig an das Bild einer »*Adoption*« an. In kombinierter Therapie behandelte Patienten haben nach unseren Erfahrungen häufig lange stationäre psychiatrische und psychotherapeutische Behandlungen hinter sich; sie haben – mit mehr oder weniger Erfolg – unterschiedliche Formen ambulanter Psychotherapie ausprobiert. Viele Therapeuten nehmen diese Patienten nicht gern in eine ambulante Therapie. Und viele dieser Patienten haben wenige oder keinerlei stabile soziale Kontakte mit Freunden oder Verwandten.

Fallbeispiel: Frau A., eine 22 Jahre alte, beruflich gescheiterte Auszubildende, kam in die Beratungsstelle der Universität, als sie im Rahmen eines beruflichen Rehabilitationsversuchs an einem Arbeitsversuch in der

Klinikkantine teilnahm. Sie beschrieb im Erstgespräch, dass sie fast nicht schlafen könne, unter schweren Schmerzen an vielen und wechselnden Stellen ihres Körpers leide und sich ständig »schlapp und abgeschlagen« fühle. Therapeuten hätten ihr gesagt, dass sie nicht auf andere Menschen zugehen könne. Tatsächlich habe sie nur innerhalb ihrer Ursprungsfamilie Kontakte. Sie berichtete, die Eltern erklärten ihr Versagen in der Schule und im Beruf durch einen Geburtsschaden.

Frau A. wirkte in den ersten Kontakten wie ein Mädchen vor Beginn der Pubertät, still, die Hände heftig knetend, »eingefroren«. Sie war in ihrem 12. Lebensjahr wegen ihrer Schlafstörungen über ein Jahr stationär behandelt worden, seither wiederholt über Monate in psychiatrischen und psychotherapeutischen Kliniken und einem Heim, ohne dass eine über die Beschreibung der Schlafstörungen und der Schmerzen hinausgehende Diagnose gestellt wurde. Zwei Schwestern waren psychotisch erkrankt, der Vater alkoholabhängig und seit ihrem 12. Lebensjahr ohne Arbeit. Ihre Mutter arbeitete zwei bis vier Stunden täglich und »organisierte« die Familie. Die zahlreichen, sie teils über viele Jahre kennenden Ärzte versuchten, Frau A. aufgrund ihrer viel Zeit fordernden Klagen zu meiden oder nahmen eine fürsorglich-distanzierte, ähnlich wie die Eltern nicht mehr mit einer Besserung der Symptomatik rechnende Haltung ein. Zahlreiche Medikamente waren ohne Erfolg versucht worden.

Das Modell einer »Adoption« solcher Patienten fasst einige Übertragungs- und Gegenübertragungsprobleme bereits zusammen: Den Wunsch, »gute oder bessere Eltern« für Frau A. zu sein, ein Gefühl, der Patientin letztlich nicht gerecht werden zu können und die Erwartung einer langen und schwierigen Zeit voraus – vermutlich ohne dass ein klar definierter Abschied am Ende der Behandlung stehen wird. Tatsächlich rief Frau A. noch viele Jahre nach Behandlungsende regelmäßig alle drei bis vier Monate an, fragte nach einem Termin, bekam ihn und sagte ihn dann – häufig, nicht immer – kurz vorher ab. Ich verstehe diese Anrufe als Versuch sich zu vergewissern, dass wir einander und ihre Erfahrungen in der Behandlung nicht vergessen. Frau A. scheint auf diese Kontakte am Telefon und gelegentlich von Angesicht zu Angesicht angewiesen zu bleiben.

Frau A. nahm über vier Jahre an einer psychoanalytisch-interaktionell (Heigl-Evers/Heigl 1994; Streeck/Leichsenring 2009) geleiteten Gruppe mit Gleichaltrigen teil. Sie wurde mit ihren besonderen interpersonellen Schwierigkeiten in der Gruppe akzeptiert und fand dort ihren festen

Platz. Sie nahm regelmäßig an der Gruppe teil. Ebenso regelmäßig kam sie nach jeder Unterbrechung der Gruppe durch Ferien oder einen anderen Ausfallsgrund mit den Gedanken, die Behandlung abzubrechen. Um sich in der Gruppe zurechtzufinden und von ihr zu profitieren, nahm Frau A. etwa monatlich, in Krisen und immer wieder nach Pausen zusätzliche Einzeltermine in Anspruch. Sie absolvierte in der Zeit ihrer Gruppentherapie eine Ausbildung als technische Assistentin, schloss diese erfolgreich ab und fand sparsam Kontakte außerhalb ihrer Familie. Stationäre Behandlungen waren in diesen vier Jahren nicht erforderlich.

Ärzte, die Frau A. seit Langem kannten (die Beratungsstelle ist Teil der Universitätsklinik und es gab immer wieder Kontakte zu Menschen, die Frau A. von ihren Aufenthalten in der pädiatrischen, psychiatrischen und neurologischen Klinik erinnerten) schilderten eindrucksvoll, wie Frau A. die Beziehungen zu ihnen bei zufälligen Treffen lebendiger und aktiver gestaltete. Trotz dieser Veränderungen – von einem niedrigen Niveau aus – fand Frau A. nach ihrer Ausbildung keinen Arbeitsplatz. Beziehungen außerhalb der Familie verkümmerten nach Ende der Gruppentherapie. Der Rückzug auf ihre Ursprungsfamilie (ab ihrem dreißigsten Lebensjahr) enttäuschte sie und ihre Eltern – und bestätigte ihre Erwartungen.

Meinem Eindruck nach profitierte Frau A. – und Patienten mit ähnlichen Entwicklungsgeschichten – von einer solchen »kombinierten« Behandlung auf mehreren Wegen: Die Erfahrungen in der Gruppentherapie wurden direkt in den Einzelsitzungen angesprochen und genutzt. Gruppentherapie war der wichtigste Baustein des Gesamtbehandlungsplans. Einzelgespräche wiesen immer wieder auf die Nutzung des Gruppenerlebens hin. In diesem Modell werden Schwierigkeiten der Kommunikation zwischen verschiedenen Therapeuten vermieden. Meist ist der Therapeut in Kontakt zu weiteren Helfern und übernimmt eine zentrale Rolle in der Koordinierung der unterschiedlichen Maßnahmen und ihrer Planung.

Die Metapher der »Adoption« bezieht sich sowohl auf die therapeutische Beziehung des Einzelsettings als auch auf die Gruppe in ihrer Eigenschaft als Familienmodell. Es gibt ein Elternteil – und es gibt Geschwister. Einige Patienten brauchen eine Form von Präsenz des Therapeuten für einige Zeit nach dem Behandlungsende – dem »Ausziehen« aus der Gruppe. Bei diesem Setting besteht die Gefahr, dass sich infolge der nach dem Ende der Gruppe weiterbestehenden Übertragung auf den Therapeuten eine in der Gruppe aufgetretene Regression nicht so wie bei einer alleinigen Gruppentherapie zurückbildet. Patienten und Therapeuten können sich dann schlecht voneinander lösen. In der Tat finden sich in klinischen Beschreibungen solcher kombinierter Therapien eindrucksvolle Gestaltungen von Abschieden (z. B. Stone 2005; Fieldsteel 2005). Fieldsteel beschreibt eine fünfjährige Abschiedsphase von ihrer Gruppe – mit dem plastisch geschilderten Erleben und Durcharbeiten von Gegenübertragungsaspekten aus der Elternrolle und den korrespondierenden Gefühlen von Schuld, Angst und Unvollkommenheit.

Diese Schilderungen sind lehrreich und spannend – und doch auch befremdend für Therapeuten, die mit in der Regel sehr viel kürzeren Zeiten arbeiten. Fünf Jahre Abschied können auch als Ausdruck einer vom Setting nahegelegten übermäßigen Regression verstanden werden. Besonders in einer kombinierten oder parallelen Einzel- und Gruppentherapie kann es als Aufgabe der Analytiker gesehen werden, die Beschränktheit der eigenen – elterlichen – Möglichkeiten ins Gespräch zu bringen und auf die Notwendigkeiten und Chancen von Trennungen hinzuweisen – trotz elterlicher Schuld und Angst.

Abschiede sind ein wichtiger und bei Patienten mit schweren Persönlichkeitsstörungen besonders schwer zu meisternder Teil der Therapie. Eigentlich ist es ein Vorteil von Gruppentherapie, solche Abschiede gemeinsam in einer Gruppe bewältigen zu können. Dieser Vorteil kann in einer kombinierten Behandlung leicht vergeben werden. Behandlungen in diesem Setting fordern die Abstinenz des Therapeuten heraus, der versucht sein kann, eine Trennung von einem adoptierten Kind zu vermeiden.

Verbundtherapie (»conjoined therapy«)

Verbundtherapie bedeutet, dass mindestens zwei Therapeuten aktiv an einer Therapie beteiligt sind. Das beinhaltet zunächst einmal eine Entlastung. Es gibt noch jemand anderen, der Verantwortung trägt und intervenieren kann, falls der Patient in Not ist oder – besonders wichtig – wenn er seine Not mit dem anderen Therapeuten hat. Es gibt zwei »Eltern«.

Zwei Therapeuten bedeutet aber auch: Mehr Einblick in die eigene Arbeit zu gestatten und aus den Erzählungen der Patienten auch in die Arbeit eines Kollegen zu erhalten. Meist erfährt der Einzeltherapeut mehr von der Gruppe als umgekehrt. Beide Therapeuten können sich damit unwohl fühlen.

Eine Möglichkeit, diese Situation zu bewältigen, ist das Ausblenden oder

Verleugnen dieser Tatsache. Dies geschieht vor allem dann, wenn es keine oder nur selten Kontakte zwischen den Behandlern gibt:

»Ach ja, Gruppe machen Sie ja auch noch!« war die Reaktion der mit mir gut befreundeten Analytikerin, bei der Frau J., eine 29-jährige Studentin, mit drei Wochenstunden in Analyse war. Frau J. hatte zunächst eine Gruppentherapie und dann zusätzlich eine analytische Einzeltherapie begonnen; sie fand beide Therapien für unterschiedliche Bereiche ihres Lebens hilfreich und gab ihnen ähnliche Bedeutung. Stationäre Vorbehandlungen waren mit den Diagnosen Essstörung, Somatisierungsstörung, Depression und histrionischer Persönlichkeitsstörung abgeschlossen worden.

In den Gruppensitzungen trat nach einiger Zeit in den Vordergrund, wie Frau J. exklusive Zweierbeziehungen herstellte und damit Erfahrungen aus ihrer Genese in Szene setzte – ihre Mutter hatte eine Nebenbeziehung zum Lehrer des Ortes, von der die Tochter als Kind und Jugendliche wusste, der Vater aber nicht. Frau J. half ihrer Mutter dabei, diese Beziehung heimlich zu leben – trotz einer eigenen dichten Beziehung zu ihrem Vater. In der Gruppe erlebte Frau J. ihre Beziehungserwartungen und die damit einhergehenden interpersonellen Schwierigkeiten deutlich – anders als in ihrer Einzeltherapie. Sie konnte die Art, wie sie die beiden Therapien auseinanderhielt, mit ihrem Erleben in der Gruppe verbinden und dann die Einzeltherapie für ihre Erfahrungen in der Gruppe zeitweise intensiv nutzen. Daneben blieb die Einzeltherapie für andere Aspekte wichtig, die Frau J. nicht in der Gruppe bearbeitete.

Hier war vermutlich die gegenseitige Wertschätzung der beiden Therapeuten ein Faktor, der Frau J. half, nach Phasen heftiger Auseinandersetzungen mit ihren Therapeuten die Integration beider Erfahrungsbereiche selbst zu übernehmen. Dennoch: Jeder der beiden beteiligten Therapeuten tendierte dazu, »seinen« Teil der Behandlung als zentral anzusehen und den anderen Therapeuten – gelegentlich – zu »vergessen«.

Frau J. konnte diese Aufgabe der Integration der unterschiedlichen Settings selbst übernehmen. Sie fand es hilfreich zu sehen, dass sich ihre beiden Therapeuten gegenseitig in ihrer Arbeit schätzten. Sie vermisste eine intensivere Diskussion und einen offenen Austausch über sich zwischen den Therapeuten, vor allem wenn sie bemerkte, dass der jeweils »andere« Therapeut mit seiner Behandlungsmodalität nicht gut repräsentiert war (»Ach ja, Gruppe machen Sie ja auch noch!«). Vermutlich hatte Frau J. hier Recht – ein regelmäßiger Austausch wäre hilfreich gewesen. So ein kollegialer Austausch ist für niedergelassene Therapeuten nicht einfach zu verwirklichen. Daher war die Patientin ein wenig allein damit, die beiden Settings und ihre Erfahrungen dort zu verbinden. Ihr gelang dies in ihren Therapien und bald darauf auch mit ihren Eltern – etwas, das überdauernde Idealisierungen und Loyalitäten bewusster und handhabbarer werden ließ.

Eine Integration von Erfahrungen mit verschiedenen Therapeuten in verschiedenen Settings scheint auch dann möglich zu sein, wenn die behandelnden Therapeuten unterschiedlicher Auffassung über die Behandlung sind und auch bleiben:

> Herr K., ein kluger, unter starken sozialen Ängsten leidender Physikstudent war von seiner Einzeltherapeutin (analytische Psychotherapie mit drei Wochenstunden) zusätzlich zu einer ambulanten Gruppentherapie überwiesen worden. Er nutzte die Gruppe als »Experimentierlabor« für Beziehungen zu anderen Menschen und veränderte seine ihm vertrauten interpersonellen Beziehungsmuster rasch, als ihm seine Einzeltherapeutin dringlich zu einer stationären Psychotherapie riet. Als sein Gruppentherapeut traute ich Herrn K. zu, die Krise in einem ambulanten Setting zu überstehen und damit eine von ihm als Kränkung erlebte stationäre Therapie zu vermeiden. Der telefonisch ausgetragene Streit zwischen (über-?)forderndem Vater und (über-?)beschützender Mutter führte nicht zu einer Annäherung der Positionen. Aber auch in dieser schwierigen Situation gelang es dem Patienten, eine eigene, befriedigende und letztlich erfolgreiche Entscheidung zu treffen, bei der er beide Positionen zu nutzen verstand.

Störungen des Behandlungsprozesses durch unterschiedliche Auffassungen von Einzel- und Gruppentherapeut widersprechen den Empfehlungen der Psychotherapierichtlinien und der Einschätzung Yaloms (1970, dt. 1989, S. 393), der eine »Verbundtherapie« (alle oder einige Mitglieder sind bei anderen Therapeuten gleichzeitig in Einzeltherapie) für besser als eine kombinierte Behandlung bei einem Therapeuten hält. Vermutlich ist die grundsätzliche gegenseitige Wertschätzung der Behandler ein wichtiger Faktor dafür, dass solche Differenzen von Patienten als bereichernd erlebt werden können. Wie Herr K. zeigt, kann es Patienten gelingen, diese Differenzen zu integrieren, selbst wenn das den Therapeuten nicht glückt. Erfahrungen mit vielseitig unterschiedlichen aber dennoch hilfreichen Rückmeldungen in Gruppen mögen zu dieser Fähigkeit beigetragen haben. Gruppentherapeuten sind es gewohnt, dass Patienten viele unterschiedliche Meinungen und Rückmeldungen berücksichtigen und damit umgehen können. Rubenfeld (2005) beschreibt hier als ein Privileg der Gruppentherapeuten, dass diese ihre Gegenübertragungen in einer weniger bedrängenden (»less personal«, S. 125) Weise einbringen können, z. B. indem sie die Gruppe als Ganzes ansprechen und Patienten sich aktiv aneignen, was sie davon brauchen können.

Aufgaben des Einzeltherapeuten liegen dann auch im Aufbau und Erhalt der therapeutischen Beziehung, in der Analyse der Interaktionen in der Gruppe und in der Ermunterung des Patienten, Themen in der Gruppe anzusprechen. Dabei ist die Vertraulichkeit der dyadischen Situation aufrechtzuerhalten. Der Therapeut hilft Patienten dabei, Widerstände zu überwinden und Themen anzusprechen, die er sich in der Gruppe noch nicht anzusprechen traut.

Kombinationen von Einzel- und Gruppentherapie – eine Einladung zu »systematischem Agieren«?

Kritiker einer Kombination von Einzel- und Gruppentherapie wenden manchmal ein, dass diese Vorgehensweise eine Einladung zum »systematischen Agieren« bedeute. Darin haben sie Recht. Eine Gruppe ermöglicht es, in einem geschützten Rahmen zu agieren, um so unbewusste Beziehungsmuster ich-dyston, erzählbar und bewusster zu machen. Wenn es gut geht, erhalten Patienten in ihren Einzeltherapien Unterstützung darin, in den Gruppensitzungen mit Anderen möglichst frei zu interagieren. Sie sind dort einer neuen Lernsituation ausgesetzt, die in den Einzelsitzungen genutzt und noch einmal reflektiert wird. Eine Kombination der Verfahren – zumindest in der Anfangsphase einer Gruppentherapie mit einer Vorbereitung auf die Arbeit in diesem Setting – scheint dadurch auch zu weniger Abbrüchen beizutragen.

Befürworter von der Kombination von Einzel- und Gruppentherapien beschreiben dies als eine effektive und einzigartige Behandlungsmethode mit ihren eigenen Indikationen (Schwartz 2004, Billow 2009). Richtig angewandt, hätten beide Therapien synergetische Effekte. Gruppentherapie betont dabei die Erkundung interpersoneller Beziehungen und Abwehrmechanismen, Einzeltherapie die Erkundung intrapsychischer Zusammenhänge (Rutan/Alonso 1982; Schwartz 2004). Wong (1995) beschreibt vor diesem Hintergrund das Vorliegen einer Persönlichkeitsstörung als wichtige Indikation für eine Kombination von Einzel- und Gruppentherapie.

Eigene Erfahrungen mit unterschiedlichen Verbindungen von Einzel- und Gruppentherapie an einer Beratungsstelle für Studierende entsprechen den Ergebnissen klinischer Untersuchungen und tragen dazu bei, diese Behandlungsform zu empfehlen. In jeder der drei verschiedenen Kombinationen von Einzel- und Gruppentherapien gibt es spezifische Schwierigkeiten bei der Handhabung von Übertragung und Gegenübertragung – aber auch entlastende Faktoren. Ein grundsätzlicher Ausschluss dieser Vorgehensweisen von der Erstattung der Kosten durch die Krankenversicherungen ist nicht gerechtfertigt.

Klinische Erfahrungsberichte ermutigen dazu, mit diesem integrativen Konzept in der ambulanten Praxis zu arbeiten. Eine gemeinsame Einzel- und Gruppentherapie kann dazu beitragen, schwer kranke Patienten ambulant zu behandeln, für die ohne eine solche Möglichkeit stationäre Therapie notwendig wird.

Literatur

Amaranto, E. A. & Bender, S. S. (1990): Individual Psychotherapy as an Adjunct to Group Psychotherapy. Int J Group Psychother 40, 91–101.

Bednar, R. L. & Kaul, T. J. (1994): Experimental group research: Can the canon fire? In: Bergin, A. E. & Garfield, S. L. (Hg.): Handbook of psychotherapy and behavior change, 4. Aufl., New York.

Bergin, A. E. & Garfield, S. L. (Hg.) (1994): Handbook of psychotherapy and behavior change. 4. Aufl., New York.

Billow, R. M. (2009): The Radical Nature of Combined Psychotherapy. Int J Group Psychother 59, 1–28.

Burlingame, G. M.; MacKenzie, K. R. & Strauß, B. (2002): Zum aktuellen Stand der Gruppentherapieforschung: II. Effekte von Gruppenpsychotherapien als Bestandteil komplexer Behandlungsansätze. Gruppenpsychother Gruppendyn 38, 5–32.

Burlingame, G. M.; MacKenzie, K. R. & Strauß, B. (2004): Small-Group Treamtment: Evidence for Effectiveness and Mechanisms of Change. In: Lambert, M.: Bergin and Garfields Handbook of Psychotherapy and Behavior Change, New York, S. 647–696.

Cunningham, J. M. & Matthews, K. L. (1982): Impact of Multiple-Family Therapy Approach on a Parallel Latency-Age/Parent Group. Int J Group Psychotherapy 32, 91–102.

Enke, H. (1999): Einleitende Gedanken zum Thema »dritte Säule«. Gruppenpsychother Gruppendyn 35, 101–103.

Fieldsteel, N. D. (2005): When the Therapist Says Goodbye. Int J Group Psychother 55, 245–279.

Fuhriman, A. & Burlingame, G. M. (Hg.) (1994): Handbook of Group Psychotherapy. An Empirical and Clinical Synthesis. New York.

Heigl-Evers, A. & Heigl, F. (1994): Das Göttinger Modell der Anwendung der Psychoanalyse in

Gruppen unter besonderer Berücksichtigung der psychoanalytisch-interaktionellen Methode. Gruppenpsychother Gruppendyn 30, 1–29.

Hopper, E. (2005): Countertransference in the Context of the Fouth Basic Assumption in the Unconscious Life of Groups. Int J Group Psychother 55, 87–113.

Kaplan, H. I. & Saddock, B. J. (Hg.): Comprehensive textbook of psychiatry, 6. Aufl., Bd. 2, Baltimore, 1821–1838.

Kauff, P. F. (2009): Transference in Combined Individual and Group Psychotherapy. Int J Group Psychother 59, 29–46.

Klug, G. & Schwarz, F. (1984): Ambulante und stationäre Gruppenpsychotherapie innerhalb einer Institution. Gruppenpsychother Gruppendyn 20, 40–56.

Lambert, M. J. (Hg.) (2004): Bergin and Garfields Handbook of psychotherapy and behavior change. 5. Aufl., New York.

Lipsius, S. H. (1991): Combined Individual and Group Psychotherapy: Guidelines at the Interface. Int J Group Psychother 41, 313–327.

Phillips, S. B. (2009): The Synergy of Group and Individual Treatment Modalities in the Aftermath of Disaster and Unfolding Trauma. Int J Group Psychother 59, 85–107.

Raps, Ch. (2009): The Necessity of Combined Therapy in the Treatment of Shame: A Case Report. Int J Group Psychother 59, 67–84.

Rubenfeld, S. Y. (2005): Relational Perspectives Regarding Countertransference in Group and Trauma. Int J Group Psychother 55, 115–135.

Roth, B. (2009): Some Problems with Treatment. Destructive Enactments in Combined Therapy. Int J Group Psychother 59, 47–66.

Rüger, U. (1981): Indikationsmöglichkeiten für eine stationär-ambulante Gruppenpsychotherapie. Gruppenpsychother Gruppendyn 16, 335–343.

Rüger, U.; Dahm, A. & Kallinke, D. (2003): Faber/Haarstrick. Kommentar Psychotherapie-Richtlinien (6. Aufl.). München.

Rutan, J. S. & Alonso, A. (1982): Group Therapy, Individual Therapy, or Both? Int J Group Psychother 32, 267–282.

Sachsse, U. (1982): Der Übergang von der Einzel- zur Gruppenpsychotherapie in der Klinik. Gruppenpsychother Gruppendyn 18, 124–132.

Schermer, V. L. (2009): On the Vicissitudes of Combining Individual and Group Psychotherapy. Int J Group Psychother 59, 149–162.

Schwartz, K. (2004): Concurrent Group and Individual Psychotherapy in a Psychiatric Day Hospital for Depressed Elderly. Int J Group Psychother 54, 177–201.

Streeck, U. & Leichsenring, F. (2009): Handbuch psychoanalytisch-interaktionelle Therapie. Vandenhoeck & Ruprecht, Göttingen.

Staats, H. (2005): Gruppenpsychotherapie als Teil eines Gesamtbehandlungsplans – stationär und auch ambulant? Gruppenpsychother Gruppendyn 41, 153–175.

Staats H. (2010): Combining individual and group and therapy in an out-patient setting for patients with personality disorders – useful approach or invitation to acting out? In: Schloesser, A. M. & Gerlach, A. (Hg.): Crossing Borders – Integrating Differences: Psychoanalytic Psychotherapy in Transition, Karnac, London, S. 39–54.

Stone, W. N. (2005): Saying Goodbye: Exploring Attachments as a Therapist leaves a Group of Chronically Ill Persons. Int J Group Psychother 55, 281–303.

Tschuschke, V. (Hg.) (2001): Praxis der Gruppenpsychotherapie. Stuttgart.

Tschuschke, V. (2004): Gruppenpsychotherapie. Die unbekannte und benachteiligte psychotherapeutische Behandlungsoption. Psychotherapeut 49, 101–109.

Ulman, K. H. (2002): The Ghost in the Group Room: Countertransferential Pressures Associated with Conjoint Individual and Group Psychotherapy. Int J Group Psychother 52, 387–407.

Watzke, B.; Scheel, S.; Bauer, Ch.; Rüddel, H.; Jürgensen, R.; Andreas, S.; Koch, U. & Schulz, H.: Differenzielle Gruppenerfahrungen in psychoanalytisch und verhaltenstherapeutisch begründeten Gruppenpsychotherapien. Psychotherapie, Psychosomatik, Medizinische Psychologie 54, 348–357.

Wong, N. (1995): Group psychotherapy, combined Individual and Group Psychotherapy and Psychodrama. In: Kaplan, H. I. & Saddock, B. J. (Hg.): Comprehensive textbook of psychiatry, 6. Aufl., Bd. 2, Baltimore, 1821–1838.

Yalom, I. D. (1995, first ed. 1970): The Theory and Practice of Group Psychotherapy. New York.

4 Muss man Religiosität respektieren?

Jan Philipp Reemtsma

»Wo der Mensch sich nicht relativieren oder eingrenzen lässt, dort verfehlt er sich immer am Leben: zuerst Herodes, der die Kinder von Bethlehem umbringen lässt, dann unter anderem Hitler und Stalin, die Millionen Menschen vernichten ließen, und heute, in unserer Zeit, werden ungeborene Kinder millionenfach umgebracht.«

So der Kölner Kardinal Joachim Meißner in einer Predigt. Der Satz erregte Aufsehen. Der Präsident des Zentralrats der Juden in Deutschland, Paul Spiegel, sprach von einer Beleidigung von Millionen von Holocaust-Opfern und von Frauen, die sich in einer Notlage entscheiden müssten. Der Kardinal sagte daraufhin, er sei missverstanden worden und ließ bei der Drucklegung seiner Predigt den Namen Hitler weg. Es wird unter Ihnen, meine Damen und Herren, wenige geben, die Meißners historische Reihenbildung billigen würden. Aber warum eigentlich? Weil es skandalös ist, die Ermordung von Millionen von Menschen gleichzusetzen mit Abtreibungen? Und damit entweder Frauen, die abgetrieben haben, mit SS-Mördern gleichzusetzen, Ärzte, die in Kliniken Abtreibungen durchführen, auf dieselbe moralische Stufe zu stellen, auf der ein Mengele steht, oder, umgekehrt, das Leid der in Auschwitz Ermordeten auf dieselbe Stufe mit der Tötung eines Embryos zu stellen? Wenn Sie über Meißners Satz empört sind – sind Sie dann über diesen Vergleich empört? Oder sind Sie darüber empört, dass Meißner katholisch ist?

Für einen gläubigen Katholiken beginnt das menschliche Leben mit der Empfängnis, d. h. mit der Verbindung von Spermtozoon und Eizelle. Für einen gläubigen Katholiken gibt es hinsichtlich der Verwerflichkeit des Tuns keinen Unterschied zwischen der Tötung eines Embryos, eines Kindes oder eines Erwachsenen. Wo hundertfach, tausendfach, millionenfach abgetrieben wird, wird dieser Auffassung nach Massenmord begangen, und es gibt überhaupt keinen Grund, diesen Massenmord nicht mit irgendeinem anderen Massenmord in der Geschichte zu vergleichen, auch mit dem Holocaust. Wenn man gläubiger Katholik ist. An dem Satz des Kardinals ist gar nichts skandalös. Er hat nur seinen religiösen Überzeugungen Ausdruck verliehen, so, wie es

Aufgabe seines Amtes ist. Man kann natürlich seine religiösen Überzeugungen skandalös finden. Aber was dann? Oder: muss man eine solche Ansicht respektieren, weil sie Ausdruck einer religiösen Überzeugung ist? D.h. ändert sich etwas an der Haltung, die man zu einer solchen Meinung einnehmen kann, sollte oder muss, wenn es sich bei ihr nicht bloß um eine individuelle Ansicht, sondern um Ausdruck eines Bekenntnisses handelt?

Muss man Religiosität respektieren? Klären wir zunächst den Standpunkt, von dem aus ich spreche, und den ich Sie, meine Damen und Herren, bitte einzunehmen, so lange ich spreche – nicht ihn zu übernehmen, nota bene, sondern ihn nur auf Zeit einzunehmen. Wer unter Ihnen von sich sagen würde, dass er oder sie religiös sei, muss dies können, und zwar generell und immer wieder, denn es ist kein ungewöhnlicher Standpunkt, sondern der eines Bürgers einer säkularen Gesellschaft, und das sind wir alle. Das sind wir alle, auch dann, wenn wir religiöse Überzeugungen haben. Eine säkulare Gesellschaft zeichnet sich dadurch aus, dass Religion zwar im privaten wie im öffentlichen Raum gelebt werden kann, dass der öffentliche Raum aber durch keine Religion bestimmt wird. Auch wo Religion öffentlich stattfindet, ist sie Privatsache. In einer säkularen Gesellschaft findet Religion in der Öffentlichkeit statt, *weil* sie Privatsache ist, und weil in einer säkularen Gesellschaft – anders als in einer Theokratie – *vielerlei* private Ansichten in der Gestaltung des öffentlichen Raumes eine Rolle spielen können.

Was verstehe ich unter »Religiosität«? Ich brauche natürlich einen weiten Begriff, der nicht nur Christen, Juden und Moslems, sondern auch Zeugen Jehovas und Animisten einschließt, oder sagen wir: nicht von vornherein ausschließt. Ich denke, dieser Begriff ist tauglich: Religiosität besteht in der Überzeugung, dass die Welt nicht aus sich heraus verstanden werden kann. Natürlich sind auch Nicht-Religiöse meistens der Ansicht, dass mehr zwischen Himmel und Erde ist, als unsere Schulweisheit sich träumen lässt, aber diese Schulweisheit lässt sich erweitern, auch um das, was sie sich bis vor Kurzem noch nicht hat träumen lassen, etwa dass es Vermehrung gibt, die nicht genetisch vonstattengeht, was bis vor der Entdeckung der Prionen pure aristotelische Fantastik war, oder dass es möglicherweise unendlich viele Paralleluniversen gibt, was ein Gedankenspiel in irgendwelchen Science-Fiction-Romanen war (ich erinnere mich an einen Roman von Robert Heinlein, den ich vor nahezu 40 Jahren gelesen habe), und heute von einem renommierten Physiker als einzig mögliche Interpretation der Quantenphysik vertreten wird. Aber das hat mit Religiosität nichts zu tun. Religiös ist auch nicht derjenige, der meint, neben den uns bekannten Naturkräften gäbe es noch andere (etwa die in homöopathischen Arzneien wirksamen, oder diejenigen, die mit Wilhelm Reichs Orgonakkumulatoren eingefangen werden können), und religiös ist auch nicht derjenige, der meint es gebe Geister, Telepathie, Telekinese und was nicht alles. Leute, die so was glauben, sagen nur, dass unsere Welt komplexer ist, als wir meinen, und geben Empfehlungen, in welcher Art wir sie betrachten sollten, und mit welchen Phänomenen wir uns näher beschäftigen sollten. Religiös ist derjenige, der meint, *was immer* wir auf diesem oder jenem Wege noch über die Welt herausbekommen können: das, was die Welt im Innersten zusammenhält, das Geheimnis der Welt, ihr Sinn – also irgendwie: das *Eigentliche* – wird es nicht sein. Und: auf dies Eigentliche *kommt es an*. Denn wer sagt, die Wissenschaften könnten auf alle diese Fragen keine Antwort geben, aber er empfinde das auch keineswegs als Mangel, ist deutlich nicht religiös. Religiös ist derjenige, der die Welt aufteilt in das, was unserem Wissen-Wollen zugänglich und gerade darum nicht das Wesentliche ist, und das andere, Wesentliche, zu dem es einen anderen Zugang geben muss. Ein Religiöser kann darum nicht durch einen Nicht-Religiösen eines diesbezüglichen Irrtums überführt werden: Virchow hat bei seinen Sektionen keine Seele gefunden – gewiss – aber das war, sagt der Religiöse, nicht nur nicht zu erwarten, sondern ganz unmöglich, und keine Raumsonde wird jemals die Nichtexistenz Gottes und kein chemisches Experiment wird das Nichtvorhandensein des Dao zeigen können. Umgekehrt ist einer, der durch irgendein Ritual seinen Gott zu beweisen unternimmt, nicht religiös. Er kann, wie der verstorbene Papst, der der Ansicht war, die Mutter seines Gottes habe eigenhändig die für ihn bestimmte Kugel des Attentäters abgelenkt, irgendein Ereignis als Beleg für das Vorhandensein transzendentaler Mächte und ihre Bereitschaft, sich in den Ablauf von irdischen Ereignissen aktiv einzumischen, nehmen, aber mehr auch nicht. Wer der Überzeugung wäre, durch seine Worte – Gebete, Beschwörungsformeln – seinen Gott auftreten lassen zu können wie Aladin den Lampengeist durch Gesten, der ist nicht religiös, sondern ein Magier. Ein Magier kann auch religiös sein, aber seine religiösen Überzeugungen zeigen sich dort, wo er über das redet, was ihm *nicht* zur Verfügung steht, und auf andere Weise nicht zur Verfügung steht, als bloß deswegen, weil er diesen speziellen Zweig der Magie noch nicht beherrscht.

Religiös ist also nicht derjenige, der meint, mehr und anderes über die Welt zu wissen, als viele andere, sondern derjenige, der der Überzeugung ist, dass in letzter Instanz solches Wissen die Welt in ihrer Gesamtheit – oder in ihrem Kern – oder in ihrem Sinn – nicht erfassen kann. Dass es aber auf dieses Erfassen ankommt und es auch in gewissem Sinne möglich ist. Aber nicht prinzipiell jedem, sondern nur dem, der einen ganz bestimmten Zugang wählt, dessen wesentlicher Bestandteil die Empfindung dieser Zweiteilung ist. In dieser Empfindung treffen sich die Religionen – in der Art und Weise, wie sie mit dieser Empfindung in Ritualen, Überzeugungen, Lehren, Schriften, sozialem Verhalten umgehen, unterscheiden sie sich. Religiosität bedeutet die Überzeugung, über einen privilegierten Zugang zu einer *nur in diesem Zugang* als einheitlich zu verstehenden Welt – sagen wir: zur Wahrheit – zu verfügen. Dabei spielt es keine Rolle, ob der Religiöse meint, alle Menschen sollten über diesen Zugang verfügen, oder ob er im Gegenteil sein Privileg hütet.

Die Öffentlichkeit einer säkularen Gesellschaft ist dadurch gekennzeichnet, dass sie die Vorstellung eines solchen privilegierten Zugangs zur Wahrheit nicht kennt. Die säkulare Gesellschaft ist keine profane Theokratie: die »wissenschaftliche Weltanschauung« (wenn es denn so was überhaupt gibt, woran ich zweifle) tritt in ihr nicht an die Stelle einer Religion, auch wird der Religiöse aufgrund seiner Ansichten von sich selbst, seiner Idee, einen privilegierten Zugang zur Wahrheit zu haben, nicht für wahnsinnig gehalten oder sonstwie diskriminiert. Aber das erfolgt nicht deshalb, weil Religiosität es sozusagen verdiene, dass man so mit ihr umgeht. Es erfolgt deshalb, weil eine säkulare Gesellschaft eine säkulare Gesellschaft ist. Sie gäbe sich selbst auf, wenn sie eine besondere nicht-religiöse Weltanschauung auszeichnete und ihr das Deutungsmonopol übertrüge. Dies Deutungsmonopol bekäme durch eine solche Rolle selber religiöse Züge: es würde ein privilegierter Zugang zur Wahrheit behauptet, der seinerseits transzendental abgesichert werden müsste, und eine Einsicht in das »Wesen der Dinge« behauptete, die mit jeder Idee offener Forschung kollidieren müsste. In einer säkularen Gesellschaft – nur darum geht es – ist der Zugang eines Bürgers zur Öffentlichkeit nur durch seinen Status als Bürger definiert und nicht dadurch, was er denkt.

Damit kümmert sich eine säkulare Gesellschaft um genau das nicht, was einem religiösen Menschen – wenn er es ernst meint – das Wichtigste sein muss. Für einen religiösen Menschen ist – eigentlich – eine säkulare Gesellschaft eine Gesellschaft des Irrtums. Diese Ansicht teilt die Geistlichkeit Teherans mit der (orthodoxen) Geistlichkeit Jerusalems und der Geistlichkeit Roms. Diese säkulare Gesellschaft zu bekämpfen ist ein klares Ziel islamistischer Gruppen überall in der Welt, sie in Israel zu bekämpfen Ziel eines Teils des dortigen politischen Spektrums, und sie weltweit zu bekämpfen war das erklärte Ziel des vor Kurzem verstorbenen Papstes Johanns Paul II. Ich sage nicht: sie zu bekämpfen ist das Ziel *jedes* religiös empfindenden Menschen, und es ist auch nicht Aufgabe eines nicht-religiösen Menschen, wie der Vortragende einer ist, zu definieren, was ernstliche Religiosität ist und was nicht. Festgehalten werden muss aber doch, dass eine gewisse Spannung besteht zwischen einer Gesellschaft, zu deren Öffentlichkeitsverfassung gehört, dass es keinen privilegierten Zugang zur Wahrheit gibt, und Menschen, deren Leben von der Vorstellung erfüllt ist, es gebe dergleichen und sie seien im Besitze dieses Zugangs. Dass solche Leute die säkulare Verfasstheit einer Gesellschaft durchaus schätzen können, ja sich dafür kompromisslos einsetzen, erfolgt aus einer Einsicht, die zu ihrer Religiosität *hinzutritt* – es geht *nicht* aus ihr hervor.

Wo nun liegt das Problem des Respekts? Nun, es liegt in dem Umstand begründet, dass es Viele gibt – vor allem Religiöse –, die der Ansicht sind, die säkulare Gesellschaft brauche das religiöse Element, weil nur darin etwas zu finden sei, was jede Gesellschaft dringend nötig habe, die säkulare Gesellschaft aber aus sich heraus nicht produzieren könne. Auf Nachfrage, was das sei, bekommt man zu hören: »Sinn« oder »verbindliche Werte« oder »Orientierung«. Ich weise darauf hin, dass hier etwas wiederkehrt, das mit der Grundstruktur von Religiosität zu tun hat – um es mit dem Titel eines James-Bond-Films zu sagen: Die Welt ist nicht genug. Aber wie dem auch sei. Wenn es zuträfe, dass die säkulare Gesellschaft nicht wirklich lebensfähig wäre ohne Religiosität in ihr, folgte daraus, dass der Religiosität tatsächlich – und zunächst einmal ohne Ansehen ihres jeweiligen Aussehens – Respekt entgegengebracht werden müsste, denn man sollte nicht das missachten, worauf man angewiesen ist. Wohlgemerkt: Es geht nicht darum, dass eine säkulare Gesellschaft aus sich heraus keine Antworten auf Fragen wie die nach dem Sinn des Lebens – oder sagen wir es mit Douglas Adams: »life, the universe and everything« – zu bieten hat – das ist selbstverständlich so –, sondern ob dieser Mangel einer ist, der dringend kompensiert werden muss. Man kann sagen, dass, wer einen Gott brauche, eben sehen müsse, wo er einen herbekomme, und das sei ausschließlich seine Sache, oder man kann sagen, dass Menschen nicht gut leben könnten ohne transzendentale Orientierungen, und es eine *Gemeinschaftsaufgabe* sei, eine Kultur zu *pflegen*, in der solche Orientierungen – oder gar eine bestimmte Sorte solcher Orientierungen – geboten werden. Nur in letzterem Falle kann man sinnvollerweise davon sprechen, dass Religiosität – anders als zwangsneurotisches Verhalten, das auch erlaubt ist – respektiert werden müsse.

Meiner Meinung nach gibt es drei Möglichkeiten, die These vom Sinndefizit säkularer Gesellschaften zu verstehen. Der erste Sinn, den man der These zuweilen gibt, ist der eines Ursprungsproblems. Bestimmte für säkulare Gesellschaften wichtige Begriffe, Normen und Werte seien religiösen Ursprungs – wir zehrten gleichsam von diesem religiösen Grund, auf dem Vorstellungen wie etwa die von der Gleichheit der Menschen (vorher: vor Gott, später: vor dem Gesetz), gewachsen seien. Dieser Gedanke führt nicht weit. Erstens sind Ideen nicht ihren Entstehungskontexten verpflichtet. Im Gegenteil: Wir entkleiden sie ja gerade der Kontexte, denen sie ursprünglich verpflichtet gewesen sind. Die Erinnerung an ihre Entstehung wird ja gerade unternommen, weil ihnen davon nichts mehr anzusehen ist. Zweitens entstehen bestimmte Ideen in unterschiedlichen Kontexten immer wieder und oft sind diese Kontexte auch mit ganz anderen Ideen kompatibel. Auch kann man drittens fragen, ob denn die Idee der bürgerlichen Gleichheit vor dem Gesetz *tatsächlich* die säkularisierte Version der christlichen Idee der Gleichheit aller Menschen vor Gott ist – wenn sich doch diese Idee so ausgezeichnet mit einer gesellschaftlichen Wirklichkeit vertrug, die durch jene ganz und gar nicht gekennzeichnet war.

Der zweite Sinn, den man der These vom Sinndefizit geben kann, ist der, dass in einer säkularen Gesellschaft eben keine verbindlichen Sinnangebote gemacht werden, Menschen aber solche brauchten. Nun ist der erste Teil dieser Interpretation eben die Definition von »säkularer Gesellschaft« und heißt, kombiniert mit dem zweiten, nichts weiter als: Menschen sind für säkulare Gesellschaften nicht geschaffen. Das ist, wie der historische Erfolg des Modells der säkularen Gesellschaft zeigt, falsch.

Der dritte Sinn der These könnte eine Variante dieser Fassung sein. Er wäre nicht normativ-anthropologisch, sondern empirisch. Viele Menschen *haben* das Bedürfnis nach vorgegebenen Sinnorientierungen und sind mit der Wirklichkeit einer Gesellschaft, die sagt: Wenn du derartiges brauchst, haben wir's im Angebot, such dir's aus!, so *überfordert* wie das Kind im Supermarkt, dem man sagt: Such dir eine Süßigkeit aus!, aber angesichts des unüberschaubaren Angebots bricht es in Tränen aus. Das ist richtig, aber wo ist das Problem? Es stimmt, dass es viele Menschen gibt, die sich von der Moderne überfordert fühlen, die eine Gesellschaft funktionaler Differenzierung mit Rollenpluralismus, unklarer Wertehierarchie, rollenabhängigen Inklusionsmodi etc. zu sehr anstrengt, und die deshalb danach streben, ihre Weltsicht drastisch zu vereinfachen. Im Extremfall werden sie Mitglied einer Bande, die klar zwischen gut und böse unterscheidet, sich zum Guten in der Welt erklärt und dem Rest der Welt den Krieg erklärt – die Banden heißen dann al-Qaida, Rote Armee Fraktion, Manson Family oder Aum. Es geht auch weniger militant bis hinunter zu milderen Formen weltanschaulicher Paranoia à la Michael Moore. Oder sie wenden sich ebenjenen Angeboten kollektiver Sinnstiftung zu, die die traditionellen Religionen oder die modernen Kulte anzubieten haben. Dass Menschen dies tun *können und dürfen* (insofern sie nicht, wenn sie für den Terrorismus optieren etwa, gegen Gesetze verstoßen), garantiert ihnen gerade die säkulare Öffentlichkeit. Im Gegensatz zu theokratisch verfassten Gesellschaften stellt sie sicher, dass das Angebot an Lebenssinn so vielfältig ist wie die Bedürfnisse danach vielgestaltig. Die Vorstellung, die säkulare Gesellschaft bedürfe der Kompensation ihrer Sinndefizite durch Religiosität, ist einfach eine falsche Beschreibung der Sachlage. Nur in der theokratisch verfassten Gesellschaft wird Sinn verordnet – *und nur dieser Verordnung mangelt es der säkularen Gesellschaft*. Aber dieser Mangel ist ihre Würde. Und es ist dieser Mangel, der es verbürgt, dass jeder glauben kann, was er will – und, vor allem, dass er auch keinen Glauben heucheln muss, wenn er an gar nichts glaubt.

Der Respekt, den die säkulare Gesellschaft dem Religiösen entgegenbringt, ist ebenderselbe, den sie dem Nicht-Religiösen entgegenbringt. *Es ist der Respekt vor seinem Privatleben.* Er besteht in der berühmten Maxime Friedrichs II. von Preußen, es möge jeder nach seiner eigenen Facon selig werden, oder der von Thomas Jefferson, dass es ihn nichts angehe, ob sein Nachbar an einen, zwei oder gar keinen Gott glaube – das tue ihm nicht weh und mache ihn nicht ärmer. Was in dieser Weise aus der Perspektive dessen, der die säkulare Gesellschaft nicht nur hinnimmt, sondern für ein Ideal hält, als Respekt angesehen wird, ist für den Religiösen eine Demonstration der Unempfindlichkeit dem gegenüber, worauf es eigentlich ankommt. »Du kannst glauben, was du willst« ist liberal, doch es erscheint ihm als bloße Gleichgültigkeit – und: eine Verkennung. Wer glaubt, glaubt nicht, dass er glaubt, weil er es sich *ausgesucht* hat, dies und nicht das zu glauben – der Akt der Wahl, als der die Entscheidung für einen Glauben dem Nicht-Religiösen erscheint, wird vom Religiösen als Vernehmen einer Offenbarung, als Erleuchtung, als tiefere Einsicht gedeutet: nicht als etwas Beliebiges, sondern als etwas zutiefst Notwendiges. Der Papst hat es als Kardinal pointiert so formuliert: »Sinn, der selbst gemacht ist, ist im letzten kein Sinn« (Ratzinger 2002, S. 47). Benedikt XVI. hat mit großer Verve gegen die theologische Beliebigkeit in der Religion geschrieben. Glaube, wie er ihn versteht, ist nicht etwas aus dem großen Supermarkt der Sinnangebote. Seine Religion hat es mit der Wahrheit zu tun, und die Vorstellung, dass Wahrheit mit der Zeit zu gehen habe, um sich den Vorlieben der Leute anzupassen, hat für ihn etwas zutiefst Absurdes. Und ich muss zugeben: Wenn jemand der Überzeugung ist, eine bestimmte Sexualethik sei aus Einsicht in den Willen Gottes gewonnen, ist der Hinweis, dass man sich bei ungeschütztem Geschlechtsverkehr mit Aids infizieren kann, für ihn kein Einwand.

Benedikt XVI. verlangt mit deutlichen Worten Respekt vor dem Glauben, für den er steht, auch in einer Gesellschaft, die seine Grundüberzeugungen mehrheitlich nicht teilt. Er spricht von der notwendigen »Achtung vor dem, was dem anderen heilig ist«, und nennt sie einen »für alle Kulturen wesentlichen Aspekt« (Ratzinger 2004, S. 67). Da sind der Papst, respektive der Kardinal, der er noch war, als er das geschrieben hat, und ich uns einig – wie sagte er zu Jürgen Habermas?: jedenfalls »im Operativen«. Aber es lohnt sich, die Textstelle weiterzulesen:

> »[I]nsbesondere die Achtung vor dem, was im höheren Sinne heilig ist, die Achtung bzw. Ehrfurcht vor Gott, etwas, das man auch bei Menschen findet, die nicht an Gott glauben. In einer Gesellschaft, in der diese Achtung verletzt wird, geht etwas Wesentliches verloren« (ebd.).

Dass der Theologe meine Bereitschaft, seine Religiosität zu achten, als Hinweis auf meine Disposition zum Glauben versteht, versteht sich. Auf dieses Verständnis aber gründet er, der Theologe, seine Achtung, die er dem entgegenbringt, was mir in meinem Leben von Bedeutung erscheint, von dem ich allerdings nicht sagen würde, dass es mir »heilig« sei. Dort, wo ihm dieses nicht von Glauben in unentwickeltem Stand zeugt, sondern nur von (aus seiner Sicht) beliebigen Idiosynkrasien, ist allenfalls Achtung minderen Grades angebracht. Nun steckt darin ein Differenzierungsbemühen, dem man sich kaum verschließen kann: Nicht jeder Unfug, nur weil einer ihn für wichtig hält, kann Achtung verlangen, wenn man unter Achtung mehr versteht, als ihn einfach machen zu lassen, wenn er keinen Schaden damit anrichtet.

Reden wir über Respekt. Es ist klar: Weder seine noch meine Bereitschaft zum Respekt ist unbedingt. Da sind wir uns einig. Ich achte Frömmigkeit, Religiosität, Theologie nicht bloß darum, weil sie vorhanden sind. Ich respektiere keine geistigen Gehalte, die für mich bedeutungslos sind oder die ich für Unfug halte – interessanten Unfug vielleicht, aber eben Unfug. Ich respektiere auch nicht, wenn sich jemand ohne Not das Leben schwer macht. Und doch spielen diese Faktoren eine Rolle beim Respekt: ein fremdes Denken (dem eigenen bringt man ja keinen Respekt entgegen) und ein Denken, das Auswirkungen auf die Lebensführung hat, erschwerende. Respekt vor einem gewissen Ernst. Meinerseits ist dieser Respekt von der Ansicht geleitet, dass wir, um Christoph Martin Wieland zu zitieren, nicht alle durch dasselbe Schlüsselloch in die Welt sehen können und das Leben schwer genug ist, als dass man es einfach leichtnehmen könnte. Getragen ist er von der Überzeugung, dass wir auf der Basis solchen wechselseitigen Respekts besser miteinander leben können als ohne ihn. Und damit kommt ein Moment der Reziprozität ins Spiel und wird entscheidend.

Tatsächlich kann ich vor Fanatikern keinen Respekt haben. Ich kann sie nicht achten wie eine Art ritterlichen Feind – man schlägt einander vielleicht tot, respektiert einander aber. Das mag in den Haushalt kriegerischer Tugenden gehören, in den ziviler gehört es nicht. Respekt erhält man für Respekt. Und damit wird klar, dass ich den Religiösen nicht für das respektiere, worauf es ihm ankommt. Ich empfinde keine Achtung vor dem, was ihm im höheren Sinne heilig ist, sondern vor ihm, zu dessen Lebensentwurf gehört, Empfindungen des Heiligen zu forcieren. Wenn er das im Rahmen bürgerlicher Dezenz tut.

Ich höre von einem, der den Sabbat heiligt, und das macht seinen Weg vom Hotel zum Tagungsort kompliziert. Das ist zu respektieren. Er bedient sich auch nicht zureichend der Unterstützung derjenigen, die den Sabbat nicht heiligen, weil er nicht möchte, dass sie Gebote brechen, obwohl die für sie gar nicht existieren. Mir begegnet einer, der das anerkennenswert findet. Ich finde das albern, aber, wie heißt es doch? Wenn du die Neurose triffst, sag ihr, ich lass sie grüßen. Wir tanzen alle mit wunderlichen Gebärden den Todesweg hinab. Und nun kommt dieser fromme Mensch zu spät, und da ein Vortrag von ihm auf dem Programm steht, warten alle lange und geben dann auf. Dann kommt er irgendwann; er hat sich auf dem Stadtplan vertan und der Fußweg war länger als geschätzt. Das geht nicht. Der Mann ist ein Flegel, über anderes reden wir später.

Die Einhaltung der Regeln des Zusammenlebens vorausgesetzt, respektiere ich den Sinn, den jeder seinem Tun gibt. Ich respektiere die Art und Weise, in der er selbst seinem Leben Sinn geben will – er allerdings wird diesen Lebenssinn nicht als einen verstehen, den er selbst seinem Leben gegeben hat. Das sehen wir unterschiedlich und wir dürfen vom anderen nicht verlangen, dass er unsere Sicht der Dinge übernimmt. Was ich aber verlangen darf ist, dass der Religiöse sich so verhält, dass als Resultat seines Verhaltens dasselbe herauskommt wie bei meinem. Er wird sich etwas anderes denken dabei, er wird mich innerlich allenfalls darum respektieren, weil er in dem Teil von mir, den er respektiert, etwas zu erkennen meint, wovon ich nichts weiß. Er respektiert es darum, weil er darin das erkennen möchte, worum es ihm geht. Er respektiert mich als potenziellen Träger eines Glaubens, ich respektiere ihn als Mitbürger.

Das ist wie Öl und Wasser. In einer säkularen Gesellschaft gibt – tendenziell wenigstens – das Denken, das ich hier »meines« genannt habe, den Rahmen ab. In ihr kann man den von Benedikt XVI. definierten Respekt der Religiösen so verstehen, als bedeute er dasselbe. Man sollte das vielleicht um des lieben Friedens willen tun. In weniger säkularen Gesellschaften sieht das anders aus – fabula respektive historia docet. Das sind die Gesellschaften, in denen man nur Platz hat, wenn man zur Familie gehört oder als verlorener Sohn oder verirrtes Schaf.

Eine liberale Abtreibungsgesetzgebung gehört nicht notwendigerweise zu einer säkularen Gesellschaft. Zu einer säkularen Gesellschaft gehört, dass der Spielraum der Gesetzgebung nicht durch Verpflichtung auf ein Glaubensbekenntnis eingeschränkt ist. Unsere Gesetzgebung und Rechtsprechung stellt unter bestimmten Voraussetzungen Abtreibungen straffrei, d. h. erlaubt sie faktisch. Wer einer Religion angehört, zu deren Glaubenssätzen es gehört, dass das menschliche Leben nicht nur mit der sogenannten Empfängnis beginnt, sondern ab diesem Zeitpunkt geborenem menschlichem Leben gleichgestellt werden muss, weil es von diesem Zeitpunkt an Träger einer unsterblichen Seele ist, für den ist solche Erlaubnis legalisierter Mord. Wenn Kardinal Meißner solchen legalisierten millionenfachen Mord an ungeborenem Leben mit millionenfachem Mord an geborenem Leben gleichsetzt, folgt er seinen religiösen Überzeugungen. Er sagt nichts anderes als das, was Johannes Paul II. in dieser Weise formuliert hat:

> »Wenn der Mensch allein, ohne Gott, entscheiden kann, was gut und was böse ist, kann er auch verfügen, dass eine Gruppe von Menschen zu vernichten ist. Derartige Entscheidungen wurden z. B. im Dritten Reich gefällt von Menschen, die, nachdem sie auf demokratischen Wegen zur Macht gekommen waren, sich dieser Macht bedienten, um die perversen Programme der nationalsozialistischen Ideologie zu verwirklichen, die sich an rassistischen Vorurteilen orientierten. Vergleichbare Entscheidungen wurden in der Sowjetunion [...] getroffen. [...] Nach dem Sturz der Regime, die auf den Ideologien des Bösen aufgebaut waren, haben in ihren Ländern die eben erwähnten Formen der Vernichtung de facto aufgehört. Was jedoch fortdauert, ist die legale Vernichtung gezeugter, aber noch ungeborener menschlicher Wesen. Und diesmal handelt es sich um eine Vernichtung, die sogar von demokratisch gewählten Parlamenten beschlossen ist, in denen man sich auf den zivilen Fortschritt der Gesellschaften und der gesamten Menschheit beruft [...] Es ist zulässig und sogar geboten, sich zu fragen, ob nicht hier – vielleicht heimtückischer und verhohlener – wieder eine neue Ideologie des Bösen am Werk ist« (Johannes Paul II. 2005, S. 26).

Ein konsequenter Katholik *kann* nicht nur, sondern *muss* so denken. Dass eine solche wertende Gleichsetzung von Holocaust und Abtreibungsgesetzgebung die Überlebenden der deutschen Vernichtungspolitik sowie Frauen, die sich zu einer Abtreibung entschlossen haben, zutiefst zu kränken im Stande ist, ist klar. Aber was ist zu tun? Wenn ich die Religionsfreiheit nicht abschaffen will, muss ich hinnehmen, dass es solche Ansichten gibt. Daraus lässt sich aber schwerlich herleiten, dass ich sie auch zu respektieren habe. Ich respektiere die Freiheit meines Mitmenschen, religiöse Überzeugungen zu haben, die ich zutiefst missbillige. Dass diese Freiheit das Potenzial birgt, Mitbürger zu kränken muss – bis zu einem gewissen Grade – hingenommen werden.

Man muss sich aber klarmachen, was für ein Urteil die zitierte Auffassung über unser Gemeinwesen fällt. Ich unterstelle weder dem verstorbenen Papst noch dem gegenwärtigen, Benedikt XVI., dass einer von ihnen das Parlament der Bundesrepublik Deutschland und die Bundesregierung persönlich mit der nationalsozialistischen Führungsclique gleichsetzt. Aber wie wir gehört haben, sind die einen wie die anderen Agenten einer heimtückischen Ideologie des Bösen, einer, wie es beide Päpste auch genannt haben, »Kultur des Todes«. Der Jargon, in dem der verstorbene Papst sein Urteil über die säkulare Gesellschaft abgab, unterscheidet sich in keiner Weise von fundamentalistischem Jargon anderswo, wo von den USA als dem »großen Satan« gesprochen wird. An einer anderen Stelle seines Buches spricht Johannes Paul II. von einer »andere(n) Form von Totalitarismus [...], die sich heimtückisch verbirgt unter dem Anschein von Demokratie« (ebd., S. 68), und meint damit die westlichen liberalen Demokratien:

> »Immer neu offenbaren sich die Zeichen einer Gesellschaft, die, wenn nicht programmatisch atheistisch, so doch mit Sicherheit positivistisch und agnostisch ist, da ihr Orientierungsprinzip darin besteht, so zu denken und zu handeln, als gäbe es Gott nicht [...] So zu leben, als ob Gott nicht existierte, bedeutet, außerhalb der Koordinaten von Gut und Böse zu leben [...] Es wird der Anspruch erhoben, dass [...] der Mensch es sei, der zu entscheiden habe, was gut und was böse ist« (ebd., S. 67).

In der Tat: mit der Regelung, dass kein Priester, kein Papst, kein Imam, kein Rabbi, kein Inquisitor und kein Guru das Recht haben soll, festzulegen, wie die Gesetze aussehen sollen, nach denen eine Gesellschaft lebt, wie die Kunst beschaffen sein soll, an der Menschen Vergnügen haben, wie das Wissen beschaffen sein soll, das an den Schulen gelehrt wird, sagt die säkulare Gesellschaft, dass es ihre Bürger sind, die die Gesetze machen und untereinander sich darüber einigen, welchen Wertorientierungen diese folgen. Das Wort »Gott« kommt in der Beschreibung dieses Prozesses nicht vor, auch dann nicht, wenn bei Wählern, Parlamentariern und Regierungsmitgliedern religiöse Überzeugungen eine große Rolle bei der Ausübung ihrer Optionen spielen sollten.

Johannes Paul II. sah in der Tradition der abendländischen Philosophie seit Descartes ein Denken gegen Gott – und das auch bei Denkern, die sich selbst für gut christlich erklärt hätten. Jedes Denken, das nicht von Gott seinen Ausgangspunkt nehme – von »Gott als [dem] in sich vollkommen sich selbst genügende[n] Sein [Ens subsistens]« (ebd. S. 22) –, jedes Denken, das den Mensch auf sich selbst stelle, sei »Lästerung gegen den heiligen Geist« und damit eine Sünde, die »nicht vergeben werden kann« (ebd., S. 21). Mit einer Gesellschaft, die aber so verfasst ist, dass sie den *Menschen* und nicht *Gott* (würde ein Gläubiger sagen), also den *Bürger* und nicht den *Priester* in den Mittelpunkt stellt, kann jemand, der solche Auffassungen hat, nicht in Frieden, sondern immer nur im Zustande eines *Waffenstillstands auf Zeit* leben. Jede Form von Religiosität steht in Spannung zu den Realien einer säkularen, offenen Gesellschaft – einige Religionen sind unter ihre erklärten Feinde zu rechnen.

Nun gibt es einige, die sagen, dass diejenigen, die von sich sagen, sie seien nicht religiös, Leute seien, die nur nicht wahrhaben wollen, dass sie auch religiös seien – nur eben auf andere Weise. Sie glaubten an keinen Gott, aber eben stattdessen an den Menschen oder eben die Segnungen der säkularen Gesellschaft. Das ist bloße Wortspielerei. Wer an etwas nicht glaubt, glaubt nicht die Negation in demselben Sinne wie der Gläubige die Position glaubt. Die Differenz mag in der hübschen Anekdote von der Antwort anklingen, die Bertrand Russel einem besorgten Studenten gab, als der ihn fragte, was er, der notorische Atheist, denn wohl sagen würde, wenn er dereinst wider Erwarten vor Gott stünde. Die Antwort: »You should have given us more evidence.« Zwar ist etwas wie eine anti-religiöse Dogmatik denkbar, die an transzendentalen Prämissen sich orientiert, die ebenso Glaubenssetzungen sind wie die der Religiösen – wir hatten das Thema schon angesprochen. Aber derjenige, der gegen die Annahme, es gebe einen Gott, nur die skeptische Haltung des »Was eigentlich spricht dafür?« zu setzen weiß, sowie die aus Lebenserfahrung gewonnene Feststellung, er brauche für seine Lebensführung diese Annahme nicht, kann schwerlich seinerseits als Gläubiger bezeichnet werden. Ebenso wenig wie der, der, mit ähnlich skeptischer Grundhaltung nicht an die Existenz von Trollen glaubt. Es wäre absurd, ihm eine Art spiegelverkehrten Trollglaubens zu unterstellen. Es liegt hier eine Art seelisches Äquivalent zu einer optischen Täuschung vor. Weil für den Religiösen sein Glauben von so zentraler Bedeutung ist, meint er, das Fehlen solchen Glaubens sei für den Nicht-Religiösen ähnlich existenzerfüllend. Das ist nicht so. Es ist nicht so, dass für den Agnostiker an die Stelle des Abendgebets die stille Genugtuung tritt, gar nichts zu glauben. Er tut es nur nicht.

Dennoch ist, zwar nicht mit der Existenz, wohl aber mit der Idee einer säkularen Gesellschaft auch ein existenzielles Moment verbunden. Es ist durch die Zeit der Herausbildung der säkularen Gesellschaft und die sie begleitenden intellektuellen und emotionalen Auseinandersetzungen notwendigerweise gegeben. Die säkulare Gesellschaft hat sich in einer Weise herausgebildet, die von denjenigen, die ihre Herausbildung begleitet und diese Entwicklung begrüßt haben, als eine Art »Kampf« wahrgenommen wurde, und diese Wahrnehmung strahlt aus in die Zeit. Eine historische Soziologie würde den Prozess der Säkularisation natürlich nicht als den am Ende siegreichen Kampf unabhängiger Intellektueller gegen den stumpfsinnigen Klerus beschreiben, aber sie würde auch zugeben, dass dieser Prozess Momente aufwies, die es nicht unwahrscheinlich machten, dass sich eine diesbezügliche Idealisierung des Prozesses und eine Selbstidealisierung bei denjenigen, die sich für seine Protagonisten hielten, herausbildete – und zwar als wichtiges Moment des Prozesses selber. Auf diese Weise wurden Voltaires »Écrasez l'infame!«, sein Titel l'homme au Calas, Kants Polemik gegen die geistigen Vormünder und das von ihm zum Wahlspruch der Aufklärung bestimmte Horaz-Zitat vom »sapere aude«, das er mit »Habe Mut, dich deines eigenen Verstandes zu bedienen« übersetzte, so etwas wie Verbal-Ikonen der säkularen Gesellschaft, und nicht ohne Bewegung denkt man an die Unzahl von Schikanen, die Leute über sich haben ergehen lassen müssen, die sich in der Öffentlichkeit ihres eigenen Verstandes bedienten. Und bedenkt man die Situation in den Ländern der Welt, die fern sind, die Ideale einer säkularen Gesellschaft zu akzeptieren, dann wird man nicht umhinkönnen, es nicht sonderbar zu finden, wenn diejenigen, die sich in diesen Ländern für diese Ideale einsetzen, diesen Einsatz als einen »Kampf« beschreiben, der durchaus seine Märtyrer produziert.

Ich sagte, dass dieses Selbstbild, das bei uns keine aktuelle Bedeutung hat, in die Zeit ausstrahlt. Auf Grund dieses Selbstbildnisses, das ein Teil unserer Identität geworden ist, fühlen wir uns denjenigen gegenüber verbunden, vielleicht verpflichtet, die diesen Kampf noch oder wieder zu kämpfen haben, aufgrund dieses Selbstbildes rufen Initiativen wie der immer mal wieder unternommene Versuch, in Schulen Evolutionstheorie durch Bibellektüre sive »Kreationismus« zu ersetzen nicht nur Gegen-Engagement, sondern spezifische Gefühle der Empörung hervor. Das Nämliche gilt für die Restriktionen, denen Mitglieder islamischer Familien durch innerfamiliären Druck ausgesetzt sind – ich spreche nicht von Gewalttaten, die stehen noch auf einem ganz anderen Blatt, sondern von Lebensbeschränkungen, die als freiwillige natürlich zu akzeptieren sind, denen wir aber doch oft misstrauisch gegenüberstehen, weil es nur schwer möglich ist, hier Freiwilligkeit von traditionsgebundener Selbstunterwerfung zu unterscheiden. Hier gerät im Haushalt der Ideale des Vertreters der säkularen Gesellschaft etwas tendenziell in Widerspruch, und es zeigen sich problematische Stellen im Rechtsgefüge des säkularen Staates.

Auf der einen Seite bedeutet Säkularität als Möglichkeit, sich nach eigenem gusto mit Sinnangeboten versorgen zu können (nach eigener Facon selig zu werden), auch den Schutz vor religiöser Zwangsvergemeinschaftung. Auf der anderen Seite bedeutet Säkularität eben nicht nur die vielzitierte Gewissensfreiheit, sondern auch Nicht-Einmischung in die Expressionsformen von Religiosität. Letzteres in Form eines Bürgerrechts, ersteres in Form der Überwachung der Einhaltung bestimmter Gesetze. Wir haben nun eine sehr kontrovers geführte Debatte erlebt, in der es um die Grenzen der Expressionsfreiheit von Religiosität ging: die sogenannte Kopftuchdebatte. Klar, dass Bürger des säkularen Staates auch in ihrer Kleidung zum Ausdruck bringen können müssen, welchem religiösen Bekenntnis sie angehören, wenn ihnen der Sinn danach steht. Klar, dass bei Bestehen einer Schulpflicht der säkulare Staat konfessionsfreie Schulen anzubieten hat, und dass zu diesem Angebot die Garantie gehört, dass hier Religion möglicherweise in der einen oder anderen Form als Lehrfach angeboten wird, dass es aber keinerlei religiöse Beeinflussung geben soll. Darum, sagten manche, dürften Lehrerinnen, die sich zum Islam bekennen, kein dieses Bekenntnis offensiv demonstrierendes Kleidungsstück tragen. Ein solches Verbot, so andere, verstoße gegen die Freiheit der Religionsausübung und diskriminiere gläubige Muslime, weil es denen, die sich einer bestimmten Tracht verpflichtet fühlten, bestimmte Berufe versagte. Wie bekannt, hat das Bundesverfassungsgericht diese Frage dem Entscheidungsspielraum der Politik überlassen, und da die Bildungspolitik Ländersache ist, gibt es unterschiedliche Regelungen in den Bundesländern.

In dieser Debatte scheint mir eine Dimension des Problems übersehen worden zu sein, und diese Dimension hängt mit dem zusammen, was ich den Stolz der säkularen Gesellschaft nennen möchte. Der besteht in diesem Falle darin, sich den Blick auf Kleidung nicht von einem religiösen Bekenntnis vorschreiben zu lassen. Für den Blick des säkularen Staates sollte es sich beim Schleier um ein Modeaccessoire handeln, und Leute können anziehen, was sie wollen. In Grenzen, versteht sich. Es gibt gewisse Anstandsregeln, aber die sind nicht religiös definiert. Diese Anstandsregeln definieren, wie *wenig* jemand allenfalls anziehen darf, nicht wie *viel*. Alle Kulturen haben Wert darauf gelegt, den Körper zu entnaturalisieren, und wenn es auch nur durch das Auftragen von Farbe oder durch die Entstellung mit Narbengewebe geschieht. Kulturen unterscheiden sich durch die Art und Weise, wie weit und an welchen Stellen sie den Körper bedecken, Körperformen unsichtbar machen oder betonen, aber sie sind sich alle einig, dass es anständige und unanständige Kleidung gibt. Das aber wechselt von Kultur zu Kultur, von Mode zu Mode. Der säkulare Staat macht Modefragen unabhängig von religiösen Überzeugungen – was Fragen des Anstands angeht. Der aus religiösen Gründen nackt Gehende – sollte es ihn noch geben, in der Antike nannte man ihn Gymnosophisten – wird nicht toleriert. Diejenige, die aus religiösen Gründen ihr Gesicht bedeckt, wird toleriert. Das ist alles. Der säkulare Staat hat sich nicht darum zu kümmern, was eine Kleidung für den oder die Religiöse(n) »bedeutet«. Wie will er das auch tun? Es mag sein, dass jemand den Schleier trägt, weil er offensiv seine Überzeugung zur Schau stellen und signalisieren will, dass er sich eine islamisch-fromme Gesellschaft wünscht, in der alle Frauen den Schleier tragen. Es mag sein, dass jemand den Schleier trägt, weil sie einfach den Geboten folgt, die sie für sich als verbindlich bestimmt hat. Wer will das wissen? Der säkulare Staat hat sich darum nicht zu kümmern, er darf es gar nicht wissen *wollen*. Wohl darf und muss er über die weltanschauliche Neutralität seiner öffentlichen Schulen wachen, aber das tut er, indem er über die gelehrten Inhalte wacht und darüber, wie seine Lehrerinnen und Lehrer sie darbieten. Findet dort religiöse Indoktrination statt, kann er Lehrer entlassen und in hoffnungslosen Fällen Berufsverbote aussprechen.

Man hat eingewandt, unser Staat verbiete doch auch das Tragen des Hakenkreuzes. Das aber ist als Symbol einer verbotenen Partei verboten. Wäre das Kopftuch Symbol einer verbotenen Religionsgemeinschaft, wäre gegen sein Verbot nichts einzuwenden.

Noch einmal: wenn eine Lehrerin ihre Stellung dazu missbraucht, religiöse Propaganda zu machen, ist sie zu entlassen. Aber sie muss dazu etwas *tun*. Zu zeigen, dass sie etwas anderes *glaubt* als die anderen Lehrer oder die Schüler, reicht nicht. Strengt man ein Disziplinarverfahren gegen die Lehrerin an, kann der Umstand des Kopftuchtragens als Teil eines Befundes gewertet werden. Nicht aber als einziger Befund hinreichen.

Ist umgekehrt geboten, wenn man dennoch das Kopftuch verbietet, dann auch die Soutane des Religionsunterricht gebenden Pfarrers zu verbieten oder das Kreuz am Hals des Mathematiklehrers? Ein Fehler wird nicht dadurch besser, dass man aus Gerechtigkeitsgründen noch einen begeht. Es ist nur so, dass eine Gesellschaft, die das Recht zum Tragen von Kopftüchern einschränkt, nicht aber das von Kreuzen, sich dem Verdacht aussetzt, es gehe ihr nicht darum, die weltanschauliche Neutralität ihrer Schulen zu wahren, sondern, weil sie eine traditionell christliche ist, Moslems das Leben schwerzumachen.

Mein Respekt, den ich einem religiösen Menschen entgegenbringe, gilt ihm, seiner individuellen Entscheidung, zu leben, wie er leben will. Ich übernehme nicht seine Vorstellung von Respekt, die dem gilt, was er für heilig hält. Meine Toleranz gegenüber einer religiös bestimmten Tracht hat nichts damit zu tun, dass ich etwa die Vorstellungen über die Reinheit oder Sündigkeit des menschlichen Körpers, die sie oder er hat, achte, sondern ich respektiere ihren oder seinen Lebensentwurf. Solange sie die Spielregeln der säkularen Gesellschaft respektieren und damit ihre Tochter nicht über das Eltern allgemein zuzubilligende Maß an Intoleranz hinaus schikanieren.

Als Mitmenschen haben sie meinen Respekt; als Mitbürger meine Zusage, dass ich mich für ihre Rechte einsetze; als Vorgesetzter haben mich Modefragen, Kopftücher, Kreuze und andere Accessoires nicht zu interessieren, sofern sie nicht, siehe oben, die gerade gültigen Anstandsbräuche verletzen. Kopftücher haben für die Schulbehörde Modefragen zu sein. Symbole werden erst durch Handlungen und geeignete Kontexte zu Symbolen. Darin besteht die Auffassung, die für die Umgangsformen einer säkularen Gesellschaft bestimmend ist: dass der Kontext und die Kommunikation den Sinn stiften. Dass der Sinn von außerhalb kommt und festgelegt ist, ist die Ansicht der Religiösen, nicht unsere. *Nur auf diesem Dissens beruht die Möglichkeit, Religionen zu respektieren.* Und darum sind Gesetze, die das Tragen von Kopftüchern – für Lehrerinnen in Schulen – verbieten, Gesetze, die gegen die Selbstachtung einer säkularen Gesellschaft verstoßen.

Dass der Sinn von außerhalb kommt und festgelegt ist, ist die Ansicht der Religiösen, nicht unsere. Unsere Ansicht, dass erst der Kontext Sinn stiftet, nennt der gegenwärtige Papst »Diktatur des Relativismus«, und sagt klipp und klar, dass die Ansicht, Religion sei Privatsache, und ihre mögliche öffentliche Rolle definiere sich aus dem Umstand, dass sie eine Privatsache sei, eine Aggression gegen die Religion sei, und der verstorbene Papst nannte als bekennender Feind einer offenen, säkularen Gesellschaft diese Ansicht die »Sünde wider den heiligen Geist, die nicht vergeben werden kann«. Darin lag für ihn – eine stimmige theologische Auslegung – der Sinn der Geschichte vom Sündenfall: »Darauf beziehen sich die Worte des Buches Genesis: ›Ihr werdet wie Gott und erkennt Gut und Böse‹, d.h. ihr werdet selbst entscheiden, was gut und was böse ist« (ebd. S. 20). Der Stolz einer säkularen Gesellschaft besteht in der Tat darin, in dieser Art von Sünde zu leben, und also ist die christliche (und islamische und jüdische) Entrüstung darüber alles andere als unverständlich. Lehrreich ist die Geschichte vom Rabbi und vom Imam, die der amerikanische Soziologe Juergensmeier erzählt: Sie sind zwar geschworene Feinde, treffen sich aber regelmäßig, um sich wechselseitig in ihrem gemeinsamen Abscheu gegen die USA und die permissive Gesellschaft von Tel Aviv zu bestärken.

Dass der Mensch für sich entscheide, was gut und böse ist, gehört so sehr zu den Idealen – und übrigens auch Selbstidealisierungen – der säkularen Gesellschaft, dass sie ein besonderes Sensorium für spezifische Unfähigkeiten, in dieser Sünde zu leben, entwickelt hat. Die Angebote, die sie macht, um eine gestörte Fähigkeit, für sich zu entscheiden, was gut und was böse ist, wiederherzustellen, nennt man Psychotherapie. – Ich will das zum Ende dieses Vortrags noch erläutern, muss aber etwas vorschalten, um nicht missverstanden zu werden. Es gibt den Satz, wenn Gott tot sei, sei alles erlaubt. Das gilt für den, der an einen Gott glaubt, der die Moral gemacht hat, tatsächlich. Das gilt für den, der diese Annahme nicht macht, keineswegs. Moralische Normen sind für ihn ebenso verbindlich – oder unverbindlich – wie für einen Religiösen. Er bezieht sich nur auf andere Quellen der Moral. Er stimmt Johannes Paul II. zu, dass (ich hatte es bereits zitiert), »wenn der Mensch allein, ohne Gott, entscheiden kann, was gut und was böse ist, dann kann er auch verfügen, dass eine Gruppe von Menschen zu vernichten ist«, und er ergänzt: wenn der Mensch sich von religiösen Autoritäten vorschreiben lässt, was gut und was böse ist, kann er auch den Befehl hinnehmen, dass eine Gruppe von Menschen zu vernichten ist. Die Geschichte hat für das eine Beispiele wie für das andere. Und wenn der Religiöse einwendet, letzteres sei nicht wahre Religion, sondern ein Missbrauch der Religion, sagt ihm der Nicht-Religiöse: »Das sagen *Sie*!« Der Nicht-Religiöse besteht darauf, dass auch der Religiöse selbst entschieden habe, was gut sei und was böse, indem er sich nämlich entschieden habe, den diesbezüglichen Vorgaben einer bestimmten Religion zu folgen.

Dass der Religiöse diesen Wahlakt bestreitet (und ihn Bekehrung, Offenbarung, Erleuchtung nennt), kann man hinnehmen, man kann es auch als Symptom für die gelebte Unfähigkeit verstehen, mit einem Leben zurechtzukommen, in dem die Idee der Freiheit eine wesentliche Rolle spielt (»Freiheit«, sagt Kardinal Lehmann, »die nur Freiheit sei, sei keine Freiheit. Freiheit vom Glauben, ist für den Frommen keine Freiheit, sondern nur Freiheit zum Glauben ist Freiheit«). Darum hat Freud die Religion (Religiosität allgemein, im Blick hatte er natürlich das Christentum) als kollektives Äquivalent zur individuellen Neurose verstanden. Die Religion erspare dem Einzelnen die Ausbildung einer individuellen Neurose durch den Beitritt zu einer kollektiven. Das muss man nicht für richtig halten, nicht einmal als Psychoanalytiker – wenn man auch den jeweiligen individuellen Fall von Religiosität stets auch unter diesem Aspekt betrachten muss. Es gibt ja vielerlei, auch religiöse Psychoanalytiker und es gibt Therapierichtungen, die von Vertretern anderer Richtungen wenigstens als religionsnahe angesehen werden. Es lässt sich aber ein grundsätzlicher Unterschied machen zwischen Religion und Therapie. In einer Therapie – nicht nur der psychoanalytischen – ist jede religiöse Überzeugung eines Patienten in Verbindung mit dem seelischen Problem zu sehen, das Gegenstand der therapeutischen Bemühung ist. Überall sonst kann jemand sich auf eine religiöse Überzeugung als letzte Instanz berufen, in der Therapie nicht. Das liegt am kommunikativen Charakter religiöser Überzeugungen. Sie beenden die Kommunikation. Man debattiert so lange bis einer sagt »Das glaube ich eben«, und dann ist Schweigen, es sei denn, man redet über etwas anderes. Das therapeutische Gespräch oder – da ja nicht jede Therapie vornehmlich verbal orientiert ist – die therapeutische Interaktion kann aber durch solche Akte nicht unterbrochen werden. Dadurch unterscheidet sie sich (verabredungsgemäß) von Alltagskommunikation und -interaktion. In einer psychoanalytischen Sitzung ist eine religiöse Überzeugung Gegenstand einer Deutung, also nie Abschluss einer Kommunikation, sondern immer Beginn einer weiteren Sequenz, und zwar einer kommunikativen Sequenz, in der die religiöse Überzeugung nie letzte Instanz, nie explanans, sondern immer explanandum ist. Das gilt – mutatis mutandis – für alle therapeutischen Richtungen. Sie sollen, wie auch immer sie meinen, das bewerkstelligen zu können, den Patienten in die Lage versetzen, sein Leben freier von inneren Zwängen, verstandener, ich-gestärkter, kurz: freier zu führen als er dies bisher konnte. Das muss nicht notwendigerweise dazu führen, dass jemandem seine Religion abgewöhnt wird, aber in einem Prozess mit solchem Ziel kann Religion in ihrer Funktion für das Leben des Patienten nicht unbesprochen bleiben, und es darf nicht unberücksichtigt bleiben, dass seine Religion nicht in der Lage war, ihm ein Leben so zu ermöglichen, wie er selbst es sich wünschte: Er wäre sonst kein Patient. Ferner kann keine Therapie, welcher theoretischen Richtung auch immer, den Patienten in seinen religiösen Überzeugungen bestärken, und zwar aus demselben Grund: Sie sind Teil seines bisherigen Elends. Dass keine Therapieform dazu da sein kann, dem Patienten religiöse Überzeugungen beizubringen, versteht sich von selbst: Sie wäre dann Bekehrung. Am Ende einer Therapie muss ein Religiöser psychisch in der Lage sein, seine Religion aufzugeben. Ich sage nicht: Er muss es *tun*. Ich sage nur: Er muss dazu *psychisch in der Lage sein*. Wie dies »in der Lage sein« aussieht, wird man im Vokabular der jeweiligen Therapierichtung formulieren. Was ich damit meine ist, dass im Patienten das a-religiöse Gefühl, selber über den Sinn seines Lebens verfügen zu können, und das Bewusstsein der Freiheit, selber darüber zu entscheiden, was gut und was böse ist – welchen Normen er folgen will und welchen nicht – gestärkt wird. Im oben zitierten theologischen Vokabular heißt das, dass die Idee der Psychotherapie darin liegt, den zur Sünde nicht fähigen Menschen sündefähig zu machen. Wir Nicht-Religiösen nennen das: Freiheit.

Kann Psychotherapie Religiosität respektieren? Ja, so wie Psychotherapie jede seelische Regung respektieren muss als Versuch, mit dem eigenen Leben klarzukommen. Nein, weil Psychotherapie dazu da ist, einen Menschen fähig zu machen, in eigener Sache normativ zu entscheiden und sich dieses Umstandes auch bewusst zu sein.

Literatur

Johannes Paul II. (2005): Erinnerung und Identität. Gespräche an der Schwelle zwischen den Jahrtausenden. Augsburg.

Joseph Cardinal Ratzinger (2002): Einführung in das Christentum. Vorlesungen über das Apostolische Glaubensbekenntnis. Düsseldorf.

Joseph Cardinal Ratzinger (2004): Warum hasst sich der Westen? Cicero. Magazin für politische Kultur, Juni 2004.

II
Psychotherapie in Kultur und Gesellschaft – Migration und Interkulturalität

5 Im Schatten des Großvaters

Trauma, Migration und Kreativität

Peter Bründl

In einer normalen adoleszenten Entwicklung kann der aus der Kindheit in das Erwachsenenalter hineinwachsende Mensch erstmals die komplexe Entwicklungsaufgabe meistern, seine naturgegebene Sterblichkeit, also die Begrenztheit des eigenen Lebens durch Geburt und Tod, zu akzeptieren. Indem sie diese Entwicklungsaufgabe meistert, stärkt die Person ihre lebensbejahenden und generativen Bedürfnisse und treibt sie voran.

Diese Entwicklungsaufgabe muss lebenslang immer wieder aufgegriffen werden. Ihre Entwicklungslinie beruht darauf, dass im Verlaufe der infantilen Entwicklung das Individuum – bereits vor der Adoleszenz – seine Abhängigkeit von der elterlichen Fürsorge sowie den Generations- und Geschlechtsunterschied akzeptiert hat. Seine zunehmende Fähigkeit zum abstrakt-operationalen Denken (Piaget 1969) hilft dem Jugendlichen, sich in seiner Entwicklungskrise die Fähigkeit anzueignen, die eigene innere Täter-Opfer-Dialektik während der Umstrukturierung seines Körpers auszuhalten. Dabei konfrontiert der körperliche Wandel den Jugendlichen intensiv mit den menschlichen transformativen, generativen, trans-generationalen Prozessen, mit Kontinuität, Diskontinuität und Begrenzung. Ein normal sich entwickelnder Jugendlicher beginnt, bewusste und unbewusste Empfindungen und Fantasien darüber zu ertragen, und betrauert, dass er existenziell Mörder und Opfer zugleich ist; denn sein genital reifer, auf Zeugung gerichteter Körper hat seinen ehemals kindlichen, d. h. unfruchtbaren Körper überwältigt, verdrängt, sozusagen ermordet. Dabei müssen die Repräsentanzen der elternmörderischen (Loewald 1981) und kindsmörderischen (Kestenberg 1989; Bergmann 1992) Strebungen, die sich im Verlaufe der Kindheit aufgebaut haben, neu verhandelt und neu austariert werden (Fonagy/Target 2002). Die mangelnde Integration der kindsmörderischen/destruktiven Strebungen in die lebensbejahenden Bedürfnisse ist häufig dadurch bedingt, dass die während ihrer Kindheit traumatisierten Personen die Erinnerung daran und die Trauer darüber abwehren, Obiekt destruktiver, kindsmörderischer Handlungen, Gefühle und Fantasien ihrer Eltern gewesen zu sein, und dass sie seit frühester Zeit von »Gespenstern aus der Kinderstube« (Fraiberg et al. 1975) verfolgt und dadurch in ihrer sich entwickelnden Integrationsfähigkeit verletzt worden sind. Kommen durch die Migration (Grinberg/Grinberg 1984) noch Erfahrungen von kultureller Entwurzelung und dem Verlust früher Objekte hinzu, so kann im Zuge der adoleszenten Identitätstransformation das sich entwickelnde Selbst zusammenbrechen oder sich ein falsches Selbst herausbilden.

Weil die psychoanalytische Behandlung den adoleszenten Prozess als einen innerpsychischen Transformations- und Migrationsvorgang wieder auffrischt (Erdheim 1993; Bründl 1994), kann sie Patienten helfen, ihre eigene innere Destruktivität klarer von derjenigen Destruktivität und Schuld zu unterscheiden, die frühere Generationen an sie weitergegeben haben, und so den Zugang zu verloren gegangenen authentischen Erfahrungen wieder öffnen. Sie treten dann sozusagen aus dem Schatten der sie – aus der Vergangenheit oder der verlorenen Heimat – verfolgenden Gespenster, indem sie sich damit reflektierend konfrontieren. Die therapeutische Arbeit an den Konflikten zwischen den kindsmörderischen Strebungen und den lebensbejahenden, prokreativen Bedürfnissen sowie an dem Konflikt zwischen Vergangenheit und Gegenwart zeitigt für die traumatisierten Patienten zugleich eine authentischere Transformation ihres Selbst, die – auch migrationsbedingt – blockiert geblieben war.

Fallbeispiele

Albert

Albert kam mit 17 Jahren in Behandlung. Er war der älteste von fünf Geschwistern deutscher Eltern, die bei Kriegsende, 1945, zehn Jahre alt waren. Im Alter von fünf Monaten musste Albert mit schweren Deprivationssymptomen hospitalisiert werden. Bald danach betreuten ihn fünf Monate lang seine väterlichen Großeltern, weil seine Eltern sich im Ausland weiterbildeten. Mit elf Monaten zog er mit seinen Eltern nach Schwarzafrika, wo er meist von geliebten schwarzen Bediensteten betreut wurde, ehe er als Fünfjähriger in ein dortiges englischsprachiges Internat für meist weiße Kinder gegeben wurde. Als er zehn Jahre alt war, kehrte die Familie nach Deutschland zurück. Hier fühlte sich Albert – anders als im Land seiner bewussten Kindheit – als Außenseiter und von seinen Mitschülern bedroht; er erlebte die Remigration ganz und gar nicht als entwicklungsfördernde Chance. Er wurde dicklich, trug lange Haare und wurde oft für ein Mädchen gehalten. Nach seiner Erinnerung ejakulierte er erstmals mit 17 Jahren, was Obsessionen und Zwänge auslöste. Er sperrte sich in sein Zimmer ein und verkehrte nur noch schriftlich mit den anderen Familienmitgliedern.

Nach einer gewalttätigen Auseinandersetzung mit seiner ältesten Schwester (zwei Jahre jünger als er), auf die er stets eifersüchtig gewesen war, kam es zu einer »Familienexplosion«. Der Vater packte Albert und feuerte alle anderen Familienmitglieder an, auf Albert einzuprügeln. Am nächsten Morgen war Albert verschwunden; erst mehrere Monate später fand ihn seine Mutter in Portugal. Kurz darauf begann er seine dreijährige psychoanalytische Therapie (drei Stunden in der Woche), mit deren Hilfe er seinen pubertären Entwicklungszusammenbruch überwinden konnte. Nach mehreren Arbeitsversuchen in der Landwirtschaft kehrte er auf sein Gymnasium zurück und legte ein gutes Abitur ab. In diese Zeit fielen auch seine ersten Erfahrungen mit Mädchen, die sich von dem inzwischen sehr sportlichen jungen Mann sichtlich angezogen fühlten. Er litt nicht mehr unter Wutausbrüchen, Schlafstörungen, Obsessionen oder Zwängen, hatte weder paranoide noch homosexuelle Ängste und keine depressiven Verstimmungen mehr. Mit 22 und erneut mit 23 Jahren konsultierte er mich jeweils im Zusammenhang mit einer bevorstehenden Abtreibung, weil er seine Freundin geschwängert hatte. Mit 26 Jahren begab er sich erneut bei mir in Behandlung, weil wieder schwere paranoide Ängste aufgetaucht waren. Lange warf er mir vor, dass ich ihm in seiner Adoleszenz nicht geholfen hätte. Aber der analytische Prozess vertiefte sich stets, wenn es uns gelang, das Hier und Jetzt der therapeutischen Situation mit den Voraussetzungen seines Entwicklungszusammenbruchs mit 17 Jahren zu verknüpfen. Im zweiten Jahr dieses Therapiedurchgangs machte Albert seinen Magister in Sozialarbeit. Als ihm klar wurde, dass er diese Studienrichtung gewählt hatte, um sich seiner eigenen Ängste, verrückt, behindert und gänzlich verlassen zu sein, nicht bewusst werden zu müssen, begann er eine erfolgreiche schriftstellerische Karriere, die ihn früh mit afroamerikanischen Intellektuellen und Künstlern zusammenbrachte. Bald konnte er seinen Lebensunterhalt ganz allein bestreiten.

Zu Beginn des vierten Jahres dieses Therapieabschnittes konnte er mir erstmals anvertrauen, dass seine mütterliche Großmutter im Alter psychotisch geworden sei. Zwei ihrer Söhne seien in der Waffen-SS gewesen und zwei ihrer Söhne litten an psychotischen Schüben. Unmittelbar darauf überwältigten Albert Vorstellungen, er habe mich völlig verwirrt und in mir bodenlose Leere und die Angst, vernichtet zu werden, hervorgerufen. Albert konnte meine Deutung verdauen, dass er in mir Gefühlszustände, von denen er selbst lange Zeit überwältigt worden war, hervorzurufen versuchte, damit ich ihn besser verstehen könne. Daraufhin erinnerte sich Albert an Vorstellungen, die seinen Entwicklungszusammenbruch begleitet hatten: Ängste, von seinem Vater wegen seiner sadomasochistischen Fantasien, die sein Selbstbild als friedliebender, hilfsbereiter und philosemitischer Jugendlicher erschütterten, verachtet und verworfen zu werden. Albert kannte sich zwar sehr genau mit Israels Kriegen aus, hatte aber nur dürftige Kenntnisse über den Zweiten Weltkrieg (vgl. Simenauer 1981), obwohl er auf dem Gymnasium den Leistungskurs Geschichte besucht hatte. Er hatte immer gehofft, als friedliebender Philosemit seinem Vater/Analytiker nahe kommen zu können.

Als eine unglückliche Liebesbeziehung auseinanderbrach, erlebte Albert erneut, dass ich ihm nicht helfen konnte. Nur die ständige Produktion von Gedichten und Collagen half ihm, nicht selbst auseinander zu brechen. Gemeinsam verstanden wir, dass er – um nicht von der traumatischen Erinnerung daran überschwemmt zu werden – in diesen Collagen und Gedichten Metaphern dafür finden musste (vgl. Modell 2003), wie grauenhaft es für ihn gewesen war, in der Adoleszenz sein sexuelles und sadomasochistisches Begehren verbergen zu müssen; zumal er sich nicht vorstellen konnte, dass sein Vater/Analytiker ähnlich wilde und brutale Fantasien in sich selber kannte. Andernfalls wäre er davon emotional überwältigt worden (vgl. Laub/Podell 1995).

Bald darauf reiste er beruflich für längere Zeit in das afrikanische Land seiner Kindheit, und obwohl dort inzwischen eine extrem hohe HIV-Rate herrschte, hatte er ungeschützt sexuelle Kontakte mit vielen schwarzen Frauen. Später verstanden wir dies als einen Versuch, die mörderischen Aspekte der Migration aus seiner afrikanischen Kindheit in die deutsche Kultur seiner späteren Erwachsenenwelt sexuell zu konkretisieren (vgl. Kogan 1995). Albert fühlte sich wie neu geboren, als sein anschließender HIV-Test negativ war. Am Ende unserer diesmal vierjährigen Arbeit (drei Stunden pro Woche) versprach er, mir umgehend die Geburt seines Kindes mitzuteilen, mit dem seine Freundin gerade schwanger war.

Mehrere Monate später erfuhr ich im Rahmen einer Forschergruppe, dass Alberts Mutter von einer Kollegin für Forschungszwecke interviewt worden war. Sie beschrieb Alberts mütterlichen Großvater, den er kaum in der

Behandlung erwähnt hatte, als ein fanatisches NSDAP-Parteimitglied, der in einem Dorf, das nun zu Polen gehört, Führungsfunktionen übernommen hatte. Alberts Mutter schilderte ihre schreckliche Kindheit mit Eltern, die zu den polnischen Zwangsarbeitern auf ihrem Gut unvorstellbar grausam gewesen seien, wohingegen sie von diesen Zwangsarbeitern die Wärme und Zärtlichkeit erfahren habe, die sie in ihrer Familie so schmerzlich vermisste.

1945 floh die Familie unter traumatischen Umständen in den Westen, der Vater musste »dort bleiben und Soldat werden, um zu kämpfen«. Ende 1946 fand die Familie in der ehemaligen DDR wieder zusammen.

Alberts Mutter erinnert ihren Vater, der ehemals ein starker, gegenüber Tier und Mensch brutaler Gutsbesitzer war, von da an nur noch als einen schwer depressiven Landarbeiter, »der seine Identität verloren hatte«.

Etwa zwei Jahre später bat mich Albert erneut um Wiederaufnahme unserer analytischen Arbeit. Seit sein kleiner Sohn etwa acht Monate alt war, wurde Albert von mörderischer Wut und panischen Gefühlen von Hilflosigkeit und Passivität überwältigt, sobald eine ihm vertraute Person sich gedankenlos oder verächtlich seinem kleinen Sohn gegenüber verhielt. In solchen Situationen depersonalisierte Albert, weil die Konfusion seiner Mordimpulse und seiner panischen Angst, sein Söhnchen nicht beschützen zu können, zu gefährlich wurde. Inzwischen hatte er sich auch von der Kindsmutter getrennt, die selbst früh von ihrem Vater verlassen worden war.

Durch unsere Arbeit entwickelte Albert eine reifere, fürsorgliche Haltung gegenüber seinem Sohn. Er konnte sich besser in dessen Trennungsängste einfühlen und fing an zu verstehen, warum er ursprünglich von der Mutter seines Sohnes so fasziniert gewesen war. Ähnlich seiner eigenen Mutter hatte sie an schweren Depressionen gelitten und ihm das Gefühl vermittelt, nur er könne sie ins Leben zurückholen und ihre Vergangenheit ungeschehen machen. Damit konkretisierte er die Vorstellung seiner Mutter von einer Vatergestalt, die in die Depression hinab gestiegen war und zugleich über übermenschliche, heroische Kräfte verfügte. Albert erlebte nun längere Trennungen von mir als Entzug meines Schutzes für ihn, was ihn in tiefe Krisen stürzte, in sein »schwarzes Loch«, das er so lange vor mir hatte verbergen wollen. In solchen Krisen benutzte er seine jeweilige Geliebte wie eine Droge in der Hoffnung, im Geschlechtsverkehr werde deren mütterliche Kraft sein schwarzes Loch zum Verschwinden bringen.

In der Sitzung überwältigte ihn panische Angst, als ich die Bemerkung machte, wenn er es aufgeben sollte, seine Geliebten als Droge gegen das schwarze Loch zu benutzen, dann hätte er nur noch mich als hilfreiche Person.

Er stellte sich vor, dass er dann arbeitsunfähig wäre, und ich ihn in die Psychiatrie einweisen würde. Als sich dann die Möglichkeit bot, vier Wochen lang die Frequenz auf fünf Sitzungen in der Woche zu erhöhen, konnte Albert in dieser Zeit in der Übertragung seine Trennungsängste besser durcharbeiten, und er begann, heftige aggressive und rivalisierende Gefühle mir gegenüber zu äußern. Wütend griff er mich an, weil er mich wie einen Diktator erlebte, wenn ich Ereignisse von draußen mit der aktuellen therapeutischen Situation verknüpfte, so als würde ich ihm außerhalb unserer Beziehung kein Eigenleben zugestehen. Er fühlte sich von mir manipuliert wie einst durch seine Mutter. Gleichzeitig erinnerte er sich aber auch triumphierend daran, dass er der Vertraute seiner Mutter gewesen war und sie ihm anvertraut hatte, wie sehr sie Alberts Vater verachtete, der nach der Rückkehr aus Afrika sein Leben nicht mehr selbst organisieren konnte.

Schließlich konnte Albert erleichtert die Erfahrung machen, dass wir beide seine heftigen Angriffe überlebten und gemeinsam über deren Bedeutung nachdenken konnten. Er entdeckte zärtliche Gefühle für seinen Vater der Gegenwart und gute Erinnerungen an seinen Vater damals in Afrika. Mit tiefer Befriedigung sorgte er nun regelmäßig an mehreren Tagen in der Woche für seinen Sohn.

Die Abschlussphase der auch diesmal dreijährigen Behandlung (mit drei Wochenstunden) läutete Albert mit der Bemerkung ein, er konzentriere sich in seiner Arbeit nun auf sehr kreative Menschen, die deutlich älter seien als er. Er habe sich entschlossen, deren Lebensgeschichte genau zu studieren, auch wenn die meisten schon tot seien. Als ich ihn fragte, wen er denn am liebsten interviewen würde, antwortete er zu meiner Überraschung: seinen mütterlichen Großvater, der schon vor vielen Jahren gestorben sei. Er könne sich noch daran erinnern, wie gewalttätig und zornig dieser Großvater gewesen war; das seien auch Charakterzüge, die eine bestimmte afro-amerikanische Musikrichtung künstlerisch gestalte. Seit vielen Jahren hatte Albert Informationen über diese Musikrichtung gesammelt, deren Vertreter vor Ort aufgesucht, für sie Konzerte in Deutschland organisiert und sie persönlich betreut. Auch veröffentlichte er häufig Artikel über diese Musik, die sonst in Europa relativ unbekannt geblieben wäre.

Gegen Ende der Therapie bewarb sich Albert an einer Hochschule für Bildende Künste und wurde in die Malklasse eines von ihm besonders bewunderten amerikanischen Professors aufgenommen. Offensichtlich half ihm dies – als eine Art fortgeführtes Erbe aus einer sehr kritischen Phase unserer Arbeit –, endgültig von mir Abschied zu nehmen. Über die Jahre hinweg schickte er mir Einladungen zu seinen Vernissagen oder informierte mich über seine neuen Publikationen. Und vor zwei Jahren erhielt ich die Anzeige von der Geburt seines zweiten Sohnes, dessen Mutter er inzwischen geheiratet hatte.

Clea

Mit 34 Jahren kam Clea, eine zierliche Frau, die eher wie eine gut gekleidete Adoleszente wirkte, zu mir zum Erstgespräch. Als Beifahrerin war sie bei einem schweren Autounfall unverschuldet verletzt worden. Es habe sechs Monate gedauert, bis sie sich von ihrem Schock und ihren Verletzungen wieder erholt hatte; ihre Ärzte hätten nicht verstanden, warum der Gesundungsprozess bei ihr so langwierig gewesen sei. Seit dem Unfall habe sie zunehmend an depressiven Verstimmungen gelitten. Clea war in der Hauptstadt eines sozialistischen osteuropäischen Staates als einziges Kind ihrer damals 21-jährigen jüdischen Mutter zur Welt gekommen. Diese hatte als Kleinkind zusammen mit ihrer Mutter die Ermordung der Juden durch die Nazis in einem Versteck unter erbarmungswürdigen Umständen überlebt. Cleas mütterlicher Großvater war in einem Arbeitslager umgekommen. Nach dem Krieg heiratete Cleas Großmutter einen Universitätsprofessor. Clea musste ihm – wie sicherlich schon vorher ihre Mutter – seine eigene kleine Tochter ersetzen (vgl. Kogan 2003), die zusammen mit seiner ersten Frau in einem deutschen Konzentrationslager ermordet worden war. Auch Cleas Vater war ein jüdischer Überlebender; über seine Familie wurde nie gesprochen, ebenso wenig wie über die erste Frau des Professors.

Clea lernte früh im sozialistischen Kinderhort, ihre jüdische Herkunft zu verbergen (vgl. Virag 2000). Vor den ständigen Streitereien ihrer Eltern in deren kleiner Ein-Zimmer-Wohnung und vor den Diskriminierungen im Kindergarten und in der Schule bot ihr nur die großbürgerliche Wohnung ihrer Großeltern eine gewisse Zuflucht. Dort arbeitete normalerweise ihr (psychischer) Großvater zurückgezogen in seiner großen Bibliothek, während die Großmutter ständig die antiken Möbel polierte und die Wohnung putzte, in der sie angeblich Zyankalitabletten verborgen aufbewahrte. Oft erschreckte sich die kleine Clea, wenn sie zu Besuch kam und die Großmutter steif auf dem Boden liegend fand, als wäre sie tot. Meist saß Clea später mit spärlichem Spielzeug allein auf dem Teppich im großelterlichen Wohnzimmer und versetzte sich in eine Traumwelt.

Mit neun Jahren sagte man ihr, die Familie mache gemeinsam Urlaub am Schwarzen Meer. Im Flugzeug durfte sie neben dem Großvater sitzen, und als das Flugzeug bereits in der Luft war, sagte er ihr, dass sie nun alle zusammen nach Deutschland flögen und er deshalb mit ihr nur noch Deutsch spräche. Von nun an widmete sich der Großvater – ganz anders als zu Hause – intensiv seiner Enkelin. Mit elf Jahren bekam sie während einer »Unterrichtsstunde« beim Großvater unter so großen Schmerzen ihre Menarche, dass sie glaubte sterben zu müssen. Später riet er ihr, nie Kinder in diese schreckliche Welt zu setzen. Als Clea mit 20 Jahren in Frankreich studierte, erkrankte zu ihrem Kummer der Großvater psychisch schwer. Von da an lebte er verwirrt in einer psychiatrischen Klinik und war überzeugt, wieder im Konzentrationslager interniert zu sein. Er schien Clea nie zu erkennen, wenn sie ihn in der Klinik besuchte, aber er rief ihr in ihrer gemeinsamen Muttersprache zu: »Ich bin ein Jude!«

Anfänglich versuchte Clea, in mir das Gefühl zu erwecken, dass sie mich als Therapeuten eigentlich gar nicht brauchte. Sie beharrte darauf, nur durch einen Mann gerettet und geheilt werden zu können, der sie heiratet und mit ihr eine Familie gründet.

Ständig suchte sie sich neue (meist nichtjüdische) Liebhaber, um die unerträgliche innere Leere an den Wochenenden und die Panikattacken bei der Rückkehr von Reisen in ihre Wohnung nicht aushalten zu müssen. Immer endeten die Beziehungen dramatisch. Clea fühlte sich dann gegen besseres Wissen stets von der unheimlichen Überzeugung bedroht, sie sei von dem Geliebten, der sie soeben verlassen hatte, schwanger geworden. Meist holte sie sich zwischen den Sitzungen – ohne mich zu konsultieren – die »Pille danach«, weil sie sichergehen wollte, später nicht allein ein Kind aufziehen zu müssen. Clea entdeckte, dass sich ihre Geliebten physisch sehr deutlich von mir unterschieden, ihr selber aber sehr ähnlich waren, so wie sie ihrem biologischen Großvater mütterlicherseits angeblich stark ähnelte. Ihre Liebhaber waren meist hochbegabt, aber sehr schwierig, und ihre seelischen Probleme traten im Verlauf der Beziehung zu Clea immer deutlicher zutage.

In der 137. Stunde erzählte Clea von einem seit dem ersten Streit ihrer Eltern in Deutschland – die Eltern hatten sich später, als Clea 13 Jahre alt war, scheiden lassen – wiederkehrenden Albtraum. In diesem Traum verbündet sie sich mit ihrem Großvater, um ihren Vater zu ermorden. Sie stiehlt sich in sein Schlafzimmer und erwürgt den Vater. Clea und ihr Großvater kommen ins Gefängnis, aber der Großvater sorgt dafür, dass sie weiterhin Lateinstunden bekommt. Im Stillen fragte ich mich, ob ihr meine vorangegangenen Interventionen »lateinisch« vorgekommen seien, und bemerkte: »Sich eine Fremdsprache anzueignen, scheint zu helfen, mit Hilflosigkeit, mit mörderischer Wut, Schuld und Scham besser zurechtzukommen.« Darauf antwortete Clea, sie habe den Hass ihres Großvaters auf die Deutschen nicht akzeptieren können, aber seinen Hass auf ihren Vater, der so schlimm zu seiner Frau und zu ihr gewesen sei, den habe sie teilen können. Mit Absicht habe sie sich einen deutschen, nichtjüdischen Analytiker gesucht, obwohl sie zu mehreren jüdischen hätte gehen können. Ein jüdischer Analytiker hätte sie wahrscheinlich ins Ghetto bzw. ins Konzentrationslager zurückversetzt. Denn jüdische Analytiker deuteten bekanntlich alle Schwierigkeiten ihrer jüdischen Patienten in Zusammenhang mit der Familiengeschichte während der Shoa. Das wäre bei ihr nicht richtig. Sie sei überzeugt, ihre Schwierigkeiten stammten aus einer anderen Quelle, wenn sie auch nicht sagen könnte aus welcher.

Mit 17 Jahren habe sie innerlich mit ihrem Großvater gebrochen, weil der rachsüchtig gefordert habe, die deutschen Babys sollten so gegen die Wand geschmettert werden, wie es die Deutschen mit den jüdischen Babys getan hatten. Das sei für sie unannehmbar gewesen. Und nun breche sie schon wieder mit dem Großvater, weil sie in Analyse sei. Ihr Großvater habe die Analyse zutiefst verachtet.

Vier Wochen später eröffnete sie die erste Sitzung der Therapiewoche mit folgendem Traum: Ich werde als Jüdin verfolgt. Ich entschließe mich, über die Alpen zu fliehen. Mir ist klar, dass sie viele Juden verfolgen, aber ich selber bin nicht wirklich bedroht. Ich fliehe auf Skiern. Es ist schrecklich, so viele für mich wichtige Menschen müssen sterben. Ich wachte auf und dachte mir, dass ich da in der Rolle meiner Großmutter war. Sie assoziierte dann zu diesem Traum:

C: »Etwas verstehe ich nicht, etwas macht mir Angst. Warum träume ich vom Holocaust, warum nicht etwas Nettes? Warum sind meine Nächte so zersplittert?«
B: »Die Nächte sind zersplittert ... wie das Leben der kleinen Clea, die damals zu Hause schlecht gedeihen konnte, die so unglücklich war und nie durchschlafen konnte hinter ihrem Vorhang, der sie im Ein-Zimmer-Apartment vom Schlafbereich der Eltern trennte.«
C: »Meine Schlafstörungen sind schlimm, sie foltern mich richtig.«
B: »So wie als Kind, als Sie nicht einschlafen konnten und sich vor Gespenstern fürchteten.«
C: »Ich fühle mich von Ihnen angegriffen und diskriminiert, wenn Sie mich hier zu einem kleinen Kind machen, wo ich doch eine Frau bin.«

B: »So als würde ich sagen: Das Kind vernichtet die Frau. Es sind nicht wir, die das Kind vernichten, das Kind vernichtet uns.«

C (wütend): »Sie beharren darauf, dass ich unfähig zu einer Beziehung bin, weil ich noch ein Kind bin und keine Frau.«

B: »Wir wissen beide, dass Sie eine interessante und attraktive Frau sind. Was würde denn passieren, wenn wir das Kind an uns heran ließen?«

C: »*Mir* fällt spontan ein Bild von Paul Klee ein mit dem Titel *Da war ein Kind, das wollte nicht* ... Sie wissen ja, ich würde mich gerne in meiner Arbeit verändern, mehr beitragen können und nicht alleine durchs Leben gehen müssen.«

B: »Vielleicht wünschen Sie sich auch hier mehr Aufmerksamkeit von mir, dass ich Sie besser annehme, richtig verstehe und sage: Das ist doch schön, so wie Sie sind ... Auch wenn Sie manchmal nicht wollen.«

In ihre 290. Stunde, etwa ein halbes Jahr später, kommt Clea ganz verwirrt vom Traum der letzten Nacht:

»Ich lebe bei meiner Mutter. Ein Mann dringt in unser Haus ein. Etwas stimmt mit ihm nicht ... Vielleicht ist er ein Metzger. Er trägt eine Art wuchtigen Hammer. Er kam durch den Garten in unser Haus. Er hat ganz gefährliche Augen. Mutter versucht, ihn hinauszutreiben. Ich werde furchtbar wütend ... Es gelingt uns, ihn an einen Baum im Garten anzuketten. Was für eine verrückte Fantasie. Warum träume ich nur so was?«

In der darauf folgenden Stunde kommt sie auf den Mann im Traum mit dem gefährlichen Blick zurück. Sie erinnert sich, dass man ihr erzählt habe, ihrem leiblichen Großvater sei es einmal gelungen, das Lager zu verlassen, um seine Frau und sein Kind (Cleas Mutter) aufzusuchen. Er sei tief enttäuscht gewesen, weil das Kind ihn nicht erkannt habe. Die Großmutter habe ihn allein beim Kind gelassen, um für ihn Zigaretten zu organisieren, was für sie als Jüdin damals lebensgefährlich war. Clea meinte, dass der Mann mit den verrückten Augen sicherlich dieser Großvater gewesen sei, der keinen liebevollen und beruhigenden Blick für sein Kind gehabt habe. Daraufhin brach Clea in Tränen aus. Nach einiger Zeit konnte sie mir aufgewühlt anvertrauen, dass sie sich kürzlich zum ersten Mal getraut habe, einen Dokumentarfilm über die Arbeitslager in ihrem von Nazi-Deutschland besetzten Heimatland anzuschauen. Sie habe schon lange von diesem Film gewusst, und obwohl es völlig irrational sei, habe sie das Gefühl gehabt, sie könnte diesen Großvater auf der Leinwand entdecken.

Kurz darauf griff sie in ihren Assoziationen das Bild von dem an den Baum geketteten Mann wieder auf. Sie verstand es nun als Metapher dafür, wie sie selber an den von Großmutter und Mutter übernommenen Schwierigkeiten mit der Sexualität festgehalten habe und meinte: »Es wäre doch viel besser, ich ginge in den Garten, um ihn zu befreien. Ihn loslassen und ihm seine Ketten wegnehmen. Das sollte ich doch mit meinen so ziemlich verrückten Liebhabern auch machen.« Bisher musste Clea ihre Beziehungen mit der Zwangsvorstellung beenden, sie sei von dem Mann, den sie unter höchst dramatischen Umständen verlassen hatte, schwanger geworden. Sie erlebte es fast so schrecklich wie ein Todesurteil – und Schwangerschaft hatte ja während des Holocaust für die meisten Frauen das Todesurteil bedeutet. Oder Clea befürchtete, ihr Kind ohne dessen Vater unter erbärmlichen Umständen großziehen zu müssen, so wie Cleas Großmutter mit Cleas Mutter als Kleinkind überlebt hatte.

Gemeinsam konnten wir rekonstruieren, dass Cleas »Transposition« (Kestenberg 1989) in die Vergangenheit ihrer Großeltern und Eltern dadurch manifest wirksam wurde, dass sie mit 18 Jahren von Mutter und Großeltern verlassen worden war, als diese ins Ausland zogen, während Clea alleine zurückblieb, um ihr Abitur zu machen und zu studieren. Gleichzeitig in zwei Welten, in zwei Wirklichkeiten zu leben (vgl. Laub 2000), war beides: Ersatz und Hemmnis für den abzuschließenden adoleszenten Prozess, d. h. für eine hinreichend gute Transformation von Selbst und Identität in die Erwachsenheit, weil sie in der Transposition die bereits Erwachsene der Vergangenheit war, deren Geschichte sie gleichzeitig wiederholen und aufheben musste. Ihr mögliches Kind abzutreiben, von dem sich Clea existenziell bedroht fühlte, bedeutete unter anderem, die Wiedergeburt der Tochter ihres psychischen Großvaters zu verhindern, die im Konzentrationslager umgekommen war – die Tochter, die der Professor so viel mehr als Clea geliebt zu haben schien (Kogan 2003).

Gleichzeitig beugte sie sich damit auch seinem Gebot, kein Kind in diese schreckliche Welt zu setzen. Clea identifizierte sich auf diese Weise aber auch mit ihrer Großmutter, von der sie als Säugling und Kleinkind gefüttert und gebadet worden war, weil Cleas Mutter immer Angst gehabt hatte, ihr Kind zu vergiften und zu ertränken. Die Großmutter hatte Sexualität verabscheut und ihrem zweiten Mann, dem Professor, kein Kind mehr geschenkt, weil sie so Cleas leiblichem Großvater treu bleiben konnte; ihn hatte sie so sehr geliebt, dass sie für ihn ihr eigenes Leben und wohl auch das ihres Kindes riskiert hatte, als er aus dem Arbeitslager auftauchte, ohne ihn doch letztlich am Leben erhalten zu können.

Es kostete harte analytische Arbeit an Übertragung und Gegenübertragung, um die Auswirkungen des NS-Terrors nicht nur auf Clea, sondern auch auf mich als ihren deutschen Analytiker durchzuarbeiten, zu verbalisieren, zu akzeptieren und zu betrauern. Allmählich konnte Clea sich dann in der Übertragung mit ihrem Hass auf ihren Vater/Analytiker und mit ihrer eigenen Opfer-Täter-Dialektik auseinandersetzen. Sie fand Zugang zu liebevollen Erinnerungen und fing an, beide Eltern wohlwollender einzuschätzen. Gleichzeitig zeigte sich aber auch, wie begabt Clea war, wie lebendig, differenziert und reflektiert sie in ihrem beruflichen und privaten Leben sein konnte. Ihre selbstzerstörerischen Tendenzen schwanden, und sie hatte keine Angst mehr, das Land ihrer Kindheit zu besuchen und dort ehemals vertraute Orte, Situationen, Stimmungen und Gerüche aufzusuchen.

Schließlich konnte sie auch verstehen, dass ihre weitere Entwicklung von einem neuen Gefühl der Zugehörigkeit abhing. Sie nahm es wahr, wenn ihr Gegenüber sie schätzte und um sie besorgt war, auch wenn die betreffende Person oder Gruppe anders war als sie selbst. Diese Erfahrungen machten es ihr schließlich möglich, mit Anderen Momente der Gemeinsamkeit und Nähe (vgl. Cohen 1999) zu teilen, ohne sich selbst aufzugeben. Letztlich wurde sie dann in einer Weise schriftstellerisch tätig, in der sich ihre Muttersprache und Deutsch konstruktiv begegneten.

Diskussion

Vor ihrer analytischen Psychotherapie war es Albert und Clea, die beide als Latenzzeitkinder durch Migration aus ihrer sie tragenden Umwelt herausgerissen worden waren, nicht möglich gewesen, in der Adoleszenz ihre aus der Kindheit mitgebrachte Identität in eine authentische Identität als Erwachsene zu transformieren (vgl. Bohleber 2002) und – wiederum aufgrund ihrer Traumatisierungen in der Kindheit – seelisch ihre eigene Täter-Opfer-Dialektik zu integrieren. Unbewusst hielten sie an Forderungen nach Wiedergutmachung für das fest, was sie in der Kindheit erlitten hatten. Dementsprechend konnten sie innerlich von der Kindheit nicht trauernd Abschied nehmen, konnten das Kind in sich nicht »töten«, sondern mussten Kindstötungsimpulse direkt oder in abgewehrter Form ausagieren. Gleichzeitig inszenierten sie die omnipotente Vorstellung, für ihre Mütter beides sein zu können: einerseits Kind und andererseits Vater/Mutter. Sie erlebten ihre Prokreativität höchst konflikthaft und verleugneten lange die bereichernden Aspekte und die Prokreativität ihres Vaters, den Unterschied zwischen den Generationen sowie die Differenzierung zwischen transgenerational vermittelter traumatischer Destruktivität und eigener Destruktivität.

In ihren ihnen von den Eltern aufgezwungenen Migrationen hatte sich die Reihung potenziell traumatischer Ereignisse seit frühester Kindheit zu einem kumulativen Trauma (vgl. Khan 1963) aufgebaut und bahnte in ihnen die Tendenz an, die Grenzen zwischen Selbst und dem Anderen, zwischen Fantasie und Wirklichkeit, zwischen Vergangenheit und Gegenwart zu verwischen. Dementsprechend konnte sich ihre Fähigkeit, im Sinne abstraktoperationaler Mentalisierung mit Vorstellungen und Symbolen aus der inneren und der äußeren Realität zu spielen, nur notdürftig ausformen. Der Entwicklungszusammenbruch von Albert und die existenziellen Ängste von Clea im Zusammenhang mit ihren realen oder fantasierten frühen Schwangerschaftsabbrüchen haben wohl im Sinne der Nachträglichkeit auch ihre Erfahrungen reaktiviert, dass Migration nicht ins Paradies führt, sondern katastrophale Abbrüche und Veränderungen mit sich bringt. Der ihnen als Kinder von den Eltern auferlegte Verlust der heimatlichen Umwelt mitsamt der vertrauten Sprache wurde als Verlust eines Teils ihres kindlichen Selbst erlebt, den sie als Kinder – darin von den Eltern alleingelassen – nicht betrauern konnten (vgl. Furman 1977). Dieser migrationsbedingte partielle Selbstverlust bildete unter anderem die Grundlage für ihre Unfähigkeit, in der Adoleszenz als einem seelischen Migrations- und Transformationsprozess eine wirkliche und ganz eigene persönliche Integration als Erwachsene zu erreichen. Dies gelang diesen Patienten erst in ihrer analytischen Psychotherapie als einem aufgefrischten adoleszenten Prozess von Entidealisierung und Trauer, der mittels Regression im Dienste der Progression (Blos 1979) im Hier und Jetzt die Integration abgespaltener bzw. verdrängter Konflikte und Defiziterfahrungen aus der Vergangenheit fordert. Dort konnten sie ihre kindsmörderischen Strebungen und lebensbejahenden prokreativen Bedürfnisse durcharbeiten und freieren Zugang zu den Erinnerungen an die Welt der verloren geglaubten Kindheit in der alten Heimat gewinnen. Mit den in der Behandlung freigesetzten und geteilten tiefen Gefühlen von Trauer um das Unwiederbringliche der Vergangenheit, um die gegen sich selbst und andere gerichtete eigene Destruktivität ging einher, dass sie in sich die nicht mehr so stark mit Neid besetzte Repräsentanz vom geschlechtlich vereinten, kreativen Elternpaar aufrichten konnten. So gestärkt, konnten die Patienten aus dem Schatten ihrer mütterlichen Großväter heraustreten, mit denen sie in ihren inszenierenden Konkretisierungen bislang bindend identifiziert gewesen waren, konnten sich mit diesen in einer neuen Weise reflexiv auseinandersetzen und ihre eigene künstlerische Begabung besser kreativ umsetzen.

Die von Menschen im 20. Jahrhundert selbst herbeigeführten, bislang unvorstellbaren Katastrophen und Völkermorde und die dadurch bedingten traumatischen Migrationen haben – nicht nur im Leben meiner Patienten – höchst komplizierte und widerspruchsvolle Muster der Erziehung, der (Dis-)Kontinuität zwischen den Generationen und der Identifikationsmöglichkeiten hervorgebracht, die die entsprechenden Modelle der vorangegangenen Generationen obsolet erscheinen lassen. Diese neuen Erfahrungen und Strukturen haben auch merklich die Art und Weise der Interdependenz zwischen äußerer Realität und der sich in der Adoleszenz formierenden unbewussten Innenwelt (vgl. Brafman 2002) beeinflusst.

Im therapeutischen Dialog tauchte für Albert und Clea erstmals der adoleszenzspezifische Drang auf, ihre eigene affektive Lebensgeschichte und die Geschichte ihrer Familien genauer anzuschauen, zu überprüfen und darüber nachzudenken (vgl. Bründl 1994). Dadurch konnten sie ihr eigenes Selbst gegenüber den Repräsentanzen ihrer Mütter und Großeltern besser differenzieren. Mit ihrer wachsenden Fähigkeit, zu trauern und Ambivalenz zu ertragen, entdeckten sie neue, erfreuliche Dimensionen in den Beziehungen zu ihren Eltern und Großeltern, ohne den Generationsunterschied zu verleugnen.

Auch stellten sie die abgerissene Verbindung zwischen ihrer Kindheit vor der Migration und ihrer adoleszenten und erwachsenen Welt in der neuen Heimat wieder her. Dieser Prozess trug wesentlich dazu bei, dass sie in sich Zugang zum verinnerlichten kreativen Elternpaar fanden und ihre Arbeitshemmung überwinden konnten. Denn die Fähigkeit, kreativ zu spielen und schließlich zu arbeiten (A. Freud 1965; Winnicott 1973) verlangt eine ungestörte, wenn auch unbewusste innere und erinnernde Kommunikation mit lebensspendenden guten inneren Objekten (Bergmann 2000; Holderegger 2002). Bezeichnenderweise gelang es beiden Patienten in ihrer kreativen Arbeit während der Schlussphase der Therapie und danach, symbolisch und migrationsübergreifend die sprachliche bzw. musikalische Atmosphäre ihrer Kindheit mit der künstlerischen Formenwelt ihrer Gegenwart und Erwachsenenwelt befruchtend zu verbinden.

Das Empfinden von Geschichtlichkeit, Generativität und Kontinuität zwischen den Generationen kristallisiert sich in der Adoleszenz in dem vom Inzesttabu gespeisten Drang der Jugendlichen, innerlich aus der familiär geprägten Welt der Kindheit in die Welt der Kultur und des Erwachsenseins identitätsbildend hinüberzuwechseln bzw. auszuwandern. Zwar unterscheidet sich die psychoanalytisch-psychotherapeutische Behandlungstechnik, die Handhabung von Übertragung und Gegenübertragung, bei Jugendlichen signifikant von der Behandlungstechnik in der Kinderanalyse bzw. in der Erwachsenenanalyse. Aber die Psychoanalyse des Jugendlichenalters bereichert die psychoanalytische Theorie und Forschung, und die Analyse der adoleszenten Übertragungsphänomene bewirkt eine Vertiefung des analytischen Prozesses bei Erwachsenen (vgl. Bründl 1998; Smith 2003). In diesem Sinne hilft uns die Jugendlichenanalyse, die *conditio humana*, das menschliche Seelenleben mit seinem Potenzial an Wachstum, Kreativität, Verletzlichkeit, Resilienz, Verwandlung und Wanderschaft in seiner lebenslangen Entwicklung weiter zu erforschen und besser zu verstehen.

Literatur

Bergmann, M. S. (1992): In the shadow of Moloch. The sacrifice of children and its impact on Western religions. New York.
Bergmann, M. S. (2000): What I Heard In The Silence. Role Reversal, Trauma and Creativity in the Lives of Women. New York.
Blos, P. (1979): The Adolescent Passage. Developmental Issues. New York.
Bohleber, W. (2002): Adolescence, Identity and Trauma. Paper presented at the I.S.A.P. I Congress, Göttingen.
Brafman, A. (2002): Grandfathers. In: Trowell, J. & Etchegoyen, A. (Hg.): The Importance of fathers. London, S. 119–128.
Bründl, P. (1994): Überlegungen zur Entwicklung des Geschichtsempfindens in der Adoleszenz. In: Pedrina, F.; Mögel, M.; Garstick, E. & Burkard, E. (Hg.): Spielräume, Begegnungen zwischen Erwachsenenanalyse und Kinderanalyse. Tübingen, S. 113–141.
Bründl, P. (1998): Meine Mutter, das ist der Krieg – Die Auswirkung von Flucht und Migration auf die Kleinkind-Eltern-Beziehung und die Entwicklung von Elternschaft. Zeitschrift für psychoanalytische Theorie und Praxis 13, 289–308.
Cohen, Y. (1999): Uniqueness and unity as goals in the psychoanalytic treatment. Paper presented at the MAP Conference, November 9, München.
Erdheim, M. (1993): Psychoanalyse, Adoleszenz und Nachträglichkeit. Psyche 47, 934–950.
Fonagy, P. & Target, M. (2002): Why do young people's problems increase in adolescence? A perspective from modern attachment theory. Paper presented at the I.S.AP. I Congress, Göttingen.
Fraiberg, S., Adelson, E. & Shapiro, V. (1975): Ghosts in the nursery. J Amer Acad Child Psychiatry 14(3), 387–422.
Freud, A. (1965): Normality and Pathology in Childhood, Assessment of Developmet. The Writings of Anna Freud, Vol. VI, New York, Int. Univ. Pr.
Freud, S. (1918): Aus der Geschichte einer infantilen Neurose. GW XII, S. 27–157.
Furman, E. (1977): Ein Kind verwaist. Stuttgart, Klett-Cotta.
Grinberg, L. & Grinberg, R. (1984/1990): Psychoanalyse der Migration und des Exils. München/Wien, Verlag Internationale Psychoanalyse.

Holderegger, H. (2002): Das Glück des verlorenen Kindes. Primäre Lebensorganisation und die Flüchtigkeit des Ich-Bewusstseins, Stuttgart.
Kestenberg, J. S.; Kestenberg, M. & Amighi, J. (1988): The Nazi's quest for death and the Jewish quest for life. In: Brahamn, R. C. (Hg.): The psychological perspectives of the Holocaust and its afterrnath. New York.
Kestenberg, J. S. (1989): Neue Gedanken zur Transposition. Klinische therapeutische und entwicklungsbedingte Betrachtungen. Jahrbuch Psychoanalyse 24, 163–189.
Khan, M. M. R. (1975): Grudge and the Hysteric. Int J Psycho-Anal 56, 339–357.
King, V. (2003): Der Körper als Austragungsort adoleszenter Konflikte. Analytische Kinder- und Jugendlichenpsychotherapie 34, 321–342.
Kogan, I. (2003): On being a replacement child. Psychoanal Q LXXn, 727–76.
Laub, D. (2000): Eros oder Thanatos. Der Kampf um die Erzählbarkeit des Traumas. Psyche 54, 860–894.
Laub, D. & Podell, D. (1995): Art and Trauma. Int J Psycho-Anal 54, 860–894.
Laufer, M. & Laufer, M. E. (1984): Adolescence and Developmental Breakdown. A Psychoanalytic View. Yale Univ. Pr.
Loewald, H. W. (1981): Das Schwinden des Ödipuskomplexes. Jahrbuch Psychoanalyse 13, 37–62.
Modell, A. H. (2003): Imagination and the meaningful brain. Cambridge, M. A.
Piaget, J. (1969): The intellectual development of the adolescent. In: Esman, A. (Hg.) (1975): The Psychology of Adolescence. New York, Essential Readings.
Simenauer, E. (1981): Die zweite Generation danach. Die Wiederkehr der Verfolgungsmentalität in Psychoanalysen. Jahrbuch Psychoanalyse 12, 8–17.
Smith, H. (2003): Analysis of transference: A North American perspective. Int J Psychoanal 84, 1017–1042.
Virag, T. (2000): Children of Social Trauma. Hungarian Psychoanalytic Case Studies. London, Philadelphia.
Winnicott, D. W. (1973): Vom Spiel zur Kreativität, Stuttgart.
Die deutsche Erstveröffentlichung erschien unter dem Titel »Im Schatten des Großvaters. Trauma, Adoleszenz und Kreativität«. In: Bründl, P. & Kogan, I. (Hg.) (2005): Kindheit jenseits von Trauma und Fremdheit. Psychoanalytische Erkundungen von Migrationsschicksalen im Kindes- und Jugendalter. Frankfurt/M., Brandes & Apsel, S. 163–173.

6 Kulturorientierte Psychoanalyse

Welche Rolle spielt die Berücksichtigung der kulturellen Herkunft bei der Behandlung von Migranten?

Sieglinde Eva Tömmel

1. Einleitung

Die von Sigmund Freud entwickelte Kulturtheorie hatte in den Augen ihres Schöpfers kultur*übergreifende Bedeutung*: In ihr spielen weniger die kulturellen *Unterschiede* eine Rolle als vielmehr die *Gemeinsamkeiten* menschlicher Kulturentwicklung. In Freuds Augen sind dies die unaufhebbaren Widersprüche zwischen Individuum und Gesellschaft, zwischen Natur und Kultur so wie jene zwischen Triebanforderungen des Es und deren notwendiger Zähmung durch die das Über-Ich bestimmenden strengen Anforderungen der kulturellen Institutionen (Freud 1930).

Weniger interessierten ihn die kulturellen Unterschiede innerhalb einer Gesellschaft wie Klassen, Schichten, Erziehungsstile oder Sozialisationsbedingungen. Auch die kulturellen Unterschiede zwischen historisch gegebenen Gesellschaften im Hinblick auf ihre Auswirkungen auf die Individuen fanden nicht seine Aufmerksamkeit. Darüber hinaus betonte er, dass die Psychoanalyse als Wissenschaft und Klinik weder rot noch schwarz, sondern *fleischfarben* sei und dass die Kulturentwicklung und deren Anforderungen an den Menschen in den Grundzügen ähnliche Opfer, ähnliche Schmerzen zur Folge hätten, ähnliche Institutionen zur Abwehr der drei großen »Leidquellen« der Menschheit darstellten, die die Individuen stets in gleicher Weise träfen. Diese Leidquellen seien: Die Hinfälligkeit des menschlichen Körpers, die Übermacht der Naturgewalten und das Ungenügen der vom Menschen geschaffenen Institutionen und Organisationen (Freud 1930, S. 434)

Diesen großrahmigen Überlegungen Freuds wurde zwar immer wieder heftig widersprochen.[1] Dennoch haben sie kaum an Interesse eingebüßt. Allerdings sind sie nicht hinreichend, die im klinischen Alltag auftauchenden Probleme zu bewältigen. Sie sind allerdings, nebenbei gesagt, integraler Bestandteil jener triebtheoretischen Ausrichtung, die einseitig den Anderen (»mit großem A«, Buchholz 2005, S. 629) als Objekt der Triebbefriedigung in den theoretischen Blick nimmt und kein theoretisches Konzept anbietet, die kulturelle Bedingtheit und die Besonderheit des Anderen über seine Triebbestimmtheit hinaus in den Blick zu nehmen. Die Metapher des *Fleischfarbenen*, welche biologisch-existenziell gemeint ist, zeigt dies besonders plastisch.

Auf der Grundlage der Forschungsergebnisse des französischen Ethnopsychoanalytikers Devereux, der seinerseits den Arbeiten von Claude Levy-Strauss viel zu verdanken hat, untersuchte Tobi Nathan die »binären Oppositionen« in einer gegebenen Kultur. Damit sind z. B. die Polaritäten zwischen Ich und Nicht-Ich, zwischen Traum und Wachzustand, zwischen Irdisch und Göttlich gemeint. Bezüglich der Erforschung psychischer Problemfelder im Rahmen von Migrationsprozessen ist der Gegensatz von Wir und Anderen besonders wichtig.

So wie in dem Ausdruck »Nicht-Ich« ein »Du« nur als eine mögliche Entwicklung enthalten ist, ist im »Nicht-Wir« nur ein Nichtwissen über die, die nicht »Wir« sind, aber noch nicht ein Wissen über »die Anderen« impliziert. Denn es ist ein Unterschied, ob »die Anderen« bereits eine eigene Subjekthaftigkeit in unserem Bewusstsein erreicht haben oder ob sie lediglich aus der Negation der eigenen Subjekthaftigkeit (vgl. auch Jessica Benjamin 1996) definiert werden als »Nicht-Wir«(Bataller Bautista 2003). Erst aus dem Bewusstsein der Subjekthaftigkeit des Anderen entwickelt sich die Qualität einer Beziehung, die den Weg vom Narzissmus zum Objekt erfolgreich zurückgelegt hat.

Normativ könnte man formulieren, dass die Haltung eines Analytikers gegenüber einem Analysanden mit Migrationshintergrund die Qualität der Anerkennung der Subjekthaftigkeit seines Gegenübers aufweisen sollte. Zwar gilt dies für das Verhältnis eines jeden Analytikers zu jedem, selbstverständlich auch gegenüber dem einheimischen Analysanden.[2] Aber im Hinblick auf die Bewältigung des Fremden ist die objektorientierte Haltung ungleich schwerer

---

1 So zum Beispiel von Herbert Marcuse, der im Gegensatz zu Freud annahm, erst ausreichende Triebbefriedigung führe zu wahrer Kultur (Marcuse 1971).
2 Einfach formuliert habe ich das in meinem Buch *Wer hat Angst vor Sigmund Freud? Wie und warum die Psychoanalyse heilt* (Frankfurt 2006, Brandes & Apsel)

zu erreichen als im selbstverständlichen eigenen Kulturraum (vgl. etwa Devereux 1974, 1978, 1986; Gerlach 2003; Kothe-Meyer 2003). Mit anderen Worten: Eine Art erweiterte »depressive Position« im Sinne Melanie Kleins, die die Anerkennung des Anderen als Voraussetzung eines fruchtbaren Dialogs der Heilung enthält, ist im Rahmen der Behandlung von Migranten noch wichtiger und gleichzeitig schwerer zu erreichen als bei Heilungsvorgängen im eigenen Kulturumfeld. Dies vor allem deshalb, weil die eigene Kultur, also die Luft, die wir von Kindheit an atmen – in Anlehnung an Christopher Bollas als das *kulturell* »ungedachte Bekannte« (Bollas 1997; vgl. auch Hoven-Buchholz 2005) zu bezeichnen – noch unbewusster zu sein scheint als das Unbewusste der eigenen individuellen Psyche, das immerhin in den letzten 100 Jahren intensiv erforscht wurde (z. B. zuletzt Buchholz/Gödde 2005).

> »Im analytischen Prozess geschieht die Begegnung mit dem Unbewussten eines anderen Menschen in der Regel [...] auf dem Boden eines gemeinsamen geteilten Symbol- und Sinnsystems: vor allem die gemeinsame Sprache, aber auch die Zugehörigkeit zur gleichen Gesellschaft und oft zur gleichen Klasse mit weitgehend gleichen Sozialisationserfahrungen bilden einen Bedeutungshintergrund, der nur selten auch analytisch reflektiert werden kann.
>
> Erst bei der analytischen Arbeit mit einem Angehörigen einer anderen sozialen Schicht, einer anderen Kultur oder eines anderen Sprachraumes werden die Zusammenhänge zwischen gesellschaftlichen institutionellen Verhältnissen und innerseelischen Strukturen und Prozessen deutlicher. Erst dann wird auch der Blick dafür frei, dass auch das kulturelle Milieu darüber entscheidet, welche Triebe und Fantasien unmittelbar kulturell ausgearbeitet werden, welche nur einen indirekten Zugang zu Äußerungsmöglichkeiten erhalten und welche gänzlich unbewusst bleiben oder verdrängt werden« (Gerlach 2003, S. 16).

Mit der genaueren Erforschung des Unbewussten im kulturellen Kontext sind wir im Rahmen des psychoanalytischen klinischen Alltags trotz zahlreicher Theorien und Einzelergebnisse noch fast am Anfang.

Im Folgenden geht es mir um die (hier nur in entstellender Verkürzung mögliche) Darstellung der Behandlung von Migranten, die vordergründig in ihrer Gastkultur angekommen zu sein scheinen. Die beiden von mir ausgewählten Fallvignetten zeigen zwei junge Leute, die die deutsche Sprache sehr gut beherrschen, die sich für erfolgreich halten, es objektiv auch sind, und sich selbst auf einem hohen Modernisierungslevel ansiedeln würden. Dennoch weisen sie bestimmte Symptome auf, die offenkundig nicht nur das Ergebnis üblicher oder auch kulturell überformter Triebkonflikte darstellen und z. B. deren Abwehr unter der Herrschaft rigider Über-Ich Formationen zu verdanken sind. Gerade bei ihnen übersieht ein klassischer Analytiker, der keine Erfahrung mit Migranten sammeln konnte, also der gedachte durchschnittlich zu erwartende Psychoanalytiker in Europa, die erst hintergründig imponierenden und kulturell zustande gekommenen Symptombildungen. Meines Erachtens werden diese trotz intensiver Forschungen im Rahmen des psychoanalytischen Prozesses noch zu wenig verstanden.

Vor allem geht es mir hier auch um »Sprachgräber«, wie ich die in unterschiedliche Sprachen gefassten unbewussten Schichten von Fantasien, Gefühlen und Gedanken bezeichnen möchte. Sie liegen wie Erdschichten auf- und übereinander gehäuft im Entwicklungsprozess der ehemaligen Kinder. In den oft doppelten Migrationen sind sie häufig untergegangen und verlangen die besondere Aufmerksamkeit des Analytikers, wenn er auf sie trifft.

An zwei nach Herkunft und kulturellem Hintergrund sehr unterschiedlichen Personen, einem Mann und einer Frau, beide aus muslimischer Kultur, soll paradigmatisch aufgezeigt werden, dass auch gebildete, erfolgreich angepasste Migranten eine interkulturell orientierte interaktionelle Psychoanalyse benötigen. Nicht selten weisen sie auch besondere Charakteristika auf, die vorläufig als Überangepasstheit bezeichnet werden sollen. Gerade hier ist der Analytiker gefordert, eine Haltung des aufmerksamen Sich-Öffnens einzunehmen, die den »Anderen« als Subjekt anerkennt, ohne die eigene Subjekthaftigkeit zu verleugnen. Er sollte in der Lage sein, frühe kulturelle Prägungen unter der auf der Oberfläche imponierenden Anpassung an die Gastgesellschaft wahrzunehmen.

Das Erstinterview mit Fatima

Fatima rief vor einigen Wochen in meiner Praxis an: Sie sei von einem Freund an mich empfohlen worden.

Zum Vorgespräch erschien Fatima erst einmal nicht zur verabredeten Uhrzeit um zehn Uhr. Sie rief stattdessen an und sagte, die S-Bahn habe Verspätung, sie sei nun auf einem Platz mitten in der Stadt und müsse warten, bis die nächste komme. Mit einer halben Stunde Verspätung erreichte sie dann meine Praxis.

Ins Haus trat eine schlanke, dunkelhaarige, sehr hübsche junge Frau, die Augen orientalisch geschminkt, mit prächtig gelockten Haaren. Modisch war sie nach westlichem Schick gekleidet.

Sie nahm Platz und ich fragte sie, warum sie mich aufsuche.

Sie begann nicht mit der Darstellung ihrer Symptome, sondern fand in guter deutscher Diktion Worte, die zu meiner Überraschung ihr bereits bekannte Probleme deutscher Therapeuten vorwegnahmen: Sie habe sich schon einmal einer Therapie unterzogen. Sie sei bei einer netten Dame gewesen (deren Namen sie merkwürdigerweise nicht mehr wusste). Diese habe im Laufe der Zeit ihr gegenüber recht mütterliche Gefühle entwickelt, die Beziehung sei dann »sehr ins Private« gegangen. Sie habe durchaus von der Therapie profitieren können und sei zeitweise stabilisiert worden, habe aber nicht ihre Probleme überwunden.

Mich faszinierte die Fähigkeit der jungen Frau, sich in die »Andere«, hier die frühere Therapeutin ihrer Gastkultur, einzufühlen, deren offensichtliche Schwierigkeiten mit der Geschichte der Patientin zu benennen und darstellen zu können (auch als unbewusste Mitteilung ihrer Befürchtungen an mich). Ich sah darin den Versuch, ihrerseits die geforderte Anpassungsleistung an die Angehörigen der deutschen Kultur zu erbringen, sie nicht von der Person des Analytikers zu erwarten. Darin musste Erfahrung stecken.

Erst am Ende des Gespräches verstand ich, dass Fatima unbewusst auf keinen Fall wieder »außerhalb« des kulturellen Geschehens einer gegebenen Gastkultur landen wollte, in dem sie so einsam sein würde, wie sie es als Kind schmerzlich erlebt hatte.

Später habe sie noch einige Therapeuten aufgesucht. Eigentlich habe sie immer dasselbe erlebt: Sobald sie anfange zu erzählen, fühlten die Therapeuten sich überfordert; sie könnten sich das alles gar nicht vorstellen, sie glaubten ihr zwar, besäßen aber keinerlei Erfahrungen mit Geschichten wie denen, die sie zu berichten habe.

Sie sei nämlich, fügte sie ohne Punkt und Komma hinzu, im Alter von acht Jahren von ihrem kurdischen Vater entführt worden. Sie habe bis dahin in Teheran gelebt, mit Mutter und Vater zusammen, zwischen denen habe es aber grauenhafte Streitigkeiten gegeben. Ihre Mutter sei eine moderne Iranerin, sie habe gearbeitet, ihr Vater habe sie vordergründig respektiert, aber doch unterschwellig eine ganz andere Auffassung von Frauen gehabt. Sobald es die Möglichkeit gab, in den Irak zurückzukehren, habe ihr Vater sie und ihre drei Jahre jüngere Schwester dorthin entführt.

Ich fragte, wann dies gewesen sei. Es war 1979, kurz vor dem Irak-Irankrieg, der von Sadam Hussein im Jahr 1980 begonnen wurde und bis September 1988 dauerte. Dieser Krieg wurde nicht deshalb beendet, weil eine Seite Vorteile gegenüber der anderen hätte erringen können, sondern weil der drohende wirtschaftliche Ruin beide Seiten zu einem Waffenstillstand zwang (Schweizer 1991, S. 404).

»Also, ich sollte dann bei Nacht und Nebel mit meiner drei Jahre jüngeren Schwester zu meiner Oma, der Mutter meines Vaters, kommen. Das war eine sehr starke, sehr mächtige Frau, sie hatte alle Frauen für ihre vielen Söhne selbst ausgesucht. Dass die Söhne dann diese Frauen nicht mochten, war ihr egal. Auch zwischen den Geschwistern meines Vaters gab es nur Streit und da war auch kein Platz für uns. Die Tanten und Onkel warfen uns einfach hinaus.«

An dieser Stelle gab es einen kurzen Moment der Orientierungs- und Ratlosigkeit im Gesicht meiner Patientin, sodass ich miterleben konnte, wie sehr die beiden fünf und acht Jahre alten Kinder sich verloren und abgelehnt in dieser für sie unbekannten Welt gefühlt haben mussten.

»Mein Vater war nicht da, er arbeitete irgendwo, und uns wollte niemand. Niemand! Schließlich landeten wir im Haus von entfernten Cousinen meines Vaters. Die eine war blind und alt, der anderen hatte mein Vater die Ehe versprochen, damit sie uns behielt. Er hat das natürlich nie so gemeint, aber die Cousine hat es geglaubt. Meine Mutter wurde als ›iranische Hure‹ dargestellt, der man die Kinder hatte wegnehmen müssen. Mit diesem Mutterbild sind wir aufgewachsen. Wir wurden viel geschlagen, auch vom Vater, wenn er sich mal blicken ließ. Meine Mutter war in dieser Zeit völlig verzweifelt, auch, weil ihre ältere Tochter aus erster Ehe ermordet worden war. Sie wurde nämlich während einer politischen Demonstration gegen das neue Regime der Mullahs angeschossen. Sie kam ins Krankenhaus, wurde aber als Oppositionelle gegen das herrschende Regime nicht behandelt. Sie starb unter Qualen. Meine Mutter hat es schließlich geschafft, zu fliehen und uns mit Hilfe von Amnesty International und einem deutschen SPD-Politiker nach Deutschland zu holen.
    Mit 16 Jahren kam ich also wieder zu meiner Mutter nach Deutschland. Ich habe Friseurin gelernt und eine Schneiderlehre abgeschlossen, aber jetzt arbeite ich als Visagistin«.

Sie habe später einen in Deutschland aufgewachsenen Kurden geheiratet, aber zwischen ihnen habe es nur Missverständnisse gegeben. Er habe sowohl Leistung und Emanzipation sowie die Einhaltung der Regeln der traditionellen Frauenrolle von ihr gefordert. Sie habe sich mit großen Schmerzen getrennt von ihm und lebe nun alleine. Nach der Trennung sei sie sehr unglücklich gewesen und habe eine Therapie begonnen. Nun sei sie schon 18 Jahre in Deutschland und wolle noch einmal eine Therapie versuchen.

Sortiert man das Material der Geschichte der Patientin, das sie bereits in der ersten Stunde erzählte, so lässt sich dieses sowohl in ganz »normale« Ereignisse einer Patientengeschichte einteilen als auch in das Ergebnis besonderer kultureller Bedingungen, die einer europäischen Therapeutin fremd sind. Diese machen eine Einfühlung in die Patientin notwendig, die sich nicht selbstverständlich herstellt.

Zunächst einmal reiht die Erzählung fast nebenbei so viel traumatisches Material auf, das kaum zeitgleich verarbeitet werden kann. Die Ermordung der Halbschwester der Patientin im Krankenhaus in Teheran ist ein Schock. Hierzulande ist es unvorstellbar, dass Ärzte einen Menschen, gleichgültig welche Geschichte er hinter sich hat, nicht auf das Sorgfältigste behandeln. Der durch Nichtbeachtung herbeigeführte Tod einer jungen Frau ist so ungeheuerlich, dass alleine dieses Erlebnis der Patientin ausreichen würde, sie als »Traumatisierte« aufzufassen. Aber es hagelt weitere Berichte: die Entführung, die nirgends hin führte, nur in neue Einsamkeit. Das Gefühl der kleinen Kinder, unerwünscht zu sein, die Einsamkeit, die noch vergrößert wurde durch die Diskriminierung der Mutter als »Hure«, ein kulturell bestimmtes schnell geäußertes Urteil gegenüber unbotmäßigen, das heißt »ungehorsamen« Frauen. Damit wurde den Kindern nicht nur die reale Mutter weggenommen, sondern auch das innere Bild von ihr zerstört.

Auch das Überlegenheitsgefühl der Perser gegenüber den Kurden, die persische Überzeugung von der Überlegenheit der eigenen Sprache und Kultur im Vergleich mit der kurdischen Kultur ist Europäern nicht geläufig. Zwischen beiden Sprachen besteht kein so großer Unterschied wie zwischen der arabischen und der persischen Sprache einerseits, der kurdischen und der arabischen Sprache andererseits. Persisch-sprechende Iraner sind aber der Auffassung, dass kurdisch »bäuerlich« und »unterlegen« bedeutet, belehrte mich auch meine Patientin. Die Mutter der Patientin, Iranerin, richtete die Überzeugung von der persischen Überlegenheit gegen ihren kurdischen Mann, aber auch gegen ihre von diesem Mann empfangenen Töchter und nutzte sie diskriminierend aus. Die Handlungsweise des mehreren Frauen die Ehe versprechenden Vaters, der seine Töchter entführte und in »seinem« Land aufziehen lassen wollte, ist uns noch fremder, vor allem dann, wenn auf die Kinder nur Alleingelassensein, Prügel und grobe Vernachlässigung warten und die Pflegestelle mit einer Heiratslüge verknüpft werden muss.

Die Analyse mit einer solchen Patientin setzt voraus, dass der Therapeut sich öffnet für die Geschichte eines Menschen, die völlig anders ist als erwartet. Jenseits des Paradigmenwechsels zur »Interaktionellen Psychoanalyse« (Altmeyer 2004, S. 1121ff.) wird es notwendig, die kulturellen Bedingungen mit in den Blick zu nehmen. Denn so wie es zutreffend ist, dass eher die an die Standards des Gastlandes angepassten Mitbürger zur Therapie erscheinen als die, deren kultureller Hintergrund fraglos in einer neuen Umgebung weitergelebt wird, also sehr traditionell strukturierte Menschen kaum eine Psychotherapie aufsuchen werden, so zutreffend ist es auch, dass jene kulturellen Muster dennoch tief in die Triebstruktur und Selbstentwicklung eingegangen sind und vom Analytiker aus Patientenperspektive auch als solche wahrgenommen werden. Hierüber belehrte mich meine Patientin schon in der ersten halben Stunde.

Hamadi

In meiner psychoanalytischen Praxis stellte sich eines Tages ein junger Mann vor, 30 Jahre, afghanischer Herkunft. Er hatte sich zuvor telefonisch angemeldet; seine deutsche Sprache und Aussprache schienen mir am Telefon sehr gut, ihm schien kein Fehler zu unterlaufen, weder in der Grammatik, noch im Vokabular, noch in der Aussprache. Ein leicht »südlicher« Akzent war hörbar. Aus Mangel an Erfahrung mit afghanischen Patienten (oder auch: Freunden und Bekannten) kann ich nicht sagen, ob sein Akzent typisch für seine Herkunft war.

Der Eindruck am Telefon bestätigte sich im Erstgespräch. Seine Symptomatik schilderte er als »Unsicherheit bei Vorstandsgesprächen, bei der Vorstellung von Daten, Zahlen, Erfolgsstatistiken des Betriebs«, in dem er arbeitete. Er arbeitete als Volkswirt in einer großen Firma, die vor Kurzem an die Börse gegangen war. Eine seiner Aufgaben war es, in den Jahresversammlungen der Aktionäre Rechenschaft abzugeben über die Bilanz des Unternehmens, Unzufriedenheiten mit Zahlen und Erfolgsziffern zu widerlegen, souverän auf Kritik zu reagieren, »innerbetriebliche Neider mit beherrschtem Humor kaltzustellen«. Zu einer Psychoanalytikerin sei er gekommen, weil er im Rahmen einer innerbetrieblichen Schulung von einem verständnisvollen psychologischen Industrietrainer darauf aufmerksam gemacht worden sei, dass seine Probleme nicht einfach »trainiert« werden könnten, sondern vermutlich tiefer lägen.

Die beruflichen Anforderungen wären auch für einen deutschen jungen Mann in einer global agierenden Firma nicht leicht gewesen – für einen Migranten, der erst vor Kurzem wieder nach Deutschland gekommen war, schien mir die Aufgabe ziemlich groß.

Er sah sehr gut aus, war schlank, überaus gepflegt und gut gekleidet. Er trug die »Uniform« der männlichen Angehörigen des höheren Managements in der globalisierten Welt: dunkelblauer Anzug, kobaltblaues Hemd, dunkelblaue Krawatte mit dezenten dunkelroten Tupfen, blank geputzte schwarze Schuhe, dunkelblaue Socken, deren Farbe perfekt zum Anzug passten.

Der junge Mann saß also in meiner Praxis und machte einen perfekten und nicht eben bedürftigen Eindruck. Seine Symptomatik, die er »weg haben« wollte, leuchtete mir ein, aber innerlich reagierte ich ein wenig ratlos. Sie schien allenfalls die Spitze des ihm bisher bewussten Eisberges zu sein. Was sollte ich ihm vorschlagen? Was konnte ich ihm anbieten? Wie sollte ich das Setting mit ihm besprechen? Welches überhaupt wählen? An welchen Stellen würde er empfindlich reagieren? Zum Beispiel wagte ich gar nicht daran zu denken, seinem gebügelten Körper die Couch vorzuschlagen. Ich konnte mir – eine sehr deutliche Gegenübertragungsreaktion – beim besten Willen nicht vorstellen, dass er sich bei einer Frau auf die Couch legen würde. Er war vermutlich Muslim, was sonst? Und er hatte vermutlich – trotz aller offen zur Schau gestellten Modernität – Teile des muslimischen Männerbildes und dessen Implikationen für sein Verhalten, Fühlen und Denken Frauen gegenüber internalisiert und bis heute beibehalten Die Auswirkungen der letztgenannten Vorbedingungen waren mir immerhin aus mehreren anderen Behandlungen bekannt.[3]

Das Vorgespräch beendete ich mit der Frage, wie er sich in meiner Praxis fühle. »Sehr gut« sagte er und ich glaubte ihm, obgleich ich nicht wusste, ob er aus Höflichkeit so antwortete oder weil er sich wirklich gut fühlte. Er legte offenkundig all jene Höflichkeitsrituale an den Tag, die Mohammad Ardjomandi (2003) für den vorderen Orient beschreibt.[4]

Ich verabredete mit ihm einen Termin für ein weiteres Vorgespräch; zunächst könne er einmal in der Woche an einem Abend eine Stunde kommen. Wegen seiner vielen Verpflichtungen in der Arbeit war auch keine andere Möglichkeit gegeben.

In den nächsten Stunden fühlte ich häufig eine große Fremdheit zwischen

---

3 Ein für mich eindrückliches Erlebnis vor längerer Zeit stellte die Handlungsweise eines kurdischen Mediziners dar, der im Rahmen seiner Ausbildung zum Facharzt an einer psychoanalytischen Selbsterfahrungsgruppe teilnahm. Zu Beginn der ersten Sitzung, als ich wegen Nichtverstehens um die Wiederholung einer Vorstellung bat, sprang dieser Arzt auf, rief laut: »Ich sitze doch nicht in einer Gruppe, die eine Frau leitet!«, und verschwand durch die Ausgangstür. Er meldete sich unverzüglich und ordentlich bei der Parallelgruppe an, die von einem männlichen Kollegen geleitet wurde. Ebenso bemerkenswert war für mich, dass die beiden anwesenden Ärztinnen mich entsetzt fragten, ob ich jetzt nicht zu Tode beleidigt wäre.

4 Ich verdanke Ardjumandi wichtige Hilfestellung durch eine zweistündige Supervision, die ich anlässlich großer Schwierigkeiten mit einem iranischen Patienten aufsuchte. Obgleich sieben Jahre zurück liegend, half diese mir auch jetzt noch zum besseren Verständnis der Vater-Sohn-Beziehung des Patienten, auf die ich im gegebenen Rahmen nicht näher eingehen kann.

ihm und mir. Er erzählte von seiner Mutter, die er sehr liebe; er erzählte von seinem Vater, der die Mutter geschlagen habe und den er deshalb zwar nicht hasse, aber doch sehr ablehne. Dieser sei kein Beispiel für ihn, wie überhaupt seine gesamte Familie – seine drei jüngeren Schwestern, für die er sich verantwortlich fühle, seine Mutter und sein Vater – keine Vorbilder für ihn sein könnten. Er bezeichnete seine Familie als »hoffnungslos konservativ« und in ihrer alten Kultur verharrend. Er selbst sei durch seine Bildung und Ausbildung und durch seine aus vielfältigen anderen Kulturen stammenden Freunde ganz andere Horizonte gewöhnt.

Das glaubte ich ihm und seine jetzige Position zeigte, dass auch seine Vorgesetzten ihm viel zutrauten. Seine Symptomatik hingegen wies darauf hin, dass seine bewusste Vorstellung nicht mit der Existenz unbewusster Konflikte rechnete.

Manchmal sah ich in einer Art fantasievoller Hellsicht der zunächst ungeprüften Gegenübertragung[5] hohe, kahle Berge um ihn wachsen, sein eigentlich weiches und hübsches Gesicht wurde dann hart und kühl und schien fern zu sein, unerreichbar. Er sprach von seiner Kindheit in der Türkei, in die seine Eltern mit ihm ausgewandert waren, als er fünf Jahre alt war. Er ging dort in die Grundschule, konnte fließend Türkisch sprechen. Er hat bis heute viele Freunde dort. Anschließend, mit etwa 15 Jahren, ging er mit seiner Familie nach Deutschland, dann zum Studium nach Amerika, wo er wiederum eine neue Sprache lernte. Nach dem Abschluss seines Studiums war er zwei Jahre in Russland, wo er mit einer ungewöhnlichen Tätigkeit sehr viel Geld verdiente. Auch die russische Sprache erlernte er. Zurück in Deutschland, wo seine Familie geblieben war, trat er in die Firma ein, die seinem Schwager, dem deutschen Ehemann seiner Schwester, gehörte. Obgleich er tüchtig war, hatte er dort insbesondere einen Feind, einen älteren Vorgesetzten, der ihm nach seinen Worten das Leben zur Hölle machte.

Es ist naheliegend, dass ich an die Besonderheiten des ödipalen Konfliktes im Vorderen Orient dachte und an die diesbezüglichen Ausführungen von Ardjomandi. Dieser führt in seinem Aufsatz »Zur Spezifität des ödipalen Konfliktes der Muslime im Vorderen Orient am Beispiel Irans« (2003, S. 57–66) aus, dass die spezielle Ausprägung des Ödipuskomplexes im Vorderen Orient einen anderen Ausgang nimmt als im westlichen Kulturkreis. Vor allem die Abwehrmaßnahmen »der Etikette und der Ritualisierungen« (S. 62) nähmen

---

[5] Devereux fordert für Migranten-Behandlungen bekanntlich die besondere Beachtung der Analyse der Gegenübertragung.

einen zentralen Platz im Umgang zwischen der älteren Generation der Männer und der jüngeren ein. Etikette und Rituale dienten dazu, die gegenseitigen Vernichtungsängste in Schach zu halten.

Hamadi schimpfte nicht auf seinen älteren deutschen Vorgesetzten, wie man dies im Rahmen der westlichen Kultur von einem dermaßen gequälten Angestellten erwarten würde. Er sprach höflich über ihn, versuchte ihn zu ignorieren, ihn von seiner Unschuld durch Leistung zu überzeugen. Er konnte nicht so recht einsehen, dass sein Vaterbild Pate gestanden haben könnte für die tiefe Verachtung, die er seinem unmittelbaren Vorgesetzten dennoch entgegenbrachte.

Ich hinderte ihn nicht nur nicht, sondern unterstützte verbal und averbal seine kulturgebundene Art, sein Verhalten mit dem Vorgesetzten zu regeln.

Sein allgemeiner Gesundheitszustand und seine Durchsetzungsfähigkeit besserten sich allmählich, aber der Durchbruch kam erst, als er eines Tages zum wiederholten Male von jenem Vorgesetzten erzählte und ich ihn fragte, ob er vielleicht in seiner Muttersprache seine Wut ausdrücken wolle? Er tat es zwar nicht, aber er lachte und meinte, ja, das wäre richtig schön, wenn er das tun könnte. Von da an hatte er mehr Vertrauen zu mir (die positive Mutterübertragung und die allgemeine Höflichkeit Frauen gegenüber hatten ihm sowieso dabei geholfen) und er konnte freier erzählen, dass er früher eine Drogenkarriere begonnen habe, aus der ihn »auch eine Frau befreit« habe, eine Lateinamerikanerin, der er viel verdanke. Auch berichtete er äußerst schamhaft von homosexuellen Fantasien und entsprechenden adoleszenten Erlebnissen, die ihm heute sehr leid täten.

Bezüglich seiner Übertragung ist zu sagen, dass sie sehr positiv war, wenn man Höflichkeit, Pünktlichkeit, Zuverlässigkeit und Anerkennung des Rahmens auch als Ausdruck positiver Übertragung zählen will. Er kam offenbar gerne, fühlte sich wohl, scheute sich auch nicht, eines Tages eine Kamera anzuschleppen, sie in meiner Praxis zu installieren, und sich selbst aufzunehmen, wie er, mit mir als Publikum, die nächste drohende Vorstandssitzung und Aktionärsversammlung probte. Ich sah diese Inszenierung in der Realität auch als Versuch, »gesehen« und anerkannt zu werden, sowohl von mir als seinem Publikum als auch später, in der dann realen Situation, von seinen Kritikern und wohl auch Neidern. In der anschließenden realen Situation überstand er diese dann gut: ohne Verstummen, Erröten, Stottern und fast der Sprache so mächtig wie in meiner Praxis. Er erzählte mir vom Gesundheitszustand seiner Mutter, die noch jung war (Ende 40) und doch schon zahllose Krankheiten hatte, die vermutlich Depressionsäquivalente darstellten; von seiner ebenfalls aus Afghanistan stammenden Freundin, von der er verlangte, sie solle viel lernen, weil er die mangelnde Bildung und das mangelnde Interesse der Mädchen in seiner Herkunftskultur nicht billige. Er wolle für sich eine neugierige und an seinem Leben, auch dem öffentlichen, teilnehmende Frau.

Meine Gegenübertragung war von größter Vorsicht charakterisiert. Ich war zurückhaltender als bei aus der westlichen Kultur stammenden Patienten, weniger konfrontativ, vielleicht auch unterstützender. Ich akzeptierte seinen Vorschlag, alle Stunden privat zu bezahlen und sie auf der privaten Rechnung als »Kommunikationstraining für Führungskräfte« zu bezeichnen. Er wollte mit seiner (privaten) Krankenkasse nichts zu tun haben, aus Angst, es könne dort jemand erfahren, dass er eine psychoanalytische Behandlung notwendig habe. Ich verstand diese Vorsicht auch aus dem Kontext der iranischen Kultur der Schuld und Scham (Ardjomandi 2003, S. 63) und deutete deshalb diese Angst und Vorsicht nicht. Ich beachtete seinen muslimischen Hintergrund, d. h. ich hätte mich nie in der Kleidung vergriffen. Diesbezüglich achtete ich geradezu peinlich genau auf jede Einzelheit, ohne dass ich gewusst hätte, ob er das erwartete.

Er war nie unhöflich bezüglich der Bemerkungen über Deutschland. Auch wenn ich spürte und verstand, dass der Vorgesetzte ihn kränkte bis zur Schmerzgrenze, vergriff er sich nicht im Ton, er betonte stets, dass es solche Menschen überall in der Welt gebe. Ich war aber sicher, dass er mit seiner Rücksicht auch vermeiden wollte, mich zu beleidigen.

Oft sprach er über Politisches. Eines Tages erzählte er mir, gerade zurückgekommen aus der Türkei, nachdem Angela Merkel dort gewesen war und sich gegen einen EU-Beitritt der Türkei ausgesprochen hatte, einen aktuellen türkischen Witz: »Mist«, hätten die Regierungsfachleute nach der Abreise Angela Merkels gesagt, »und wir haben die Todesstrafe gerade abgeschafft!« In diesen Worten waren seine kulturbedingte Aggressivität gegen Frauen und die Verachtung gegen jene, die sich in der Öffentlichkeit präsentieren wie Frau Merkel, gebündelt; die nationale und persönliche Ablehnung war deutlich zu spüren. Dieser »Witz und seine Beziehung zum Unbewußten« (Freud 1905) diente deutlich der Entlastung des Über-Ichs, wie Freud dies einst so schön herausgearbeitet hat. Aber ich deutete diesen Witz nicht, etwa als Übertragungswitz, als Strafe für zu vorwitzige Frauen. Der Effekt einer Deutung schien mir schlicht zu gering im Vergleich mit dem Schaden, die eine Besserung seiner Symptome hätte nehmen können, wenn ich mich beispielsweise dazu entschlossen hätte, mich eurozentristisch in eine feministische kulturelle Debatte zu verwickeln.

Oft war ich im Zweifel, ob diese Vorgehensweise berechtigt sei: Ich ließ vieles undeutlicher, als es mir bei einheimischen Analysanden je einfallen würde. Lediglich das Ergebnis – eine offenkundige Zunahme seines Selbstbewusstseins, seiner Möglichkeiten, seinen eigenen Weg zu finden, seine Fähigkeit, sich mit seiner Freundin auf eine gute Weise zu verständigen und sie zu akzeptieren, wie sie war – zeigte, dass der eingeschlagene Weg nicht ganz falsch sein konnte.

Eines Tages kam er und sagte, er habe nunmehr beschlossen, sich eine Auszeit zu nehmen, in die Türkei zu gehen, die dortige Entwicklung zu studieren und an den sich dort rasant entwickelnden Fortschritten teilzunehmen. Er wolle gar nicht, dass die Türkei der EU beitreten würde – es sei im Übrigen eine Dummheit der Europäer, wenn sie dies zuließen. Er wolle vielmehr von den rasanten Fortschritten profitieren, die die Beitrittsverhandlungen für dieses Land mit sich bringen würden.

Es war dies zur selben Zeit, in der ich verstand, warum dieses ehemalige Kind einfacher Eltern so ein überaus höfliches, korrektes, gebildetes Benehmen nicht nur an den Tag legte, sondern auch in seiner Umgebung zu bevorzugen schien, etwas, was ihm Tür und Tor zu beruflichen Positionen öffnete, die er sonst nicht ohne Weiteres hätte einnehmen können – trotz seiner umfangreichen Sprachkenntnisse und der guten und gründlichen Bildung, über die er verfügte. Er war in der Türkei in eine Schule gegangen, die einst der persische Schah Reza Pahlevi für Kinder eingerichtet hatte, die von Persiens kultureller Überlegenheit über die Türkei profitieren sollten, indem sie die tradierten Muster des dortigen Verhaltens lernen sollten.

Er war glücklich, von dieser Schule und von den Freunden zu erzählen, die er aus dieser Schulzeit immer noch hatte. Es war, als würde er sagen: »Ich gehe nach Hause« – nicht nach Afghanistan, sondern in die Türkei, in der er als kleines Kind gewesen und in die Schule gegangen war, und wo er die Sprache gelernt hatte, bevor sich ein Fenster für immer schließt und die Sprache nicht mehr als Muttersprache zu lernen ist (Erdheim 2003). In dieser Schule war er aber auch zu einem Kind erzogen worden, das in gewisser Weise im Konflikt mit seinem Elternhaus stand.

In der psychoanalytischen Therapie, ohne Couch und niederfrequent, schien es ihm gelungen zu sein, seinen »inneren Kern« zu finden; Afghanistan kam als Aufenthaltsort für ihn nicht infrage, weil es dort zu wenig Chancen für eine hohe Position gab und er sich auch nicht mehr erinnern konnte an dieses Land. Im Gegenteil war Afghanistan das Land seines Vaters, das Vaterland, das er mit seinem Vater identifizierte und vielleicht darum ablehnte und auch im Rahmen der Therapie so gut wie nie erwähnte. Die Türkei hingegen war das

Land, in dem er sich – mit seinen zahlreichen, noch aus der Schulzeit stammenden Freunden, aber auch der Mischung zwischen Orient und Okzident in Istanbul – am wohlsten fühlte. Dort sah er seine Zukunft, ohne seine Identität aufgeben, verändern und verraten zu müssen.

Vielleicht ist mit dieser Therapie auch ein Prozess gelungen, den Tobi Nathan als »Wiedereinschreibung der Patienten in ihren kulturellen Hintergrund« bezeichnet hat (Nathan 1994). Dies ist sicher kein Ziel, das für alle Migranten gelten kann. Für manche Migranten stellt diese »Rückkehr« aber eine gute Lösung dar, die sich im Rahmen des psychoanalytischen Prozesses erst herausstellt, selbstverständlich aber nicht von außen aufgedrängt oder gesteuert werden darf.

Diskussion

Zusammenfassend möchte ich die zu Beginn meiner Ausführungen aufgezählten allgemeinen Bedingungen für die Psychotherapie von Migranten noch einmal aufgreifen.

Klinisch scheint es am wichtigsten zu sein, dass zu Beginn der Therapie im Großen und Ganzen erkannt wird, welche kulturellen Bedingungen ein Migrant mitbringt, was er vertragen wird, was nicht. Mir sind aus Erzählungen und Supervisionen zahlreiche therapeutische Misserfolge bekannt, in denen es gerade nicht gelungen ist, die eingangs erwähnte Anerkennung des Anderen, die Realisierung des Fremden als Fremdes und das Gewahrwerden des Eigenen als Eigenes so zu handhaben, dass daraus der »fruchtbare therapeutische Dialog«, gespeist von Respekt und Zuversicht, von einer gewissen Großzügigkeit im Umgang mit eingefahrenen Mustern des westlichen Denkens und Handelns, entstanden ist. Das wichtigste an dieser Bereitschaft, sich auf »den Fremden« einzustellen, ist die Überwindung nicht nur des individuellen, sondern vor allem des kulturellen Narzissmus. Insoweit sind die Bedingungen einer erfolgreichen oder geglückten Therapie nicht anders als es die klassischen immer waren. Aber der kulturelle Narzissmus ist vermutlich noch unbewusster als der individuelle.

Dessen Beachtung und Analyse, die philosophische und die psychoanalytische, sind überdies neueren Datums als die des individuellen Narzissmus. Erst in einer globalisierten Welt stellt sich die Aufgabe, dass wir verstehen sollten, was wir im Rahmen einer kleineren nationalstaatlich geordneten Welt nicht verstehen mussten, in der es keine Migration im jetzigen Ausmaß gab, auch keine psychischen Störungen, die die Chance hatten, so bewusst werden zu dürfen wie derzeit.

Man kann nicht von jedem Therapeuten erwarten, dass er oder sie nun umfassende kulturelle Studien über die Länder beginnt, aus denen ein Migrant stammt. Vermutlich ist es zu schwierig, sich Kenntnisse über die Länder anzueignen, die vonnöten wären. Es bleibt ja auch die eingangs erwähnte Einsicht Freuds wahr, der Devereux und andere Ethnopsychoanalytiker gefolgt sind, dass nämlich die Grundstruktur der menschlichen Psyche universell ist, oder – wie ein befreundeter Psychoanalytiker aus der Karibik formulierte – das Unbewusste überall gleich ist, eben nicht schwarz und gelb und oberflächlich Hautfarben abbildend, sondern fleischfarben, was nicht unbedingt »rosa« bedeuten muss. Aber die Symbolsysteme der Kulturen sind unterschiedlich (vgl. Gerlach 2003; Sturm 2003) und damit muss der »sinnstiftende Rahmen« jeweils neu gedeutet werden.

Oft wird auch vergessen, dass die Redekultur, eines der theoretischen und praktischen Zentren psychoanalytischer Kultur, in außereuropäischen Kulturen anders gehandhabt wird als in Europa: Ritualisierungen ersetzen Inhalte, werden aber oft zu inhaltlicher Aussage, deren Bedeutung herausgeschält werden muss.

Zentral scheint mir die Überwindung des kulturellen Narzissmus zu sein, als Weg vom Narzissmus zum Objekt, als der nicht immer einfache Schritt in Richtung der Anerkennung des Anderen als Anderer und nicht bloß als Anerkennung des Anderen als Nicht-Ich.

In diesem Prozess der Anerkennung, der den Entwurf des Anderen über die Anerkennung als Nicht-Ich hinaus als Anderer als »Sein-Selbst« impliziert, darf nicht die eigene Identität in unkritischer oder unhinterfragter Anpassung, vor der auch Psychoanalytiker nicht geschützt sind, aufgegeben werden. Gerade die Anerkennung des Anderen hat, philosophisch-anthropologisch gesehen, die Anerkennung des Eigenen als Voraussetzung, will sie nicht zu bloßer Affirmation verkommen. Denn erreichen können wir für die uns anvertrauten Patienten nur das, was uns selbst selbstverständlich geworden ist.

Literatur

Altmeyer, M. (2004): Gedanken anlässlich einer amerikanischen Tagungsreise: Inklusion, Wissenschaftsorientierung, Intersubjektivität. Psyche 11, 58, 1111–1125.
Ardjomandi, M. E. (2003): Zur Spezifität des ödipalen Konflikts der Muslime im Vorderen Orient am Beispiel Irans. In: Scheifele S. (Hg.): Migration und Psyche. Aufbrüche und Erschütterungen. Sonderheft psychosozial 26(3), Gießen (Psychosozial), S. 57–66.
Bataller Bautista, I. (2003): Ambiguität, Angst und Fantasien im Kontakt mit Ausländern, In: Scheifele, S. (Hg.): Migration und Psyche. Aufbrüche und Erschütterungen. Sonderheft psychosozial 26(3), Gießen (Psychosozial), S. 45–56.
Bollas, C. (1997): Der Schatten des Objekts, Das ungedachte Bekannte. Zur Psychoanalyse der frühen Entwicklung. Stuttgart, Klett-Cotta.
Bründl, P. & Kogan, I. (Hg.) (2005): Kindheit jenseits von Trauma und Fremdheit. Psychoanalytische Erkundungen von Migrationsschicksalen im Kindes- und Jugendalter. Frankfurt/M. (Brandes & Apsel).
Buchholz, M. & Gödde, G. (Hg.) (2005): Macht und Dynamik des Unbewussten. Auseinandersetzungen in Philosophie, Medizin und Psychoanalyse. Gießen, Psychosozial.
Devereux, G. (1974): Normal und Anormal. Aufsätze zur Allgemeinen Ethnopsychiatrie. Frankfurt/M. (Suhrkamp).
Devereux, G. (1978): Ethnopsychoanalyse. Die komplementaristische Methode in den Wissenschaften vom Menschen. Frankfurt/M., Suhrkamp.
Devereux, G. (1986): Frau und Mythos, Supplemente. München, Wilhelm Fink.
Erdheim, M. (2003): Glück und Unglück in der Emigration. In: Scheifele, S. (Hg.): Migration und Psyche. Aufbrüche und Erschütterungen. Sonderheft psychosozial 26(3), Gießen, Psychosozial, S. 81–87.
Francis, E. K. (1980): Ethnos und Demos. Berlin, Duncker und Humblot.
Freud, S. (1905): Der Witz und seine Beziehung zum Unbewußten, GW VI.
Freud, S. (1913/14): Totem und Tabu, GW IX.
Freud, S. (1930): Das Unbehagen in der Kultur, GW XIV.
Gerlach, A. (2003): Faszination und Befremdung in der interkulturellen Psychotherapie In: Scheifele, S. (Hg.): Migration und Psyche. Aufbrüche und Erschütterungen. Sonderheft psychosozial 26(3), Gießen, Psychosozial, S. 15–22.
Hoven-Buchholz, K. (2005): Id, Idiom, Selbst und Form. Das Unbewusste bei Christopher Bollas, In: Buchholz, M. & Gödde, G. (Hg.): Das Unbewusste. Macht und Dynamik des Unbewussten. Auseinandersetzungen in Philosophie, Medizin und Psychoanalyse. Gießen, Psychosozial, S. 596–626.
Marcuse, H. (1971): Triebstruktur und Gesellschaft. Frankfurt/M., Suhrkamp.
Nathan, T. (1994): L'influence qui guérit. Paris.
Nathan, T. (1999): Zum Begriff des sozialen Netzes in der Analyse therapeutischer Dispositive. In: Pedrina, F. (Hg.): Kultur, Migration, Psychoanalyse. Tübingen, edition discord.
Saller, V. (1993): Von der Ethnopsychoanalyse zur interkulturellen Therapie. Luzifer-Amor 12, 99–123.
Saller, V. (2003): Wanderungen zwischen Ethnologie und Psychoanalyse. Psychoanalytische Gespräche mit Migrantinnen aus der Türkei. Tübingen, edition discord.
Scheifele, S. (Hg.) (2003): Migration und Psyche. Aufbrüche und Erschütterungen. Sonderheft psychosozial 26(3), Gießen, Psychosozial.
Schweizer, G. (1991): Iran, Drehscheibe zwischen Ost und West. Stuttgart, Klett-Cotta.

Sturm, G. (2003): Die transkulturelle Psychotherapie nach Marie Rose Moro. In: Scheifele, S. (Hg.): Migration und Psyche. Aufbrüche und Erschütterungen. Sonderheft psychosozial 26(3), Gießen, Psychosozial, S. 35–44.

Tömmel, S. E. (2005): Flucht von Ost nach West: ein deutsch-deutsches Migrationsschicksal, In: Bründl, P. & Kogan, I. (Hg.): Kindheit jenseits von Trauma und Fremdheit. Psychoanalytische Erkundungen von Migrationsschicksalen im Kindes- und Jugendalter. Frankfurt/M., Brandes & Apsel, S. 245–273.

Tömmel, S. E. (2006): Wer hat Angst vor Sigmund Freud? Wie und warum die Psychoanalyse heilt. Frankfurt/M., Brandes & Apsel.

7 Ähnlich und doch verschieden

Psychoanalytische Psychotherapie für Migranten
der ersten und späteren Generation in den Niederlanden

Wouter Gomperts

Weltweit verlassen jährlich viele Millionen Menschen ihre Heimatländer. Nach dem Zweiten Weltkrieg gab es in den Niederlanden drei Einwanderungsströme. Infolge der kolonialen Vergangenheit kamen große Gruppen Immigranten aus dem ehemaligen Niederländisch-Indien, aus Surinam und von den karibischen Inseln Aruba und den Niederländischen Antillen. Die zweite Migrationswelle bestand aus den Gastarbeitern, die die Niederlande wie andere europäische Länder angeworben hatten, anfangs vor allem aus Südeuropa, später aus Marokko und der Türkei. Den Immigranten schlossen sich später auch ihre Familien an. Bei der dritten Einwanderungswelle handelte es sich um Asylbewerber und Flüchtlinge aus Afrika, Asien, Süd- und Mittelamerika und dem ehemaligen Jugoslawien.

Durch die Zuwanderung leben sehr viele Menschen und Menschengruppen auf engem Raum zusammen, die zuvor tausende Kilometer voneinander getrennt waren. Daraus ergeben sich neue Chancen, aber auch Probleme und Konflikte, die große soziale Unruhe auslösen können. Migranten sehen sich manchmal auch mit Schwierigkeiten in sich selbst und in ihrem Umgang mit anderen konfrontiert, die sich als psychische Probleme verstehen lassen.

Das Niederländische Psychoanalytische Institut (NPI, eine Einrichtung für ambulante psychoanalytische Therapie) richtet seine besondere Aufmerksamkeit auf die psychoanalytische Behandlung der nicht-westlichen Migranten der ersten und späteren Generation. Es ergibt sich folgende Untersuchungsfrage: Inwiefern beeinflusst die ethnisch-kulturelle Herkunft und die Einwanderungsgeschichte der Migranten ihre psychischen Probleme und ihre psychoanalytische Behandlung im NPI? Ich stütze mich in diesem Artikel auf die Protokolle der Vorgespräche mit fünfunddreißig Patienten. Darüber hinaus habe ich fünf Therapeuten des NPI und fünf Patienten interviewt, die ihre Therapie abgeschlossen hatten.

Die Patienten und die Dauer der Behandlung

Bis zum jetzigen Zeitpunkt behandelte das NPI hauptsächlich Migranten der ersten und zweiten Generation aus der Türkei (17% aller Patienten mit Migrationshintergrund), dem Nahen Osten (17%), Asien (14%), Südeuropa (14%, darunter das ehemalige Jugoslawien), Indonesien (11%) und Surinam (11%). Patienten mit marokkanischem Hintergrund (6%) sind unterrepräsentiert. Einige wenige Patienten stammen aus Süd- und Mittelamerika und aus Afrika.

Die im NPI behandelten Migranten unterscheiden sich auf den ersten Blick nicht wesentlich von den anderen, niederländisch-stämmigen Patienten. Hinsichtlich des Geschlechts und des Bildungsgrads waren keine signifikanten Unterschiede festzustellen. In beiden Fällen handelt es sich überwiegend um gut ausgebildete Frauen um die dreißig, die entweder studieren oder einen Beruf ausüben. Es hat also den Anschein, als seien die Patienten mit Migrationshintergrund in gesellschaftlicher Hinsicht nicht weniger gut integriert als die anderen NPI-Patienten. Das ist insofern bemerkenswert, als der Kontrast zwischen der alten und neuen Lebenswelt oft beträchtlich ist. Ein Patient sagt: »Ich stamme aus einer Gastarbeiterfamilie. Meine Eltern wohnten in einem Gebirgsdorf und konnten weder schreiben noch lesen. Ich habe mich hier gut eingelebt und bin über ein Praktikum in meinen Beruf reingerutscht.« Viele Patienten haben innerhalb einer einzigen Generation große kulturelle Unterschiede überbrückt. Eine Patientin berichtet von dem Kontrast zwischen dem Leben innerhalb und außerhalb der Familie und den damit einhergehenden großen inneren wie äußeren Spannungen: »Ich sah im Fernsehen eine Sendung über eine Frau, die aus der Türkei kam und hier Anwältin geworden ist. Sie sagte, der Unterschied zwischen den Kulturen und den Generationen sei einfach zu groß, und dem kann ich nur beipflichten.«

Obwohl sich das NPI bemüht, die Schwellenangst bei Migranten abzubauen, hat sich nur einer von den 35 Patienten für eine klassische Psychoanalyse entschieden, die anderen unterzogen sich einer psychoanalytischen Psychotherapie. Zwei Drittel der Behandlungen sind bereits abgeschlossen. Sie dauerten durchschnittlich 18 Monate. Die Dauer der restlichen, noch nicht abgeschlossenen Behandlungen hat sich inzwischen auf durchschnittlich dreieinhalb Jahre erhöht. Insgesamt dauert die Hälfte der Therapien weniger als ein Jahr (17% weniger als ein halbes Jahr) und 35% länger als zwei Jahre (9% länger als fünf Jahre). Bei 28% der Behandlungen ist der Therapeut der Ansicht, dass der Patient die Behandlung vorzeitig abgebrochen hat.

Migration als Entwicklungsinterferenz

43% der Patienten mit Migrationshintergrund sind in den Niederlanden geboren, sie gehören somit zur zweiten und in einigen Fällen zur dritten Generation. Ein Viertel der Patienten kamen als Kinder in die Niederlande, ein Drittel als Erwachsene. In einer Reihe von Fällen muss also die Migration in der ersten Entwicklungsphase des Kindes eine Rolle gespielt haben. Ein Patient mit depressiven Störungen stellt einen Zusammenhang zwischen der Migration seiner Mutter und seiner eigenen düsteren Grundstimmung her:

> »Mein Vater kam mit vierundzwanzig in die Niederlande. Er wohnte in einer Pension. Meine Mutter folgte ihm sieben Monate vor meiner Geburt. Sie kannte hier eigentlich niemanden, sie sprach die Sprache nicht und weinte viel. Ich glaube, sie war sehr einsam, sie hatte Heimweh, und niemand achtete darauf.«

Eine Patientin, die als pubertierende Jugendliche in die Niederlande kam, sagt:

> »Ich war vierzehn, als wir unser Heimatland verließen, und man findet sich dann in einem anderen Land wieder, in dem man keinen einzigen Freund hat, und bevor man sich eingelebt hat ... Alles war unbekannt, und ich war in der Pubertät. Und die erlebt man dann nicht, weil man ins kalte Wasser geworfen wird und sich selber helfen muss. Ich glaube, ich habe diese Periode übersprungen.«

Der Einfluss der Migration auf die Psyche hängt nicht nur von der Lebensphase ab, in der sie stattfand, sondern auch von ihren Gründen. Bei über der Hälfte der Patienten, die als Kinder in die Niederlande kamen, spielten wirtschaftliche Gründe eine wichtige Rolle. Die andere Hälfte floh vor der organisierten Gewalt in ihrem Heimatland. Eine Patientin sagt:

> »Mein Vater stand auf der Totenliste. Er verschwand aus unserem Leben, als ich fünf war. Zwei Jahre später hörten wir, dass er geflohen war. Für einen Betrag von siebentausend Dollar pro Person haben auch wir das Land verlassen; nach vier Monaten fanden wir ihn. Ich wusste, dass er mein Vater war. Denn meine Mutter hatte ihm geschrieben, dass ich mir eine Puppe mit blonden Haaren wünsche, und die hatte er dabei!«

Gesellschaftliche und häusliche Gewalt

Ein Drittel der Patienten sind Flüchtlinge der ersten Generation, die als Kinder oder Erwachsene in die Niederlande kamen, hauptsächlich aus dem Nahen Osten und dem ehemaligen Jugoslawien. Andere sind Kinder oder Enkelkinder von Eltern oder Großeltern, die ihr Heimatland verlassen mussten. Das heißt, dass bei 40% der Patienten organisierte Gewalt wie Kriegsdrohung, Kriegshandlungen, Gefängnishaft und Misshandlungen in der Migrationsvergangenheit eine Rolle gespielt haben. Bei drei PatientInnen ging eine frühe Traumatisierung (Vernachlässigung, häusliche Gewalt) einer späteren (Gefängnishaft und Folter) voraus. Die Patienten begannen mit der Therapie durchschnittlich zehn Jahre nach ihrer Flucht. Zwei von ihnen litten an einer posttraumatischen Belastungsstörung. Ein Patient sagt: »Als ich vor sechzehn Jahren in den Niederlanden ankam, war ich physisch und geistig ein Wrack. Damals war ich sechs Monate in einer Spezialeinrichtung in Therapie. Das war gut, aber zu wirklichem Vertrauen ist es nicht gekommen«. Zwanzig Jahre später begab er sich wieder in Therapie, diesmal beim NPI: »Es waren einige Dinge passiert, ich wusste weder aus noch ein«. Über die Therapie sagt er:

> »Wir kamen natürlich regelmäßig auf die Zeit im Gefängnis zu sprechen, aber wir haben vor allem viel über die Periode davor geredet, über meine Kindheit, die so weit zurücklag, denn ich war nach der Gefangenschaft geflüchtet. Aber auch zu Hause war früher viel passiert. Schon wegen einer Kleinigkeit konnte mein Vater einen windelweich prügeln. Er schlug auch meine Mutter, die sich immer mehr verschloss. Als wir darüber redeten, merkte ich, wie sehr mich das noch immer quälte.«

Nicht nur die Patienten, die aus ihrem Heimatland fliehen mussten, waren mit Gewalt konfrontiert worden. 43% aller Patienten gaben an, auch zu Hause Gewalttätigkeiten ausgesetzt gewesen zu sein. »Wir wurden mit dem Gürtel geschlagen, aber das war eine ganz normale Erziehungsmaßnahme, bei den Nachbarn kam es noch viel öfter vor.« Eine andere sagt: »In vielen Familien wurde geschlagen, doch bei uns ging es viel weiter. Es ist nur zum Teil kulturell bedingt.« Ein Patient berichtet von der Misshandlung seiner Mutter: »Vater fesselte ihre Hände und blies ihr Rauch ins Gesicht.« Ein anderer: »Mein Vater nahm eine Axt und drohte, mir die Hand abzuhacken, wenn ich noch einmal stehlen würde. Er packte sie und legte sie auf den Tisch.« Schläge teilte nicht nur der Vater, sondern manchmal auch die Mutter aus: »Sie schlug einen mit einem Rohrstock, bis es blutete.« Und ein anderer Patient: »Mutter schlug, das hatte sie von ihrer Mutter gelernt.« 13% der erwachsenen Patienten gaben an, von einem Partner physisch misshandelt worden zu sein. Auch Schwiegermütter sind manchmal beteiligt. »Wenn ich etwas auf den Herd stellte, nahm sie es wieder herunter. Sie sagte zu ihrem Sohn: Deine Frau gehorcht nicht, und dann schlug er mich.«

**Fähigkeit zur Reflexion
als evolutionäre Errungenschaft und als Kulturgut**

Die Fähigkeit zur Reflexion (Selbstreflexion, Reflexion über den anderen und die Interaktion zwischen einem selbst und dem anderen) ist in gewisser Hinsicht Voraussetzung, Mittel und Gewinn der psychoanalytischen Therapie. Um von der Therapie profitieren zu können, muss man eigentlich das, was die Therapie bezweckt, schon ein wenig können. Mentalisierung, die Fähigkeit sich selbst und andere aufgrund von Emotionen, Meinungen, Absichten und Bedürfnissen zu verstehen, erhöht die Überlebenschancen des Individuums und ist als evolutionäre Adaptation universell (Fonagy et al. 2002). Eine Prädisposition für diese Fähigkeit ist neurobiologisch verankert, sie muss aber in der individuellen Entwicklung zum Ausdruck kommen. Voraussetzung hierfür ist, dass das Kind in einer ausreichend sicheren Bindung zu einer Bezugsperson als intentionales Wesen anerkannt wird. Die sozialen Voraussetzungen für die psychologischen Bedingungen, unter denen sich die Fähigkeit zur Mentalisierung entwickelt, sind jedoch nicht immer gegeben. Armut, Gewalt und Unterdrückung, etwa im Zusammenhang mit (post-)kolonialen Verhältnissen, können die Bindungsbeziehung des Kleinkindes so tiefgreifend stören, dass sich diese Fähigkeit gar nicht oder kaum entwickelt, und zwar in bestimmten Fällen über mehrere Generationen. Ein ehemaliger Patient sagt:

> »Meine Eltern waren bei Menschen aufgewachsen, die noch als Lohnarbeiter auf den Plantagen gearbeitet hatten. Sie waren Analphabeten. Man kann es sich heute schwer vorstellen. Es war ein Kampf ums Überleben, sie arbeiteten hart, Zuckerrohr schneiden und andere Dinge. Und abends waren sie todmüde, sie besaßen ein Hemd und eine Hose, und am nächsten Tag wieder auf die Plantage. Dann dachte man nicht über den morgigen Tag hinaus. Über Gefühle dachte man nicht nach, das machte man einfach nicht. Wut entlud sich in Schimpfen und Fluchen und in Schlägen, und so habe ich es zu Hause auch erlebt. So ging es von Generation zu Generation.«

Eine Therapeutin sagt:

> »Es war schwierig, eine Sitzung mit ihr zu füllen. Sie wusste absolut nicht, worüber sie reden sollte, und es fiel mir immer wieder auf, dass ich einfach nicht wusste, was in ihr vorging. Sie kam zu uns, weil sie sich, wie sie sagte, nicht wohl fühlte. Meiner Meinung nach war sie depressiv, aber so wird sie es nicht genannt haben. Wenn sie sich nicht wohl fühlte, dann musste dieses Gefühl beseitigt werden, und das glaubte sie zu erreichen, indem sie etwas tat, zum Beispiel zwanghaft ihre Wohnung putzen. Und wenn sie sich dann noch immer nicht wohl fühlte, dann wurde sie wütend. Sie hatte absolut keinen westlichen Blick, eine auch nur annäherungsweise psychologische Einsicht in ihre Beschwerden.«

In den westlichen Gesellschaften fand im Laufe der Jahrhunderte eine zunehmende Psychologisierung statt. In dem Maße, wie die Abhängigkeiten zwischen den Menschen größer und tiefer und die sozialen Gegensätze kleiner wurden, wurde der psychologische Blick wichtiger (Elias [1939] 1997). Eine genaue Beobachtung der eigenen Person und der des Anderen (Impulse, Gefühle, Absichten, Bedürfnisse) sowie der sozialen Interaktionen wurde für immer mehr Menschen zur unerlässlichen Voraussetzung für jedweden sozialen Erfolg, ob im gesellschaftlichen oder im privaten Bereich.

Man führt die mangelnde Fähigkeit zur Mentalisierung im Allgemeinen auf eine gestörte Eltern-Kind-Beziehung oder auf die desorganisierenden Auswirkungen eines Traumas zurück. Diese Faktoren können jedoch auch überschätzt werden, wenn man dabei nicht berücksichtigt, dass in anderen Kulturkreisen Psychologisierung von Hause aus sehr viel weniger selbstverständlich ist als in der modernen westlichen Gesellschaft. Über das Fehlen des psychologisierenden Blickwinkels in Kultur und Sprache seines Herkunftslandes sagte eine ehemalige Patientin:

> »Man lernt als Kind nicht von den Eltern, negative Emotionen in Worte zu fassen oder ihnen eine besondere Bedeutung beizumessen. Das geschieht einfach nicht, das lernt man nicht. Über negative Gefühle schweigt man. Man trägt sie mit sich herum, sie nagen an einem. Man fängt an, sich selbst zu hassen.«

Bei der Behandlung von Patienten, die aus psychologischen oder kulturellen Gründen kaum mentalisieren, bemüht sich der Therapeut fortwährend, die Aufmerksamkeit des Patienten auf dessen eigene, innere Welt zu richten. Wie es eine Therapeutin ausdrückt:

> »Ich tat mein Bestes, um im Kleinen, anhand von ganz alltäglichen Vorfällen und in Reaktion auf das, was meiner Ansicht nach in ihr oder zwischen uns

passierte, nach Unterschieden in ihrem Erleben zu suchen. Um dann gemeinsam mit ihr immer wieder der Frage nachzugehen, woher diese Unterschiede kamen. Und dann sagte sie manchmal erstaunt: ›Ach, da habe ich nie dran gedacht.‹ Auf diese Art und Weise gelang es, sie mit einer gewissen psychologischen Perspektive vertraut zu machen.«

Andere gesellschaftliche Verhältnisse, andere Gefühlshaushalte

Gewalt, Zwang, Unterordnung, Respekt, Ehre, Rache und Schande spielen eine wichtige Rolle in der inneren Vorstellungswelt der Patienten. Die Eltern von fast 20% aller Patienten waren zwangsverheiratet. Eine Patientin sagt: »Meine Mutter war verbittert, sie hatte geglaubt, sie würde mit einem gut situierten Mann verheiratet, aber er war nur ein Landarbeiter.« Ein anderer Patient sieht einen direkten Zusammenhang zwischen der arrangierten Ehe seiner Eltern und seinen eigenen Beziehungsproblemen:

> »Meine Eltern redeten buchstäblich kein Wort miteinander. Bei praktischen Fragen kommunizierten sie über die Kinder, nach dem Motto: Sag deinem Vater, er soll dies und das machen; sag deiner Mutter, sie soll das und das kaufen. Das war kein gutes Beispiel für mich.«

Eine Patientin erzählt über ihr Herkunftsland: »Mein Onkel trug noch ein Schwert, und als meine Eltern klein waren, wurde noch gesteinigt und gemordet.« Eine andere Patientin:

> »Ein Junge war erschossen worden und darüber unterhielt man sich, als wäre es die selbstverständlichste Sache der Welt. Auf dem Grundstück meines Opas wurde ohne seine Erlaubnis gebaut. Er sagte: Ich habe eine Pistole. Die Drohung war echt, so geht es dort immer noch zu.«

Eine Patientin sagt: »Er wollte die Verlobung auflösen. Es war eine Tragödie, eine Blamage, und meine Brüder meinten, wenn es wirklich so weit komme, könnten sie für die Folgen nicht gerade stehen.« Eine Patientin sagt:

> »Die Frauen durften das Haus nicht verlassen. Meine Mutter schlich sich manchmal zur Nachbarin, und wenn mein Großvater mich fragte, wo sie sei, antwortete ich, dass sie sich hingelegt hätte. Man lernte zu lügen. Es ging dort sehr scheinheilig zu, eine ganze Menge musste man verheimlichen.«

In den Niederlanden haben sich in den vergangenen hundert Jahren ähnlich wie in den anderen westlichen Industrieländern die sozialen Gegensätze abgeschwächt. Das soziale Machtgefälle zwischen Parteien (Männern und Frauen, sozial höheren und niedrigeren Klassen, Älteren und Jüngeren) ist geringer geworden. Das hat auch Einfluss auf die Affektregulation und die Kontrolle des Verhaltens. Von Männern wird erwartet, dass sie mehr Rücksicht auf Frauen nehmen. Frauen haben sich einen Platz in der Gesellschaft erobert. Bestrafung, Zwang, Rache sind in der modernen Gesellschaft nicht mehr erwünscht. Eltern müssen Rücksicht auf die Wünsche ihre Kinder nehmen, die Kinder haben sich emanzipiert, etwa in der Partner- und Berufswahl. Die Migranten der ersten und zweiten Generation sind jedoch oft noch in einem Umfeld aufgewachsen, in dem soziale Ungleichheit herrschte, wie dies in den Niederlanden früher der Fall war. Sie identifizieren sich aber gleichzeitig auch mit den egalitären Anschauungen und Verhältnissen in ihrem neuen Heimatland oder kommen mit ihnen in Berührung, etwa bei ihrem Therapeuten. Eine Therapeutin berichtet über das Verhältnis ihres Patienten, eines fünfzigjährigen Mannes, der als junger Mann in die Niederlande gekommen war, zu seinem sechzehnjährigen Sohn:

> »Der Junge tut Dinge, die ihm sein Vater verboten hat. Dann muss er seinen Hausschlüssel abgeben. Darüber habe ich mit dem Vater gesprochen: Ein Junge, der zu Hause wohnt, muss auch einen Schlüssel haben. Ein holländischer Vater würde nie zu dieser Strafe greifen, und ein holländischer Junge würde es nicht akzeptieren. Er antwortete: ›Noch nicht, ich verstehe, was Sie meinen, aber noch nicht, noch nicht.‹ Und er lachte etwas verlegen.«

Ein Merkmal der westlichen Gesellschaft ist ihre fortschreitende Individualisierung. Enge soziale Bindungen wie Familie, Kirche oder Nachbarschaft haben immer weniger Einfluss auf das Individuum, und soziale Kategorien wie Geschlecht, Alter, soziale Klasse, Herkunft bestimmen die Auffassungen und das Verhalten des Einzelnen immer weniger. Auch die Säkularisierung trug zu einer größeren Entscheidungsfreiheit des Individuums und zur Ausbreitung individualistischer Werte bei. Von einem traditionellen kollektivistischen Standpunkt aus hängt das Ansehen der Familie in der Gemeinschaft vom Verhalten jedes einzelnen Familienmitglieds ab. Eltern und auch die Älteren in der Familie haben weiterhin ein Mitspracherecht, auch wenn es sich um erwachsene Kinder handelt, während Einmischung von außen oft abgelehnt wird. Für Patienten mit einem Migrationshintergrund spielen oft bei der Entscheidung zwischen Eigen- und Gruppeninteressen ganz andere Erwägungen eine Rolle als bei ihren westlichen Altersgenossen. Eine Patientin sagt:

> »Der Druck, sich konform zu verhalten, der Druck, die Harmonie zu wahren, in der Familie, in der Gemeinschaft, ist sehr groß. Wenn jemand mich nach meiner Meinung fragt, dann neige ich automatisch dazu, das zu sagen, was er hören will. In meinen Beziehungen habe ich das auch immer gemacht. Und das ist für meine Arbeitskollegen und meine niederländischen Freunde manchmal recht verwirrend, weil sie nicht wissen, woran sie bei mir sind, wer ich eigentlich bin.«

Ihre Therapeutin sagt:

> »Am meisten frappierte mich, dass sie vom Kollektiv aus dachte, nicht vom Individuum aus. Die Kultur ihres Herkunftslandes erschwerte es ihr, sich abzusondern, sich zu individualisieren. Es war eine enge Gemeinschaft, Brüder, Schwestern, Eltern, Onkel, Tanten – alle mischten sich in das Leben der anderen ein. Uneinigkeit durfte es nicht geben. Die Reaktionsbildung war sehr stark, alle sind bemüht, bescheiden und höflich zu einander zu sein, sich anzupassen und sich zu beherrschen. In der Therapie redete sie schrecklich viel und machte mich manchmal verrückt mit ihrer Widersprüchlichkeit. Dann unterbrach ich sie und sagte: ›Hör mal, ich verstehe überhaupt nichts mehr. Es kommt mir so vor, als würde deine ganze Familie mitreden. Es macht mich genauso konfus wie dich.‹ Auf diese Weise entstand Differenzierung.«

Spaltungsabwehr und Migration

Eine Tendenz zur inneren Spaltung kann durch den geografischen und ethnisch-kulturellen Abstand, der mit Migration oder Flucht verbunden ist, ausgelöst oder verstärkt werden. Wie es eine Patientin ausdrückte: »Mein größtes Problem ist, dass ich in zwei Welten lebe. Zu Hause und draußen. Als würde man einen Schalter umlegen.« Mit der einen Welt hält man die andere auf Distanz, wodurch die innere Auseinandersetzung vermieden wird und die psychologische Entwicklung stagniert. Eine Patientin berichtet, wie sie ständig zwischen den beiden Vorstellungswelten hin und her wechselt – der der niederländischen Kultur und der ihres Herkunftslandes. Abwechselnd werden beide Gesellschaften idealisiert und herabgesetzt und damit auseinandergehalten. Die Klientin fühlt sich nirgends zu Hause:

»Es geht mir gegen den Strich, dass hier alle so materialistisch sind – eine neue Küche, ein neues Badezimmer. Wenn ich zehn Minuten in Amsterdam auf einen Bus warte und die Leute reden höre, denke ich: Was sind das doch alles für Idioten. So möchte ich nicht leben«.

Und in krassem Widerspruch dazu über die andere Welt: »Dort fühle ich mich wie in eine warme Decke gehüllt. Ich bin da ganz anders, viel offener, viel sozialer.« Aber sie sagt auch:

»Die Welt dort ist barbarisch, unbegreiflich. Wenn man unbeabsichtigt mit jemanden zusammenstößt, wird man gleich angepöbelt und ausgeschimpft: Ich breche dir die Knochen, heißt es dann gleich. Man wird überhaupt nicht respektiert. Es wird ständig getratscht, es werden völlige unwahre Geschichten erzählt. Lächerlich. Lügen, alles beschönigen. Mir fällt die Wahl leicht: Ich fühle mich Holländerin. Hier sind die Leute sachlicher. [Und im nächsten Satz:] Da drüben ist alles viel gastfreundlicher. Wenn man dort zu Besuch kommt, wird man verwöhnt. Hier kriegt man zum Tee einen Keks und damit hat sich's.«

Die Welt der niederländischen Kultur und Gesellschaft und die des Herkunftslandes der Eltern oder Großeltern liegen ständig in Streit miteinander. Viele Patienten leben gewohnheitsmäßig in einer Welt voller Geheimnisse, halber Wahrheiten, Scham, Heimlichkeiten und Verstellung. Oft wird dadurch eine durchaus realistische Bedrohung wie der Ausschluss aus der Familie und die Ächtung durch die Gemeinschaft verhindert. Homosexualität, »freie« Sexualität von Frauen und ungewollte Mutterschaft beschmutzen die Familienehre und können lebensbedrohliche Folgen haben. Homosexualität und weibliche Sexualität nach westlichem Vorbild sind mit einem starken inneren und äußeren Tabu belegt. Sie spielen sich im Geheimen ab, in kurzen und oft oberflächlichen Kontakten. Eine Patientin sagt: »Es gibt so vieles, was ich zu verschweigen gewöhnt bin, worüber ich lüge. Es ist für mich ganz normal. Früher war ich fast zwei Personen, eine für drinnen und eine für draußen.«

Manche Patienten wechseln ständig zwischen der niederländischen Kultur und der ihres Herkunftslandes, die sie strikt voneinander trennen. Andere wenden sich von ihrem Herkunftsland ab und identifizieren sich völlig mit den westlichen Verhältnissen und Idealen. Eine Patientin sagt: »Als ich anfing zu studieren, habe ich mich ganz für das Niederländische entschieden, und alles, was mit meinem Hintergrund zu tun hatte, zählte nicht mehr.« Bei einigen Patienten hat sich die anfängliche positive Identifizierung sowohl mit der eigenen Herkunft wie mit der niederländischen Kultur und Gesellschaft ins Gegenteil verkehrt. Machtlose Wut auf die Eltern und auf die niederländische Gesellschaft kann bewirken, dass sich der Patient enttäuscht von beiden abwendet. Ein Patient sagt:

> »Mein Vater hat sein ganzes Leben lang so hart geschuftet, dass er jetzt ein körperliches Wrack ist. Er sitzt den ganzen Tag zu Hause, ist unausstehlich und trinkt. Doch am Schlimmsten finde ich, dass er sich hier in den Niederlanden all die Jahre wie ein Nichts hat behandeln lassen. Ich habe studiert, habe aber jetzt einen Job, für den ich überqualifiziert bin. Wir sind hier im Grunde nicht willkommen. Mir steht es bis oben hin. Es will mir nicht aus dem Kopf. Es ist nicht so schlimm, dass ich mir das Leben nehmen will, aber ich weiß einfach nicht, wie ich die Zeit rumkriegen soll.«

Wenn jemand sich weder mit den eigenen Eltern noch mit der niederländischen Gesellschaft identifizieren kann, droht die Gefahr einer depressiven, narzisstischen Isolation. Aber auch die Gefahr der Radikalisierung. Es kann dann eine Identifizierung mit religiös-fundamentalistischen und ethnisch-nationalistischen Ideologien und ihren Führern stattfinden, etwa über das Internet. Anzeichen hierfür fanden sich im Untersuchungsmaterial jedoch nicht.

Diagnostische Fallstricke

In der inneren Welt der Patienten mit Migrationshintergrund nehmen Familie, Gemeinschaft und Religion, Respekt, Ehre, Schande und Rache, Hierarchie, Gewalt und Zwang oft einen wichtigen Platz ein. Aus westlicher Sicht erscheinen ihre Emotionen und Leidenschaften oft ungezügelt oder im Gegenteil sehr verhalten. Eine psychologische Sichtweise kennen sie nicht oder kaum. Bei vielen Patienten mit Migrationshintergrund lässt sich eine durch politische oder intrafamiliäre Gewalt und durch affektive Defizite ausgelöste (transgenerationelle) Traumatisierung feststellen, die die Fähigkeit zur Mentalisierung beeinträchtigen kann. Es gelingt den Betroffenen dann nicht, die eigenen psychischen Prozesse und die anderer zu interpretieren. Vor allem in stressreichen zwischenmenschlichen Situationen macht sich die mangelnde Fähigkeit zur Mentalisierung bemerkbar; innere Spaltungsmechanismen erschweren die Integration. Die Spaltungstendenz kann jedoch auch von außen herangetragen worden sein durch das Leben in schwer miteinander zu versöhnenden Welten. Es ist oft nicht leicht zu unterscheiden, inwieweit eine verstärkte Spaltungstendenz von elementarer Unsicherheit herrührt oder von dem Leben in zwei Welten. Spaltung aufgrund von traumatisierenden Erfahrungen in der frühen Kindheit vollzieht sich automatisch und geht oft mit einer mangelnden Fähigkeit zur Mentalisierung einher, während die Spaltung, die mit dem Leben in verschiedenen Welten zu tun hat, gewollt und adaptiv ist und gerade eine Fähigkeit zur Mentalisierung voraussetzt. Denn oft wird damit eine realistische Bedrohung abgewehrt. Die erste Form der Spaltung kann das Merkmal einer Borderline-Störung sein, während die zweite Form vielmehr auf ein gesünderes Funktionieren schließen lässt. Es kann daher diagnostisch schwierig festzustellen sein, ob die Spaltungstendenzen, Identitätsverwirrungen und die heftigen oder zu gedämpften Emotionen als Signal einer ernsthaften Persönlichkeitspathologie verstanden werden müssen (insbesondere als Borderline-Störung) oder als Ausdruck des ethnisch-kulturellen Hintergrunds des Patienten; in letzterem Fall ist die innere Struktur stärker und sind die therapeutischen Erfolgsaussichten größer, als es auf den ersten Blick scheinen mag.

Die therapeutische Beziehung

Der Patient, der aus einer hierarchischen Gesellschaft stammt und mit der psychotherapeutischen Situation wenig vertraut ist, sieht in dem Therapeuten oft den allwissenden Arzt. Wie es eine ehemalige Patientin ausdrückt: »Sie ist die Therapeutin, sie bestimmt, finde ich, was besprochen wird. Ein Arzt weiß es doch auch besser als der Patient. Es ist schließlich ihre Verantwortung.« Dieses hierarchische Modell der psychotherapeutischen Beziehung kann genau das erschweren, was die heutige interaktive und intersubjektive Psychoanalyse als ihre Hauptaufgabe betrachtet: die Förderung der Selbstwahrnehmung und der Selbstreflexion, indem das im Gespräch herausgearbeitet wird, was sich in der therapeutischen Beziehung selbst abspielt, sowohl im Patienten wie zwischen Patient und Therapeut.

Auch auf andere Weise gerät die analytische Arbeit manchmal ins Hintertreffen, und zwar wenn Intersubjektivität und Partnerschaft in der therapeutischen Beziehung vorherrschen und der Patient wenig vertraut damit ist, dass auch Abstinenz einen Teil der Therapie ausmachen kann. Die Behandlung kann dann leicht einen allzu gemütlichen Charakter annehmen. In den Worten einer Therapeutin:

> »Man übernimmt dann die Rolle der netten Tante, die von der Patientin zum Essen eingeladen wird, damit man sieht, wie sie wohnt. Und wenn ich dann doch versuche, das Übertragungsmuster zur Sprache zu bringen, fühlt sich die Patientin im Stich gelassen und zurückgewiesen.«

Eine Therapeutin bemerkt: »Sie kam mit der Vorstellung hierher, Holland sei ein Land von Milch und Honig, und mit der gleichen Einstellung begann sie auch die Therapie, nach dem Motto: Sie wird schon alles wieder einrenken.« Bei anderen Patienten ist jedoch die Enttäuschung über die Niederlande und die Niederländer groß: Holland ist nass und kalt, die Sprache rauh und schrill, und die Einwohner sind egozentrisch, ungastlich und sie diskriminieren. Inwieweit macht sich diese Enttäuschung auch in der Therapie und in der therapeutischen Beziehung bemerkbar? Eine Therapeutin sagt:

> »Ich glaube, die positive Übertragung spielt deshalb eine so große Rolle, weil ich für die Patientin eine sichere Bezugsperson bin, ein Leuchtturm in einer fremden und manchmal feindlichen Welt. Es ist dann nur ein kleiner Schritt zur Idealisierung. Ich hatte auch den Eindruck, dass sie einsam ist, sie tat mir sehr leid. Negative Übertragung konnte sie sich eigentlich nicht leisten, denn das hätte einen erneuten Verlust bedeutet, und aufgrund meines eigenen Gefühls der Gegenübertragung wollte ich die positive Übertragung auch nicht untergraben. Deshalb war ich meines Erachtens auch etwas verständnisvoller, als sie unregelmäßiger zu mir kam. Sie wusste, dass ich hier war, auch wenn sie nicht kam. Ein Ankerpunkt, ein Halt in den Niederlanden, das bedeutete ihr sehr viel.«

Ein ehemaliger Patient sagt:

> »Natürlich werde ich oft mit Diskriminierung konfrontiert. In der Schule lernt man, dass es Rassismus nicht geben darf. Doch die Realität ist ganz anders. Und darüber kann ich mich ziemlich aufregen, das eine Mal mehr nach innen, dann frage ich mich, warum die Welt so ist, und das andere Mal raste ich aus und fluche und schimpfe. Aber in der Therapie? Nein, da hatte ich überhaupt nicht den Eindruck, es war einfach eine professionelle Frau, sie versteht ihr Fach, sie hat viel Erfahrung.«

Patienten neigen dazu, den Therapeuten für eine rühmliche Ausnahme zu halten und sich davon auch nicht mehr abbringen zu lassen. Wie es eine Therapeutin ausdrückt: »Er stand der weißen Mehrheit misstrauisch und feindlich gegenüber. Beispiele für Diskriminierung gab es genug. Doch mich nahm er aus. Er stellte mich auf einen Sockel.« Für den Therapeuten ist die Versuchung des narzisstischen Einverständnisses mit dem Patienten groß:

Wir beide wissen, dass es Diskriminierung in Hülle und Fülle gibt, aber nicht zwischen uns, wir stehen darüber.

Ein ehemaliger Patient sagt: »Ich denke manchmal, dass es vielleicht vernünftiger ist, zu einem Therapeuten zu gehen, der den gleichen kulturellen Hintergrund hat.« Und eine andere Patientin, die zuvor anderswo in Therapie gewesen war:

> »Mein erster Therapeut war ein Mann, der kein Niederländer war. Er war sehr nett, aber mir fiel auf, dass er ein bisschen anti-niederländisch war. Die Holländer seien so, und wir seien so. Ich bin nie darauf eingegangen. Ich dachte: Ich will nicht als Ausländerin behandelt werden, ich lebe in der niederländischen Gesellschaft«.

Zwei Therapeuten des NPI haben selber einen Migrationshintergrund. Der Patient kann in diesem Fall die Gemeinsamkeit betonen. Das Gefühl der Zusammengehörigkeit und eines geteilten Schicksals kann ein Gefühl größerer Sicherheit vermitteln. Manchmal werden dabei negative Gefühle gegenüber der Mehrheitsbevölkerung auf mehr oder weniger explizite Weise zum Ausdruck gebracht. Eine Therapeutin sagt dazu: »Sie sagte: ›Darf ich dich etwas fragen? Dein Name, der ist doch auch nicht holländisch, und du hast solche dunklen Augen und dunklen Augenbrauen und du bist so nett. Ich habe gleich gedacht: du bist bestimmt auch kein richtiger Holländer.‹«

Ethnisch-kulturelle Unterschiede sind in historischer, sozialer und psychologischer Hinsicht von großer Sprengkraft. Zu einer ethnisch-kulturellen Minderheit zu gehören, die in manchen Fällen seit Generationen benachteiligt wird, kann Schamgefühle hervorrufen. Vernünftig denkende Niederländer sind von jeher auf der Hut vor Rassismus und Diskriminierung und gehen daher mit ethnisch-kulturellen Unterschieden besonders behutsam um. Dies gilt natürlich auch für die therapeutische Situation, insbesondere wenn der Therapeut zur etablierten Mehrheit gehört und der Patient zur Gruppe der Neuzugewanderten/Außenstehenden. Gegenüber Patienten mit Migrationshintergrund nimmt der Therapeut eine doppelt dominante Position ein, nämlich als behandelnder Therapeut gegenüber dem Patienten und als Mitglied der etablierten Mehrheit gegenüber dem neu in die Gemeinschaft Aufgenommenen. Diese Position kann sowohl für den Therapeuten wie für den Patienten unangenehm sein und dazu führen, dass in einer Art stillschweigendem Einverständnis das heikle Thema der ethnisch-kulturellen Unterschiede aus der therapeutischen Situation ausgeklammert wird.

Schlussbemerkung

Zwei Drittel der nicht-westlichen Bevölkerungszunahme in den Niederlanden in den letzten Jahren geht auf das Konto der Migranten der zweiten oder späteren Generation. Die Zahl der Migranten an Hochschulen und Universitäten steigt stetig. Zu erwarten ist, dass in den kommenden Jahren eine zunehmende Anzahl dieser Migranten, die zwar in gesellschaftlicher, aber nicht in psychischer Hinsicht integriert sind, therapeutische Behandlung benötigen. Wie es ein ehemaliger Patient ausdrückt:

> »Ich hätte zum Schluss noch eine Botschaft. Manchmal denke ich, dass die niederländische Gemeinschaft das von außen nicht so richtig beurteilen kann. Wir können uns ganz gut präsentieren, jedenfalls diejenigen der zweiten oder dritten Generation. Wir gehen unserem Beruf nach, wir kommen ganz gut zurecht. Kein Problem. Dann gehen wir nach Hause, und alles ist total anders. Wir verstehen uns darauf, den Schein zu wahren, aber es gibt viele Probleme. Deshalb ist es so wichtig, dass ihr vom NPI diese Menschen besser verstehen lernt, damit ihnen besser geholfen werden kann. Das käme allen zugute.«

Übersetzung: Christiane Kuby und Herbert Post

Literatur

Elias, N. (1939; 1997): Über den Prozess der Zivilisation. Soziogenetische und psychogenetische Untersuchungen. Frankfurt/M., Suhrkamp.
Fonagy, P.; Gergely, G.; Jurist, E.L. & Target, M. (2002): Affect regulation, mentalization and the development of the self. New York, Other Press.
Grey, A. (1988): The problem of cross-cultural analysis. Contemporary Psychoanalysis 24, 169–173.
Grinberg, L. & Grinberg, R. (1989): Psychoanalytic perspectives on migration and exile. New Haven/London, Yale Univ. Pr.
Holmes, D. (1992): Race and transference in psychoanalysis and psychotherapy. Int J Psycho-Anal 73, 1–11.
Klein, M. (1946): Notes on some schizoid mechanisms. In: Klein, M. (1975): Envy and gratitude and Other works, 1946–1963. New York, Free Press, S. 1–24.
Lindy, J.D. (1996): Psychoanalytic psychotherapy of posttraumatic stress disorder: the nature of the therapeutic relationship. In: Van der Kolk, B.A.; McFarlane, A.C. & Weisaeth, L. (Hg.): Traumatic Stress: The effects of overwhelming experience on mind, body, and society. New York/London, Guilford Press, S. 525–536.
Meurs, P. & Gailly, A. (Hg.) (1998): Wortelen in andere aarde. Migrantengezinnen en hulpverleners ontmoeten cultuurverschil. Leuven/Amersfoort, ACCO.
Papadopoulos, R.K. (Hg.) (2002): Therapeutic care for refugees. No place like home. London, Karnac.

Pérez Foster, R.; Moskowitz, M. & Javier, R. A. (Hg.) (1996): Reaching across boundaries of culture and class: widening the scope of pyschotherapy. Northvale, NJ, Jason Aronson.

Roland, A. (1996): Cultural pluralism and psychoanalyses. The Asian and North American experience. New York/London, Routledge.

Schacter, J. & Butts, H. (1971): Transference and countertransference in inter-racial analyses. J Amer Psychoanal Asso 16, 792–808.

Spiegel, J. P. (1976): Cultural aspects of transference and countertransference revisited. J Amer Academy of Psychoanalysis 4, 437–67.

Swaan, A. de (1979): Uitgaansbeperking en uitgaansangst. Amsterdam, De Gids/Meulenhoff.

Thompson, C. (1987): Racisim or neuroticism: An entangled dilemma for the black middle class patient. J Amer Academy of Psychoanalysis 15, 395–405.

Ticho, G. R. (1971): Cultural aspects of Transference and Countertransference. Bulletin of the Menninger Clinic 35, 313–334.

Varvin, S. (2003): Mental survival strategies after extreme traumatisation. Copenhagen, Multivers Academic.

Veer, G. van der & Waning, A. van (2004): Strengthening psychological health in war victims and refugees. In: Wilson, J. P. & Drozdek, B. (Hg.): Broken spirits: the treatment of traumatized asylum seekers, refugees, war and torture victims. New York, Brunner Routledge.

Veer, G. van der & Waning, A. van (2002): Hulpverlening aan vluchtelingen. Van transculturele traumatherapie naar zorg voor de ziel. Maandblad Geestelijke volksgezondheid 47, 35–51.

Verboom, R. (2002): Ubuntu; you are what you are through other people. In: Borra, R.; Dijk, R. van & Rohlof, H. (Hg.): Cultuur, classificatie en diagnose; cultuursensitief werken met de DSM-IV-R. Houten, Bohn Stafleu Van Loghum.

Waning, A. van (Hg.) (1999): Multiculturele samenleving en psychoanalyse. Assen, Van Gorcum.

Westerborg, M. (2001): Seksuele ontwikkeling bij allochtonen. In: Gerritzen, H. (Hg.): Adolescentie en seksualiteit. Psychoanalytische beschouwingen over een intrigerende levensfase. Assen, Van Gorcum.

Westerborg, M. (2004): Voordracht gehouden op de Studiedag In de ban van de tijd. Langdurige psychoanalytische psychotherapie; onderzoek en praktijk. Nederlandse Vereniging voor Psychoanalytische Psychotherapie (NVPP), 29 Oktober 2004.

Yi, K. (1995): Psychoanalytic psychotherapy with Asian clients: Transference and therapeutic considerations. Psychotherapy 32, 308–316.

Zaphiropoulos, M. L. (1982): Transcultural Parameters in the Transference and Countertransference. J Amer Academy of Psychoanalysis 10, 571–584.

8 Psychotherapieunterricht als Brückenschlag in einem multikulturellen Umfeld

Elitsur Bernstein

Vorüberlegungen

Metaphorisch gesprochen ist Psychotherapie die »Kunst der Fuge« in Sprache und Worten. Im besten Fall kombiniert sie mit perfektem Timing und synchron die drei Dialoge, die in ihr stecken: (1) Den *bewussten* Dialog, der zwischen Therapeut und Klient gesprochen und gehört wird, (2) den Dialog der zwischen dem Klienten und seinem inneren Selbst stattfindet, und im *Vorbewussten* des therapeutischen Zustands existiert, und (3) den Dialog, der sich allmählich entwickelt, aber bisher noch dem Klienten verborgen bleibt, und den er mit sich selbst in einer unausgeformten Sprache führt, die teilweise zum *Unbewussten* gehört. Diese drei Dialoge sind wie Themen, die aufeinander folgen und wie ein harmonisierendes Orchester miteinander erklingen, wenn sie kombiniert werden. So vervollständigt sich die Analogie aus der Welt der Musik. Einzigartig daran ist, dass, genau wie in der Musik, auch in der Psychotherapie die entscheidenden und bewegendsten Momente in einer Umgebung auftreten, die durch eine »Sprache« hergestellt werden, und Erfahrungen schaffen, die emotional, bedeutsam, und größtenteils nonverbal sind. Meiner Meinung nach weisen die Begriffe »korrektive emotionale Erfahrung« und »Einsicht« auf eine vierte Dimension hin, die der Psychotherapie eigen ist. An diesem Punkt möchte ich vorschlagen, diese Dimension als *eine Fähigkeit, subjektive Erfahrung zu sammeln* zu beschreiben, zugunsten von dem, was Martin Buber *eine »Ich und du«-Begegnung* nennt, ein transzendentales Konzept, das das beinhaltet, was Stern und Kollegen vielleicht einen »now moment« nennen würden, aber über eine längere Zeitspanne. Diese Erfahrungen haben einen großen Anteil daran, eine Grundlage gegenseitigen Verständnisses zwischen Fachleuten in einem multikulturellen Umfeld zu schaffen. Ich werde hier drei Aspekte aufführen, die viel dazu beitragen, Brücken zu bauen und ein Gefühl der Zusammenarbeit in Gesellschaften, die sowohl kulturell als auch politisch geteilt sind, zu schaffen, und die sogar zu einem kleinen Teil zu dem »harmonischen Konzert« beitragen könnten, das sich in einem therapeutischen Umfeld formt.

Das Safed-Kolleg

Das Safed-Kolleg liegt in der Region Obergaliläa in Israel, in der Stadt Safed. Safed kann auf eine lange Geschichte (über 2.000 Jahre) als Bezirkshauptstadt und Kreuzfahrerfestung zurückblicken und war Sitz der türkischen Regierung, als die Gegend des heutigen Israel Teil des Ottomanischen Reichs war. Die Stadt, die 900 Meter über dem Meeresspiegel liegt und die Hügel Galiläas überblickt, besitzt eine bezaubernde und mystische Aura und war im 17. Jahrhundert ein Mittelpunkt der jüdischen lurianischen kabbalistischen Bewegung, ein Aspekt, der die Stadt bis heute kennzeichnet. Bis 1948 hatte Safed eine gemischt jüdisch-arabische Bevölkerung, die gezwungenermaßen und unter unglücklichen Umständen zusammenlebte. Als der Staat Israel gegründet wurde, wurde Safed zu einer gänzlich jüdischen Stadt, mit einer gemischten Bevölkerung aus sowohl säkularen als auch orthodox-religiösen Juden. Religiöse Ansiedlungen haben großen Einfluss in Safed gehabt. Die jüdisch-chassidisch-kabbalistische Vergangenheit macht sich durch die verschiedenen Kleidungsstile einiger Einwohner bemerkbar. Die Region Galiläa zeichnet sich durch eine multikulturelle und multinationale Bevölkerung aus, die sich aus Juden, Muslimen, Drusen und Christen jeder religiösen und politischen Fraktion zusammensetzt. Das Safed-Kolleg wird von etwa 1.000 Studenten, von denen rund die Hälfte nicht-jüdisch ist, besucht. Es ist eine Zweiginstitution der religiösen Universität von Bar-Ilan, der zweitgrößten Universität in Israel. Der tägliche Kontakt in der universitären Umgebung zwischen Studenten der verschiedenen religiösen Fraktionen geht selten über die Grenzen dessen hinaus, was allgemeine akademische Professionalität gebietet. Seit dem Beginn der zweiten palästinensischen Intifada im September 2001 hat sich der Graben nur noch geweitet. Nach einem Terroranschlag in einem Ort in der Nähe hat eine einflussreiche jüdische Minderheitengruppe gefordert, dass Arabern der Zutritt zu Safed untersagt werden sollte. Gleichzeitig hat die arabische Bevölkerung Galiläas sich nach Alternativen zu jüdischen akademischen Einrichtungen umzusehen begonnen.

Der dreijährige Kurs in Psychotherapie am Safed-Kolleg

Im Jahr 2000 wurde der dreijährige Kurs in Psychotherapie am Safed-Kolleg von einer Gruppe von Leuten, die am psychotherapeutischen Zentrum des staatlichen Rebecca-Sief-Krankenhauses in Safed tätig waren, initiiert und noch im gleichen Jahr vonseiten des Kollegs akademisch anerkannt. Die Mehrzahl der Dozenten sind erfahrene Fachleute im Gesundheitsbereich (Psychologen, Psychiater, Sozialarbeiter etc.) und praktizieren dynamische Psychotherapie intensiv sowohl am psychotherapeutischen Zentrum als auch andernorts. Ihr Ziel ist es, Kollegen und Kolleginnen, die in anderen Bereichen des Gesundheitssektors arbeiten, mit den Prinzipien und Arbeitstechniken der dynamischen Psychotherapie vertraut zu machen. Zu jedem Kurs werden 14 Studenten zugelassen, die eine Qualifikation in Höhe eines Bachelor- oder Masterabschlusses in einem Fach haben müssen, das mit psychischer Gesundheitsfürsorge in Verbindung steht, und ebenso Erfahrung in klinischer Arbeit unter Anleitung an einem anerkannten Fachinstitut vorweisen können. Während des dreijährigen Programms nehmen alle Studenten an vier wöchentlich stattfindenden Kursen und an einer therapeutischen Supervisionsgruppe teil. Sie werden angeleitet, Klienten des Psychotherapiezentrums zu behandeln (Kinder, Jugendliche und Erwachsene, ambulant oder stationär), und ihre Arbeit wird von den erfahrenen Mitarbeitern supervidiert. Das Psychotherapiezentrum bietet für eine regionale Bevölkerung von etwa 250.000 Menschen therapeutische Dienste an. Potenzielle Klienten sind Juden, Christen, Muslime und Drusen, die in der Region Galiläa leben.

An dem Dreijahreskurs nehmen auch Postgraduierte der Psychotherapie aller Sekten und Religionen teil. Wir sind der Überzeugung, dass das Studium der Psychotherapie in ethnisch gemischten Gruppen, das auf »transkulturellen« psychotherapeutischen Aktivitäten aufbaut, an Orten, an denen es unterschiedliche ethnische, nationalistische und politische Meinungen zuhauf gibt, eine tragfähige Brücke des gegenseitigen Verstehens spannen kann. Um diese These über die banale Wahrheit, die in ihr steckt, hinaus weiter zu präsentieren, würde ich gerne drei Behauptungen aufstellen, die in den folgenden drei Beispielen validiert werden sollen.

Überbrückende Elemente – Beispiele

(1) Empathie ist dann am Besten, wenn eine Gegenseitigkeit gegeben ist

Empathie findet in einer interaktiven Matrix zwischen dem Therapeuten und dem Klienten statt. Ich bin der Überzeugung, dass der Therapeut nur dann Empathie für seinen Klienten empfinden kann, wenn er oder sie[1] sich sehr klar über seinen gegenwärtigen subjektiven Standpunkt ist, der von dem seines Klienten völlig getrennt ist. Diese Art der Trennung bringt die Gedanken des Therapeuten klarer hervor, was die Möglichkeit verhindert, dass seine Gefühle sich mit denen des Klienten vermischen. Diese klare »Hervorbringung« ist eine Bedingung für jede Situation, die Zuhören, Kontemplation und analytische Untersuchung beinhaltet. Nur wenn der Therapeut in der Lage ist, die Elemente seines wahren Selbst für sich selbst offenzulegen, kann er in den Dialog mit dem inneren Selbst des Patienten eintreten.

Beispiel: Ein 35-jähriger muslimischer Mann kommt auf die psychiatrische Abteilung nach seinem ersten psychotischen Ausbruch mit paranoiden und aufwühlenden Halluzinationen, deren Inhalt aus einem handgreiflichen Kampf mit einem Juden bestand, der sein Land pflügen wollte. Er weigert sich, an einer Gruppentherapie teilzunehmen, die von einer muslimischen Therapeutin geleitet wurde, mit der Erklärung dass sie »mit den Juden kollaboriert«.

In einer Supervisionssitzung mit ihrem jüdischen Supervisor lässt sie über diese Beleidigung Dampf ab, weil sie sie für »ungerechtfertigt« hält. Der Supervisor empfiehlt ihr Geduld und Zurückhaltung, was der Therapeutin zu diesem Zeitpunkt natürlich überhaupt nicht weiterhilft.

Zwei Monate später reist die Therapeutin nach Jordanien, um ihre Familie zu besuchen. Sie kehrt mit gemischten Gefühlen zurück: Auf der einen Seite ist sie nach der Wiedervereinigung mit der Familie (es war ihr erstmaliges Wiedersehen mit einem Teil der Familie, der früher in Galiläa gelebt hat) froh, auf der anderen Seite aber ist sie aufgrund der Tatsache, dass sie in Jordanien als »Kollaborateurin« angesehen wurde, die in einer israelischen Therapieinstitution arbeitet, verunsichert. In einer weiteren Supervisionssitzung spricht sie von den Parallelen zwischen der Reaktion ihrer Familie in Jordanien und der des psychotischen Klienten zwei Monate zuvor. Die Klarheit, mit der sie

---

[1] Für den Rest des Aufsatzes gilt, dass wann immer die maskuline Form in generischen Kontexten genutzt wird, ebenso die feminine mit eingeschlossen und gemeint ist.

für sich selbst zu dem Einsehen kommt, dass sie auf keinen Fall eine »Kollaborateurin« ist, lässt sie den familiären Aspekt in der ethnischen Verwandtschaft zwischen ihrer Familie in Jordanien und dem psychotischen Klienten erkennen, den sie als einen »verlorenen Bruder« ansieht. Unverzüglich verschwindet das Gefühl beleidigt worden zu sein, und wird durch einen Keim des Verstehens psychotischer Inhalte ersetzt, gefolgt von einem Verständnis für den persönlichen Kummer ihres Klienten. Es gelingt ihr, indirekt Verhaltensparameter zu benutzen, die ihm klar machen, dass sie daran interessiert ist, ihm professionell näher zu kommen. Kurze Zeit später sagt ihr der Klient: »Ich verstehe, dass Sie sich wie ein *Partner* der Juden benehmen müssen, mit denen Sie arbeiten. Sonst hätten Sie keine Chance, beruflich weiterzukommen.«

(2) Transzendentale Elemente, die zur Partnerschaft führen

Manchmal können sich gegenseitige Bande formen, die auf kulturellen Elementen basieren, die trotz alltäglicher Differenzen auch partnerschaftliche Bestandteile haben. Solche Elemente können in der Verbundenheit gefunden werden, die sich aus einem gemeinsamen Glauben an Gott entwickelt, und der Bereitschaft, religiöse Gebote einzuhalten, während man gleichzeitig fähig ist, Übergänge von einer Kultur in die andere zu verstehen.

Beispiel: Ein elfjähriges drusisches Mädchen wird nach einem verzweifelten Suizidversuch ins Krankenhaus eingeliefert. Ihre Mutter ist alleinerziehend (eine Seltenheit unter den Drusen) und wurde vom religiösen Establishment in ihrer Heimatgemeinde teilweise verstoßen, weshalb sie in eine Stadt umziehen musste, die mehrheitlich von Juden bewohnt wird. Die Therapeutin ist klinische Psychologin und streng religiöse Muslimin. Der Supervisor in den Therapiesitzungen ist ein religiöser Jude aus Westeuropa, der in der westlichen wie auch in der traditionellen jüdischen Kultur zu Hause ist. Sowohl die Therapeutin als auch der Supervisor sind sozusagen »Menschen mit mehr als einer Kultur«.

Die Therapeutin und der Supervisor sind beide aus ideologischen Gründen gegen Suizidversuche. Ihrem religiösen Bewusstsein nach sollte jemand, der einen Suizid versucht, exkommuniziert werden. Während der Supervisionssitzungen kommen eine Reihe von Fragen auf. Immerhin wurde die Mutter exkommuniziert und nicht die Tochter. Während der Supervision, die zum großen Grade von einer allmählichen religiösen Bindung zwischen den beiden Fachleuten begleitet ist, kommt das Thema des »Außenseiters« oder »Fremden« in der Gesellschaft auf. Darauf folgt eine Diskussion über das Gefühl der »Fremdheit« oder »Andersartigkeit«, das zum einen die Therapeutin in ihrem jüdischen Arbeitsumfeld hat, und zum anderen der Supervisor in seiner europäischen Welt (vor seiner Immigration nach Israel) hatte. Die Besprechung von Themen, die nicht als solche mit der Therapie in Bezug stehen, und sicherlich Elemente von beidseitiger Gegenübertragung in Verbindung mit dem Klienten beinhaltet, führt allmählich zu einem tieferen Verständnis zwischen Therapeutin und Supervisor. Der Arbeitspakt, den die beiden gemeinsam schaffen, führt schließlich dazu, dass die Mutter des Mädchens sich zu einer Therapie für sich selbst mit angeschlossener Erziehungsberatung entschließt. Gleichzeitig gelingt der gemeinsam unternommene Versuch von Therapeutin und Supervisor, die Mutter in ihrer eigenen früheren Gemeinde zu reetablieren.

(3) Sprache als ein entfremdender Faktor und Entfremdung als Basis für gemeinsame gegenseitige Sozialisierung

Es ist typisch für akademische Institutionen in einem mehrsprachigen Umfeld, dass das Studium in einer dominanten Sprache stattfindet. Das Studium am Safed-Kolleg erfolgt auf Hebräisch. Untereinander sprechen die arabischen Studenten Arabisch. Aus verschiedenen Gründen fällt es vielen arabischen Studenten nicht leicht, Studientexte auf Englisch zu lesen. Der Psychotherapiekurs beinhaltet auch »Lesesitzungen unter Anleitung« für arabische und jüdische Studenten, die dabei Hilfe benötigen. Uns fiel dabei auf, dass der Gebrauch einer Sprache, die für beide Gruppen nicht die Muttersprache ist, während dieser Lesekurse zu einer angenehmen Atmosphäre führte, die wir von den normalen Vorlesungen her nicht unbedingt gewohnt waren. Wir haben uns gefragt, ob der Gebrauch einer Fremdsprache gegenseitiges Misstrauen reduziere, und den Sozialisationsprozess, der sich beim gemeinsamen Studium entwickelt, voranbringe.

Beispiel: Kurz nach der zweiten Intifada sprengte sich ein Selbstmordattentäter in einem Bus auf dem Weg nach Safed in die Luft. Die Umstände ließen offizielle Stellen glauben, dass zwei arabische Studenten des Kollegs im Voraus davon gewusst, und nichts getan hatten, um den terroristischen Anschlag zu verhindern. Jüdische Bürger, die am Kolleg Einfluss besaßen, verlangten, dass arabischen Studenten der Zugang zur Stadt verwehrt werden solle, um weitere Anschläge zu verhindern. Einer der arabischen Studenten des Psychotherapiekurses hörte daraufhin aus Angst um seine Sicherheit auf, an den Kursen teilzunehmen. Der Student war ein klinischer Psychologe, der in Deutschland seinen Abschluss gemacht hatte. Er willigte auf meine Bitte hin ein, mit mir in meinem Auto nach Safed zu kommen, unter der Bedingung, dass ich ihn von zu Hause, etwa 20 Kilometer vom Kolleg entfernt, abholen kommen würde. Ich gehe davon aus, dass die Tatsache, dass ich fließend Deutsch spreche, dabei half, eine besondere Verbindung zwischen uns herzustellen. Vielleicht war es auch ein entscheidender Faktor, dass wir gemeinsam Fachliteratur auf Deutsch rezensierten. Während der Fahrt und später auch während der Pausen zwischen den Stunden sprachen wir miteinander – auf Deutsch, was er sehr gut konnte. Uns fiel es dabei nicht auf, und hätten die anderen Studenten es nicht kommentiert, hätten wir es wohl nie so wahrgenommen, dass wir »in einer Sprache, die hier niemand versteht« sprachen. Sobald das erwähnt wurde, wurde uns klar, dass wir eine »*intime Distanz*« kreiert hatten, die eine gemeinsame Diskussion ermöglichte, indem wir eine Sprache sprachen, die an diesem Ort, aber in gewissen Sinne auch für uns selber, »fremd« war. Unsere Nähe wurde anscheinend ermöglicht durch einen *trennenden und gleichzeitig verbindenden Aspekt*. Das erinnerte mich daran, was mir 1985 ein Freund aus Ostdeutschland gesagt hatte, als die Berliner Mauer die Stadt noch in zwei Hälften teilte: »Die Mauer die uns trennt, ist allen Bürgern Deutschlands gemein, ob Ost oder West.«

Schlussbetrachtungen

Die Geschichte Obergaliläas ist durchsetzt mit Auseinandersetzungen – nationalen, ethnischen, religiösen und kulturellen –, die im letzten Jahrhundert an Bitterkeit und in ihrem Ausmaß noch eskaliert sind. Nichtsdestotrotz lassen sich Tendenzen zur Kooperation zwischen den verschiedenen Bevölkerungsgruppen der Gegend im Bereich der Erziehung, Wissenschaft und Gesundheit feststellen. Begegnungen zum gegenseitigen Lernen und regelmäßige Arbeitstreffen im Gesundheitsbereich fördern den Dialog und gegenseitiges Verständnis, selbst in Zeiten politischer Spannung und auch in Kriegszeiten (bspw. im Libanonkrieg, Juli bis August 2006). Aufbauend auf der klinischen Erfahrung der Mitarbeiter an der Psychotherapieklinik in Safed, Obergaliläa, Israel, ist seit 2001 und unter der Mithilfe von jüdischem, muslimischem, drusischem und christlichem Personal ein Modell für Unterricht in dynamischer Psychotherapie aufgebaut worden, dessen Ziel sein soll, gemeinsame Merkmale zu fördern, die existierende Kluften effektiv überbrücken können, und einen allgemeinen Rahmen der fachlichen Gegenseitigkeit aufrechtzuerhalten. Ich habe hier einige Punkte dargestellt, die diese gemeinsamen Merkmale zur Grundlage haben: Gegenseitige Empathie, Zusammenarbeit bei den transzendentalen Aspekten der therapeutischen Arbeit und/oder Supervision und die Bedeutsamkeit von Sprache. Dabei sind die Dialektik der Entfremdung auf der einen Seite und Gemeinsamkeiten auf der anderen, die beide innerhalb des therapeutischen Dialogs auftreten, in Betracht gezogen worden.

Übersetzung: Timo Buchholz

Literatur

Buber, M. (1995 [1919]): Ich und Du. Stuttgart, Reclam.
Statistical Abstract of Israel (2007): No.58.: Central Bureau of statistics. Jerusalem.
Stern, D. N.; Sander, L. W.; Nahum, J. P.; Harrison, A. M.; Lyons-Ruth, K.; Morgan, A. C.; Bruschweiler-Stern, N. & Tronick, E. Z. (1998): Non-Interpretive Mechanisms in Psychoanalytic Therapy. The »Something more« than Interpretation. Int J Psycho-Anal 79, 903.
Zefat Academic College (2007): General Information Booklet. Zefat-Safed: The Bureau for International Affairs.

III
Erweiterung der Begrenzung der psychoanalytischen Behandlung

9 Nachdenken über Borderline-Pathologien

Der perverse Kern und seine Rolle
am Schnittpunkt zwischen Selbstrepräsentation und Konfusion

Luisa Perrone und Maurizio Russo

Einleitung

In den letzten Jahren befasst sich unsere klinische Betrachtung immer häufiger mit sehr schweren Pathologien, bei denen Borderline- oder eindeutig psychotische Strukturen mit perversen und/oder sexuell orientierten Haltungen und Verhaltensweisen einhergehen, die auch den Gebrauch des Körpers mit einschließen. Die dabei entstehenden überwältigenden psychischen Schmerzen sind dann der Grund, weshalb um therapeutische Hilfe ersucht wird: Diese Patienten scheinen das Risiko eines Zusammenbruchs zu spüren, das kaum versteckt hinter einer perversen Struktur verborgen liegt.

Bei manchen Fällen passiert es, dass der Psychoanalytiker bzw. die Psychoanalytikerin sich fragt, zu welchem Grad sich hinter einigen sehr schmerzhaften Fallgeschichten ein perverser Kern verbirgt und warum bestimmte Dinge auf sehr riskante Weise ausgelebt werden (z. B. Coates/Wolfe 1995; Horne 1999; Jimenez 2004; Jureidini 2004; Kahr 1999; Parsons 2000; Richards 2003). Diese Beobachtungen haben dazu geführt, dass wir tiefer in die Erforschung der dynamischen Bedeutung der Perversionen und der Rolle des perversen Kerns in der gesamten psychischen Struktur vorgedrungen sind.

Das Konzept der Perversion hat einige Wandlungen durchlaufen, seit Freud erstmalig Licht auf ihre Dynamik geworfen hat, indem er sie als Negativ der Neurose auffasste.

Es wurde von Freud gebraucht, um auf die Existenz von kindlichen libidinösen Trieben hinzuweisen, die mit einem primären perversen Kern vermischt sind, der wiederum mit der psycho-sexuellen Entwicklung in enger Verbindung steht. Nach Freud haben perverse Fantasien und Verhaltensweisen mit partiellen und unverdrängten sexuellen Trieben zu tun und sind darin Ausdruck von Verkörperungen der polymorphen kindlichen Sexualität, die als Folge von Regressions- und/oder Fixierungsmechanismen in der sexuellen Organisation des Erwachsenen fortleben.

In den *Drei Abhandlungen zur Sexualtheorie* (1905) hat Freud die Perversion im Wesentlichen als ein Überbleibsel von prägenitalen Merkmalen und Trieben angesehen, die weder sublimiert noch in neurotische Symptome umgewandelt wurden. In *Ein Kind wird geschlagen* (1919) schreibt Freud später über die Fantasie des Geschlagenwerdens, dass sie eine defensive Rolle ausübe, und fragt sich, ob das wohl auch auf Perversionen zuträfe. Wogegen aber wäre sie Verteidigung oder Schutz? Laut Freud ist die Perversion eine Verteidigung gegen das Trauma der Verführung durch die Umgebung, mit besonderem Augenmerk auf der Bedrohung durch Kastration, die von ödipalen Wünschen angeregt wird.

In *Fetischismus* (1927) beschreibt Freud eine psychische Struktur, die auf einem Zurückziehen und anschließender Aufspaltung des Ichs beruht, eine Aufspaltung in einen Teil, der psychotisch ist, und einen anderen, der im Kontakt mit der Realität relativ gut funktioniert.

Freud kehrte 1937 zu dem Problem der psycho-sexuellen Differenzierung zurück und äußerte die Idee, dass psychische Bisexualität eine fundamentale Rolle bei Identifizierungen spiele, insbesondere bei solchen, die im Zusammenhang mit dem ödipalen Konflikt stehen. In diesem Sinne wird das Ausleben von Bi- oder Homosexualität als eine starke Verteidigung gegen die Anzeichen der psychosexuellen Differenzierung gesehen, die Teil der sexuell-genitalen Beziehung ist. Diese Verteidigung impliziert prägenitale Fantasien von Bedrohungsempfindungen, die aus einer archaischen Repräsentation der Urszene herrühren, also eine Vagina, die penetriert werden soll, oder ein triebhafter Penis, der sie penetriert.

Seitdem haben weitere Entwicklungen die Frage dahingehend verlagert, gegen was sich durch eine Perversion verteidigt wird.

Chasseguet-Smirgel (1985) weist auf die Rolle hin, die starke Kastrationsdrohungen spielen, und darauf, wie bedeutsam es ist, ein Objekt zu haben, das in der Umwelt eine containende Rolle einnehmen kann. Wenn das nicht der Fall ist, können Vernichtungsfantasien und unerträgliche psychische Schmerzen im Zusammenhang mit der Trennung und Differenzierung vom Körper der Mutter zu einer Verweigerung gegenüber dem biologischen Pfad in Richtung einer drohenden genitalen Beziehung führen, und es findet eine Regression zu einer analen, sexuell undifferenzierten Welt statt. Alle Lücken und Unterschiede zwischen den Generationen werden auf diese Weise in einer Fantasie geleugnet, die das Kind und seine Mutter wie in einem Behälter enthält, und deren Ziel die Rückkehr zum ursprünglichen, verschmolzenen Zustand und somit eine Ablehnung der Realität ist. Dem Konflikt, der herrührt aus der Koexistenz der libidinösen und epistemophilen Triebe einerseits, die sich auf das »Innere« der Mutter richten, und den Bedrohungen andererseits, die von den rätselhaften und geheimnisvollen Eigenschaften ihres Körpers in der Urszene ausgehen, geben Meltzer und Williams (1988) den Namen »aesthetic conflict«. Die Unfähigkeit des mütterlichen Objektes, einen Raum zu bieten, in den das unerträgliche Übermaß an Bedrohungen des Babys evakuiert und transformiert werden kann, lässt als Resultat einen mehr oder weniger verborgenen, jedenfalls aber permanenten *Kern der Verzweiflung* (»core of despair«, Begoin 1999) entstehen, der für starke perverse projektive Identifizierungen und jegliche Art von gewaltsamer Objektkontrolle verantwortlich ist. Anstatt dass das Kind das Gefühl bekommt, vom elterlichen Geist contained zu sein, wird das Kind selbst zum Behältnis, oder besser gesagt, zum Ort, an den elterliche Inhalte evakuiert werden. Das führt zu einer ständigen Verwechslung zwischen libidinösen und zerstörerischen Trieben.

Beim Prozess der Selbstintegration im Zusammenhang mit narzisstischen Bereichen der Mutter-Kind-Beziehung ist es nach Masud Khan (1983) möglich, dass eine depressive oder verführerische Mutter dazu führen kann, dass das Kind beim Versuch, ein idealisiertes triebhaftes Selbstpotenzial zu verstärken, eine Übererregung der Oberfläche seines Körpers und seiner Öffnungen bewirkt. Erregte Aggressivität und Destruktivität sind daher permanent damit verknüpft, von Fantasmen einer schrecklichen, verwirrten Urszene verfolgt zu werden. Viele Autoren bestehen darauf, die Genese des perversen Kerns in einer ersten Phase der psychischen Entwicklung zu verorten, in dem das Kind sich nicht als separat vom mütterlichen Körper empfinden darf (z. B. Green 1983; Greenson 1978; Pontalis 1977). Auf diese Weise lassen die Verteidigungsmechanismen dieser frühen Phase gegen eine Aufspaltung eine perverse Struktur entstehen mit dem Ziel, psychotische Verwirrung zu bewältigen.

Nach Lucio Russo:

> »One is not male or female because he or she owns a penis or a vagina (biological sex). Sexual acknowledgement rather implies symbolic identification processes in which he or she meets the other's desire and his acknowledgement functions, and therefore it is not the result of an objective recognition« (Russo/Vigneri 1999, S. 28).

Die intensive narzisstische Besetzung einer Mutter mit unbewussten Identitätskonflikten greift auf aggressive Weise die Genderpotenziale in ihrem Kind an, das sich davon nicht selbst lösen kann und daher unfähig ist, seine eigene Identität zu bestätigen, indem es seine Geschlechtsteile als seine eigenen erkennt. Indem es sich auf magische Weise selbst als den verweiblichten Phallus seiner Mutter erfährt, zeigt es im Gegenteil oft seine Ungetrenntheit vom mütterlichen Körper (Perrone/Immirzi 2003).

Laut McDougall kann die Perversion »the only system of sexual survival« sein, das »a person has been able to set up in order to at least save something of a sense of personal and sexual identity« (2000). McDougall betont auch, dass der perverse Kern nicht der Ausdruck eines psychotischen Wunsches ist, sondern eher des Verlangens, den Wünschen der Mutter (und häufig auch des Vaters) zu entsprechen. Diese Art der Bewältigung ist prinzipiell Ausdruck des tiefen Wunsches, in den Augen der Mutter als ein sexuelles Wesen zu existieren, »a question of psychic survival!« Es gibt in dieser Hinsicht oft eine Fantasie, die illusorische verlorene Verschmelzung mit der Mutter versuchsweise zu reparieren, was einer archaischen Sexualität Auftrieb verleiht, in der Gefühle der Liebe mit solchen des Hasses verwickelt sind.

In einem weiteren Zitat von McDougall heißt es:

> »In short, in order to attain a satisfactory sexual and love life, many individuals, in attempting to conform not only to the biparental unconscious wishes, as well as integrating frightening archaic, pregenital and bisexual fantasies, find themselves obliged to invent the means which will allow anguished feelings of castration, annihilation, confused sexual identity, emptiness and internal deadness to be transformed through erotic creations and so death feelings will press for a ›deviant‹ primal scene.«

Der Fall, den wir vorstellen, wirft ein Licht auf die Kontiguität zwischen perversen Symptomen und Borderline-Pathologien und stellt eine Beziehung her zwischen destruktiven, sadistischen und sexuellen Fantasien und den Qualen, die damit verbunden sind, von Fantasien über die Urszene verfolgt zu werden. Wir sind der Meinung, dass Patienten genau dann psychoanalytische Hilfe aufsuchen, wenn ihre perversen Konstruktionen nicht länger als effektive Verteidigungsbarrieren gegen Vernichtung und Verwirrung zu funktionieren scheinen.

Die Geschichte von Gregor

Wir haben den Namen Gregor für den Patienten aufgrund seiner Ähnlichkeit mit Gregor Samsa in Kafkas *Verwandlung* ausgewählt. Gregor ist ein

47 Jahre alter Mann von riesigem Wuchs, gefangen in einem Körper, der ihn kaum halten zu können scheint, der ihn in eine unbequeme Haltung und zu unbeholfenen Bewegungen zwingt, und zu einer paradoxen Schutzsuche hinter Gefühlen fürchterlichen Kleinseins und Schwäche.

Wie Kafkas Gregor Samsa und das ungeheure Ungeziefer, in das er sich verwandelt hat, ist er einem Körper völlig ausgeliefert, der ihm keinen Ausweg lässt, sodass alles konkret und handfest werden muss. Auch sein Geist wird von der Greifbarkeit der physischen Objekte gefangengehalten, von Logik und von Genetik. Sein passives und träges, fast hypnotisches Verhaftetsein an den eigenen Körper macht alles greifbar, logisch und vorhersagbar. Unser Gregor hat sich aber nicht plötzlich verwandelt. Er ist so groß geworden.

Seine Mutter war eine winzige, aber Achtung gebietende Frau aus einer ländlichen italienischen Gegend, deren sozialer Kontext sich durch eine archaische matriarchalische Organisation kennzeichnet. Sein Vater, der ebenso aus einem rückwärtsgewandten, bäuerlichen Milieu stammte, war Polizist und zog nach der Hochzeit mit der Familie in die Stadt. Geheiratet wurde, weil die Braut mit Gregors älterem Bruder schwanger war. Nach der Rückkehr von der Hochzeitsfeier zerriss die Braut vor den Augen ihres verdutzten Ehemannes einen Scheck in beträchtlicher Höhe, den sie von ihren Eltern als Mitgift erhalten hatte. Dabei erklärte sie ihm, sie würde ihn niemals das Geld ihrer Familie anrühren lassen, als Strafe für das schwere Verbrechen, sie geschwängert zu haben.

Diese Szene, die während der Therapie wie besessen wiederholt wurde, zeigt Gregors Verfolgungsängste im Zusammenhang mit der Urszene und den Kastrationsdrohungen, die von einer rachsüchtigen Mutter ausgehen, die den Penis des Vaters zerreißt. Das Familienleben war von gewalttätigen Streits und Hass gekennzeichnet. Es gab keine Zuneigung, keine liebevollen Gesten, und die Kinder selbst schienen aus einer eruptiven Gewalt heraus geboren zu sein, einer Lava, die Körper versteinern lässt.

Der Vater wird beschrieben als ein linkischer, fettleibiger Mann, der aufgrund seiner Fettleibigkeit zur Büroarbeit gezwungen ist. Er stand völlig unter der Fuchtel seiner winzigen Frau, die seine Existenz vergiftete und gegen die er sich nur mit seiner Passivität wehren konnte.

Diese Passivität übernahm Gregor für sich selbst. Er war still, wurde oft von Schulkameraden gehänselt und identifizierte sich oft mit schwächlichen und hilflosen Außenseiterkindern.

Als Gregor zur Adoleszenz heranwuchs, schien sein Vater sich ausschließlich mit seiner sexuellen Entwicklung zu beschäftigen und kontrollierte den

Wuchs von Gregors Hoden durch tägliche Inspektion. Als ein Endokrinologe eine Hormontherapie vorschlug, weil er einen Hypogonadismus vermutete, lehnte das die Mutter drastisch ab, mit der Behauptung, dass es gefährlich sei. In Gregors Fantasie wurde die Kastration somit komplett und real. Sein gigantischer Körper scheint paradoxer Ausdruck einer nur scheinbaren Manneskraft zu sein, eine Veränderung der Realität, die ihn verfolgt, ausgelöst von seinen Qualen bezüglich seiner Nichtigkeit und Passivität im Angesicht einer winzigen Mutter, die aber mit einem gewaltigen Penis ausgestattet ist.

Seine Qualen lassen sich nur durch konkrete, physische Wahrnehmungen fühlbar machen. Gregors freiwillige Vasektomie – die er als offensichtliche Konsequenz auf eine Sicht der Welt als einen kalten, lieblosen Ort bezeichnet – hat die Bedeutung einer tatsächlichen Abtrennung von jeglicher möglichen Identifikation mit einem zeugenden Imago. Jegliche emotionale Hingabe bleibt ihm aufgrund seiner Abscheulichkeit unbekannt und unberührt. Nur Handlungen und greifbare Gesten können als Stützen für diesen Körper funktionieren: Zigaretten, harte Arbeit, Aktivitäten, die die innere Leere füllen. Seine Kleidung stützt seinen Körper und nicht umgekehrt. Er scheint viele soziale Kontakte zu haben, kennt eine Menge Leute, hat Geschlechtsverkehr mit vielen Frauen (ermöglicht durch Viagra), die im Allgemeinen sehr viel älter als er selber sind, aber er hat in Wahrheit keine echten Beziehungen.

Gregor liest viel, ist mächtig gebildet, aber sobald ein Konzept sich an der Schwelle dazu befindet, die Bedeutung einer symbolischen Repräsentation anzunehmen, wird es zu bloßer Greifbarkeit zurückgestoßen, nur um die Greifbarkeit von allem zu bestätigen. Seine ganze Welt konzentriert sich auf ein einziges Bild, das eines kleinen Penisses an einem riesigen Körper. Das ist die fixe Idee, die sich jedes andere Bild unterordnet. Wenn diese Fantasie hochkommt, bringt sie physische eruptive Symptome mit sich, sagt Gregor, brutalen Husten und Übelkeit, eine Art Explosion des Körpers.

Er begann homosexuelle Fantasien zu entwickeln, die sich für ihn durch ein Videohandy greifbar machen ließen, das genutzt wurde, um auf Pornofotos gewaltige Penisse darzustellen, die ihn penetrierten. Dadurch verstärkte sich seine Passivität. Diese Fantasien vermischten sich mit fetischistischen Trieben, die Füße sadistischer Frauen anzubeten – Venusse im Pelz, erregend und bedrohlich. Auf diese Weise transferierte er den Großteil seiner Aggressivität, die aus seiner tiefen Verzweiflung aus Mangel an jeglicher physischer Repräsentation des Objektes herrührt, auf seinen masochistischen Teil. Das schreckliche Hingezogensein zu diesen perversen Imagines und die Möglichkeit, sie auszuleben, ließen Gregor die Behandlung aufsuchen.

Möglicherweise beinhalten diese Fantasien eine schwach wahrnehmbare Suche nach Kontakt, Fantasien, die nach Gregors eigenen Worten »aus Sensorialität gemacht sind, Zellen in ontogenetischer Entwicklung, die, dem phylogenetischen Pfad folgend, in Kontakt mit anderen Zellen kommen, durch Desmosome oder Synapsen«.

In der analytischen Beziehung benutzt Gregor seine Intelligenz – stets durch Körpersprache – nicht, um zu einem symbolischen Denken zu gelangen, sondern im Gegenteil im Dienst seines Gehirns, das er als bloßen Teil seines Körpers empfindet. Er scheint willens zu sein, zu beweisen, dass selbst analytische Ergebnisse mathematisch korrekt sind, aber nicht auf einer metaphorischen oder psychischen, sondern auf einer physischen und greifbaren Ebene. Die Suche nach »Wahrheit«, die nach Gregors Empfinden das eigentliche Ziel jeder Analyse darstellt, stellt auf der einen Seite einen unbewussten Wunsch dar, aus seinem eigenen Chaos heraus zu gelangen, und kennzeichnet auf der anderen Seite die Grenze – greifbar und somit weniger furchterregend –, innerhalb derer es möglich ist, die Beziehung mit dem Anderen aufzubauen und zu kontrollieren.

Das folgende Fragment kann vielleicht dazu dienen, den inneren Kampf des Patienten zu illustrieren, sein inneres Vakuum und seine verzweifelte Einsamkeit in Schach zu halten. Dabei leugnet er zunächst jegliche menschliche Präsenz. Es zeigt sich darin außerdem der Beginn eines Bewusst-Seins der Verbindungen zwischen diesem Mangel und der Psychose.

Er beginnt über den kleinen Sohn eines Freundes zu sprechen, ein psychotischer Junge, der von seiner Mutter zu einem Spezialisten gebracht wird. Er äußert die Meinung, dass dieser Junge nicht genug Liebe und Aufmerksamkeit von seinen Eltern erhalten hat, wobei er einige Aggressivität gegenüber der Mutter zeigt, die nie an ihr Kind gedacht hat.

Nach einer Pause sagt er, scheinbar das Thema wechselnd, »Hoffen wir, dass *mein Büro* nie schließen muss«. Der Analytiker weist darauf hin, dass Gregor sich möglicherweise im Büro anerkannt und umsorgt fühlt, im Gegensatz zu den Geschehnissen zu Hause. »Absolut, ja!«, ruft Gregor, »zu Hause hat niemand an irgendjemanden gedacht, alle waren nur damit beschäftigt, sich nicht gegenseitig beieinander einzumischen. Nie hat jemand an mich gedacht, das ist sehr unschön«.

Einige Anmerkungen

Gregors Fall zeigt unserer Meinung nach, wie sehr die perverse Organisation eng mit den primären Unbeständigkeiten der Selbstkonstruktion und Genderidentität im Bezug zu Anderen verbunden ist.

In der inneren Welt dieses Patienten ist Verfolgung ein zentrales Thema. Es ist aber bekannt, dass eine psychodynamische Interpretation von Verfolgung auf die Fantasien um die Urszene verweist.

Die Urszene umfasst in ihrer archaischsten Repräsentation ein weites Spektrum an furchterregenden und zugleich faszinierenden Bildern, die aus einem Hintergrund kommen, der sich aus Sensorialität und sehr primitiven emotionalen Trieben zusammensetzt (Klein 1958). Es ist darauf hingewiesen worden, dass die Urszene nicht einfach als eine feste Repräsentation aufgefasst werden sollte, sondern eher als ein basaler Organisator der Beziehungen zwischen internen Objekten, die wiederum die ödipale Struktur formen (Gaddini 1989a). Wenn die Fantasien um die Urszene stark verfolgenden Charakter haben, wird jeglicher Prozess der Re-Konstruktion oder Umdeutung paralysiert und eingefroren, wie in einem Standbild der jeweils bedrohlichsten Bilder, sodass jegliche Transformation, die zur ödipalen Szene führen könnte, blockiert wird.

Tatsächlich gibt es eine enge Beziehung zwischen Verfolgung und Verwirrung. Verwirrung lässt das mütterliche Imago – wie in den frühesten Repräsentationen der Muttergottheit – enigmatisch und instabil werden, verführerisch und aggressiv, erregend und beängstigend, zu einem phallischen, grausamen und undurchdringlichen Wächter der inneren Welt des Kindes.

In Gregors Fall scheint seine gesamte psychische Struktur gegen jegliche Art von Objektbeziehung zu kämpfen. Es gibt keine Gefühle oder Repräsentationen. So wie wenn ein Zuschauer, der von den furchterregenden Szenen eines Films aufgewühlt ist, sich zwingt eine Position von außen einzunehmen, und sich versucht einzureden, dass es nur ein Film ist.

Aus der klinischen Erfahrung mit Kindern wissen wir, dass solch eine Selbstversicherung nur scheinbar funktioniert und keine Albträume verhindern kann. Gregors Aggressivität und Destruktivität unterjochen libidinöse Triebe auf sadistische Weise, indem sie sie in den Dienst des Narzissmus zwingen. Die Repräsentation eines guten Objektes fehlt völlig. Wie wir beispielsweise an dem klinischen Fragment gesehen haben, bezieht sich der Patient während der Behandlung häufig auf eine Leere, die wie ein weiter, blanker, asymbolischer Ort der Verzweiflung ist (vgl. Scoppola 2005). Wir schließen darauf, dass dieser bei ihm bereits in der perinatalen Phase seinen Ursprung nimmt, und sich allmählich während der ersten Monate seines Lebens und der Kindheit ausgedehnt hat. Aus seinen Worten lässt sich nie auch nur eine Spur davon herauslesen, jemals liebevoll gehandhabt oder genährt worden zu sein, da das für ihn völlig unvorstellbar ist (»Hoffen wir, dass mein Büro nie schließen muss.«). Im Gegenteil, der übermäßige Kontakt mit den Händen seines Vaters, eine perverse und invasive Art der Kontrolle über seine Entwicklung, hat nicht nur die Qualen dessen, was nicht passiert ist (leere Stellen des Selbst) erweitert, sondern auch seine Hoffnung auf das, was hätte passieren können, kastriert.

Gregors perverse Fantasien sind auf mehreren Ebenen funktional. Auf der einen Seite kommuniziert er durch diese Fantasien den Wunsch, echte Objekte zu berühren, die ihm das physische Gefühl von Kontakt wiedergeben können. Auf der anderen Seite drücken sie sein Aufgeben seinen sadistischen Teilen gegenüber aus, während sein gutes Selbst komplett bei einer passiven Repräsentation seiner Selbst verbleibt (vgl. Rosenfeld 1965). Dem Patienten scheint es unmöglich zu sein, der Faszination destruktiver Kraft zu widerstehen, und diese Unterwerfung scheint die heimliche Identifikation sowohl mit der sadistischen Mutter als auch mit dem geschlagenen Kind zu verstärken. Nur innerhalb dieser perversen Fantasie kann Gregor sich auf seinen festen Glauben verlassen, dass psychische Schmerzen völlig eliminiert werden können.

Durch die analytische Begegnung ist es möglich geworden, ein Behältnis zu schaffen, das sich um das Wachsen »ungeborener« Teile des Selbst kümmern kann, als eine besondere Erfahrung, die sich aus greifbarer Sensorialität, Gefühlen und Intuitionen zusammensetzt, geteilten Emotionen in einer Art Raum der primären Verschmelzung. In der Beziehung mit Gregor sind wörtliche Inhalte kaum von Bedeutung; bedeutsam sind hingegen der Tonfall, Körperbewegungen, und der abwechselnde Rhythmus zwischen Sprechen und Schweigen.

Während der Behandlung ist der Analytiker zu einer mütterlichen Übertragung gebracht worden, die aus primitiven, empathischen Arten des Zusammenseins besteht, bei denen häufig nur ein Zustand der Spannung oder Entspannung der Mutter gefühlt wird, eine tief fürsorgliche Haltung des Mutter-Analytikers für das, was dabei ist geboren zu werden, und wofür der Analytiker Worte finden wird, mithilfe eines symbolischen Übergangs durch seinen eigenen Körper.

Wir haben das Gefühl, dass diese geteilte körperliche Ebene einen protomentalen Raum repräsentiert, in dem sich anhand der Erfahrung einer positiven Verschmelzung das Konzept von Selbst und Andersartigkeit herausbilden kann. Die analytische Arbeit mit Gregor zeigt, dass die Erfahrung einer Beziehung bei dieser Sorte von Patienten, denen so viel vorenthalten wurde, dass sie weite leere Stellen im Selbst haben, nur vom Körper aus begonnen werden kann. Indem man dem Weg folgt, den die Natur während der Schwangerschaft aufzeigt, finden mentale Repräsentationen des Objektes ihren Ursprung in der

Körperwahrnehmung; bei Gregors Behandlung kann das, was im wirklichen Leben nicht geschehen konnte, möglicherweise in der geteilten Fantasie eines großen Bauches geschehen. Dieser Kontext muss zwangsläufig Phänomene der Inkorporierung und projektiven Identifikation vereinfachen, mithilfe von träumerischer Entrücktheit und der Erfahrung, liebevoll gehandhabt zu werden.

Auf diese Weise trägt der Patient dazu bei, den Geist des Analytikers zu erschaffen, wie das Kind im Bauche seiner Mutter, und der Analytiker öffnet sich wiederum, um einen inneren Raum zu schaffen – mental anstatt von physisch – mithilfe dessen er präverbale Inhalte und tiefe emotionale Ebenen mit dem Patienten halten, ihnen Gehör schenken und teilen kann.

Übersetzung: Timo Buchholz

Literatur

Begoin, J. (1999): Love and destructivity: the metabolism of mental pain in psychic life. Paper presented to 2nd Syros EFPP Workshop.
Chasseguet Smirgel, J. (1985): Creativity e perversion. London, Free Association Books.
Coates, S. W. & Wolfe, S. M. (1995): Gender identity disorder in boys: the interface of constitution and early experience. Psychoanal Inquiry 15, 6–38.
Didier, M. (1985): Le Moi – peau. Paris, Bordas.
Freud, S. (1905): Three essays on the theory of sexuality. O. S. F. 4.
Freud, S. (1919): A child is being beaten. O. S. F. 9.
Freud, S. (1927): Fetishism. O. S. F. 10
Freud, S. (1937): Analysis terminable and interminable. O. S. F.11.
Gaddini E. (1989a): Formazione del padre e scena primaria. In Scritti 1953–1985. Milano, Cortina, S. 326–350.
Gaddini, E. (1989b): Sull'imitazione. In Scritti 1953–1985. Milano, Cortina, S. 159–189.
Green, A. (1983): Narcissisme de vie. Narcissisme de mort. Paris, Les Edition de Minuit.
Greenson, R. (1978): Explorations in Psychoanalysis. New York, Int. Univ. Pr.
Horne, A. (1999): Thinking about gender in theory and practice with children and adolescents. J Br Ass Psychotherapy 37, 35–49.
Jimenez, J. P. (2004): A psychoanalytical phenomenology of perversion. Int J Psycho-Anal 85 (Pt 1), 65–81.
Jureidini, J. (2001): Perversion: erotic form of hatred or exciting avoidance of reality? J Amer Acad Psychoanal 29(2), 195–211.
Kafka, F. (1995 [1912]): Die Verwandlung. Stuttgart, Reclam.
Kahr, B. (1999): The history of sexuality: from ancient polymorphous perversity to modern genital love. J Psychohist 26(4), 764–78.
Khan, M. M. R. (1983): Alienation in perversion. London, Hogarth Press.
Klein, M. (1958): I primi stadi del complesso edipico. In Scritti 1921–1958. Torino, Boringhieri. S. 214–226.

McDougall, J. (2000): Sexual theory and psychoanalysis. EFPP Millennium Conference, Oxford.
Meltzer, D. & Williams, M.H. (1988): The aesthetic conflict: its place in the developmental process. In The Apprehension of Beauty: The Role of Aesthetic Conflict in Development, Art and Violence. Perthshire, Scotland, Clunie Press, S. 7–33.
Parsons, M. (2000): Sexuality and perversion a hundred years on: discovering what Freud discovered. Int J Psycho-Anal 81(Pt 1), 37–51.
Perrone, L. & Immirzi, M.C. (2003): Another Challenge for Psychoanalytic Psychotherapy in the Public Sector: Trans-Sexualism and the Paradox of Surgical »Solutions«. Panel Paper to the V »Three Section« Conference of the EFPP, Stockholm.
Pontalis, J.B. (1977): Entre le reve et la douleur. Paris, Gallimard.
Richards, A.K. (2003): A fresh look at perversion. J Amer Psychoanal Asso 51(4), 1199–1218.
Rosenfeld, H.A. (1965): Psychotic States. A Psychoanalytic Approach. London, Hogarth Press.
Russo, L. & Vigneri, M. (1999): Del genere sessuale. Roma, Borla.
Scoppola, L. (2005): L'esperienza di essere sé. Psicoanalisi, neuroscienze, affetti. Milano, Franco Angeli.

10 Aufgegebene Hoffnung

Folgerungen aus Übertragung und Gegenübertragung einer narzisstischen Fantasie

Georgia Chalkia

1. Einleitung

In diesem Artikel[1] werde ich die Entfaltung der Fantasie »aufgegebener Hoffnung« beschreiben, so wie sie im Kontext psychoanalytischer Psychotherapie eines Patienten mit deutlich narzisstischen Zügen deutlich wird. Im Zentrum dieser Fantasie steht der Begriff der Unerwünschtheit, den ich mit der Abwesenheit der väterlichen Vorstellung in Verbindung bringe. Die erschwerende Wirkung von Übertragung-Gegenübertragung wird mithilfe von Träumen und klinischem Material verdeutlicht.

2. Kurzer Literaturüberblick und Begriffsklärung

Das Thema Narzissmus hat eine umfangreiche wissenschaftliche Debatte angestoßen. Eine Vielzahl von Theorien und Ansätzen beziehen sich auf Narzissmus, die wiederzugeben den Rahmen dieses Artikels sprengen würde. Narzissmus als klinischer Begriff bezeichnet (1) eine Entwicklungsphase, (2) das Selbstwertgefühl, (3) eine sexuelle Perversion und (4) eine Art sich auf Objekte zu beziehen (Pulver 1970); im vorliegenden Kontext ist letzteres mit Narzissmus gemeint. Während die klinischen Folgerungen narzisstischer Zustände ausführlich erforscht und angewendet wurden, haben sich nur wenige Autoren mit der Hoffnung oder ihren klinischen Folgerungen auseinandergesetzt. Noch weniger wurde das Thema der Beziehung von Narzissmus und Hoffnung behandelt. So

---

1 Einige Grundkonzepte, wie zum Beispiel die Fantasie »aufgegebener Hoffnung« und die »väterliche Vorstellung«, sind Teil einer Dissertation und werden als solche weiterentwickelt.

hat die Hoffnung im psychoanalytischen Diskurs eine ähnlich ambivalente Rolle inne wie in den Mythen von Pandora und Prometheus[2]. Klein (1975) beschreibt die Hoffnung in der ungestörten Entwicklung, und Riesenberg-Malcolm (1994) betrachtet die Hoffnungserfahrung als einen Affekt, der auf der Fähigkeit der Person beruht, Beziehungen mit guten inneren Objekten aufzubauen. Winnicott (1949) beschreibt die Hoffnung unter anderem als einen Mediator zwischen der Liebe und der Erfahrung, objektiv gehasst zu werden; durch Hoffnung also bringt er die Ambivalenz und die depressive Einstellung ins Spiel. Britton (1998) nimmt an, dass Hoffnung auf der Vorstellung der guten Mutter fußt, und dass der Vater die Aufgabe hat, die Mutter-Kind-Beziehung zu schützen. Auf der einen Seite argumentieren Green (1972), Akhtar (1994) und Potamianou (1997), dass die Hoffnung mit übermäßiger Idealisierung im Zusammenhang steht, und dass sie als Verteidigung verborgener narzisstischer und masochistischer Ziele eingesetzt wird. Auf der anderen Seite verbindet Casement (1985) die »unbewusste Hoffnung« mit dem Wiederholungszwang, infolgedessen unbewusste Konflikte kontinuierlich – letztlich erfolglose – Lösungsversuche generieren.

Zum Zwecke dieser Arbeit beginne ich mit Websters Definition von Hoffnung als »Verlangen in Erwartung von dessen Erfüllung« und »das Verlangen zu haben und zu besitzen«[3] (1994, S. 479). Ich verknüpfe diesen mit Boris' Konzept von der

---

2 »Hoffnung« in Pandoras Mythos hat einen ambivalenten Status inne, nämlich gleichzeitig Segen und Fluch. Es gibt zwei Versionen des Mythos. In einem entflieht alles Gute und in dem anderen alles Elend einem Gefäß. In beiden Versionen verbleibt die Hoffnung in dem Gefäß, wodurch deren absolute Notwendigkeit verdeutlicht wird. Eine Ausarbeitung der Werke zu Hoffnung kann in *Der gefesselte Prometheus* von Aischylos gefunden werden. Dort ist auch eine interessante Diskussion zwischen dem Chor und Prometheus zu lesen:
»Prometheus: Ich nahm's den Menschen ihr Geschick vorauszusehn.
Chor: Sag, welch ein Mittel fandest du für dieses Gift?
Prometheus: Der blinden Hoffnung gab ich Raum in ihrer Brust.
Chor: Ein großes Gut ist's, das du gabst den Sterblichen.« [250–254]
Alford (1992) bemerkt zu den oben genannten Versen: »Aber er nahm nicht [...] Wissen vom Tod an sich. Wenn er dieses genommen hätte, wären die Menschen nichts weiter als Tiere, wie die wuselnden Ameisen, mit denen Prometheus ihn vergleicht, bevor er ihm seine Weisheit gibt [...] Mit dem Wissen über seinen Tod steht der Mensch über den Tieren und verfügt über die Möglichkeit, eine symbolische Kontinuität zu schaffen zwischen seinem Leben, den Leben solcher, die ihm vorangegangen sind, und solcher, die ihm folgen werden, und dadurch seinem eigenen Leben erst Bedeutung zu geben« (Alford, S. 109f.; Übersetzung E. F.).
Dies ist eine mythologisch aufgearbeitete Version von Hoffnung und deren ambivalentem Status, obwohl sie zu Selbstbetrug und Ruin (blinde Hoffnungen) führen könnte. Trotzdem formuliert sie auch eine unabdingbare Wahrheit in der Psychoanalyse: Die symbolische Kontinuität zwischen Generationen und die Anspielung auf die depressive Einstellung.
3 Alle Zitate dieses Beitrags aus dem Englischen übersetzt von Elisabeth Fleischhauer.

Hoffnung als »Verständnis wie Dinge und Erfahrungen sein *sollten*« (1976, S. 139; Hervorh. G. C.). In der weiteren Auseinandersetzung mit dieser Thematik setze ich voraus, dass der Leser mit der Bion'schen Neigung zum Anlehnungstypus der Objektwahl vertraut ist. Weiterhin definiere ich die Hoffnung als das Verlangen nach Abhängigkeit von dem Abbild der Elternfiguren, genauer gesagt von der väterlichen Vorstellung. Mit dem Begriff der väterlichen Vorstellung beziehe ich mich nicht nur auf den Vater als tatsächliche Person und/oder seine Funktion, sondern auch darauf, wie der Vater in der Mutter repräsentiert wird. Wenn dieses Verlangen nach Abhängigkeit von einem Abwehrmechanismus verdrängt wird, der eine narzisstische Objektanordnung fördert, so entfaltet die Fantasie »aufgegebener Hoffnung« ihre Wirkung. Die Fantasie »aufgegebener Hoffnung«, wie ich auch im folgenden klinischen Material zeigen werde, hat eine wahnhafte Seite, insofern die Vorstellung der Erfahrung fehlt, Kontrolle die Beziehung verdrängt und die Lebensrealität nicht anerkannt wird; stattdessen wird sie von einer subjektiven Bedeutung der Unerwünschtheit verschleiert. Dies bedeutet nicht, dass Hoffnung grundsätzlich verloren wäre.[4] Sie schwankt lediglich zwischen narzisstischer Kränkung (Eidelberg 1959) und dem verzweifelten Versuch der Verbundenheit. Die Fantasie »aufgegebener Hoffnung« wird in der vorliegenden Arbeit am Beispiel der Behandlung einer schönen, hochtalentierten und gleichzeitig schwerst traumatisierten jungen Frau untersucht, die bei der Kombination von Anspruchsberechtigung und exzessiver Anspruchseinforderung deutlich narzisstische Züge aufweist. Ihre Anspruchsforderung äußerte sich vor allem in ihrer Neigung, abzuschalten (Symington 1993, S. 67). Ihre Anspruchsberechtigung benutzt sie als Möglichkeit, Trauer um »den Verlust von vergeblich erwünschten Beziehungen« (Bott-Spillius 1993, zit. n. Gerrard 2002, S. 180) zu vermeiden. Ergänzend dazu beobachtete ich eine Nicht-Kommunikation des Affekts, die zu einem Zustand der Nicht-Verbundenheit führte (Modell 1980).

3. Beschreibung der Patientin und des psychoanalytischen Prozesses

Nadia klagte zu Beginn der Therapie über Depressionen und darüber, ihr Studium nicht beenden zu können. Zu diesem Zeitpunkt hatte sie bereits sechs Monate Therapie bei einem anderen Therapeuten durchlaufen und war gleichzei-

---

[4] Der totale Verlust der Hoffnung impliziert eine depressive Psychose, Autismus und Katatonie (Boris 1976, S. 141).

tig medikamentös behandelt worden. Sie unterbrach die Therapie, als ihr damaliger Therapeut ihr vorschlug, sich zur Schönheitschirurgin ausbilden zu lassen, sodass »sie ihn behandeln könnte«. Indem sie mir dies erzählte, machte sie mir direkt und unmissverständlich klar, dass sie diese Therapie ebenfalls abbrechen würde, wenn ich über ihr Studium sprechen oder zu persönlich werden würde.

Sie beschrieb sich selbst als Person, die ihre eigene Meinung nicht äußert, sondern das macht, was andere ihr sagen. Als Kind war sie schüchtern, still und abgekapselt aber nichtsdestotrotz eine hervorragende Schülerin. Ihre Mutter hat Witze gemacht: »Wenn du mal verheiratet bist, wirst du stumme Kinder kriegen.« Als Erwachsene entwickelte sie sich zu einer schlechtgelaunten, fordernden, nachtragenden, unzufriedenen Person. Ihre Objektbeziehungen waren durch starke Wutausbrüche gekennzeichnet, wenn sie frustriert war. Sie beschrieb auch Zeiten bulimischer Tendenzen, suizidaler Absichten und übermäßigem Genusses von Alkohol. Körperkontakt mit ihren Partnern bezeichnete sie als minimal und ihr Sexualleben als unbefriedigend.

Während der Therapie war Nadia pünktlich, arbeitswillig und antwortete intelligent aber oberflächlich. Sie war auch verkrampft und es fiel ihr schwer, angemessen gefühlsbezogen zu reagieren. Stattdessen war sie launisch, mürrisch, und beschwerte sich über ein Gefühl von Leere und Bedeutungslosigkeit. Sie arbeitete während ihres Studiums und finanzierte die Therapie selbst, worüber sie sich allerdings nie beschwerte, auch wenn ihre finanzielle Lage immer schwierig war.

3.1 Die Fantasie »aufgegebener Hoffnung«: Probleme von Übertragung und Gegenübertragung

Mich verwunderte unter anderem sehr, dass Nadia im Laufe von zwei Jahren Therapie selten auf ihren Vater zu sprechen kam. Als ich versuchte, dieses Thema anzusprechen, zuckte sie lediglich mit den Schultern und sagte: »Er hat nichts damit zu tun.« Darüber hinaus hatte ich keinen Einblick in ihren Studienverlauf oder ihre anderen Aktivitäten. Auch zum Verhältnis mit ihren Geschwistern äußerte sie sich selten. Sie artikulierte allerdings deutlich ihren Ärger gegenüber ihrer Mutter[5], die, nach Nadias Aussage, »ihr Leben zer-

---

5 Die Schule war Nadias Mittel, ihre Mutter zufriedenzustellen. Ich glaube, der Studienabschluss und ihre Mutter zufrieden zu stellen, entsprachen ihrer Angst, sich durch Verschmelzung oder Verbindung selbst zu verlieren. Es schien, als verwechselte sie Kontinuität und Verschmelzung.

stört« habe, indem sie darauf bestand, dass Nadia Medizin studierte. Genauso beschwerte sie sich über Professoren und Kommilitonen.

Die ersten zwei Jahre waren aus verschiedenen Gründen sehr schwierig. Sie produzierte ausschließlich Material voller Leid, Wut und Kummer. Man könnte sie mit einem unersättlich hungrigen Baby vergleichen (Ich brauche, ich will, ich brauche, ich will, ich kriege es nicht, ich werde wütend). Oder sie blieb ganz ruhig, entrückt, unzugänglich, als ob ihr alles egal wäre, aber die Gewalt sickerte doch irgendwie durch. Diese Zustände waren unerträglich. Ich konnte es körperlich spüren und musste mich zusammen reißen, damit meine Beine nicht zuckten. Ihre subtile aber durchdringende Forderung, dass ich stumm bliebe, erschwerte die Situation zusätzlich. Ich denke, es war eine Art, mich selbst zu schützen, wenn ich manchmal innerlich abschaltete und sogar schläfrig wurde. Für mich war es extrem schwer, sie zu verstehen und/oder mich ihr emotional zu nähern. Das frustrierende Gefühl der Unverbundenheit hat mir gezeigt, dass ich die Übertragung nicht aufspüren konnte und daher gegenüber dem zugrundeliegenden, latenten Inhalt blind war. Aus der Perspektive der Gegenübertragung schwankte ich zwischen Teilnahmslosigkeit und intensiven (aber erfolglosen) Versuchen der Kontaktaufnahme. Noch frustrierender war, dass mir im Grunde klar war, dass ich Dinge in die Übertragung einbringen sollte, aber ich mich einfach nicht überwinden konnte, dies auch in die Tat umzusetzen. Genau wie Nadia begann ich, das Material für die Übertragung als irrelevant einzustufen.

Darüber hinaus waren ihre Anspruchsberechtigung[6], ihre Selbstgerechtigkeit und Anspruchsforderung so ausgeprägt, dass oberflächlich betrachtet überhaupt kein Interesse an Selbsterkenntnis und Einsichten oder an mir als Übertragungsobjekt bestand. So wie sie mich behandelte, erinnerte die Situation mich an Bions (1959) theoretische Überlegungen des Teilobjektes oder auch Rosenfelds Beziehung zu einem »Toiletten-Analytiker« (1964, S. 333). Diese Art der Beziehung wurde von ihr als ideal empfunden (ich war eine Göttin, eine Heilige), denn sie war erleichtert, wenn sie während einer Sitzung direkt alles Unerfreuliche auf mich abladen konnte. Interpretationen dazu, dass sie mich idealisierte und gleichzeitig ihre Abhängigkeit von der Behandlung und von mir ignorierte, waren nur auf den ersten Blick effektiv (vgl. Seinfeld 1993). Um es mit Greens Worten zu sagen: Ich war in »einem paradoxen Zustand; [ich

---

6 Weintrobe (2005) bezeichnet mit »Anspruchsberechtigung« die Erhaltung eines Idealzustandes, welcher durch Kummer genährt wird. Anspruch heißt auch, von ärgerlichen Gefühlen, Problemen und emtionaler Verantwortung verschont zu bleiben.

war] gleichzeitig alles und nichts« (1999, S. 277). Während sie ihre infantilen Sehnsüchte in die Behandlung hineintrug und mir außerordentliche Übertragungsbedeutung zumaß, hoffte sie doch, dass eine wirkliche Beziehung zu mir letztlich nicht zustande kommen würde. Obwohl sie mir eine Grundlage für meine Arbeit gab (die spezifische Übertragung), ließ sie es, entsprechend der Interpretation der Übertragung, doch nicht zu, dass ich diese Grundlage aufdeckte und die Übertragungsfantasien auflöste (Mitchell 1993).

Abgesehen von den Übertragungs- und Gegenübertragungsproblemen, die die Behandlung eher stagnieren ließen, versuchte ich auch zu ergründen, was inhaltlich fehlte. Ich vermutete unter anderem, dass es etwas damit zu tun hatte, dass sie ihren Vater nicht erwähnte, aber ich wusste nicht, wieso. Ausgehend von der Annahme, dass Therapie an sich eine starke Quelle der Hoffnung ist (Riesenberg-Malcolm 1994), kam ich zu der Erkenntnis, dass ich in diesen ausweglosen Situationen meine eigenen (realistischen) Hoffnungen bezüglich des Behandlungsverlaufs einsetzen musste und die Rolle des Mediators im Sinne eines narzisstischen Beschützers einnehmen sollte; das heißt konkret, ihr zu helfen, mit ihrer Leere und Kränkung umzugehen, ohne in Angst zu erstarren (Eisnitz 1961).

Letztlich waren es sowohl meine eigene Frustration und meine verstärkten Bemühungen um Verbundenheit als auch Aspekte von Nadias Material, die uns beide aus dieser Stagnation heraus brachten und auch zur Konzeption der Fantasie »aufgegebener Hoffnung« führten. Nadias Material beinhaltete zum Beispiel das »brennender Schwamm«-Erlebnis (das weiter unten ausführlicher beschrieben wird), und den Film *Lilja 4-ever*[7]. Lilja ist 16 Jahre alt. Der Junge Volodja ist ihr einziger Freund. Die beiden leben in Russland und träumen von einem besseren Leben. Der Vater hat die Familie verlassen und die Mutter ist später nach Amerika gezogen. Eines Tages verliebt sich Lilja, die ihren Unterhalt als Prostituierte verdient, in Andrej. Dieser geht nach Schweden, will aber, dass Lilja mitkommt und sie zusammen ein neues Leben anfangen. Sie aber kann sich nicht aus der Prostitution befreien und begeht am Ende Selbstmord. Dieser Film hat Nadia zutiefst aufgewühlt und sie konnte sich etwa einen Monat lang nicht davon lösen. Sie träumte, sie begleite eine Freundin zum Frauenarzt, wo diese eine weitere Abtreibung vornehmen lassen wolle, und ihr Vater sei auch da, aber sie könne sich nicht erklären, warum. Ihr einziger Kommentar zu diesem Traum war: »Ich kann mir nicht erklären, warum mein Vater da war.«

---

7 *Lilja 4-Ever* von Lucas Moudysson (2002).

3.2 Der brennende Schwamm: Klinisches Material

Der erste große Durchbruch passierte nach den Sommerferien am Ende des zweiten Jahres. Nadia beschrieb eine Szene, in der sie mit ihrem Freund und einer Freundin am Strand lag. Ihr Freund, der sich in Hörweite befand, unterhielt sich angeregt mit der Freundin. Nadia wurde wütend, griff ihren Freund körperlich an und warf ihm vor, sie zu vernachlässigen, während er sich mit ihrer Freundin vergnügte. Während dieser Sitzung berichtete sie unter anderem auch Folgendes:

Nadia: Als ich sie so lustig quatschen sah, fühlte ich in mir einen brennenden Schwamm, der immer weiter anschwoll und mein Inneres einnam ... Ich dachte, dass ich verrückt würde.

Therapeut: Obwohl Sie etwas Beängstigendes und Aufreibendes beschreiben, hat das ganze doch etwas Gutes; es zeigt sich eine Seite von Ihnen, die bislang versteckt oder abwesend war. Jetzt, da es aufgetaucht ist, macht es Ihnen Angst.

Diese Interpretation zielte in dem Moment nicht auf die Übertragung[8], aber sie wurde so formuliert, dass der Wert des sich nun herausbildenden inneren Objektes deutlich wurde. So fühlte sich Nadia weder abgewertet noch kritisiert und sie akzeptierte ihre »Schlechtigkeit« wie auch ihr aggressives Verhalten überraschend gut. Sie war überrascht, dass eine Erfahrung (innerlich und äußerlich), die sie bislang ausschließlich erschreckend fand, auch eine gewinnbringende Seite haben konnte. Das Auftreten des »brennenden Schwamms« markierte auch eine Weiterentwicklung von einem bisher undifferenzierten psychischen Leben (Greens Abwesenheits-Potential-Präsenz 1975, S. 13) zu einem inneren Objekt, das sich spalten konnte. Zuvor konnte sie nicht den wütenden und fordernden Teil ihrer selbst anerkennen. Sie hatte immer geglaubt, dass ihre Wutausbrüche und ihre schlechte Laune die Schuld der anderen wären.

Jetzt sah ich meine Aufgabe darin, ihr schlechtes inneres Objekt aufzuneh-

---

8 In der Sommerpause zuvor reagierte sie anderen gegenüber auch aggressiv, aber meinen Interpretationsversuchen, die meine Abwesenheit und ihre Gewalt verknüpften begegnete sie mit intellektuellem Gebaren. Am Ende der folgenden Ferienpause hat sie sich an die Situation zurückerinnert und in einer halb selbstironischen Art und Weise angemerkt »und ja, ich weiß, dass ich dieses Mal niemanden verdreschen soll«. Trotzdem geriet sie immer wieder in Konflikte.

men und es ihr in einer »verdaulichen« Form wiederzugeben, sodass sie daraus Einsichten würde gewinnen können. Um es mit Steiners Worten zu sagen, diesem destruktiven Teil nicht »ein blindes Auge zuzuwenden« (1985, S. 161), sondern auf den destruktiven Teil hinzuweisen mit dem Ziel, ihr – wenn auch schmerzhaft – klarzumachen, dass sie mit diesem Teil leben, ihn bewahren und bearbeiten musste und ihn nicht verleugnen durfte. Es war ungefähr im dritten Jahr, als sie den folgenden Traum erzählte:

> Ich war in einer Bar. Jemand, der mich bestehlen wollte, folgte mir. Er schlug mich und ich bot mich ihm an, weil ich glaubte, dass er Sex wollte. Ich wachte in größter Angst auf.

Ungefähr einen Monat später berichtet sie von einem anderen Traum:

> Ich war im Haus meines Großvaters. Ich habe mit meiner Schwester geredet. Sie mag Horrorfilme. Ich habe mich gefragt, wie Leute sich ernsthaft vor denen fürchten können. Wir sprachen vom Hannibal-Lecter-Film. Na gut, es gibt schon ekelhafte Szenen darin, aber wie kann sich jemand vor einem Film fürchten. Aber Hannibal Lecter war da, er biss meinem Großvater in den Fuß; Papa und Mama waren da, wir hatten alle Angst. Da war auch ein anderer Mann. Ich weiß nicht, wer dieser Mann war. Aber Hannibal Lecter vergewaltigte ihn. Wir wollten nur weg. Wir konnten letztlich durch ein Fenster flüchten und wir gingen ins Obergeschoss. Zum ersten Mal in meinem Leben habe ich meinen Vater um Hilfe gebeten. Zu meiner Überraschung hat er uns auch geholfen zu fliehen. Aber dann wollte ich zurück. Ich ging wieder runter, der Kannibale war relativ ruhig und mein Großvater versuchte, ihn nicht weiter zu reizen. Er saß einfach still in der Zimmerecke.

Assoziationen zu diesem Traum: »Das überrascht mich. Das ist das erste Mal, dass ich meinen Vater um Hilfe frage und er gewährt sie auch.« Nach diesen und ähnlichen Träumen erkannte sie langsam ihre eigene Hilflosigkeit und/oder Frustration und ihre lähmende Angst davor, verlassen zu werden. Nach und nach veränderten sich ihre Träume; sie litt nicht mehr so oft unter kannibalischen Albträumen und in ihren Träumen verteidigte sie sich mit Waffen (anstatt sich sexuell anzubieten, um ihren potenziellen Vergewaltiger zu beruhigen, wie es zuvor geschehen war).

Etwa im vierten Jahr identifizierte sie sich langsam mit mir und fühlte sich innerlich zunehmend wohler. Träume und Filme waren meine größten Hilfen bei der Arbeit mit dieser Patientin. Ein Beispiel:

Nadia: Ich habe von Ihnen geträumt. Sie hatten sieben Kinder, mit denen Sie nicht klar kamen. Sie waren wütend und haben sie angeschrien. Und ich dachte so: Wenn du auch mal die Kontrolle verlierst und rumschreist, dann kann Wut an sich nicht so schlimm sein.

Drei Sitzungen später berichtet sie:
Ich hatte einen Traum, aber mit dem kann ich nichts richtig anfangen. Ich kam mit meiner Freundin F. hierher. Ich habe daran gedacht, wie viele Überweisungen zu Ihnen ich schon hatte. F. hat einen dummen Witz gemacht und ich dachte nur »die ist so doof, Gott sei Dank hat sie keine Therapie bei Ihnen«. Dann kam A. dazu, die Patientin vor mir. Sie hatte vergessen, Ihnen etwas zu erzählen und wollte es nun mit Ihnen besprechen. Sie haben sie in den Warteraum geführt und mit ihr gesprochen. Dann ist sie gegangen und ich bin in den Warteraum gegangen. Sie hatten eine Bettpfanne aus Wolle für Ihre Patienten. Ich habe angefangen zu pinkeln, aber ich habe auch auf den Stuhl gepinkelt. Sie kamen rein und ich hab angefangen, den Stuhl sauber zu machen.

In beiden Träumen geht es um die Angst vernachlässigt oder verlassen zu werden, wütend zu sein, aber auch um die Fähigkeit, einen Teil ihrer selbst anzuerkennen, und eventuell sogar mir und ihr gegenüber Wiedergutmachung zu üben. Im Vergleich zu dem Vorkommnis des »brennenden Schwamms« zeigen diese beiden Träume, dass Nadia im vierten Jahr in der Lage war, Dinge in die Übertragung zu bringen. Das war die Grundlage dafür, dass der unbewusste Kern der Fantasie »aufgegebener Hoffnung«. auftauchen konnte.

Davor stießen die wenigen Übertragungsdeutungen, die ich anbieten konnte, entweder auf Ablehnung oder auf Gleichgültigkeit. Offenbar wollte sie vermeiden, noch einmal frühe narzisstische Kränkung zu durchleben, die ihr Vater durch seine Besitznahme ihrer aufkeimenden Sexualität und Weiblichkeit verursacht hat; darunter hatte Nadia in ihrer ödipalen Zeit und Latenzzeit gelitten hat. In der ersten Stufe der Übertragung durchlebte sie die Wunschfantasie der Verbindung mit einer idealisierten Vaterfigur noch einmal. Wenn diese Fantasie Wirklichkeit würde, wäre die frühe narzisstische Kränkung auf wundersame Weise ungeschehen gemacht und damit auch die Überzeugung, ungeliebt, unliebenswert und unerwünscht[9] zu sein. Ungefähr in dieser Zeit berichtete Nadia:

---

9 Sie hat zwei Tattoos auf ihrem Körper, eins auf dem Handgelenk »Ich will sein« und das andere auf ihrem Fußgelenk »geliebt«.

> Gestern habe ich an einem Schwarzweißfoto von mir als ungefähr Achtjähriger gearbeitet. Ich mag dieses Foto richtig gern. Ich wollte es einrahmen und mit rotem Stoff dekorieren. Das war nicht einfach, weil der Draht nicht durchging. Ich hab ungefähr vier Stunden dafür gebraucht. Dieses Foto wurde gemacht, als ich glücklich war, vor ... den Problemen ... Danach wurde alles anders.

Damit räumte sie zum ersten Mal ein, dass die Scheidung der Eltern sie getroffen hatte. Außerdem zeigte sie ihre Zwiespältigkeit gegenüber der Zeit vor der Scheidung. Waren es glückliche Zeiten oder traurige Zeiten?

Sie bringt dann wütendes Material, das gegen ihren Freund und gegen ihre Mutter gerichtet war:

Nadia: Meine Mutter macht mich wütend. Sie passt immer auf, dass ich auch ja zur Schule gehe. Ich fühle mich total schlecht, manchmal will ich von einem Hochhaus runter springen. Das mach ich natürlich nicht, aber ich denke darüber nach, und in letzter Zeit ziemlich oft. Von einem Hochhaus runter springen würde sofort zum Tod führen und braucht keine große Planung.
Therapeut: Was verstehe ich hier nicht, was Sie mir auf so angstmachende Weise sagen müssen?
Nadia: Ich habe Ihnen doch gesagt, dass ich das nicht machen werde.

Es scheint, als würde sie gar nicht verstehen, was ich meinte, und sie gab eine ganz sachliche Antwort. Sie antwortete entsprechend ihrer eigenen psychischen Verfassung und nicht entsprechend meiner Absicht und der Bedeutung meiner Interpretationen (Joseph 1985).

Ich fragte weiter nach, weil ich sehr besorgt war.

Therapeut: Ja, das haben Sie gesagt. Aber ich nehme sehr ernst, was Sie mir erzählen, weil Sie in letzter Zeit dauernd Material bringen, das mir Angst macht. Manches von dem, was Sie beschreiben, haben Sie wirklich gemacht [in der vorherigen Sitzung, nach einem Streit mit ihrem Freund, hatte sie oberflächlich ihre Handgelenke aufgeschlitzt] oder Sie denken darüber nach, es zu tun. Was wollen Sie mir damit sagen?
Nadia: Ich weiß auch nicht. Ich fühl mich eben danach. (Gefolgt von peinlichem Schweigen)

Ich fühlte mich wieder von ihr ausgeschlossen. Sie schien mich immer noch als Anklägerin wahrzunehmen, die sie beruhigen müsste, und sie schien sich verteidigen zu müssen, indem sie die Fantasie »aufgegebener Hoffnung« durchlebte.

Therapeut: Ich werde Ihnen etwas vorschlagen. Mir scheint, als würden Sie glauben, dass man sich nur um Sie kümmert, wenn Sie solch ein Verhalten an den Tag legen. Als wäre das die einzige Möglichkeit, Fürsorge und Aufmerksamkeit bei anderen zu wecken.

Nadia: (zögernd) Darum mach ich das? Könnte sein. Ich weiß nicht ... (fünf Minuten Stille) Ich weiß, dass ich mich mit meiner Vergangenheit auseinandersetzen muss. Aber ich weiß nicht genau, mit welchem Zeitpunkt und wie (wieder Stille, dann) Ich bin nicht so der Kuscheltyp. Von frühester Kindheit an mochte ich es nicht, wenn andere mich in den Arm genommen oder geküsst haben. Und besonders bei meinem Vater, der das vor aller Augen gemacht hat ...

Therapeut: Wie war denn dein Vater zu Hause?

Nadia: Zuhause? Welches Zuhause? (schmerzlich wütend) Er war ja nie zu Hause. Er war immer mit seinen Freunden in der Kneipe ... Aber was heißt das eigentlich, dass sich jemand um einen kümmert? Vor ein paar Tagen kamen ein paar Freunde von meiner Mutter zu Besuch und sie haben sich alte Bilder angeguckt. Sie sagte, die besten Fotos wären die, auf denen wir (die Geschwister) aussehen wie sie. Ich wurde echt sauer. Ich konnte mich nicht mehr zusammenreißen und hab sie angeschrien: »Du willst ja keine Kinder, du willst Klone.« Sie hat genau verstanden, was ich meinte (sie imitiert die Stimme ihrer Mutter – eine Stimme, die sie auch in Sitzungen verwendet, wenn sie unsicher ist.) »Aber ich will doch, dass du du bist.« Das macht sie dauernd. Sie braucht eben doch Klone.

Nach dieser Sitzung kam ein interessanter Albtraum zur Sprache, in dem Elemente gemeinsam auftraten, die in Verbindung mit Unerwünschtheit und oralen und sexuellen Konflikten stehen. Der Traum fand im Heimatort ihres Vaters statt.

Ich lag nackt auf einer Ablage. Ich wurde herumgetragen und war umgeben von alten Männern, die mich begrapscht haben und mich entweder aufessen oder sexuell ausnutzen wollten.

Sie beschrieb ähnliche Fantasien mit älteren Männern, mal aufregend, mal ekelhaft, die sie seit ihrer Kindheit hatte. Als die väterliche Vorstellung (so wie in dem Ablagen-Traum) hervortrat, wollte sie mir damit zeigen, dass sie auf der einen Seite *tatsächlich*[10] begehrenswert war. Auf der anderen Seite zeigte sie mir damit auch die pathologische Identifizierung, die sie benutzte, um ödipalen Problemen aus dem Weg zu gehen.

4. Zusammenfassung und Diskussion

Um Nadias Gefühl, nicht begehrenswert zu sein, der Kern ihrer Fantasie »aufgegebener Hoffnung«, auf den Grund zu gehen, mussten verschiedene Punkte berücksichtigt werden: Ihre inneren narzisstischen Objektbeziehungen im Zusammenhang mit den Reaktionen auf Übertragung und Gegenübertragung, die Beziehung zwischen unbewusster Fantasie und Vorstellung sowie die Beziehung zwischen Hoffnung und Wunsch.

Ich glaube, dass meine Übertragungsinterpretationen in den ersten zwei Jahren nicht zielführend waren. Grund dafür war wohl Nadias Angst, sich selbst zu verlieren, entweder durch eine Verschmelzung mit dem Objekt und/ oder durch einen Angriff des Objekts. Nadia hatte Angst, dass ihre Mutter/ Therapeutin ihr nie eine Weiterentwicklung oder auch die Befriedigung ihrer narzisstischen Grundbedürfnisse zugestehen würde. Indem ich ihre narzisstische Seite anerkannte, zeigte ich ihr, dass ich diese kannte und sie keine Angst davor zu haben brauchte. Ich zeigte ihr aber auch, dass ich mich um diese Seite kümmern, aber auch andere Seiten in ihr fördern würde. Ich glaube, dass dieser Ansatz ihr geholfen hat, Seiten von sich anzunehmen, die sie zuvor verleugnet hatte. Und als sie sich sicher genug fühlte, um eine engere Beziehung zu mir aufzubauen, konnte sie auch die innere narzisstische Objektbeziehung zulassen. Indem sie an ihrer narzisstischen Objektbeziehung arbeiten und diese erfahren konnte, konnte sie auch die Erkenntnis zulassen, dass sie über keine väterliche Repräsentanz verfügte.[11] Darüber hinaus erkannte sie in

---

10 Ich danke Karl Figlio für diesen Kommentar.
11 Dieses erinnert an A. Etchegoyens Aussage: »Die bewussten und unbewussten Erwartungen und Fantasien der Mutter zur Rolle des Vaters formen die Vatervorstellung.« (2002, S. 34). Darüber hinaus sagt Gaddini, dass »der Vater immer noch eine durch die Mutter-Kind-Beziehung vermittelte Beziehung zu dem Kind hat […] Und der Vater entstammt der Mutter, als ein Teil von ihr.« (1976, S. 397f.).

diesem Mangel den Kern ihrer unbewussten Fantasie, nämlich den Wunsch, begehrenswert zu sein.

5. Schlussfolgerung

Nadia benutzte eine narzisstische Objektbeziehung, um ihre ödipalen Probleme zu verleugnen. Sie arbeitete unbewusst gegen die Erfahrung des Begehrens, das sie durch die Fantasie der »aufgegebenen Hoffnung« ersetzte. Das Begehren setzt ein reales Objekt und eine reale Erfüllung voraus, »das Geben und Empfangen von Lust« (Boris 1976, S. 141), während die Fantasie einer aufgegebenen Hoffnung, obwohl sie sich auch auf ein Objekt richtet, doch recht vage bleibt. Ich vermute, dass unbewusste Kommunikation eine Rolle spielt. Es ist recht interessant zu sehen, dass sie im fünften Jahr ihrer Behandlung zwei interessante Kommentare machte. Einer hatte damit zu tun, wie sie ihre Beziehungen sieht: Sie verglich sie mit einer »regressiven Schwangerschaft«[12]. Der andere Kommentar bezog sich auf ihre Wünsche. Sie sagte: »Ich muss meine Wünsche organisieren.« Nachdem sie ihren Studienabschluss gemacht hatte, absolvierte sie einen Einführungskurs zur Schmuckherstellung, was sie immer schon machen wollte. Ich denke, das letztere Projekt zeigt nicht nur das Aufblühen von Wünschen, sondern stellt auch ein Mittel dar, Probleme der Sexualität, Weiblichkeit und ödipale Themen zu besprechen.

Übersetzung: Elisabeth Fleischhauer

---

12 In einer »regressiven Schwangerschaft« stirbt der Fötus in den ersten Schwangerschaftsmonaten und eine therapeutische Abtreibung ist notwendig.

Literatur

Akhtar, S. (1994): Someday ... And If Only ... Fantasies: Pathological Optimism And Inordinate Nostalgia As Related Forms Of Idealization. J Amer Psychoanal Asso. 44(3), 723–753.
Alford, F. C. (1992): The Psychoanalytic Theory of Greek Tragedy. New Haven, Yale Univ. Pr.
Bion, W. R. (1955): Group Dynamics: A Re-View. In: Klein, M.; Heimann, P. & Money-Kyrle, R. E. (Hg.): New Directions in Psychoanalysis. New York, Basic Books, S. 440–477.
Bion, W. R. (1959): Attacks on linking. Int J Psycho-Anal 40, 308.
Boris, H. N. (1976): On hope: Its nature and psychotherapy. Int Rev Psycho-Anal 3, 139–150.
Bott-Spillius, E. B. (1993): Varieties of envious experience. Int J Psycho-Anal 74, 1199–1212.
Britton, R. (1998): Belief and imagination. London, Routledge.
Casement, P. J. (1985): On Learning from the patient. London, Routledge.
Eidelberg, L. (1959): The Concept of Narcissistic mortification. Int J Psycho-Anal 40, 163.
Eisnitz, A. J. (1961): Mirror dreams. J Amer Psychoanal Asso 9, 461–79.
Etchegoyen, A. (2002): Psychoanalytic ideas about fathers. In: Trowell, J. & Etchegoyen, A. (Hg.): The importance of fathers. Hove, Brunner Routledge, S. 20–42.
Gaddini, E. (1976): Discussion of »The Role of Family Life in Child Development« – On »Father Formation« in Early Child Development. Int J Psycho-Anal 57, 397–401.
Gerrard, J. (2002): A sense of entitlement: Vicissitudes of working with »special« patients. Brit J Psychother 19(2), 173–88.
Green, A. (1972): On Private Madness. London, Rebus Press.
Green, A. (1975): The Analyst, Symbolization and Absence in the Analytic Setting (On Changes in Analytic Practice and Analytic Experience) – In Memory of D. W. Winnicott. Int J Psycho-Anal 56, 1–22.
Green, A. (1999): On discriminating and not discriminating between affect and representation. Int J Psycho-Anal 80(2), 277–316.
Joseph, B. (1985): Transference: the total situation. Int J Psycho-Anal 66, 447–454.
Klein, M. (1975): Envy and Gratitude and Other Works 1946–1963. New York, Delacorte.
Modell, A. H. (1980): Affects and their non-communication. Int J Psycho-Anal 61, 259–267.
Potamianou, A. (1997): Hope: a shield in the economy of borderline states. London, Routledge.
Pulver, S. E. (1970): Narcissism. The Term and the Concept. J Am Psa Ass 18, 319–341, dt. in: Psyche – Z. psychoanal. 1972(26), 34–57.
Riesenberg-Malcolm, R. (1994): Conceptualisation of clinical facts in the analytic process. Int J Psycho-Anal 75, 1031–1040.
Rosenfeld, H. (1964): On the psychopathology of narcissism: a clinical approach. Int J Psycho-Anal 45, 332.
Seinfeld, J. (1993): Interpreting and holding: The paternal and maternal functions of the psychotherapist. Jason Aronson.
Steiner, J. (1985): Turning a blind eye: The cover up for Oedipus. Int Rev. Psycho-Anal 12, 161–172.
Symington, N. (1993): Narcissism: A new theory. London, Karnac.
Webster, P. (1994): New Encyclopedic Dictionary. Cologne, Könemann.
Weintrobe, S. (2005): Entitlement and Grievance. Paper presented in the Narcissism Today Series. Institute of Psychoanalysis May 14th 2005.
Winnicott, D. W. (1949): Hate in the countertransference. Int J Psycho-Anal 30, 69.

11 Die Erfahrung von Verlust und Trauer in der Gegenübertragung

Grigoris Maniadakis

Das Ziel dieses Artikels ist es, basierend auf dem vorgestellten klinischen Material, die Bedeutung von Verlusterfahrung in der Gegenübertragung zu diskutieren, die auftritt, wenn der Therapeut mit Patienten arbeitet, welche seinen Interventionen gegenüber ablehnend und/oder feindlich eingestellt sind.

Gegenübertragung, zunächst als eine Beeinträchtigung seitens des Analytikers bewertet, ist heute als ein Hauptwerkzeug in der analytischen Arbeit anerkannt und wird als Element größter Bedeutung in der Interaktion zwischen Patient und Therapeut angesehen. Obwohl Freud die Gegenübertragung als ein Hindernis betrachtete, musste er schon 1912 feststellen, dass der Analytiker »dem gebenden Unbewußten des Kranken sein eigenes Unbewußtes als empfangendes Organ zuwenden« solle (Freud 1912, S. 115).

Gegenübertragung ist nicht notwendigerweise begrenzt durch Affekte des Analytikers, die durch die Übertragung hervorgerufen werden. Green meint, dass sie die gesamte mentale Funktionsweise des Analytikers umfasst (Green 1975). Mit diesem erweiterten Blickwinkel sieht er in der Gegenübertragung die Schlüsselfrage der modernen psychoanalytischen Therapie. Diese erweiterte Auffassung der Gegenübertragung geht aus klinischen Beobachtungen und therapeutischen Erfahrungen mit schwierigen Patienten hervor (die synonym als Borderline-[1] oder Grenzfälle bezeichnet werden können). Diese Patienten sind nicht in der Lage, das psychoanalytische Setting als unterstützendes

---
1 Ich benutze den Begriff »Borderline« hier nicht als psychiatrische Diagnose, sondern beziehe ihn auf den Modus psychischen Funktionierens, das, wie Green ausführt, dominiert ist vom Gegensatz, der durch die Dualität von Trennungsangst und Intrusionsangst dominiert ist und reguliert wird durch den Gebrauch von Spaltung, Dekathexis und anderen Mechanismen psychischer Abwehr (Green 1975).

Umfeld zu nutzen; deshalb brauchen und beanspruchen sie eine größere persönliche Anteilnahme des Therapeuten.

Diese Anteilnahme besteht unter anderem in der Analyse des Settings selbst. Das Setting sollte dabei nicht lediglich als ruhiger, unveränderlicher Hintergrund aufgefasst werden, sondern hauptsächlich als Behälter (»Container«), der durch projektive Identifikation die ursprüngliche Übertragung des Patienten aufnimmt. Dieser Prozess ist in Bions Vorstellung des »Containing« integriert, das einen internen Prozess der Mutter – und umfassender betrachtet auch des Therapeuten – beschreibt. Dieser Prozess fördert die Entwicklung von Denken und Meinung beim Baby oder – umfassender betrachtet – auch beim Patienten (Bion 1967a). Bion benutzt weiter den Begriff »Rêverie« zur Definition einer »Geisteshaltung, die offen ist für die Wahrnehmung der […] projektiven Identifikationen des Kindes, gleichgültig ob diese als gut oder als böse empfunden werden« (Bion 1962).

Wenn das Setting so eng mit Übertragung und Containing verknüpft ist, ist es offensichtlich, dass die Gegenübertragung einen wesentlichen Hauptfaktor für seine Funktionsweise darstellt. Indem der Therapeut seine Vorstellungskraft benutzt (beispielsweise seine Fähigkeit zur Rêverie) versucht er, in seiner Vorstellung ein Bild der Geistesverfassung des Patienten zu formen und zu bewahren, ohne dabei unerträgliche mentale Inhalte zu vermeiden (Fonagy 1999) und meldet dem Patienten dieses Bild in einer erträglicheren Form zurück, das dann dessen mentale Funktionen mobilisiert. Vergegenwärtigen wir uns auf der anderen Seite die Rolle der projektiven Identifikation, so muss

> »die Übertragung nicht auf eine illusorische Wahrnehmung einer anderen Person beschränkt werden, […] sondern kann genutzt werden, um die unbewussten (oftmals subtilen) Versuche einer situativen Manipulation oder Provokation einzuarbeiten, die eine verborgene Wiederholung früherer Erfahrungen und Beziehungsmuster zu anderen darstellen« (Sandler 1975, S. 44).

In der Praxis könnte dies bedeuten, dass der Therapeut oftmals eine kritische persönliche Erfahrung entsprechend oder ergänzend zu derjenigen des Patienten durchleben muss, um an verborgene Sachverhalte zu gelangen, wie Green ausführt (Green 1975, S. 3).

Das Verlusterleben ist eine der häufigsten kritischen Erfahrungen, die im Laufe einer psychoanalytischen Therapie auftreten können. Freud selbst bezeichnet den Verlust des Liebesobjektes als die typische, primäre Angstsituation, der das Kind begegnet (1926). Haynal (1986) bemerkt, dass das Bedürfnis nach Analyse oft auch mit Verlust einhergeht, was auch den

Verlust von Illusionen über sich selbst einschließt. Darüber hinaus bedeutet eine Veränderung in der Psychoanalyse auch ein gesteigertes Bewusstsein für die Realität, was wiederum die Aufgabe von Omnipotenz und die Konfrontation mit Verlust einschließt (Steiner 2005). Die psychoanalytische Therapie könnte demnach mit einer Art Trauerprozess verglichen werden. Es ist evident, dass Gefühle von Verlust beim Patienten wichtige Implikationen für die Gegenübertragung haben. Alexandris (1993) meint dazu, dass der Therapeut manchmal dazu verpflichtet ist, eine Reise in die Trauer zu durchleben, die der des Patienten ähnelt und parallel zu ihr verläuft. In jedem Falle muss der Therapeut dazu bereit sein, sein relatives inneres Gleichgewicht zu »verlieren«, um den Rhythmus des Patienten anzunehmen (vgl. Haynal 1986). An diesem Punkt würde ich gerne das Erleben eines spezifischen Verlustgefühls in der Gegenübertragung diskutieren. Ich referiere hierbei Fälle, in denen der Therapeut den Eindruck hat, den Kontakt mit der psychischen Realität des Patienten verloren zu haben, insbesondere wenn er mit Patienten arbeitet, die den therapeutischen Interventionen gegenüber unzugänglich oder feindlich eingestellt sind.

In diesen Fällen besteht das Schlimmste, das dem Therapeuten als Konsequenz des Verlustes des Kontaktes mit dem Patienten widerfahren kann, darin, den Patienten selbst zu verlieren, sei es im Falle selbstdestruktiven Agierens oder durch Abbruch der Therapie. Dies bedeutet sicherlich einen schweren narzisstischen Schlag für den Therapeuten. Aber es scheint so zu sein, dass, selbst wenn ein solches Ereignis unwahrscheinlich ist, der Therapeut auch dann Verlusterfahrungen macht, wenn Theorien und Interpretationen, die er selbst für sehr wertvoll hält, ihre Wirkung auf den Patienten verfehlen. Wir dürfen hierbei nicht vergessen, dass Interpretationen kreative Schöpfungen des Therapeuten darstellen. Sie aufzugeben oder ihre Begrenztheit wie auch die eigene Begrenztheit des Verstehens zu akzeptieren, erscheint zwar theoretisch evident, kann jedoch in der Praxis schmerzvoll sein, wenn der Therapeut sich in seinem therapeutischen Bemühen als hilflos erfährt. Eine wichtige Frage stellt sich an dieser Stelle hinsichtlich der Bedeutung solcher Gefühle aus der Gegenübertragung für die Bewertung der Übertragung: Könnte etwa der Eindruck, die eigene therapeutische Kapazität zu verlieren oder sich hilflos und ängstlich zu fühlen, Ähnlichkeit haben mit der Angst des Patienten vor Desintegration? Ich werde nach der Präsentation des klinischen Fallmaterials zu diesem Aspekt zurückkehren.

Klinisches Material

W. war 23 Jahre alt, als er in die Therapie kam. Er lebte mit seinen Eltern und seinem zwei Jahre jüngeren Bruder zusammen und war Student für Computertechnik. Nach einer stürmischen Beziehung zu einer jungen Frau ersuchte er um Therapie. In den ersten Sitzungen sprach er hauptsächlich von seiner zunehmenden Schwierigkeit, an den Universitätsveranstaltungen teilzunehmen. Er fühlte sich von Angst und Scham überwältigt. Er bezog dies auf die junge Frau, die ihn verlassen hatte, und er sagte, dass er ohne ihre Anwesenheit von jedermann als unbedeutend oder gar als lächerlich angesehen würde. Dennoch schienen diese Schwierigkeiten im Lauf der Jahre nach Beginn des Studiums allmählich immer mehr zugenommen zu haben. Außerdem beschrieb er seine Ex-Freundin als richtiggehend tyrannisch; sie demütigte ihn die meiste Zeit in der Öffentlichkeit und attackierte ihn sogar physisch, flirtete in seiner Anwesenheit mit anderen Männern und anderes mehr.

W. beschrieb seine Kindheit und seine Adoleszenz als ereignislos und sehr bedrückend. Im Alter von zwei Jahren (als sein Bruder geboren wurde) wurde er in die Wohnung des Großvaters mütterlicherseits geschickt, die im ersten Stock des zweistöckigen Familienhauses lag, und blieb dort bis zum Tode der Großmutter, als er sechs Jahre alt war. In der Schule hatte er nicht viele Freunde. Er war Fan von Science Fiction und Comic-Büchern. Gelegentlich trank er und rauchte Haschisch. Er berichtete, dass er nie träume. Stattdessen dachte er sich im Bett verworrene Geschichten von mittelalterlichen Kriegen aus. Manchmal wachte er mit dem Gefühl auf, dass ein Außerirdischer oder eine geisterhafte Erscheinung anwesend wäre. Dies würde er jedoch nicht als Traum bezeichnen wollen.

In seiner Familie war die Mutter unzweifelhaft die dominante Figur. Sie wurde von ihm als fürsorglich, aber intrusiv beschrieben. Ihr Vater war während eines Luftangriffes im Krieg gestorben, als sie zwei Jahre alt war. Sie wurde dann von einem Mann adoptiert, den W. später als seinen Großvater kennenlernte. Dieser hatte ebenfalls gerade unter schrecklichen Umständen seinen Bruder verloren und galt als Kriegsheld. In dieser Zeit scheint der Patient in einer Welt der Erinnerungen gelebt zu haben.

Sein Vater, jünger als die Mutter, wurde von ihm als überempfindlich beschrieben, der schnell explodierte oder in Tränen ausbrach, wenn er unter Druck stand. W. bewunderte die sozialen Kompetenzen seines Bruders, wenn es darum ging, sich nicht von anderen »herumkommandieren« zu lassen.

W. schien gut mitzuarbeiten (soweit es praktische Maßnahmen, Reaktion auf meine Kommentare usw. betraf), allerdings hatte diese Mitarbeit auch einen ironischen Unterton. Seine Ausführungen beschränkten sich auf alltägliche Stresserfahrungen von geringer Belastung, obwohl seine Sprache facettenreich und oftmals lebhaft war. Manchmal bat er abrupt um direkte Vorschläge bezüglich einfacher Sachverhalte, schien an möglichen Antworten jedoch gar nicht interessiert zu sein. Manchmal erschien er verloren und verängstigt.

In der Gegenübertragung erlebte ich für diesen jungen Mann hauptsächlich positive, beschützende Gefühle, auch wenn mich seine Distanziertheit irritierte. Obwohl W. auf meine Kommentare zu einem vermuteten (wenn nicht – zumindest für mich – offensichtlichen) Bedürfnis nach Schutz (vor dem »herumkommandiert werden«) kühl reagierte, fühlte er sich offenbar beschämt oder vielleicht sogar ängstlich. Seine Antworten auf solche Interventionen zeigten unterschwellig den Wunsch, diesen zu entgehen, unausgesprochen zeigte er auch so etwas wie Ärger.

Wenn ich mich in meinen Deutungen auf die negative Übertragung bezog (auf seine mögliche Angst vor mir oder davor, von mir herumkommandiert, etc. zu werden), knurrte er, dass er nicht verstehe, was ich meine. Dennoch erschienen mir diese Interpretationen als einziger Ausweg aus der vermuteten unbehaglichen Rolle einer koste-es-was-es-wolle-fürsorglichen Figur, die gleichzeitig als aufdringlich wahrgenommen wird.

Von Zeit zu Zeit erzählte W. von seinem Lieblingscomichelden: Wolverine, ein maskierter junger, starker, gefühlloser umherstreifender Mutant, dessen Erinnerungen von Geheimdiensten künstlich implantiert worden waren. Da ich selbst früher Comicleser war, weckte es mein Interesse, wenn er von Wolverines Abenteuern sprach. Mehr noch spürte ich merkwürdigerweise den kontinuierlichen Impuls, einen anhaltend protektiven Persönlichkeitsanteil von W. zu beschützen, den ich im gefühllosen Charakter des Wolverine eingekapselt wahrnahm.

Wenn er aus den Ferien zurückkehrte, war W. jedes Mal in einer schlechten Verfassung. Üblicherweise sagte er dann, dass die Notwendigkeit weiterer Treffen mit mir ihn verwirre und dass er sich vor Beginn der Therapie besser gefühlt habe. Wann immer ich versuchte, diese Gefühle mit Ärger mit meiner Abwesenheit während der Ferien in Zusammenhang zu bringen, regte er sich sehr auf. Wann immer ich versuchte, diese Gefühle mit früheren Begebenheiten in Zusammenhang zu bringen, erschien er mir verängstigt und wurde nahezu inkohärent.

So verharrte W.s Therapie etwas anderthalb Jahre lang in einem Stadium des Stillstandes. In dieser Zeit fühlte ich mich mehr und mehr frustriert und entwickelte unbehagliche Gefühle der Antizipation. Ich spürte, dass ich allmählich fügsam wurde und mich auf W.s ständig wiederholtes Kreisen um Genörgel und darauffolgende Zurückweisung meiner Hilfe eingelassen hatte. Dann, nach seiner Rückkehr aus den Weihnachtsferien (in denen er einen Unfall nach Fahren im betrunkenen Zustand hatte), war er regressiv und wütend. Er schrie mich an, dass ich ihm letztlich nicht helfen könne, erklärte, er würde sein Zimmer nicht mehr verlassen und nicht mehr zur Universität gehen und konsumierte offensichtlich viel Alkohol. Er erzählte mir, dass er tags schlief und nachts wach blieb. Er kaufte und rauchte große Mengen an Haschisch und brach den Kontakt zu seinen wenigen Freunden ab.

Ich fühlte, dass W. sich auch innerlich von mir getrennt hatte, obwohl er weiter pünktlich zu den Sitzungen kam. Für einige Wochen schrie er mich nahezu konstant an. Ich hatte den Eindruck, dass er sich in solchen Momenten so verhielt, als ob ich nicht existierte. Dieser Mangel an Kommunikation war erschreckend. Ich versuchte, mich aus dem Kommunikationsloch hinauszubewegen, indem ich ihm sagte, dass er möglicherweise wünschte, ich solle mich so fühlen, wie er sich fühlte. Doch er ignorierte meine Worte. Dasselbe galt für Deutungen zu seiner von mir vermuteten Omnipotenz und dem Genuss, der damit verbunden war. Inzwischen war sein Alkoholkonsum immer schwerer und schwerer geworden, obwohl er immer nüchtern zu den Sitzungen kam.

Ich fürchtete nicht nur, den Kontakt zu W. zu verlieren, sondern schwebte in der Gefahr, auch anderes Wichtiges zu verlieren, so etwa meine Fähigkeit, ein ausreichend sicheres und unterstützendes Setting für ihn schaffen zu können. Sein Trinkverhalten wie auch der Autounfall hatten suizidalen Charakter, was mich an die Einweisung in eine Klinik denken ließ. Aber obwohl ich wusste, dass dies keine unübliche Maßnahme innerhalb der Therapie solcher Patienten darstellte, fühlte ich mich letztlich durch diesen Gedanken nicht erleichtert, da ich ihn als versteckten Rückzug vom Patienten bewertete.

Eines Nachts, nach einer weiteren Sitzung mit W., die ebenso wie die vorherigen Sitzungen ermüdend und deprimierend verlief, kam mir der Gedanke, dass meine Interpretationen, obwohl theoretisch korrekt, zu defensiv und deshalb erfolglos waren. Ich war zu sehr damit beschäftigt gewesen, ein Überwältigtwerden durch das, was ich als Projektion des Patienten wahrnahm, zu vermeiden, und ich war allzu sehr darauf konzentriert, ihm meine Interpretationen seiner Übertragung zurückzumelden, obwohl seine Reaktionen darauf durchweg negativ waren. Nun erschienen mir meine Interpretationen artifiziell, genau wie die implantierten Erinnerungen von Wolverine. Gleichfalls waren sie wirkungslos, da ich dann allwissend, ideal und superheldenhaft erschien und nicht deutlich werden ließ, dass ich schmerzvolle Erfahrungen mit diesem Patienten teilen könnte. Folglich konnte mein Patient sie als leer, als Comicgeschichten oder als Angriff eines idealisierten, omnipotenten Therapeuten erleben. Dieser Gedanke führte mich wieder zu Wolverine, dem Comichelden, und ich entschied mich dazu, im Internet nach Informationen über den Lieblingscharakter meines Patienten zu forschen. Dabei stieß ich auf die Seite der Wolverine-Stiftung, die nichts mit der Comicfigur zu tun hatte, sondern mit einer Tierart, die Wolverine (zu deutsch »Vielfraß«) genannt wird, von dessen Existenz ich bislang nichts gewusst hatte. Ich las, dass der Vielfraß, der eine Art großes Wiesel ist, als bedrohte Tierart eingestuft wird, da er trotz seiner beeindruckenden bärenartigen Erscheinung gnadenlos von Menschen, Wölfen und Bären gejagt wird. Dies ließ mich an meinen Patienten und seine tiergleiche Angst denken, eine Angst, die er auch in den Sitzungen der letzten Wochen auf mich projiziert hatte, eine Angst schließlich, die ich in meinen Interpretationen eher vermied, als sie mit einzubeziehen.

In ihrer Arbeit »Das Durcharbeiten in der Gegenübertragung« bemerkt I. Brenman-Pick:

> »Der Prozess der Begegnung und Aufarbeitung unserer eigenen Erfahrungen, sowohl Wissen wollend als auch Wissen fürchtend (in Bions Terminologie +K und –K), fördert, wie ich glaube, einen besseren und empathischeren Kontakt mit solchen Teilen des Patienten und seinen internen Objekten« (1985, S. 158).

Zwei Tage später kam W. zu mir und hielt ein Papier mit seinen Leberwerten in den Händen, deren Überprüfung sein Hausarzt wegen seines starken Trinkens veranlasst hatte. Die biologischen Parameter zeigten, dass seine Leber angegriffen war, wie W. mir erzählte. Er beschrieb dann triumphierend die Art und Weise, in der seine Mutter ihn wegen seiner Leberwerte angegriffen hatte, als wären sie schlechte Schulnoten, und wie er sie zum Verstummen gebrachte hatte, was sehr ungewöhnlich war. Ich dachte, er bezöge sich damit auch auf die Therapie und fühlte mich sehr traurig. Dann erinnerte ich mich an das, was er über seinen Vaters erzählt hatte, der in Tränen ausbrach, wenn er unter Druck stand. Ich sagte zu ihm: »Ihre Leber ist in Gefahr. Sie sollten auf Ihre Leber Acht geben, weil Sie sie brauchen.«

Zu meiner Überraschung schien W. von meinen Worten sehr beeindruckt zu sein. Er sprang auf und fragte: »Wie? Wie kommt es, dass Sie so viel über meine Leber wissen?« Ich antwortete: »Weil ich Arzt bin.« Zu meiner erneuten Überraschung sagte er mir daraufhin, er werde mir seine gesamten biochemischen Testergebnisse bringen und mir die Telefonnummer seines Hausarztes geben, damit ich ihn kontaktieren könnte.

In der nächsten Sitzung erzählte er mir erstmals einen Traum: Er sah einen Totenschädel und träumte dann, alle Zähne zu verlieren. Ich nahm an, dass W. es geschafft hatte, ein rudimentäres mentales Abbild seiner verängstigten und verängstigenden psychischen Realität zu formen und es mir zu präsentieren.

Diskussion

Bei der Arbeit mit Patienten, deren Verhalten nicht nur die Behandlung, sondern auch deren Leben bedroht (Bateman 1999), scheinen vertrauensvolle, realitätsbezogene Interventionen wesentlich effektiver zu sein als komplexe Interpretationen. Ihr Wert, so Bateman, liegt darin, dass sie außerhalb der entwickelten pathologischen Beziehung liegen und eine einfache sekundäre Ebene der mentalen Repräsentanz bieten, die der Veränderung zugänglich ist. Die Frage ist dann: Was zieht den Therapeuten in die pathologische Beziehung und wie kann er sich aus ihr befreien, um effektive Interventionen zu ermöglichen?

Spaltungsmechanismen und projektive Identifikation wie auch andere Abwehrmechanismen werden als typische psychische Funktionsmerkmale von Patienten mit Borderlinesymptomen gesehen. Die Beobachtung dieser Mechanismen kann unter anderem zu zwei Annahmen führen. 1. Der psychische Apparat dieser Patienten weigert sich, den abgewehrten Teil der psychischen Realität anzunehmen, was eine Wiederholung dessen darstellen könnte, was zwischen dem Subjekt und seinem Primärobjekt geschehen ist. Möglicherweise löst die Präsentation dieser abgewehrten Phänomene in der therapeutischen Beziehung einen enormen Druck zur Aktualisierung dieser Primärzurückweisung aus. 2. Folgen wir Winnicotts Annahmen bezüglich schwer erreichbarer Patienten, so ist das, »was wir in der klinischen Praxis sehen, immer eine Abwehrorganisation«, weil »die zugrunde liegende Agonie undenkbar« ist (Winnicott 1974, S. 104). Ich glaube, dass diese undenkbare zugrundeliegende Agonie manchmal der Konzeption Bions der namenlosen Furcht nahe kommt. So mag ein Teil des Patienten die therapeutische Beziehung intakt lassen, ohne Nutzen daraus zu ziehen (Donnet 1973), um Angst zu vermeiden. Der Therapeut wird angespornt, insgeheim mit der Spaltung mitzuagieren, als würde ihn dies davor bewahren, die unerträgliche Erfahrung des Patienten zu durchleben. Dies könnte in eine Gegenübertragungsidentifikation mit demjenigen Anteil des Patienten einmünden, der eine omnipotente Kontrolle repräsentiert (möglicherweise zielten meine Übertragungsinterpretationen letztendlich auch auf meine Selbstbeherrschung oder Selbstachtung gegenüber W.). Eine andere mögliche Folge wäre eine masochistische Compliance mit dem Druck des Patienten (daher stammt mein Eindruck, dass ich die Rolle eines unterwürfigen Behältnisses für W. spielte). Die Opfer-Täter-Dyade ist eine pathologische Beziehung, die wir häufig in der Behandlung schwer traumatisierter Borderlinepatienten sehen (Kernberg 2004).

Wenn der Therapeut den Verdacht einer Kollusion hat, wird er beginnen, sein technisches Vorgehen infrage zu stellen. Dies kann starke depressive Gefühle auslösen, weil er erkennt, dass er den Kontakt mit dem Patienten verloren hat (beachten wir dabei, dass das Verstehen eines Patienten ein therapeutisches Ideal konstituiert). Gleiches gilt auch für den Verlust von technischen Ressourcen (Canzler 1986).

Eine Idealisierung psychoanalytischer Theorie und Technik könnte man als einen Abwehrversuch gegen solche depressiven Gefühle verstehen. Sie kann auch als Ursache für rigides Überinterpretieren gesehen werden (interpretative Vergeltung nach Green).

Es ist offensichtlich, dass W. versuchte, mich in den ersten 14 Monaten auf Distanz zu halten – seine einzige Möglichkeit, die Wahrnehmung seiner Angst zu vermeiden. Er erreichte dies auch, indem er seinen omnipotenten Anteil, repräsentiert durch den Comichelden Wolverine, auf mich projizierte. Lange Zeit kolludierte ich mit diesem projizierten Anteil und blieb deshalb für seine Angst vor einem Zusammenbruch teilweise unempfänglich. Irgendwie negierte ich die Empathie mit diesem verwundbaren Teil, da ich dachte, meine unzerstörbare Deutungsaktivität sei der einzige Weg, einen Zusammenbruch meiner therapeutischen Funktionen zu verhindern.

Begrenzungen zu akzeptieren und Allmacht und Allwissenheit aufzugeben, hat mit Trauer zu tun, die mit symbolischem Denken verknüpft ist, insofern als symbolisches Denken das Akzeptieren von Verlust voraussetzt. So könnte in der Behandlung mancher Borderlinepatienten die Trauer des Therapeuten u. a. bedeuten, dass er die Angst als Auslöser für eine verfahrene Situation anerkennt, und zwar sowohl in der Übertragung als auch in der Gegenübertragung. Dies wiederum könnte zur Suche nach einer mentalen Vorstellung führen, welche die abgespaltene Erfahrung der Furcht beinhaltet und dieser Bedeutung verleiht.

Um zu erklären, wie die inneren Prozesse des Analytikers die Symbolisierungsfähigkeit fördern können, bemerkt Green, dass das Symbol gemäß seiner ursprünglichen Definition als ein zweigeteiltes Objekt aufgefasst werden könnte. Es stellt ein Zeichen der Wiedererkennung, sofern diejenigen, die es verwenden, beide Teile zusammenfügen können.

Green führt weiter aus, dass

> »nichts in dieser Definition darauf hindeutet, dass die zwei Teile des Symbols gleichartig sein müssen. Demnach liefert der Analytiker das, was dem Patienten fehlt, selbst wenn der Prozess der Analyse ihn dazu nötigt, große Anstrengungen zu unternehmen, die ihm dazu verhelfen, ein geistiges Abbild der mentalen Funktionen des Patienten zu formen« (Green 1975, S. 11).

Ich denke, dass ich in der Beziehung zu W. meine unterstellte therapeutische Angstfreiheit betrauern und meine Fähigkeiten zum Containing neu bewerten musste. Möglicherweise war es gerade das, was mich nach einer symbolischen Form der Angst des Patienten suchen und sie finden ließ. Die beiden Teile des Symbols könnten in der Doppelbedeutung des Wolverine liegen: Der allmächtige Held und das verängstigte, von Ausrottung bedrohte Tier. Dieses Bild war auf irgendeine Weise in die Intervention bezüglich W.s bedrohter Leber eingebunden. W.s Fähigkeit, im Bild vom Totenschädel von seiner psychischen Realität zu träumen, könnte dann mit der Aufnahme meiner Botschaft zu tun haben. Möglicherweise bekam er auf diese Weise Zugang zu dem, was ihm zu fehlen schien: Seine Fähigkeit, ein mentales Bild seiner inneren Welt zu erschaffen.

In den folgenden Monaten war W. eindeutig sehr viel empfänglicher. Er hörte praktisch mit dem Trinken auf. Ich spürte, wie seine Übertragung zwischen Vertrauen in das, was ich sagte, einerseits und kurzzeitiger starker paranoider Angst schwankte, aber er konnte beides akzeptieren. Hinsichtlich seiner Angst sagte er:

> »Ich war es gewohnt, Angst vor der Angst zu haben. Jetzt, da meine Therapie zu Ende ist, habe ich zwar immer noch Angst, jedoch solange etwas meine Angst verringern kann, weiß ich, dass meine Angst nicht real, sondern nur ein Gedanke ist.«

Er meinte wohl, er fühle sich mehr oder weniger aufgefangen (»to be contained«) und so konnte er auch seine Angst auffangen (»to contain«).

Etwa ein Jahr nach der Begebenheit mit der Leber berichtete er mir folgenden Traum: Sein Großvater fiel langsam und sachte wie ein Fallschirmspringer vom Balkon des zweiten Stockwerkes des Familienhauses zu Boden. Zu seiner Überraschung assoziierte er dies mit dem Großvater, der zu unpassenden Zeiten an seine Tür klopfte. Der Hausarzt hatte dies als den Beginn einer senilen Demenz erklärt.

Fonagy (2000) beobachtete, dass Träume von Borderlinepatienten ihren subjektiven Erfahrungen ähneln und eine starke emotionale Wertigkeit in sich tragen. Möglicherweise stellt dieser Traum den Versuch eines Teils von W. dar, einen Trauerprozess widerzuspiegeln, nicht nur hinsichtlich des erwartbaren Verlustes des Großvaters, sondern auch hinsichtlich des allmählichen Verlustes des omnipotenten, heldenhaften Teils seines Selbst. Man könnte weiter annehmen, dass der Fallschirm ein Symbol dafür darstellt, dass ein Containing möglich geworden war – Spiegelfunktionen, welche Schmerz und Bedrängnis vermindern.

In dieser Zeit sprach er viel von seinem Großvater, der auf ihn aufgepasst hatte, seit er mit zwei Jahren aus der Familienwohnung fortgeschickt worden war. Offensichtlich bestand der Umgang des Großvaters mit Verlusterfahrungen im Rückzug in nostalgische, schizoide Fantasien über den Krieg und seinen verlorenen Bruder. Üblicherweise schrieb er jeden Tag einen Brief an seinen toten Bruder. In diesen Briefen, so der Patient, vermischten sich Vergangenheit und Gegenwart und das Ergebnis war eine verschwommene Geschichte. W. entschied sich jetzt dafür, für seinen Großvater zu sorgen, fuhr ihn zu seinen Freunden, sorgte dafür, dass er nicht verloren ging und anderes mehr.

Schlussfolgerungen

Nach Perelberg (1999) ist es die anhaltende mentale Beteiligung eines anderen Menschen ohne die Bedrohung der Vernichtung, was zu einer neuen und konstruktiven Erfahrung in der psychoanalytischen Behandlung von schwierigen Patienten werden könnte. Das Problem besteht dann darin, wie man der drohenden Vernichtung *in* der therapeutischen Situation begegnen kann, da der Patient diese Bedrohung durch Abspaltung zu bewältigen versucht, was wiederum das Grundproblem seiner psychischen Funktionsweise darstellt. Bion deutet an, dass Containing und Rêverie als interne Prozesse des Therapeuten eine Antwort auf diese Frage darstellen könnten. Bions berühmter Ausspruch zu Gedächtnis und Verlangen steht im Gegensatz zu vorformulierten Auffassungen und bestimmten Wünschen bezüglich des Patientenmaterials in jeder Sitzung (Bion 1976b).

So muss der psychische Apparat des Therapeuten in der Lage sein, sowohl mit der unerträglichen Bedrohung als auch mit dem bedrohten kindlichen Anteil des Patienten in Kontakt zu treten (und diese Teile zu verbinden). Wenn jedoch die Bedrohung unerträglich und das Leid undenkbar wird, wenn die Angst namenlos ist, wie kann der Therapeut sie benennen? Die Theorie kann nicht als Ergänzung des Prozesses benutzt werden, wenn der Therapeut sich mit dem »Undenkbaren« auseinandersetzt (Bolognini 2003). Es ist möglicherweise hilfreich, wenn der Therapeut selbst etwas diesen Emotionen Entsprechendes durchlebt hat (vom Verlust seiner therapeutischen Kompetenz bis hin zu Angst), sodass er dies in seine Erfahrung integrieren und sie deshalb besser reflektieren kann. In meiner Arbeit habe ich versucht, die Schwierigkeiten dieses Bestrebens und den Druck in Richtung Kollusion mit den Ausstoßungsprozessen des Patienten darzustellen. Darüber hinaus impliziert dieses Bestreben einen Prozess des Trauerns, und auch, dass eine solche Aufgabe der Omnipotenz durch den Therapeuten beim Patienten einen homologen Verarbeitungsprozess von Trauer hinsichtlich seiner destruktiven und omnipotenten Abwehrmechanismen unterstützen kann.

Übersetzung: Horst Michael Spyrou

Literatur

Alexandris, A. (1993): A parallel voyage of mourning for patient and analyst within the transference-countertransference voyage. In: Alexandris A. & Vaslamatzis G. (Hg.): Countertransference. Theory, Technique, Teaching. London, Karnac.
Bateman, A. (1999): Narcissism and its relation to violence and suicide. In: Perelberg, R.J. (Hg.): Psychoanalytic Understanding of Violence and Suicide. London/New York, Routledge.
Bion, W. (1962): Learning from experience. London, Heinemann.
Bion, W. (1967a): Second Thoughts. London, Maresfield Library.
Bion, W. (1967b): Notes on Memory and Desire. In: Bott-Spillius, E. (Hg.): Melanie Klein Today, Vol. 2: Mainly Practice. London/New York, Routledge.
Bolognini, S. (2003): Psychoanalytic Empathy. Translated by M. Garfield. Free Associations Books.
Brenman-Pick, I. (1985): Working through in the counter-transference. Int J Psycho-Anal 66, 157–66.
Canzler, P. (1986): La dépression contre-transférentielle. In: Bergeret, J. & Reid, W. (Hg.): Narcissisme et états-limites. Paris, Dunod.
Donnet, J.-L. (1973): Le divan bien tempéré. Nouv. Rev. Psycho-Anal 8, 23–49.

Fonagy, P. (1999): Final Remarks. In: Perelberg, R.J. (Hg.): Psychoanalytic Understanding of Violence and Suicide. London/New York, Routledge.
Fonagy, P. (2000): Dreams of borderline patients. In: Perelberg, R.J. (Hg.): Dreaming and thinking. London/New York, Karnac.
Freud, S. (1912): Recommendations to physicians practicing psychoanalysis. SE XII, 111–120.
Freud, S. (1926): Inhibitions, symptoms and anxiety. SE XX.
Green, A. (1975): The Analyst, Symbolization and Absence in the Analytic Setting (On Changes in Analytic Practice and Analytic Experience) – In Memory Of D. W. Winnicott. Int J Psycho-Anal 56, 1.
Haynal, A. (1986): La dépression, le deuil et la cure psychanalytique. In: Bergeret, J. & Reid, W. (Hg.): Narcissisme et états-limites. Dunod, Paris.
Kernberg, O. (2004): Aggressivity, narcissism and self-destructiveness in the psychotherapeutic relationship. New Haven/London, Yale Univ. Pr.
Perelberg, R.J. (1999): Introduction. In: Perelberg, R.J. (Hg.): Psychoanalytic Understanding of Violence and Suicide. London/New York, Routledge.
Sandler, J. (1975): Countertransference and Role-Responsiveness. Int Rev Psycho-Anal 3, 43–47.
Steiner, J. (2005): The conflict between mourning and melancholia. Psychoanal Q LXXIV (1), 83–105.
Winnicott, D.W. (1974): Fear of Breakdown. Int Rev Psycho-Anal 1, 103–107.

12 Die Funktion von Grenzen: Permeabilität und Abgrenzung

Die Kontaktschranke im psychoanalytischen Prozess

Martin Teising

Einleitung

Wenn wir uns identifizieren, wenn introjiziert oder projiziert wird, so stets mit der Vorstellung, dass etwas in etwas hinein oder aus etwas heraus gebracht wird. Diese Vorgänge sind nur unter Überwindung eines trennenden Dazwischens, einer Grenze denkbar. Mit einer Grenze werden in der Welt des Materiellen Flächen, Räume und Körper voneinander getrennt. Das Topische wird bei Verwendung des Grenzbegriffs auf das abstrakte Phänomen Psyche übertragen. Die tiefe Verwurzelung räumlicher Vorstellungen im psychoanalytischen Denken lässt sich damit erklären, dass die Organisation menschlicher Erfahrung von Anfang an körperliche Bezüge herstellt (Schafer 1972). Psychisches (Er-)Leben organisiert sich am Körper-Ich, das eine räumliche, sensitive Einheit mit Öffnungen und Ausgängen ist. Das Selbst wird folglich in den psychischen Grenzen des Körpers gedacht, was ja in dem Begriff vom Haut-Ich, den Anzieu geprägt hat, besonders deutlich wird.

Zunächst wird an das erste Konzept einer psychischen Grenze erinnert, das Freud mit dem Begriff der Kontaktschranke beschrieben hat. Dann werden aktuelle Vorstellungen dargestellt, denen ein eigener Vorschlag hinzufügt wird. An einem Fallbeispiel wird gezeigt, welche unterschiedlichen Funktionsmodi psychischer Grenzen im psychoanalytischen Prozess zu beobachten sind.

2. Freuds Verständnis der Kontaktschranke

Nur in einem frühen, von ihm selbst nie veröffentlichten Text, dem »Entwurf einer Psychologie« (1895) verwendet Freud den Begriff der Kontaktschranke.

Mit dem zusammengesetzten Nomen »Kontakt-Schranke« wird die Dialektik jeder Grenze ausgedrückt, die zwischen Unterschiedlichem differenziert, ein»schränkt« und trennt, damit Kontakte aber erst ermöglicht.

Freud ging entsprechend der neurophysiologischen Vorstellungen seiner Zeit davon aus, dass Reize, die aus der Außenwelt oder dem Körperinneren stammen, in Form von Energiequanten auf Nervenzellen treffen. Er vermutete, dass es zwei Arten von Nervenzellen geben müsse. Die eine Art lasse Erregungsenergie hindurch und leite sie an ausführende Organe weiter. Nach der Erregungsdurchleitung bleiben diese Zellen unverändert. Freud nennt sie Phi-Elemente. Ein anderer Teil der Energie trifft auf andere Zellen, die Psi-Elemente, die eine Schranke bilden. Sie filtern und speichern Energie und verändern dadurch die eigene Struktur. Bei erneutem Reiz ist eine alternative Reaktion möglich. Durch eine Verknüpfung der Psi-Elemente untereinander entsteht das Gedächtnis. In dieser Arbeit definiert Freud auch erstmals das Ich und zwar als die Gesamtheit der jeweiligen Psi-Besetzungen, die aus einem bleibenden und einem sich permanent verändernden Anteil bestehen (1895, S. 416). Das Ich wird zur Kontaktschranke, die Erregungen von innen und außen bearbeitet.

1920 postuliert Freud eine Rindenschicht, die einen Reizschutz darstellt. Zu starke Reize, die nicht verarbeitet werden können, durchbrechen diesen Schutzwall. Es kommt zu einer traumatischen »direkten Schädigung der molekularen Struktur, oder selbst der histologischen Struktur der nervösen Elemente« (1895, S. 31).

Im »Abriß der Psychoanalyse« benennt Freud 1938 noch einmal die Grenzfunktion der Ich-Instanz. »Ursprünglich als Rindenschicht mit den Organen der Reizaufnahme und den Einrichtungen zum Reizschutz ausgestattet, hat sich eine besondere Organisation hergestellt, die von nun an zwischen Es und Außenwelt vermittelt« (Freud 1938, S. 68).

Freuds Konzept von der Grenze hat sich im Verlauf der über 40 Jahre, die zwischen den zitierten Arbeiten liegen, von einem Modell somatisch nachweisbarer Funktionen zu einem metapsychologischen Modell entwickelt.

3. Aktuelle Vorstellungen der Grenzfunktion

Bion (1962) hat – soweit ich sehe als Einziger – den Begriff der Kontaktschranke von Freud aufgenommen und weiterentwickelt. Die Kontaktschranke entsteht dadurch, dass unmittelbare, körperlich erfahrene Sinneseindrücke und Emotionen, die Bion bekanntlich Beta-Elemente nennt, durch die mentalisierende Alpha-Funktion mit Bedeutungen versehen und dadurch zu Alpha-Elementen werden, die gespeichert werden können. Unmittelbares, dem Verstand nicht Zugängliches wird also »alphabetisiert« und damit »lesbar«. Ähnlich wie Freud die Psi-Elemente als Bestandteile eines Netzwerks gedacht hatte, beschreibt Bion ein Netzwerk der Alpha-Elemente. Sie vermehren sich durch Erfahrungen und bilden die Kontaktschranke. Sie trennt gleichzeitig Funktionen des Bewussten von Funktionen des Unbewussten. Das Unbewusste bleibt geschützt, eine Voraussetzung, um bewusste Aufmerksamkeit auf die aktuelle äußere Realität richten zu können und dabei Irrelevantes auszuschalten. Ein geregelter »Grenzverkehr« mit Abkömmlingen des Unbewussten, aber auch mit den Objekten kann nur stattfinden, wenn die Kontaktschranke ausreichend sicher funktioniert.

Die Kontaktschranke ermöglicht es auf diese Weise, überhaupt Beziehungen nach außen aufzunehmen und erhält nach innen den Glauben an die Beziehung, ohne dass dieser Glaube durch Emotionen und Fantasien, die die Qualität von Beta-Elementen haben, erschüttert oder überschwemmt würde. Sie bewahrt andererseits Emotionen innerer Herkunft davor, durch eine realistische Sicht überwältigt zu werden. Sie isoliert also Inneres von Äußerem und Äußeres von Innerem. Zu durchlässige Kontaktschranken lassen die Beziehungen zur Außenwelt gefährlich erscheinen und sichern den Denkraum nur unzureichend gegen Überflutung aus dem Unbewussten.

4. Unterschiedliche Funktionsmodi der Kontaktschranke

Die dialektische Funktion der Kontaktschranke, mit deren Hilfe u. a. zwischen Selbst- und Objektrepräsentanz differenziert und das Selbst konturiert wird, wird im Folgenden näher untersucht. Zuvor wird an die empirischen Ergebnisse der Säuglingsforschung erinnert, die zeigen, wie schon in den ersten Lebenstagen nach dem Kriterium bekannt/unbekannt differenziert wird. Diese Unterscheidung führt zu der Interpretation: zu mir gehörig, nicht zu mir gehörig. Die bisher genannten Konzepte der Kontaktschranke beruhen auf dyadisch konzipierten Prozessen. Eine stabile sichere Grenzfunktion, so meine Überlegung, benötigt einen triangulierenden Funktionsmodus. Sie muss gewissermaßen durch die Einbeziehung einer dritten Instanz von dieser ratifiziert werden, um ihren Aufgaben – nämlich Konfusion und Auflösung zu verhindern und gleichzeitig Kontakt zu ermöglichen – sicher gerecht werden zu können. Die Funktionsmodi der Kontaktschranke lassen sich in Anlehnung an Ogden (1989) in solche monadischer, dyadischer und triadischer Qualität unterteilen.

Im monadischen Funktionsmodus der Kontaktschranke dominiert körpernahes Erleben. Das Objekt ist als berührendes aber nicht als getrenntes Gegenüber repräsentiert. Diese Funktionsweise ermöglicht entweder verschmelzende Berührung oder einen »verrückten« autistischen Verschluss. Ängste vor einem Identitätsverlust werden nur unzureichend abgewehrt und können manifest werden. Sie entsprechen einem Funktionszustand, der der autistisch-berührenden Position zuzuordnen ist. Einssein und Getrenntsein werden simultan wahrgenommen. Dieser autistisch-berührende Modus »sichert dem menschlichen Erleben ein gutes Maß an Begrenzung sowie die Anfänge eines Gefühls für den Ort, an dem dieses Erleben stattfindet« (Ogden 1989, S. 84).

Eine dyadische Funktionsweise ermöglicht die grobe Unterscheidung und Bewertung des Wahrgenommenen nach qualitativen Gesichtspunkten. Dabei wird ein undifferenziertes spaltendes Raster angelegt. Diese Funktionsweise ermöglicht primitive Differenz und wehrt reiferes Beziehungserleben ab. Es gibt brüchige, perforierbare Schranken, die Triebimpulse nur unsicher in Schach zu halten vermögen. Dieser Funktionsmodus ist der paranoid-schizoiden Position zuzuordnen.

Ein triadischer Funktionsmodus hingegen ermöglicht, die Getrenntheit und Unterschiedlichkeit von Selbst und Objekt anzuerkennen in einer Welt, die als Drittes vor der Zweiheit existierte. Eine Abgrenzung, die nach dem triadischen Modus funktioniert, eröffnet einen dreidimensionalen Denkraum. Denken kann Handeln ersetzen und schützt vor Überflutung durch Affekte. Diese Funktionsweise gewährt ausreichend Schutz vor Ängsten und ermöglicht Kontakt zu getrennten Objekten. Ein solcher Funktionszustand kann der depressiven Position zugeordnet werden.

5. Kontakt, Abgrenzung und Permeabilität im psychoanalytischen Prozess

Es bietet sich an, die dynamische Funktion der Kontaktschranke, wie der frühe Freud, mit heute aktuellen neurophysiologischen Konzepten zu vergleichen. Der »Grenzverkehr« im analytischen Prozess wird dann, wie Zwiebel (2002, 2004) es getan hat, mit einer Membran und folglich mit synaptischen Transportprozessen beschrieben. In der Begegnung zweier Individuen ist die Kontaktschranke aus zwei Membranen bestehend denkbar, die bidirektional jede in Richtung der anderen Impulse sendet und empfängt. Sie bildet einen synaptischen Spalt. In diesem, von beiden Beteiligten individuell und interpersonell gebildeten »Raum«, bei dem sich an Winnicotts intermediären Raum denken lässt, durchmischen sich die »Transmitter«. Die Funktion einer Membran an einer Synapse hängt von ihrem momentanen Erregungspotenzial ab, aber auch von der aktuellen Menge vorhandener Überträgerstoffe, ihrer Hemmung und dem Vorhandensein und der Erregungsbereitschaft oft sehr spezifischer Rezeptoren an der präsynaptischen bzw. der postsynaptischen Membran, wie auch im synaptischen Spalt.

Auf Patient und Analytiker angewandt hieße dies, dass beide ständig »Botenstoffe« in Gestalt von Worten, Gesten, (unbewussten) Fantasien, Affekten, Assoziationen usw. abgeben. Der Empfänger hat Rezeptoren in bestimmter Menge und je nach aktuellem Funktionsmodus, von bestimmter Qualität zur Verfügung. Spezifische Rezeptoren können gerade gehemmt oder nicht existent sein, sodass keine Rezeption möglich ist. Sind Rezeptoren und in ausreichender Menge Botenstoffe vorhanden, kann eine Erregung aufgenommen werden, unabhängig davon, ob die weitere Reizleitung und Verarbeitung zu bewusster Wahrnehmung führt oder unbewusst bleibt.

Die beschriebenen unterschiedlichen Funktionsmodi der Kontaktschranke bestimmen, wie im biologischen Vergleich die Transmitter und Rezeptoren, das Geschehen an der Kontaktschranke. Aus der jeweils aktuellen Mischung von monadischen, dyadischen und triangulären Funktionen ergibt sich die Permeabilität der Grenze im Übertragungs-Gegenübertragungsgeschehen des psychoanalytischen Prozesses. Verschlossenheit oder Offenheit in der analytischen Beziehung sind als Ergebnis eines komplexen Interaktionsprozesses zu begreifen, bei dem die Permeabilität in jedem Moment verändert und der intermediäre Übergangsraum neu gestaltet wird.

Der psychoanalytische Prozess nun lässt sich als Transformationsarbeit an der Kontaktschranke, die von Patient und Analytiker geschaffen und in jedem Moment verändert wird, charakterisieren. Es geht darum, das Geschehen zu alphabetisieren und damit verstehbar zu machen, was gelingt, wenn trianguläre Funktionsweisen überwiegen.

6. Klinisches Beispiel

Vor der ersten Analysestunde des Tages hatte mich die Unbeherrschtheit meiner Tochter wegen eines technischen Problems beschäftigt. Sollte ich ihr helfen oder sie die Angelegenheit allein lösen lassen? Mit dieser unentschiedenen Überlegung war ich in die Praxis gegangen. Ich hatte diese Gedanken während der Stunde verdrängt, ihre nachhaltige Wirksamkeit aber wurde mir im Nachhinein deutlich.

Mein Patient, ein 36-jähriger Jurist, berichtete in der Endphase einer mehrjährigen Psychoanalyse, dass es ihm gestern, einem analysefreien Tag, nicht gut gegangen sei. Er habe sich krank gefühlt und sei sich verlassen vorgekommen. Er kommt auf eine seiner Klientinnen zu sprechen, die gestern erstmals zu ihm gekommen war. Sie habe schon jahrelang Konflikte an ihrem Arbeitsplatz und erwarte, dass er diese endlich lösen solle, was er als Zumutung empfunden und ihre Erwartung gedämpft hatte.

Er berichtet einen Traum:

> »Mein Hund erbricht Plastikblumen. Dann bin ich bei einem Fest. Zwei Krankenpfleger wollen aus einem Felsenkeller gekühlte Getränke holen. Einer packt den gewölbten Eingang des Kellers an, der plötzlich einzubrechen droht. Er muss dann das Gewölbe stützen. Ich denke, das ist doch zu schwer, das kann dieser Mann nicht halten. Mit der Angst, dass er zusammenbricht, wache ich auf.«

Der Patient beschäftigt sich weiter mit dem Gefühl, verlassen zu sein. Es könne etwas mit seiner Mutter zu tun haben.

Ich überlege unterdessen, wie sein Verlassenheitsgefühl und die Träume zusammenpassen. Ich sehe einen Zusammenhang mit dem analysefreien Tag und beziehe seine Angst vor dem Zusammenbrechen auf das geplante Ende der Analyse. Verbildlicht er seinen Eindruck, in der Analyse etwas bekommen zu haben, das wie Plastikblumen nicht echt und unverdaulich ist? Fürchtet er, dass der Zugang zu seinem Felsenkeller, den wir in der Analyse gefunden haben, nicht halten könnte? Kommt er sich allein und überfordert vor, weil ich seine lang anhaltenden Konflikte nicht ertragen und verdauen kann? Muss er realisieren, endgültig von der Mutter wie vom Analytiker getrennt und allein zu sein?

Während ich darüber nachdenke, kommt er auf seine Klientin zurück, von der er sich fast genötigt gefühlt hätte. In mir entsteht jetzt ein drängendes Bedürfnis des Stuhlgangs. Ich glaube, die Stunde unterbrechen zu müssen, um auf die Toilette gehen zu können und gerate unter Druck. Soll ich schlicht sagen, ich muss auf die Toilette gehen? Ich stelle mir vor, dass der Patient die Toilettenspülung hören würde, was mir peinlich wäre. Ich versuche, mich zu beherrschen und arbeitsfähig zu bleiben. Ich versuche eine Deutung zu geben, in der ich die Angst in dem Traum auf das Ende der Analyse beziehe. Er fürchte vielleicht, dass der Zugang zu seinem Kellergewölbe, das sein Inneres darstelle, mit dem Analyseende einstürzen könnte. Bei meinem Deutungsversuch blieb das mich bedrängende Bedürfnis unberücksichtigt, das den Kontakt zum Patienten unterbrechen würde, ihn aber gleichzeitig mit meiner Intimität bedrängen könnte.

Der Patient beantwortet meine Intervention mit einer Erinnerung an seine Mutter, womit er zu seiner ersten Assoziation zum Traum zurückkommt. Sie sei im Großen und Ganzen ja eine gute Mutter gewesen, aber es habe immer wieder Situationen gegeben, in denen sie sich überfordert gefühlt hätte. Er habe den Eindruck, die Mutter sei Belastungen durch ihn ausgewichen, sie habe eine geringe »Frustrationstoleranz« und habe oft unwirsch reagiert.

Ich denke an mir bekannte Situationen aus seiner Biografie, in denen eine frustrationsintolerante Mutter vorkommt und der Vater schwach blieb, ich kann in diesem Moment, obwohl es auf der Hand liegt, aber nicht an *meine* nahezu ausgereizte Frustrationstoleranz denken, die ich umso heftiger körperlich spüre.

Dem Patienten fällt jetzt ein, dass er vor der Stunde gedacht habe, dass Patienten ihren Analytikern sicher manchmal auf die Nerven gehen. Analytiker seien ihrer Patienten wohl überdrüssig und wollten sie loswerden. Damit formuliert er direkt, wie mir gerade »zumute« ist. Bemerkenswert finde ich, dass der Einfall des Patienten, den er vor der Stunde hatte, mit meinem persönlichen Problem korrespondiert. Dabei ging es um die Unbeherrschtheit meiner Tochter, hat sie genügend Geduld, ist *ihre* Frustrationstoleranz ausreichend, um sie mit ihrem Problem allein fertig werden zu lassen.

Mein Symptom hält an und ich bin wiederholt nahe daran, die Stunde zu unterbrechen, halte aber durch. Der Patient schaut schließlich auf die Uhr, stellt fest, dass er noch drei Minuten Zeit hat – und bleibt. Für mich geht es ums allein Aushalten, ich ersehne das Ende der Stunde, kann dieses Gefühl aber nicht kommunizieren. Als ich den Patienten dann endlich verabschieden kann, wird mir klar, dass mein Wunsch, ihn loswerden zu wollen, wohl einer mütterlichen Gegenübertragungsposition entspricht, so wie der Patient sie in der Stunde erinnert. Der Analytiker erlebt an seinem Körper etwas aus der inneren Beziehungswelt des Patienten, was gedanklich noch nicht fassbar ist und was auch zu seiner eigenen Beziehungswelt gehört, nämlich zu meiner Beziehung zu meiner Tochter.

Nach der Stunde wird mir klar, dass die Empfindung, sich bedrängt zu fühlen, die der Patient am Beispiel seiner Klientin beschrieben hat, mich ergriffen hatte. Um meinem drängenden körperlichen Bedürfnis nachgehen zu können, hätte ich den Patienten real verlassen müssen. Es war außerhalb meiner Vorstellung, dies auch tun zu können, ihn auch wirklich allein lassen zu können. Ich fühlte mich als Bedrängter und wollte vermeiden, ihn zu verdrängen. Diese Erkenntnis während der Stunde hätte meine Überlegungen zu den Träumen mit den Einfällen und den Tagesresten des Patienten verbinden können. Eine entsprechende Deutung hätte an das Drängende, über das der Patient als sich durch seine Klientin bedrängt Fühlender, gesprochen hatte, anknüpfen können. Ich glaubte aber, wie im Traum des Patienten mit der Person des Krankenpflegers dargestellt, den Fels halten zu müssen, obwohl ich fast zusammenbrach. Ich wollte nicht zum Drängler werden, um die Anerkennung der Realität, nämlich ihn allein lassen zu müssen, vermeiden zu können.

Das Bedrängende des Patienten kann die Grenze des Analytikers durchdringen, ohne dass er es bemerkt. Er identifiziert sich mit der Projektion des Patienten auf der Grundlage eigenen Erlebens. Genuine Anteile des Patienten sind in diesem Moment nicht von solchen des Analytikers unterscheidbar. Das Drängende macht sich für den Analytiker körperlich bemerkbar. Er ist berührt und spürt den Druck körperlich an einem spezifischen Symptom, das wiederum auch eine eigene Geschichte hat. In dieser Situation herrscht ein berührend-autistischer Funktionsmodus. Der Analytiker ist körperlich berührt, bleibt damit aber ganz bei sich und hat keine Möglichkeit, sein Befinden zu kommunizieren, und meint, es abschotten zu müssen.

In einer folgenden Stunde konnte diese Konfliktthematik, die wieder zu demselben Symptom bei mir führte, gedanklich besser verarbeitet, alphabetisiert werden.

Der Patient kommt und bemerkt, er fühle sich merkwürdig distanziert. Es wird schnell deutlich, wie nötig die Distanz ist, da er mir bedrängend nahe, »dicht« kommt. Er war gestern auf einem Fest und hat verschiedene Leute getroffen, die er namentlich nennt und von denen er weiß, dass sie mir persönlich bekannt sind. Der Bericht über einen Kollegen weckt mein Bedürfnis, etwas Distanzierendes zwischen uns zu errichten, wie ich es vor Monaten gemacht hatte, als der Patient eben diesen Namen schon einmal erwähnt hatte. Ich hatte damals gesagt, er wisse sicher, dass ich Herrn K. kenne, deshalb sei es schwierig, über seine Fantasien im Verhältnis zu ihm in der Analyse zu sprechen.

Während der Patient weiter spricht, spüre ich wieder diesen Stuhldrang, dem nicht nachzugeben mir schwer fällt. Ich bin wieder mehr mit meinem Körpererleben als mit dem Patienten beschäftigt. Als mir das klar wird, frage ich zunächst mich, dann den Patienten, was er wohl bei mir zu bewirken meine, wenn er über die Begegnung mit Leuten, von denen er weiß, dass ich sie kenne, sprechen würde. Mit dieser Frage muss ich nichts zu den angesprochenen Personen und meinem Verhältnis zu ihnen sagen. Noch implizit greife ich fragend das vom Patienten eingangs angesprochene Gefühl, distanziert zu sein, auf.

Mit dieser fragenden Formulierung wird mir etwas ganz Banales klar, nämlich dass ich überhaupt nicht »müssen« muss. Ich muss den Patienten jetzt nicht zurückweisen, und muss auch nicht deuten. Das wirkt ungemein befreiend. Jetzt muss ich auch nicht mehr »müssen«. Das Symptom ist verschwunden. Die Distanz, der haltende Rahmen und der Abstand zwischen uns sind durch gedankliche Verarbeitung, nämlich konkret so frei zu sein, nichts zu den erwähnten Personen sagen zu müssen, wiederhergestellt und die Stunde muss nicht unterbrochen werden. Mein Gefühl, »machen zu müssen«, wird denkbar und verliert damit die zum Handeln zwingende Qualität. Ich fühle mich »entdrängt«.

Reize, die der Analytiker aufnahm, wurden an der Kontaktschranke zunächst berührt-autistisch zu einem körperlichen Symptom verarbeitet. Dann ermöglichte eine triadische Funktionsweise der Kontaktschranke die Alphabetisierung. Jetzt konnten wieder symbolische Elemente verwendet und desomatisiert werden. Eine versprachlichte Intervention führte dazu, dass nun auch der Patient trianguläre Qualität aktivieren konnte und folgende Erkenntnis gewann:

Er teilte mit, dass er vom Analytiker eigentlich erwartete, dass dieser eine vom Patienten tags zuvor gewünschte Stundenverlegung von sich aus noch einmal angesprochen hätte. Er erkannte (mit einem »entdrängten« Analytiker im Rücken) in einer selbstanalytischen Sequenz, wie er danach trachtete, den Analytiker dazu zu drängen, die für ihn selbst dringende Stundenverlegung noch einmal aufzugreifen. Aus der bisherigen Analyse mit diesem Patienten ist bekannt, dass »Tätigwerden müssen« für den Patienten besonders konflikthaft ist. Es sind viele Situationen besprochen worden, in denen er die Ausführung von ihm beabsichtigter Handlungen manipulativ anderen zugewiesen hat. Auch in dieser Situation hatte der Patient zunächst noch den Impuls gespürt, den Analytiker zu etwas bringen zu müssen. Da dieser nicht entsprechend hatte handeln müssen, konnte es nun auch dem Patienten möglich werden, nachzudenken und zu sprechen.

Ich möchte noch eine Inszenierung aus einem früheren Behandlungsabschnitt darstellen, um auch ein Beispiel für den dyadisch paranoid-schizoiden Funktionsmodus der Kontaktschranke zu geben. Der Patient hatte am Ende einer Stunde für mich unvermittelt beim Aufstehen von der Couch gesagt, er habe gerade die Vorstellung, er könne mich mit dem im Raum stehenden Aquarium erschlagen. Ich war überrascht und konnte keinen Zusammenhang zu den Inhalten der Stunde erkennen. Die gewaltsame Fantasie hatte mich bewusst nicht weiter beunruhigt. Am nächsten Morgen aber hatte ich seine Stunde vergessen und begegnete dem zur Analyse kommenden Patienten vor dem Haus, als ich gerade in Hausschuhen und offensichtlich nicht praxisbereit, die Morgenzeitung aus dem Briefkasten holen wollte. Erschrocken wollte der Patient umkehren, ich war genauso erschrocken. Die Stunde konnte dann stattfinden.

Ich denke, dass der Patient mir am Ende der vorhergehenden Stunde mitgeteilt hatte, dass er nicht sicher vor zerstörerischen Impulsen war. Ich hatte das aufgenommen und ihn unbewusst vor die Tür gesetzt, und so mich und ihn geschützt. Der Patient war mit dem Aussprechen seiner Fantasie am Ende der Stunde entlastet und ich zum Handelnden geworden. Es gab eine Täter-Opfer-Umkehr.

Sein Ringen um die Anerkennung des Dritten hatte mein Patient an einem Wochenende inszeniert: Er war Freizeitpilot und musste eines Tages wegen Benzinmangels in Sichtweite meiner Praxis notlanden. Er hatte als verantwortlicher Pilot vor dem Start zwar bemerkt, dass der Zeiger der Benzinuhr nur einen geringen Restbestand anzeigte. Sein Begleiter, ein erfahrener Fluglehrer, hatte die Anzeige als Messfehler interpretiert und der Patient sich leichtsinnigerweise auf diese Interpretation verlassen. Das Benzin hatte dann genau bis zu meiner Praxis gereicht, die er überfliegen wollte.

Wir konnten seine gefährliche Fehlleistung als Nichtanerkennenwollen einer dritten (objektiven) Messinstanz verstehen. Sie beinhaltete die schmerzhafte Erkenntnis, in der ersehnten Zweisamkeit gefährdet zu sein, es droht der Absturz, wenn er eine dritte Instanz nicht anerkennt. Er drückte seine Zweifel an mir als triangulierendem Dritten aus, den er hatte eliminieren wollen, den er aber doch für die Notlandung brauchte. Was zuvor noch nicht gesagt werden konnte, wurde in dieser Inszenierung zunächst handelnd dargestellt und im psychoanalytischen Prozess zunehmend besprechbar.

7. Zusammenfassung

Psychische Grenzen lassen sich als die Funktion definieren, mit der Subjekt- und Objektrepräsentanzen entlang einer Kontaktschranke differenziert werden, wodurch das Selbst geschaffen wird. Die Kontaktschranke wirkt mit monadischen, dyadischen und triangulären Funktionsmodi. Für das Verständnis psychoanalytischer Prozesse kann es hilfreich sein, die Kontaktstellen und deren Funktionsweise zu identifizieren, mit denen Patient und Analytiker sich jeweils berühren und abgrenzen. Herrscht ein monadisches, autistisch-berührendes oder dyadisch paranoid-schizoides Funktionsniveau, ist eine containende und recycelnde Funktion des Analytikers nicht möglich. Der trianguläre Funktionsmodus ermöglicht hingegen eine alphabetisierende und transformierende Wahrnehmung innerer und äußerer Realität.

Dieser Blick auf die Mikroebene psychischer Grenzen zwischen Selbst und Objekt legt nahe, das Überwinden von Grenzen im Sinne eines Transformationsprozesses, der Kontakt ermöglicht, zu verstehen.

Literatur

Anzieu, D. (1985): Das Haut-Ich. Frankfurt/M., Suhrkamp, 1991.
Bion, W. R. (1962): Lernen durch Erfahrung. Frankfurt/M., Suhrkamp, 1990.
Freud, S. (1895): Entwurf einer Psychologie. GW Nachtragsband, S. 373–486.
Freud, S. (1920): Jenseits des Lustprinzips. GW XIII, S. 1–69.
Freud, S. (1930): Das Unbehagen in der Kultur. GW XIV, S. 419–506.
Freud, S. (1940): Abriß der Psychoanalyse. GW XVII, S. 63–138.
Money-Kyrle, R. (1971): The Aim of Psycho-Analysis. Int J Psycho-Anal 49, 691–698.
Ogden, T. H. (1989): Frühe Formen des Erlebens. Wien, Springer, 1995.
Schafer, R. (1972): Internalization: Process or Fantasy? Psychoanal St Child 27, 411–436.
Zwiebel, R. (2002): Die Grenzen des Analytikers. In: Schlesinger-Kipp, G. & Warsitz, R. P. (Hg.) (2002): Bad Homburg, Geber und Reusch.
Zwiebel, R. (2004): The third position: Reflections about the internal analytic working process. Psychoanal Q 73, 215–265.

IV
Ist psychoanalytische Forschung möglich?

13 Profession und empirische Forschung – Souveränität und Integration[1]

Michael B. Buchholz

Einführung

Zwischen der Psychotherapie und der priesterlichen Seelsorge gibt es ein geheimes Band, dessen Freud sich sehr wohl bewusst war. In dem Brief an seinen schweizerischen Freund Oskar Pfister vom 25. November 1928 sagt Freud abschließend:

> »Ich weiß nicht, ob Sie das geheime Band zwischen der ›Laienanalyse‹ und der ›Illusion‹ erraten haben. In der ersten will ich die Analyse vor den Ärzten, in der anderen vor den Priestern schützen. Ich möchte sie einem Stand übergeben, der noch nicht existiert, einem Stand von *welt*lichen Seelsorgern, die Ärzte nicht zu sein brauchen und Priester nicht sein dürfen« (Freud/Pfister 1963)

In seinem »Nachwort zur ›Frage der Laienanalyse‹« wiederholt Freud öffentlich das, was er in seinem persönlichen Brief geschrieben hat: »Mit der Formel ›Weltliche Seelsorge‹ könnte man überhaupt die Funktion beschreiben, die der Analytiker, sei er nun Arzt oder Laie, dem Publikum gegenüber zu erfüllen hat« (GW XIV, S. 293).

Freud spricht hier nicht auf quasiwissenschaftliche Weise von »Psyche«, sondern wählt das Wort »Seele«, wie er es auch in seinen berühmten »Vorlesungen« von 1916/17 tut. Er spricht von der Seele und im Rahmen einer Profession der säkularen Seelsorge von der »Versorgung« der Seele. Er beschreibt die in diesen Formeln liegende zentrale Aufgabe des Analytikers.

---

[1] Überarbeitete Fassung eines in englischer Sprache gehaltenen Vortrags auf der Tagung der European Federation of Psychoanalytic Psychotherapists (EFPP), 19.–22. Mai 2005 in Dresden. Übersetzung: Astrid Hildenbrandt

Doch die Psychoanalyse ist weder Religion noch medizinische Wissenschaft. Freud sieht, dass Psychoanalytiker auf die eine oder andere Weise anders sind. Psychoanalytiker, so definiert er als Aufgabe, sollen sich auf *säkulare* Weise um die Seele kümmern.

Eine andere berühmte Freud'sche Formel ist das »Junktim vom Heilen und Forschen«. Fast auf die gleiche Weise beschreibt er damit die zwischen zwei anderen Bereichen liegende Position der Psychoanalyse. Zusammengefasst heißt das, dass die Psychoanalyse anscheinend zwischen Religion und Medizin, zwischen Forschung und heilender Praxis angesiedelt ist. Das bedeutet aber auch, dass sie gerade nicht mit *Forschung*, schon gar nicht mit empirischer Forschung identisch ist[2].

Psychoanalyse und Forschung

In unserer Geschichte als Psychoanalytiker hatten wir nie Schwierigkeiten, uns als wissenschaftliche oder ärztliche Praktiker zu beschreiben und einzuschätzen. Unsere Selbstbeschreibung war weithin akzeptiert. Stimmen, die unser wissenschaftliches Bemühen anzweifelten, konnten leicht dadurch abgewiesen werden, dass man auf das berühmte »Junktim« hinwies – unser Handeln war dann einfach forschendes Handeln. Erste Versuche, die psychoanalytische Forschung im engeren, empirischen Sinn zu betreiben, wurden in den 1930er-Jahren von Edvard Glover und anderen unternommen, und nach dem Zweiten Weltkrieg, d.h. in den 1950ern und 1960ern, begann die »Big-Business«-Ära psychoanalytischer Forschung. In diesen Jahren wurden umfangreiche Studien durchgeführt: Die Menninger-Studie von Robert S. Wallerstein, das Columbia-Projekt von John Weber, die Boston-Studie von

---

2 Zur Klärung: ich spreche hier ausdrücklich von »empirischer Forschung« als dem meist favorisierten Paradigma der Psychotherapieforschung wie es in den spezialisierten Forderungen nach »randomized controlled studies (RCT)« und »empirically supported therapy (EST)« am prägnantesten ausformuliert ist. Wissenschaft hingegen ist weit umfangreicher und schließt andere Dimensionen, die die Psychoanalyse berühren, ein; ich denke v.a. an kultur-, sozial- und geisteswissenschaftliche Paradigmen, an qualitative Forschung und Hermeneutik, an Philosophie und Anthropologie. Das empirische Paradigma ist nur Teil wissenschaftlicher Bemühungen, schwingt sich aber manchmal zur Illusion auf, über alles letzte Schiedsinstanz zu sein. Es steht jedoch nicht *über*, sondern *neben* anderen Paradigmen. Als Teil erfüllt es wichtige korrektive Funktionen für die Theoriebestände der Psychoanalyse, die zur Kenntnis zu nehmen sich lohnt (vgl. Buchholz 2004), aber seine Verabsolutierung blockiert souveräne Entwicklungen in der Profession.

Robert Knapp und eine zweite Boston-Studie von Judy L. Kantrowitz sowie die New-York-Studie von Richard Erle und seinen Mitarbeitern (Bachrach et al. 1991). Bis vor Kurzem waren diese Untersuchungen Gegenstand heftiger Diskussionen, und aus diesen Diskussionen haben wir viel gelernt. Die wichtigste, wenn auch erschreckende Lektion ist die, dass niemand mehr genau erklären kann, was Psychoanalyse eigentlich ist. Die erwähnten Studien haben nämlich gezeigt, dass Formeln wie z. B. »das Unbewusste bewusst machen« nicht ausreichen. Denn in einer Psychoanalyse geschieht mehr, der psychoanalytische Prozess braucht subtilere Beschreibungen, die Dinge entwickelten sich völlig anders, als erfahrene Kliniker vorhergesagt hatten. Hier hatte die Forschung einen wohltuend stimulierenden, wenn auch verunsichernden Effekt. Ihr Ergebnis war Entmystifizierung.

Seitdem wurde in vielfacher Weise versucht, den »gemeinsamen Nenner« der Psychoanalyse zu finden, was aber nicht gelang. Rätselhaft klingen die Titel der Veröffentlichungen zum Kongress in Rom von 1989. Alle Autoren erklären ihre Absicht, zur Suche nach einem gemeinsamen Nenner beitragen zu wollen, und dann erscheinen Titel wie z. B.: »Common Ground: the Centrality of the Oedipus Complex« (Feldman 1990), »Gegenübertragung: Die Herausbildung einer gemeinsamen Grundlage« (Gabbard 1995) oder »The Search for common ground« (Schafer 1990). Jeder Autor schlug seine eigene einzigartige Lösung der theoretischen und klinischen Probleme der Psychoanalyse vor: Ödipus Komplex, die Gegenübertragung, die Handlungssprache und manches mehr. Jeder Autor trug so unabsichtlich zu jener Sprachverwirrung bei, die es eigentlich zu heilen galt. Niemand konnte andere zur Übernahme eigener Auffassungen gewinnen und schon gar nicht verpflichten, weil das Gefühl bestand, etwas dabei zu verlieren. Auch die anderen Ansätze enthielten etwas von der Wahrheit der Psychoanalyse und das musste anerkannt werden. Paniagua veröffentlichte 1995 etwas resigniert seinen Aufsatz »Common ground, uncommon methods«. Wallerstein (2005) hat seiner Hoffnung, eines Tages das gelobte Land des »common ground« noch zu sehen, nachhaltig Ausdruck gegeben. Aber Green (2005) bezeichnet in der Erwiderung auf ihn die Suche danach als Illusion – und schon ist der »common ground« kaum noch in Sicht.

Die besten Absichten, einen gemeinsamen Nenner zu finden, erwiesen sich als Weg zur irritierenden Vielfalt. Und schlimmer noch war, dass die sogenannten »klinischen Fakten« anscheinend keine sichere Basis mehr boten, von der aus man in das psychoanalytische Universum hätte aufbrechen können. David Tuckett, der in jenen Jahren Herausgeber des *International Journal of*

Psychoanalysis war, schrieb 1993, dass wir keine Fakten hätten, die von der Theorie unabhängig seien. Was wir hätten, seien kleinianische, winnicottsche, kohutianische and sonstige Perspektiven auf die klinische Situation. Er zog den Schluss: »Alle Überlegungen zu dem Thema müssen damit beginnen zu akzeptieren, dass wir kein externes und definiertes Untersuchungsobjekt haben« (Tuckett 1993, S. 1181). Und dann provozierte er die psychoanalytische Gemeinschaft mit den Worten, dass die Fallpräsentation »eine soziale Funktion« haben könnte, »die in der Angst wurzelt, dass die psychoanalytische Bewegung unwiderruflich auseinander brechen könnte« (ebd., S. 1179). Wie lässt sich nun ein Bezugsrahmen finden, der eine so regellos scheinende Situation ordnet? Wie lässt sich aus der Unordnung (dis-order) eine Ordnung (order) schaffen, wie aus »Chaos« ein sinnhafter »Kosmos«? Manche gingen davon aus, dass einzig strenge empirische Forschung der allein seligmachende Weg zur Heilung sein könnte, doch der nächste Schock wartete bereits.

Im Jahr 1994 boten Grawe, Bernauer und Donati mit ihrem Buch *Psychotherapie im Wandel* eine weitere umfangreiche Provokation. Dieses Buch war ein Meilenstein in der Geschichte der Psychotherapie. Sein Ziel war es, endgültig zu belegen, dass verhaltensbezogene Therapieansätze die überlegenen sind und dass die Psychoanalyse untergeordnet, ja sogar wertlos ist. Inzwischen kann man sagen, dass dieses Ziel nicht erreicht worden ist. Den Analysen von Grawe et al. konnten zu viele methodische Fehler nachgewiesen werden. Doch das Buch hatte eine anregende Wirkung insofern, als es die Umstrukturierung der Forschungsbewegung innerhalb der psychoanalytischen Gemeinschaft anspornte. Die Ergebnisse sind sehr ermutigend. Wir können nämlich zeigen, dass die psychoanalytische Behandlung in einer hinreichend hohen Zahl von Fällen das hält, was sie verspricht. An prominenter Stelle sind hier die schwedische Studie von Rolf Sandell (2001, 2002) und die deutsche Studie von Marianne Leuzinger-Bohleber und Mitarbeitern (1997, 2003) zu nennen. Man könnte die Liste der im psychoanalytischen Feld tätigen Forscher ergänzen, die sich auf die Behandlung bestimmter Störungen spezialisiert und die Wirksamkeit der psychoanalytischen Behandlung nachgewiesen haben. Hier ist vor allen Dingen die Arbeit von Anthony Bateman und Peter Fonagy (2004) zu nennen, die Menschen mit einer Borderline-Persönlichkeitsstörung behandelt haben (Übersicht zu diesen Forschungen in Buchholz 2004). Und nicht vergessen werden darf die Arbeit von Horst Kächele und seinen Mitarbeitern in Ulm, die Menschen mit Essstörungen behandeln, und die Arbeiten weiterer Autoren des Bandes *Research on Psychoanalytic Psychotherapy with Adults* (Richardson et al. 2004). Schließlich sei auch die Göttinger Studie von Falk Leichsenring,

Achim Biskup, Reinhard Kreische und Herrmann Staats (2005) erwähnt, die die Wirksamkeit psychoanalytischer Therapien belegt.

Im Untertitel von Grawes et al. Buch »Von der Konfession zur Profession« tauchten zwei Wörter auf, die nahezu unbemerkt geblieben sind. Subtil wird die Psychoanalyse als Konfession charakterisiert und mit Religion gleichgesetzt; doch die bessere Wahl scheint die Profession zu sein, die mit empirischer Forschung gleichgesetzt wird. An diesem Punkt habe ich als Psychoanalytiker und Sozialwissenschaftler ernsthaft gestutzt. Denn die sozialwissenschaftliche Fachliteratur zum Thema Profession ist sehr umfangreich, doch in Grawes et al. Buch wird davon nichts erwähnt. »Profession«, das Titelstichwort, kommt auch im Register nicht vor. Könnte es sein, dass die lancierte stille Gleichsetzung von Profession und Wissenschaft hinterfragt werden müsste? Liegt in dieser Gleichung eine unbewusste Fantasie? Die Fantasie nämlich, dass die psychotherapeutischen Bemühungen nur durch empirische Forschung verbessert werden können? Wird Forschung vielleicht als »Erlösung« von Schwierigkeiten der Profession gesehen?

Die letzten zehn Jahre scheinen diese Fragen zu bejahen, doch durchaus ernüchtert müssen wir auch feststellen, was die empirische Forschung leisten kann. Michael Lambert und Clara Hill kommen in der 5. Auflage (2004) des *Bergin and Garfield's Handbook of Psychotherapy and Behavior Change* zu dem Schluss, dass sich die Messung der Wirksamkeit einer Therapie in einem chaotischen Zustand befindet, der unter den Forschern keinen Konsens darüber ermöglicht, welches Instrument man für welchen Zweck verwenden sollte. Das Fazit dieser bekannten Autoren ist genau das gleiche wie vor zehn Jahren (Lambert 2004, S. 124). Neuere Arbeiten (Orlinsky/Ronnestad 2005, Aveline 2005) rücken mit der Person des Therapeuten dessen personengebundenes professionelles Können in den Mittelpunkt: »Im allgemeinen gilt wohl, dass die Untersuchung von Psychotherapien Vorrang hatte vor der Untersuchung der Therapeuten – als ob Therapeuten, wenn sie nur ausreichend ausgebildet sind, mehr oder weniger austauschbar wären.« (Orlinsky/Ronnestad 2005, S. 5). Diese Autoren wollen mit einigen Vorurteilen über Psychotherapie aufräumen, die durch die empirische Forschung geschaffen worden seien:

> »Wir glauben, ein Grund für diese Kargheit in der Beforschung von Therapeuten liegt in einem Vorurteil – als ob man stillschweigend als gültig voraussetze, Therapie sei im wesentlichen ein Repertoire von Methoden, Techniken oder Prozeduren, die in sich schon wirksam sind und seelische Störungen behandeln oder lindern könnten […] Dieses Vorurteil wird von einer modernen Wissenschaftskultur gestützt, worin Rationalität über alles gesetzt und Objektivität

hoch gelobt wird, als könne man therapeutische Arbeit tatsächlich als unpersönliche Prozesse auffassen [...] und dies Vorurteil verleitet dazu, das subjektive Element oder die persönliche Gleichung als Fehlerquelle in der Forschung aufzufassen mit der Absicht, so etwas zu kontrollieren, es zu minimieren oder gar zu eliminieren (etwa in Forschungen zum Placebo-Effekt)« (ebd.).

Methodische Zweifel an der empirischen Forschung

Heute wird die Annahme, empirische Forschung sei das alleinige und beste Mittel, um unsere Situation zu klären, von empirischen Forschern selbst neu überdacht. Der Akzent liegt auf »allein«; denn natürlich muss es empirische Forschung geben. Wir haben eine sehr hitzige Debatte über empirisch abgesicherte Therapien und randomisierte kontrollierte Versuche erlebt. Wir haben erlebt, wie versucht wurde, die psychoanalytische Praxis mithilfe empirischer Befunde manualgesteuert zu dominieren, und wir wissen, wie unangemessen dies war. Im Jahr 1998 formulierte William Henry, ein bekannter empirischer Forscher aus den USA, die ernsthafte Warnung:

> »Wenn ich diesen Vortrag vor einigen Jahren gehalten hätte, hätte ich sagen können, dass meine größte Befürchtung darin bestanden habe, die psychotherapeutische Forschung habe *keine* Auswirkung auf die klinische Ausbildung. Heute besteht meine größte Befürchtung darin, dass sie eine haben *wird* – dass die psychotherapeutische Forschung wirklich eine tiefgreifend *negative* Auswirkung auf die zukünftige Ausbildung haben wird« (S. 126).

Leichsenring (2005) hat sich dem inhaltlich im Wesentlichen angeschlossen. Heute können wir einige solcher zweifelhafter Annahmen über den Einfluss der empirischen Forschung auf die professionelle Praxis identifizieren. Ich nenne einige solcher Zweifel an der Angemessenheit empirischer Forschung, die zuletzt in einem grundlegenden Text von empirischen Forschern selbst aufgezeigt wurden.

Erstens: die von Drew Westen et al. (2004) formulierte Annahme der Geschmeidigkeit, d.h. die Vorstellung, dass psychische Störungen in jede beliebige Richtung beeinflusst werden könnten – vorausgesetzt, man findet die richtige Methode. Dieses Ideal lässt den Schluss zu, dass man die experimentellen Bedingungen so lange manipulieren muss, bis man eine Intervention findet, die einem das Gewünschte bietet.

Zweitens: die Annahme, dass die meisten Patienten ein und nur *ein* Symptom haben. Für dieses Symptom muss dann ein Behandlungsdesign entworfen werden, um die experimentellen Bedingungen kontrollieren zu können. Wenn ein Patient ein zweites und ein drittes Symptom hat, muss er eine zweite und eine dritte Behandlung von der Art bekommen, die sich empirisch als erfolgreich erwiesen hat. Da sich selbst praktische Therapeuten diese Denkweise angeeignet haben, haben wir den Ausdruck »Ko-Morbidität« erfunden. Dagegen ist freilich einzuwenden, dass in der therapeutischen Praxis »eine allein auftretende Störung eher die Ausnahme als die Regel ist« (Westen et al. 2004, S. 635). Es kommt einem manchmal so vor, als ob man die Kopfschmerzen mit Aspirin behandelt und die Meningitis und das Fieber anderen Behandlungsarten und anderen Behandlern überlässt. Der negative Einfluss solchen empirischen Denkens auf die professionelle Praxis besteht darin, dass wir verlernt haben, die klinische Gestalt eines Problems zu sehen. Wir haben unser Kohärenzgefühl verloren.

Drittens: die Notwendigkeit, dass sich empirische Forscher auf diagnostische Systeme wie z. B. DSM oder ICD beziehen müssen, wenn und soweit sie empirische Forschung betreiben bzw. diese mit Geld unterstützt bekommen wollen. Dagegen lässt sich freilich einwenden:

> »Die besten Daten sowohl aus krankheitsgeschichtlichen Forschungen als auch aus Gemeindestudien weisen darauf hin, dass etwa ein Drittel bis die Hälfte der Patienten, die wegen psychischer Probleme behandelt werden, nicht nach dem DSM diagnostiziert werden können, weil ihre Probleme nicht den vorhandenen Kategorie entsprechen bzw. Grenzfälle sind (siehe Howard et al. 1996, Messer 2001). Die Forderung von Drittmittelgebern, wonach Forscher ihre Behandlungsstudien auf DSM-definierte psychiatrische Zustände fokussieren sollen, so konnte Goldfried (2000) beobachten, hat im Grunde genommen die Forschung über solche Probleme ausgeschaltet, die einst das psychotherapeutische Forschungsfeld dominierten, z.B. Angst beim Sprechen vor Publikum, bei zwischenmenschlichen Problemen oder bei Problemen, die mit Angst und Depression verbunden sind, z.B. die schwierige Steuerung des Selbstwertgefühls« (Westen et al. 2004, S. 634).

Empirische Forschung zu betreiben, verlangt hier, dass man sich einem Kategoriensystem verpflichtet fühlt, das nicht unbedingt zu den Erfordernissen der Profession passt. Aber es passt zu den Forderungen der empirischen Forschung. Wenn eine Diagnose gestellt wird, scheint dies ein Wissen zu fingieren, das man freilich in der professionellen Psychotherapie gar nicht hat. Inzwischen hat in medizinischen Zeitschriften wie z.B. *The Lancet* eine ernsthafte Debatte über den Wert einer ausschließlich empirisch basierten

Praxis in der Medizin eingesetzt; es bestehen ernsthafte Zweifel, wie man statistische Ergebnisse auf individuelle Patienten anwenden kann (Rothwell 2005). Wenn wir uns zu sehr auf diagnostische Klassifikationen verlassen, gehen wir das Risiko ein, die »negative Begabung« (Keats' »negative capability«) zu verlieren, d. h. die Haltung des »Nichtwissens«, die wir aber in der professionellen therapeutischen Praxis benötigen. Denn hier wäre die Einnahme der Haltung eines »Wissenden«, wie die französische Schule lehrt, gleichbedeutend damit, die Übertragung des »sujet supposé savoir« zu agieren – statt sie zu deuten. Die Diagnose einer Krankheit in der Psychotherapie lehrt uns nichts darüber, wie ein bestimmter Mensch behandelt werden muss. Dies Wissen aber wird fingiert durch die Erfordernisse der empirischen Forschung.

Viertens: ebenso fragwürdig wird die Annahme, dass nach der ICD- oder DSM-Klassifikation diagnostizierte Symptome einander gleich seien und deshalb losgelöst von der Persönlichkeit des Patienten gesehen werden können. Diese Annahme muss aber jeder Forscher machen, soweit er überhaupt Studien mit einheitlichen Patientenpopulationen durchführt. Westen et al. wenden am Beispiel der Depression ein:

> »Wie es aussieht, ist es z. B. unwahrscheinlich, dass die Techniken, die einem depressiven Patienten mit situativ bedingten Gefühlen der Unzulänglichkeit (z. B. nach dem Verlust des Arbeitsplatzes) helfen, auch bei der Behandlung von Personen mit einem chronischen Gefühl der Unzulänglichkeit optimal sind, ganz zu schweigen von der Behandlung von Personen, die das gleiche Symptom (Depression) zeigen, weil sie ihre Homosexualität nicht eingestehen können, die als Kinder missbraucht wurden und als Erwachsene an Spätfolgen leiden, die mit einer narzisstischen Persönlichkeitsstörung älter werden oder bei denen eine endogene Depression familiär mitbedingt ist« (Westen et al. 2004, S. 636).

Was nach außen hin gleichartig aussieht und gleichartig klassifiziert werden müsste, erweist sich bei genauer Betrachtung als höchst unterschiedlich. Wir laufen bei Übernahme der empirischen Sichtweise Gefahr, das Gespür dafür zu verlieren, zwischen Vorder- und Hintergrund unterscheiden zu können.

Fünftens: Zweifel richten sich auch auf eine wissenschaftliche Methodologie, die auf »reine« Stichproben zielen muss. Dies führt dazu, dass bei Screeningverfahren jene Patienten ausgeschlossen werden, die Hilfe brauchen. In zahlreichen Studien über Interventionen bei depressiven Störungen (ebenso gut auch bei anderen) wurden etwa jene Patienten ausgeschlossen, die suizidale Gedanken äußerten. Dies entsprach nämlich nicht den Kriterien der Studien. Es entsteht damit die Gefahr, dass wir unsere professionellen Fähigkeiten verlieren, den Menschen zu helfen, die von Studien ausgeschlossen werden und deren Probleme folglich nicht im Anwendbarkeitsspektrum von Behandlungsmanualen für die weniger schweren Störungen berücksichtigt werden.

Sechstens: das Ziel empirischer Evaluationen verschiedener Therapietechniken, Manuale zu entwickeln, die leicht erlernbar und einfach anzuwenden sind, wird ebenfalls in Zweifel gezogen. Hier sieht man den Konflikt zwischen den Erfordernissen der Empirie und denen der Profession. Ich will das deutlich machen: Das Manual legt fest, wie die »Intervention« aussieht. Diese empirische Notwendigkeit hat zwei Konsequenzen für die Praxis der Profession. Zum einen beschreiben Manuale besonders gut jene Therapien, die weniger als 16 Sitzungen umfassen. Mit zunehmender Anzahl der Sitzungen steigt jedoch die Komplexität so sehr, dass man auf der Verhaltensebene nicht mehr beschreiben kann, was der Therapeut zu tun hat. Doch je genauer definiert wird, was der Therapeut zu tun hat, desto eher hat man eine standardisierte Intervention, die empirisch evaluiert werden kann; hier gilt der Grundsatz: je standardisierter, umso eindeutiger zu evaluieren. Folglich werden Kurztherapien unter 16 Sitzungen bevorzugt und finanziert. Sie können am besten evaluiert werden. Die Manualisierung legt im Handbuch fest, was der Therapeut zu tun, sprich: zu sagen hat. Was freilich durch das Handbuch nicht festgelegt werden *kann*, ist das, was der Therapeut zu hören bekommt. Hier entsteht nun der Konflikt: Je genauer die Intervention definiert wird, umso mehr werden die Erfordernisse empirischer Evaluation befriedigt – man weiß dann, dass die »Intervention« in dem *einen* Fall tatsächlich mit der in einem *anderen* Fall verglichen werden kann, die Effekte können dann auf die Intervention (und nicht auf Zufall) zurückgeführt werden. Die unabhängige Variable wird genau beschrieben. Jedoch: Je mehr ein Patient über scheinbar »irrelevante« Themen spricht, desto weniger lässt sich das Manual anwenden. Die Intervention wird dann unpräzise, der Therapeut muss vom Manual abweichen und damit verliert die Intervention ihre Standardisierung. Aber dies genau sind die alltäglichen Erfordernisse unserer Profession. Je stärker ein Therapeut manualorientiert arbeitet, umso mehr nähert sich seine Praxis einer Art pädagogischer Instruktion, umso mehr weicht sie von professioneller Kompetenz ab.

Inzwischen hat die Vorstellung, den Therapieablauf in einem Manual zu regeln, in den USA zu einer grundlegenden Veränderung therapeutischer Ausbildungen geführt. Angehende Therapeuten lernen handbuchorientierte Therapie, und sie sind angeblich besonders gut ausgebildet, je mehr Manuale sie beherrschen.

»Mittel und Wege kehren sich allmählich um, wobei Manuale nicht nur bequeme Möglichkeiten sind, Behandlungen im Labor zu operationalisieren, sondern sie definieren auch die Merkmale der Behandlungen an sich [...] Die Paradoxie der Manualisierung [...] besteht darin, dass die aktive Mitwirkung des Patienten an der Behandlung darüber entscheidet, ob die Therapie klinisch wirksam ist, sich aber der experimentellen Kontrolle entzieht« (Westen et al 2004, S. 638f.).

Dies scheint für die Praxis der Profession ein schwerer Nachteil zu sein.

Die genannten Zweifel sind einige schwer wiegende Einwände gegen die Vorstellung, die bestmögliche Therapie dadurch konstruieren zu können, dass die professionelle Praxis der Methodologie der empirischen Forschung folgt. Einige bekannte Forscher wie z.B. Franz Caspar beginnen sich von diesem Programm zu distanzieren. Peter Fonagy und Anthony Roth (2004) untersuchen die empirische Literatur zu mehreren psychischen Störungen und schlussfolgern, dass empirische Forscher einem professionellen Praktiker nicht vorschreiben können, wie er beim einzelnen Patienten vorzugehen hat. Marvin Goldfried, behavioristisch orientiert, verkündete als Präsident der *Society of Psychotherapy Research* ihren Mitgliedern zum Auftakt des neuen Jahrhunderts (2000), dass die Forschung noch in den »Kinderschuhen« stecke; seine Schlussfolgerung, dass Forscher und professionelle Praktiker in verschiedenen Welten lebten, empfindet er als Defizit, das behoben werden müsse. Diese Wertung einer an sich richtigen Beobachtung ist jedoch nicht zwingend; man kann gute Gründe dafür nennen (Buchholz 1999), dass Profession und empirische Forschung in zwei Welten leben.

Bateman und Fonagy (2004) erklären etwa, weshalb dies so ist: Weil nämlich auch Therapeuten und Teammitglieder ihre eigene Erfahrung und persönliche Bewertung, ihre lokal gegebenen Bedingungen, ihre individuellen Begabungen und Zwänge akzeptieren müssten, wenn sie ein empirisch evaluiertes Programm zur Behandlung eines Patienten wegen einer bestimmten Störung durchführen. Es gibt keine allgemein akzeptierte Definition von Psychotherapie (so auch Orlinsky/Ronnestad 2005), aber eine weit reichende Praxis psychotherapeutischer Hilfe im individuellen Fall. Es sieht so aus, als ob Psychotherapie nicht *generell* definiert, aber im einzelnen Fall *praktiziert* werden könne. Der Grund dafür ist, dass psychotherapeutische Praxis keine Form der *angewandten* Wissenschaft ist, sondern eine Profession. Diese merkwürdige Vorstellung, dass Therapeuten Theorie »anwenden«, ist im Fall der Sozialwissenschaften längst untersucht – und abgewiesen worden (Wolff 1994); professionelle Praktiker nutzen wissenschaftliches Wissen als lediglich *eine* Ressource neben anderen und sie nutzen sie höchst selektiv, nach ganz anderen Anforderungsprofilen als empirische Forscher sich denken.

»Es ist vielleicht ausreichend zu sagen, dass wir uns nicht vorstellen können, dass Leitlinien, wie ausgereift auch immer, klinische Kompetenz und Erfahrung je ersetzen können werden, genauso wenig wie die Straßenverkehrsordnung geschicktes Fahren ersetzen kann« (Fonagy/Roth 2004, S. 312)

Die Praxis der Profession

Dies führt nun zu der wichtigen Frage, was man unter einer Profession versteht. Auf keinen Fall ist sie mit empirischer Forschung gleichzusetzen. Wie erwähnt, gibt es zu diesem Thema eine umfangreiche sozialwissenschaftliche Literatur, die ich hier in Kürze nicht wiedergeben kann. Aber lernen lässt sich daraus viel. Auch andere Professionen, z. B. der Berufsstand der Lehrer (Schön 1991), müssen sich mit einem solchen Problem befassen, wie wir es zwischen der psychotherapeutischen Forschung und der psychotherapeutischen Praxis festgestellt haben (Wolff 1994). Wenn ein Lehrer genau das anwenden würde, was er in Form eines Universalgesetzes über Bildung, kognitive Entwicklung, Umgang mit einer Klasse und Unterrichtsorganisation gelernt hat, würde er weder über Unterrichtsprognose noch über die Wirksamkeit seiner Tätigkeit nachdenken dürfen. Die Alltagserfahrung macht diesen Umstand schon klar, mehr und mehr werden wir uns bewusst, dass eine nur wissenschaftliche Ausbildung von Lehrern eher Defizite hinterlässt, die in der Praxis der Profession dann mühsam nachgebessert werden müssen.[3]

Ein vergleichbarer Fall ergibt sich, wenn der Personalmanager (Svensson 2003) nur das anwenden würde, was er in einem Handbuch über die Führung einer Organisation gelesen hat; er wird auf diese Weise nicht erfolgreich sein. Wenn ein Rechtsanwalt seine weinende Klientin beruhigen muss, weil deren Ehemann die Scheidung will, und er in dieser Situation lediglich nach Paragrafen vorginge, wird er seine Klientin verlieren. Wenn ein Handwerker Gefühl für das Material hat, mit dem er arbeitet (Polanyi 1958), wird er stillschweigend die Kalkulationen des Architekten korrigieren, weil er weiß, welche seiner

---

3 »Es scheint, daß es eine stillschweigende Übereinkunft innerhalb der Profession über das Bedürfnis gibt, daß man als Praktiker nach sich selbst zu sehen habe. Das ist jedoch kein ausdrücklicher Teil der Ausbildung und muß mühsam in einer eher zufälligen Weise selbst gelernt werden« (Shaw 2004, S. 282).

Kalkulationen funktionieren werden und welche nicht. Dieses Gespür für Situationen und Materialien lässt sich schwer erklären, doch es ist ein wesentlicher Teil des praktischen professionellen Handelns in Berufen wie z. B. dem politischen »spin doctor« (Tänzler 2003), dem Mediator (Maiwald 2003), dem Sozialarbeiter (Schütze 1992) und dem Arzt (Schachtner 1999).

Diese Professionen haben den gleichen Typus von Problemen im Hinblick auf empirisches Wissen wie unsere Profession. Sie alle arbeiten in Wissensbereichen, die sich nicht leicht durch wissenschaftliche Fragebogen erschließen lassen. Diese Art des Wissens scheint mit dem vergleichbar zu sein, was der berühmte, einst an der Oxford University lehrende Philosoph Isaiah Berlin einmal über Freundschaft gesagt hat. In unseren Beziehungen zu Freunden wissen wir etwas über die andere Person, doch die Quelle dieses Wissens lässt sich nicht leicht verstehen. Wir wissen, wenn sensible Themen nicht berührt werden sollten, wann wir vom anderen Hilfe erwarten können, und wir können die Zeiten auseinander halten, in denen wir dies besser nicht tun. Wir sehen die Stimmung auf dem Gesicht des anderen, wir haben eine Beziehung zu dieser Art von Wissen und können dennoch nicht sagen, dass wir es *anwenden*. Es ist eher ein *gelebtes Wissen*, das unter bestimmten Umständen aktualisiert wird und verloren geht, wenn die Umstände sich ändern. Dieses Wissen von einer anderen Person hat nicht die Form einer *symbolischen Repräsentation*, es hat die Form einer *aktualisierten Partizipation*. Manchmal kann es verbalisiert werden, doch in den meisten Fällen beginnen wir bei diesem Versuch zu stottern. Wir haben es voll und ganz präsent, wenn der andere anwesend ist, und wenn wir darüber nachzudenken beginnen, spüren wir, wie armselig dieses Wissen wird. Ich vermute, dass damit die Beobachtung einhergeht, dass professionelle Praktiker oft »gut« *in* ihren Situationen sind, weniger aber, wenn sie aufgefordert sind, sie darzustellen.

Diese Art des Wissens darf freilich nicht mystifiziert werden. Aber es kann experimentell bestätigt werden. Schwartz und Wiggins (1987), um nur ein Beispiel zu nennen, beurteilen die Kompetenz von Therapeuten, einen weiteren Suizidversuch bei Patienten, die einen ersten Suizidversuch gemacht haben, vorherzusagen. Die Autoren haben die Therapeuten ein paar Tage, nachdem der erste Suizidversuch ihrer Patienten fehlgeschlagen war, ein Interview mit diesen Patienten machen lassen. Was die Therapeuten daraus dann verbal oder schriftlich vorhersagten, war nicht überwältigend, doch ihrem videografierten Gesichtsausdruck in den ersten anderthalb Minuten des Interviews mit den Patienten konnte man entnehmen, dass sie weitaus besorgter aussahen, wenn sie mit Patienten mit einem hohen Risiko eines weiteren Suizidversuchs sprachen.

Man konnte ihre Sorgen regelrecht auf ihrem Gesicht sehen. Die Vorhersage lag auf dem Gesicht des Therapeuten. In diesen Minuten muss sich ein bestimmtes Wissen geformt haben, das aber unformulierbar blieb. Es entstammt der situativen Partizipation, nicht der symbolischen Repräsentation.

Bei dieser Art von Forschung wird das Objekt von Interesse nicht direkt untersucht. Man beobachtet vielmehr einen Beobachter des Objekts, an dem wissenschaftliches Interesse besteht. Man praktiziert eine Beobachtung zweiter Ordnung und macht sich dabei die verfeinerte menschliche Kompetenz des Objekts als Lehrer zunutze. Es geht nicht um Instruktion, sondern darum, von dem Lehrer zu lernen, den man beobachtet.

»Entsprechend dem Scientist-Practitioner-Modell folgt die Entwicklung vieler Innovationen in der Psychotherapie einer Hierarchie der Vorgehensweisen, beginnend bei der klinischen Beobachtung, die sich auf die klinische Theorie stützt und mit ihr verbunden ist«. (Fonagy/Roth 2004, S. 301).

Hier ist von einer Hierarchie der Vorgehensweisen die Rede, womit die Beobachtung erster und zweiter Ordnung gemeint ist; nicht aber ist die Rede von einer Hierarchie der Forschung *über* den Professionen.

Interessant ist, dass diese Art von Forschung seit 1980 noch in einem anderen Bereich durchgeführt wird. Der locus classicus ist Donald Schöns Buch *The reflecting practitioner*, das den interessanten Untertitel trägt: *How professionals think in action* (1983). Donald Schön war Wissenschaftler an der Harvard University und interessiert an einer »reflexiven Wende«, wie er es nannte. Er distanzierte sich von der Annahme, dass wir nicht denken könnten, während wir handelten, und bewies das genaue Gegenteil: »wie Professionelle beim Handeln denken«. Zu diesem Zweck beobachtete er mehrere Professionelle, u. a. Manager, Lehrer, klinische Supervisoren und viele andere. Er transkribierte die Gespräche zwischen ihnen und ihren Klienten sehr genau und entwickelte seine Befunde zu einer Theorie der Eigenart von professionellen Situationen, mit der umzugehen Professionelle lernen müssen. Professionelle Situationen haben mehrere Besonderheiten, die sich auflisten lassen.

Erstens: Professionelle Situationen sind komplex. Also muss sich der Professionelle entscheiden, in welcher Situation er sich gerade befindet. Und er weiß, dass er die Situation nicht von einem externen Standpunkt aus definieren kann, weil seine Entscheidung einer Definition der Situation gleichkommt. Bis er entscheidet, ist die Situation vielfältig und »offen«, und sie erwartet eine Definition; doch in einer »offenen« Situation kann man nicht handeln. Ein Aspekt unserer psychotherapeutischen Kunst ist der, dass man eine Situation offen hält, das Ansteigen der Komplexität bis zu einem gewissen Grad aushält und den Punkt der Dringlichkeit findet, an dem man die gleichschwebende Aufmerksamkeit aufgibt (Thomä/Kächele 1985). Die schwebende Aufmerksamkeit muss sich »niederlassen«.

»Die subjektive Brechung der objektiven Technologie als notwendiges Umsetzungsproblem der Theorie in die Praxis verweist auf die psychoanalytisch-therapeutische Praxis als eine Kunst; die Umsetzung ist letztlich ein Können, die therapeutische Praxis eine künstlerische Technik. Die Kunst zu beherrschen, ist eine Frage der Ausbildung und der Persönlichkeit« (Thomä/Kächele 1985, S. 379).

Also nicht eine Frage der »Intervention« oder der »Technik«. Wenn der Therapeut zu sprechen beginnt, ist dies eine Unterbrechung seiner gleichschwebenden Aufmerksamkeit; er definiert damit die Situation, wählt bestimmte Aspekte aus und entscheidet sich dafür, andere Aspekte zu ignorieren. Und diese Entscheidung wird stark von der Interaktion mit dem Patienten beeinflusst. Spence, Mayes und Dahl (1994) präsentieren eine sehr interessante Forschungsarbeit. Ihr Datenmaterial besteht aus der Transkription einer über mehr als 600 Stunden dauernden Analyse. Darunter sind Sitzungen, in denen der Patient ein Personalpronomen benutzt und kurz darauf den Analytiker erwähnt, z. B.: »Gestern, als *ich* hereinkam, schauten *Sie* irgendwie ...« Der interessante Punkt ist die Beziehung zwischen dem »Ich« und dem »Sie«. Sitzungen, in denen diese Konstellation häufig vorkommt, nennen die Autoren eine »bezogene Stunde«. Sitzungen, in denen dieses Phänomen nicht auftaucht, werden als »isolierte Stunden« bezeichnet. Die Forscher stellen fest, dass in »bezogenen Stunden« der Analytiker nicht nur *mehr* redet, sondern auch *früher* in der Sitzung zu reden beginnt. Die auf der sprachlichen Ebene liegende »Ich-Sie-Beziehung« scheint ein unbewusstes Mittel zu sein, die Reaktionsbereitschaft des Analytikers zu steigern, und dadurch erhöht sich die Komplexität der Situation.

Zweitens: Professionelle Situationen sind unsicher.[4] Es lassen sich sehr viele Reaktionen oder Lösungen finden, aber kaum eine kann als definitiv »richtig« betrachtet werden. Die Bandbreite von begründ- und vertretbaren Reaktionen

---

4 »Die Kommunikation unter Anwesenden ist generell eine unsichere Form der Kommunikation. Für das Verhältnis von Wissen und Handeln der Professionellen bedeutet dies, daß die Arbeitssituation sehr viel komplexer ist als das dem professionell Handelnden zur Verfügung stehende Wissen. Das vorhandene Wissen kann nicht problemlos angewendet und davon ausgegangen werden, daß der Ausgang der professionellen Intervention vorhersagbar und damit steuerbar ist« (Kurtz 2003, S. 100).

ist sehr groß; erst jenseits davon gibt es ein paar Reaktionen, die von den meisten professionellen Kollegen als fehlerhaft oder schädlich angesehen würden. In jeder psychotherapeutischen Sitzung gibt es viele Arten, den Kuchen anzuschneiden, und viele Einflüsse aufseiten des Therapeuten: die Theorie, der man sich verpflichtet fühlt; persönliche Erfahrungen, die man im Leben gemacht hat; die individuelle Tagesform, wie gut man geschlafen hat etc.

Drittens: Professionelle Situationen sind nicht stabil, sie sind ein Augenblick in einem Ereignisstrom. Wegen ihrer Flüchtigkeit eignen sie sich nicht für experimentelle Wiederholungsanforderungen. Ärzte kennen Situationen, in denen man keine zeitaufwändigen Nachforschungen anstellen kann, sondern handeln muss. Auch Ingenieure kennen derlei Situationen. Man muss sich auf sein Gefühl, seine Erfahrung verlassen, und jeder weiß, dass Erfahrung nicht gelehrt werden kann. Wissen hingegen kann gelehrt werden. Diesen besonderen Aspekt hat Daniel Stern (2004) in seiner Theorie berücksichtigt, wonach es mehr »Momente« der Veränderung gibt, als man denkt; und dass sie eben nicht mehr als Augenblicke sind. Sie fließen vorbei im Ereignisstrom, und wenn man nicht aufpasst, werden sie nicht einmal bemerkt.

Viertens: Professionelle Situationen sind einzigartig. Jeder Patient ist für sich genommen ein Universum, wie Erik H. Erikson uns beigebracht hat, und der Patient will als solches behandelt werden. Als Therapeut lernt man in der Ausbildung, was Patienten gemeinsam haben, doch wenn man dann in die Praxis kommt, stellt man schockiert fest, dass die Dinge völlig anders sind, weil man es nämlich mit einzigartigen menschlichen Wesen zu tun hat.

Fünftens: Situationen verlangen Entscheidungen, die sich mit dem Wertesystem des Therapeuten, seinen Normen und seiner Umwelt vereinbaren lassen müssen. Die Umwelt – das kann ein Supervisor, das Institut, eine bevorzugte Theorie oder anderes sein.

Und ich möchte Donald Schöns Liste um eine sechste Besonderheit ergänzen. Professionelle handeln in Situationen, von denen sie selbst ein Teil sind. Das bedeutet, dass nur der Professionelle das detaillierte und flüchtige Wissen hat; sein eigenes Denken über die Situation, von der er ein Teil ist, eingeschlossen.

Andere Forscher im Feld (Stichweh 1996) sind sich darin einig, dass das, was professionell Handelnde – z.B. Rechtsanwälte, Lehrer, Manager und Psychotherapeuten – tun, mit drei Merkmalen beschrieben werden kann: Professionelle beschäftigen sich mit der Lösung *existenzieller* Probleme ihrer Klienten; sie sprechen mit ihren Klienten über *individuelle* Formen von Problemen von großer Bedeutung; und dies tun sie in einem formalen Rahmen, in dem sie zugleich über sehr *intime* Themen auf eine äußerst individualisierte Interaktionsweise sprechen können. Wo sonst als in einem psychoanalytischen Gespräch geschieht es, dass zwei einander fremde Personen in den ersten 20 Minuten ihrer Bekanntschaft über sexuelle Gewohnheiten sprechen? Intimität, persönliche Interaktion und existenzielle Bedeutung sind die Markenzeichen dessen, was Professionelle tun.

Andere Forscher haben Ärzte beobachtet, um herauszufinden, wie diese sich in solchen Situationen verhalten. Christina Schachtner (1999) hat festgestellt, dass Ärzte nach einem spezifischen Denkschema vorgehen und ein spezielles sprachliches Format benutzen. Ihr Denkschema ist weder eine kategoriale Strategie »von oben nach unten« (»top-down«) noch eine induktive Strategie »von unten nach oben« (»bottom-up«). Es ist eher ein Assoziationsnetz: Sie fühlen sich durch den einen Patienten erinnert an einen anderen, den sie schon einmal hatten, sie erlauben sich einen träumerischen Bewusstseinszustand, um Assoziationen entstehen zu lassen, sie greifen auf abwegige Zusammenhänge und Alltagswissen zurück, und sie bewegen sich von einem Gedanken zum anderen. Beim Sprechen verwenden sie häufig Metaphern als sprachliches Instrument, mit dem sie aus vielen Blumen ein Sträußchen binden.

An dieser Stelle können wir zu Freud zurückkehren. Er beschrieb die psychoanalytische Tätigkeit mit Metaphern aus dem Arbeitsfeld eines Chirurgen, eines Archäologen, manchmal eines Lehrers; und er empfahl, sich als Therapeut wie ein Spiegel zu verhalten. Viele haben erkannt, wie widersprüchlich Freuds Empfehlungen waren – wenn man diese als wissenschaftliche Theorie lesen würde. Wenn man sie jedoch als Theorie des professionell Handelnden liest, versteht man, dass er sich einer professionellen Strategie bedient hat. Manchmal muss man aktiv »eindringen« wie ein Chirurg, manchmal passiv bleiben wie ein Spiegel. Alle diese Dinge erhalten in der empirischen und in der professionellen Welt höchst unterschiedliche Bedeutungen.

Vor diesem Hintergrund ist mein Vorschlag zu verstehen, die Welt der empirischen Forschung und die Welt der professionellen Praxis auseinander zu halten. Was in der empirischen Welt einen Beitrag zur babylonischen Sprachverwirrung leistet, stellt in der professionellen Welt die Lösung dar. Man könnte sogar sagen, dass die vielen Zungen zu Pfingsten auf die babylonische Sprachverwirrung antworten. Das professionelle Pfingsten ist die Antwort auf das empirische Babylon.

Bei so vielen Zungen muss es eine Basis der Übersetzbarkeit geben, und meiner Ansicht nach haben wir diese Basis dann erreicht, wenn wir den Schritt zur Beobachtung zweiter Ordnung tun. Bei der Beobachtung erster Ordnung herrscht Konfusion, weil man hier das Konzept »Wahrheit« so behandelt, als ob es nur eine einzige Herangehensweise gäbe. Bei der Beobachtung zweiter Ordnung sieht man allmählich, dass persönliche Wahrheit nicht ein *Ding* an sich ist, dem man sich nähern und dessen man sicher habhaft werden kann. Sie ist eher eine spezifische, eine »idiomatische« (Christopher Bollas) Art und Weise, Dinge zu tun und zu sehen. Die Suche nach der persönlichen Wahrheit ist das, was der Psychoanalytiker und sein Patient gemeinsam tun, und darüber wird man nie ein unabhängiges Wissen gewinnen. Beide beobachten sich gegenseitig auf dem Niveau der Beobachtung erster Ordnung. Wenn man zu beobachten beginnt, *wie* sie dies tun, verschiebt sich der Fokus der Aufmerksamkeit zu einer Beobachtung zweiter Ordnung; man beginnt zu sehen, wie die Beteiligten ihre Bilder und Theorien voneinander, ihre Erfahrung und Weltsichten nutzen bei der Bewältigung der Aufgabe, eine individuelle und intime Beziehung von existenzieller Bedeutung zu gestalten.

Therapeutische Interaktionen können dann auf zwei Weisen beobachtet werden. Die eine geschieht extern durch empirische Forschung; dann sprechen wir von empirischer Forschung, von Qualitätssicherung oder von Evaluation. Die andere Beobachtung geschieht intern, dann sprechen wir von »Reflexion«, die insbesondere in der Form von Supervisionen oder Intervisionen institutionalisiert ist. Ich entnehme dem wunderbaren Buch von Cox und Theilgaard (1987, S. 78f.) ein Beispiel, das eine Interaktion mitteilt (Beobachtung erster Ordnung), die dann auf das Niveau zweiter Ordnung gehoben wird.

Eine Gruppe forensischer, gewalttätiger Patienten, die meisten von ihnen Borderline-Patienten, und ein psychotischer Patient sitzen im Aufenthaltsraum. Als der Therapeut den Raum betritt, hört er ihre begeisterte Unterhaltung über die Fernsehsendung, d. h. die Olympischen Winterspiele, die sie gerade anschauen. Ihre Aufmerksamkeit ist auf den Gewinner der Goldmedaille im Eisschnelllauf gerichtet. Cox und Theilgaard bemerken dazu:

> »Nachdem ich ihren fortgesetzten überschwänglichen Erinnerungen eine Weile zugehört hatte, wurde eine Frage gestellt. Und in der restlichen Stunde konnte der Therapeut so gut wie keine Lücke finden, um selbst auch zu Wort kommen zu können! Trotzdem stand zweifellos fest, dass am Ende der Sitzung alle Patienten über ihre schmerzlichen Erinnerungen gesprochen hatten. Und dies hatten sie mit einer solchen Tiefe getan, die ohne die mehrdeutige, aber stabilisierende Wirkung einer wandelbaren Metapher unvorstellbar gewesen wäre« (S. 79).

Die Frage, die der Therapeut gestellt hatte, lautete: »Wer wird wohl die Goldmedaille im *Schnelllauf auf dünnem Eis* gewinnen?« (S. 79).

Ich führe dieses wunderbare Beispiel deshalb an, weil es zeigt, dass sich das Tun des Therapeuten sehr wohl beobachten lässt, aber auf verhaltensbezogener Ebene nicht gelehrt werden kann. Die Frage des Therapeuten impliziert mehrere Aspekte: Es gibt das offenkundige Thema, über das die Gruppenmitglieder sprechen. Dieses offenkundige Thema wird als Anspielung auf ihr unbewusstes Wetteifern gesehen. Und da ist die Präsenz des Therapeuten und seine schwierige Aufgabe, über schwierige Dinge zu reden. Mit seiner Frage gibt der Therapeut eine Interpretation der unbewussten Situation, *und* zugleich lädt er die Gruppenmitglieder ein, einen Schritt auf dem dünnen Eis ihrer Lebensgeschichte zu tun. Diese Art der Kreation mutativer Metaphern kann nicht definiert werden, weil sich Kreativität per definitionem nicht definieren lässt. Sie ist Teil der äußerst idiosynkratischen Erlebensweise des Therapeuten, seiner persönlichen »Theorie« und Erfahrung und kann deshalb nicht manualisiert werden. Man kann keine Situationskategorien definieren, auf die bestimmte Metaphern anzuwenden wären; und folglich kann man keine empirische Interventionsforschung durchführen. Aber man kann die Wirkung natürlich evaluieren – doch das wäre etwas ganz anderes, als professionelle Praxis zu betreiben! Wir müssen also nach Forschungsmethoden suchen, die unsere professionellen Leistungen genau so inspirieren wie das oben erwähnte Beispiel.

Für diese Art von Forschung ist die Arbeit des Finnen Peräkylä (2004) exemplarisch. Er will wissen, wie Psychoanalytiker ihre Deutungen vorbereiten und in welchen Situationen sie diese präsentieren. Deshalb hat er eine Reihe therapeutischer Interaktionen mithilfe der sogenannten Konversationsanalyse untersucht, einer von Harvey Sacks in den 1970ern entwickelten mikroanalytischen Methode der Analyse menschlicher Interaktion (vgl. Silverman 1998; Donellon 1996). Er stellt fest, dass Psychoanalytiker auf besondere Weise strukturelle Identitäten einer Situation berücksichtigen. Der Patient spricht von seiner Kindheit, und der Therapeut macht dazu eine Bemerkung, in der er die Struktur dieser spezifischen Bezogenheit formt. Ein paar Minuten später redet der Patient von einem Streit mit seiner Frau, und wiederum lenkt der Therapeut seine Aufmerksamkeit auf die Beziehungsstruktur. Und wenn die Dinge gut laufen, wird er noch hinzufügen, dass sich die gleiche Beziehungsstruktur in der Therapeut-Patient-Beziehung finden lässt.

Hier könnte man einwenden, dass dies nichts Neues ist. Doch das Gute daran ist, dass es sich dabei um eine Art des analytischen Zuhörens handelt, das nun empirisch bestätigt wird, nachdem es zuvor von Psychoanalytikern wie

Lorenzer (1970) oder Argelander (1970) als »Szenisches Verstehen« beschrieben worden ist. Tatsächlich scheinen finnische Analytiker, die wahrscheinlich weder Lorenzer noch Argelander kennen, just so zu handeln, wie es beschrieben wurde, und das wird nun bestätigt. Überraschend daran ist, dass der Forscher Peräkylä kein Psychoanalytiker ist, sondern ein Sozialwissenschaftler, der sich normalerweise dafür interessiert, wie Menschen in Situationen außerhalb des psychotherapeutischen Settings miteinander sprechen. Und er findet das, was Karl Menninger vor vielen Jahren als das »Dreieck der Erkenntnis« bezeichnet hatte. Wenn man die strukturellen Identitäten einer Kindheitssituation, einer konkreten Situation der Außenwelt und der Übertragung hat, dann ist der Punkt erreicht, an dem man die gleichschwebende Aufmerksamkeit aufgeben und sich »niederlassen« kann.

Ich finde es interessant, dass sich in den letzten Jahren ein weiterer Zweig psychoanalytischer Forschung an anderem Ort entwickelt hat, deren einziger Nachteil darin besteht, dass sie sich wenig um die schon geleistete Arbeit der professionellen Beobachter und um die Studien zum mikroanalytischen Austausch, die aus den Sozialwissenschaften vorliegen, kümmert. Dabei denke ich an die herausragende Arbeit von Daniel Stern (2004) und seiner Bostoner Forschungsgruppe. Um eine Vorstellung davon zu bekommen, woher diese Art des interpersonalen Wissens stammt, welches von Beobachtern zweiter Ordnung beobachtet werden kann, folgt man am besten einem von Sterns (2004) glänzenden Beispielen. Auch dieses Beispiel »führt uns auf das Eis«. Stern lädt ein, sich folgendes vorzustellen:

Ein junger Mann und eine junge Frau verabreden sich zum ersten Mal zu einem Spaziergang an einem Winternachmittag. Sie kennen einander nicht sehr gut. Auf ihrem Spaziergang kommen sie an einer Eisbahn vorbei und beschließen, Eislaufen zu gehen. Beide sind darin unerfahren. Auf geliehenen Schlittschuhen bewegen sie sich unsicher auf dem Eis und mühen sich schwerfällig mit einem Tanz ab.

> »Fast fällt sie nach hinten. Er greift nach ihr und stabilisiert sie. Dann verliert er das Gleichgewicht und kippt nach rechts. Sie streckt eine Hand nach ihm aus, und er erfasst diese. (Beide nehmen neurologisch und empirisch an dem Körpergefühl teil, das auf den anderen gerichtet ist. Und beide wissen in dem Augenblick, dass der jeweils andere weiß, wie es sich anfühlt, im Körper des anderen zu sein.) Schritt um Schritt bewegen sie sich gemeinsam nach vorne, halten sich an den Händen mithilfe der unterschiedlichsten spontanen Muskelkontraktionen, die von einer Hand und einem Arm ausgehen und in denjenigen des anderen übergehen, um zusammenzubleiben, sich zu stabilisieren und zu bewegen« (Stern 2004, S. 174).

Nach dieser lebhaften Beschreibung sagt Stern: »Über eine Reihe gemeinsamer Gefühlsreisen sind sie stellvertretend im Körper und Geist des anderen gewesen« (ebd.). Meiner Ansicht nach ist die Formel der »gemeinsamen Gefühlsreise« genau zutreffend. Wie kann man eine solche Formel verstehen? Ist die Rede davon, »im Körper und Geist des anderen zu sein« Metapher oder empirische Beschreibung? Wenn es eine Beschreibung ist – von welcher Realität? Wie kann man seine gewohnten Fähigkeiten der Realitätsprüfung anwenden? Die Antwort liegt auf einer anderen Ebene: Eine Beobachtung zweiter Ordnung hat hier kein Problem. Man kann bei diesem Tanzpaar sehen, wie es gemeinsam etwas *praktiziert* und zugleich eine neue und gemeinsame Realität *konstruiert*. Diese Fähigkeit, neue und einzigartige gemeinsame intime Realitäten zu schaffen, passt zu meiner Beschreibung dessen, was Professionelle tun. Ihr Tun ist einzigartig, individuell, interaktiv, und es hat eine existenzielle Dimension. Doch eine Profession ist natürlich keine Liebesgeschichte, und genau dieser Unterschied macht einen Unterschied. Wie wir jedoch von Freud gelernt haben, ist die therapeutische Profession ohne eine Art von Liebe, die die Erschaffung mutativer Metaphern ermöglicht, überhaupt nicht vorstellbar.

Diese professionelle Kompetenz scheint Wurzeln in der Evolution zu haben, wofür ich nur ein Beispiel anführen will. Der Physiker Wolfram Schommers (2002, S. 159) hat das Verhalten der Schmetterlingsraupe aus Assam, biologisch als *Attacus edwardsii* bezeichnet, beschrieben. Diese Raupe trennt mit ihren Zähnen ein Blatt vom Baum, fixiert aber das Blatt zuvor mit einem gesponnen Faden, damit es nicht herunterfällt. Das Blatt vertrocknet, rollt sich zusammen und bildet eine ideale Röhre oder einen Kanal, um hineinzukriechen und dort die Eier abzulegen, damit diese sich zu einem Falter entwickeln. Doch zu leicht wird das trockene Blatt braun und könnte unter all den grünen Blättern von einem Vogel bemerkt werden, der es genauer untersuchen und schnell die wohlschmeckende Larve verspeisen könnte. Die Fortpflanzung dieser Tierart wäre also in höchster Gefahr. Und was tut der Attacus edwardsii? Seine Lösung sieht so aus, dass er weitere fünf oder sechs Blätter abbeißt und diese um die gefüllte Blattröhre herum fixiert. Ein Vogel, der diese Attrappe untersucht, würde keine Larve finden und wäre nicht motiviert, weitere Blätter zu erforschen.

Die Intelligenz dieses Tieres ist, evolutionär entfaltet, von besonderer Art. Um zu überleben, muss es die Reaktion des Vogels antizipieren und sich genau so anpassen, wie es das Tanzpaar auf dem Eis in Sterns Beispiel tut. Es ist eine Form der Interaktion, in der die Antizipation von *Ereignissen, die noch nicht eingetreten sind,* eine wichtige Rolle spielt. Vielleicht könnte man mit Daniel Stern sagen, dass auch in diesem Fall der eine im Körper und Geist des anderen ist. Die Fähigkeit des »mind reading« ist ein wichtiger Faktor (Meltzoff et al. 1999; Tomasello 2001, 2003). Die Bostoner Forschungsgruppe hat dafür den Ausdruck »synchronisiert sein« geprägt. Die Fähigkeit, sich mit unterschiedlichen Menschen auf individuelle Weise synchronisieren zu können, d. h. mit ihnen in großer Vertrautheit zu agieren, ohne eine Liebesbeziehung zu ihnen zu haben, und sich als Teil der Situation zu verstehen, ist das, was unseren Beruf als Profession qualifiziert. Und genau dies differenziert ihn vom wissenschaftlichen Bemühen der empirischen Art.

Vor 20 Jahren schrieb Hans Loewald, der in der entstehenden Szene der relationalen Psychoanalyse in New York um Stephen Mitchell und vielen anderen eine wichtige Rolle gespielt hat, ein paar Sätze, die ich hier zitieren möchte:

> »Mit dem Beharren darauf, dass die analytische Aktivität eine strikt wissenschaftliche sei (wissenschaftliche Erkenntnis und Methoden nicht nur *benutze*), ist die Vorstellung von der Würde der Wissenschaft verknüpft. Der Wissenschaftler wird von Freud als die fortgeschrittenste Erscheinungsform menschlicher Entwicklung betrachtet« (Loewald 1986, S. 217).

Freud wollte das magische und religiöse Denken überwinden. Doch Loewald gibt dieser Intention eine kritische Wendung: »Es ist nicht ohne weiteres verständlich, weshalb Forschungsprojekt auf den Gegenstand der Untersuchung eine therapeutische Wirkung ausüben soll« (Loewald 1986, S. 216).

Vorsichtig bezweifelt Loewald, dass dem von Freud privilegierten Junktim von Heilen und Forschen automatisch ein therapeutischer Wert zugeschrieben werden kann. Etwas hat sich geändert. Wie wir wissen, erfordert die empirische Forschung heute völlig andere Qualifikationen als diejenigen, die man als Psychoanalytiker hat. Vergleicht man die Tätigkeit des empirischen Forschers mit der Tätigkeit des Therapeuten, dann stellt man fest, dass beide völlig verschiedene Fragestellungen verfolgen, unterschiedliche Strategien haben und unterschiedliche Lösungen anstreben. Ferner ist ein neuer und moderner Forschertypus entstanden, der nicht psychologisch ausgerichtet ist, sondern Informatik, Linguistik oder Mathematik studiert hat und der empirisch forschen, aber nicht unbedingt psychotherapeutisch tätig sein will.

Aus dieser Situation kann weder der eine noch der andere für sich folgern, dem jeweils anderen überlegen zu sein. Häufig wird die Metapher einer Ehe zwischen Praxis und Forschung benutzt, doch unter heutigen Bedingungen könnte eine solche Verbindung nur dann glücklich werden, wenn beide gleiche Rechte haben. Dies legt nahe, dass wir Freuds Junktim aus der personalen Einbindung herauslösen und es in Form einer institutionalisierten Zusammenarbeit überdenken können.

Schlussfolgerung

Empirische Forscher und professionelle Praktiker nähern sich heute wieder einander an. Wenn wir über die derzeitige Dominanz empirischer Forschung hinausgehen, können wir sehen, wie sogar in der Naturwissenschaft intuitive Denkmuster allmählich rehabilitiert werden. Eine Denklinie hat der britische Chemiker und Philosoph Michael Polanyi (1958) aufgegriffen, der beobachtet hat, wie Wissenschaftler nicht nur Datenmaterial anhäufen, sondern auf Vorahnungen und Visionen basierte Theorien formulieren. Sie ignorieren Fragen, die sie auf dem Hintergrund ihrer intuitiven Visionen nicht beantworten können. Polanyi zog daraus den Schluss, dass sich Wissenschaftler von einer unausgesprochenen impliziten, aber dynamischen Vision verborgener Realität leiten lassen. Er hat eine Art Beobachtung der zweiten Ordnung praktiziert, d.h. er hat Wissenschaftler bei ihrer wissenschaftlichen Arbeit beobachtet. Und er hat eine Theorie der Intuition formuliert und Intuition als Fähigkeit gedeutet, Kohärenz wahrzunehmen. Ohne dieses gesteigerte Kohärenzgefühl könne kein Problem formuliert und keine Lösung gefunden werden. Wenn man die Berichte von Physikern über die Entdeckung der Quantentheorie liest (Malin 2003, Görnitz/Görnitz 2002, 2005), bekommt man den Geist der Intuition selbst in diesen »harten« wissenschaftlichen Bereichen zu spüren. In diesen Bereichen entwickelt sich ein neues Verständnis von Forschung, das von jener dogmatischen Empirie, wie sie im psychotherapeutischen Forschungsfeld praktiziert wird, weit entfernt ist.

Spätere Naturwissenschaftler haben das, was Polanyi als »implizites Wissen« bezeichnet, in ihre Terminologie übernommen. Theodore L. Brown, Professor für Chemie, beschreibt stillschweigendes Wissen:

> »Diese Art des Wissens gewinnt man durch Erfahrungen in der Welt; es bildet die weitgehend unbewusste (!) Basis eines Großteils unseres Denkens und Handelns. Das implizite Wissen ist nicht kommunizierbar; auch wenn wir es tagtäglich benutzen, vermitteln wir dieses Wissen nicht explizit – weil wir dies nicht können« (2004, S. 9).

Wenn man Wissenschaftler bei ihrer Arbeit beobachtet, erkennt man, wie intensiv sie z. B. durch den häufigen Gebrauch von Metaphern auf dieses unbewusste Wissen zurückgreifen, dessen sie sich nicht bewusst sind (Knorr Cetina 1995).

Lässt sich Intuition definieren? Ja, der Kognitionswissenschaftler A. S. Reber gibt eine Definition, die unseren Interessen als Psychoanalytiker ziemlich nahe kommt. Intuition ist seiner Meinung nach

> »ein kognitiver Zustand, der unter spezifischen Bedingungen hervortritt und dahin gehend wirkt, dass er einem Individuum hilft, Entscheidungen zu treffen und sich in bestimmten Handlungskategorien zu bewegen. Ein intuitives Gefühl zu haben, was richtig und angemessen ist, eine vage Vorstellung von dem Ziel zu haben, zu dem ein langer Denkprozess führen kann, ›den Punkt zu erfassen‹, ohne dass man verbalisieren könnte, was da erfasst worden ist, sind Fähigkeiten, die man durch implizite Lernerfahrungen und durch die Entwicklung der erforderlichen Basis repräsentativen Wissens gewinnt, um solche Entscheidungen treffen zu können« (Reber/Reber 1999, S. 233).

Wenn ein Forscher seine Intuition gebraucht, ist das vergleichbar der klugen List des Odysseus, der sich, um nicht den verführerischen Gesängen der Sirenen zu erliegen, an den Mast des Schiffes binden und seinen Gefährten die Ohren mit Wachs verschließen ließ. Wenn wir die doppelte Gefahr, von empirischen Anforderungen entweder angebunden oder aber in unserer Intuition taub gemacht zu werden, vermeiden wollen, sollten wir in dem Versuch, Forschung und Praxis zu integrieren, mit Fürstenau (2002) zwei Ebenen auseinander halten.

Auf der globalen Ebene ist meine Formel (Buchholz 1999) angesiedelt, dass Forschung und Profession unterschiedliche Systeme sind, die füreinander Umwelten bilden. Dies impliziert, dass die Systeme die unterschiedlichen Welten, in denen sie leben, beachten und respektieren. Auf dieser globalen Ebene findet man jedoch die unbewusste Fantasie, dass die Profession der Psychotherapie von der empirischen Forschung gesteuert oder im Ganzen determiniert werden könnte – und diese Fantasie hat sich als zerstörerisch erwiesen. Die psychotherapeutische Praxis wird nicht von der empirischen Forschung bestimmt. Aber fordern lässt sich (mit Westen et al. 2004), die Profession der Psychoanalytiker sollte natürlich durchaus empirisch *informiert* sein. Empirische Forscher sollten umgekehrt klinisch *orientiert* sein – und nicht nur methodologisch (Lambert 2004). Psychoanalytiker und Forscher müssen miteinander *kommunizieren* – gerade weil sie sich in verschiedenen

Systemen bewegen. Ihre Beziehung zueinander ist keine hierarchische. In der Psychotherapie können wir uns nicht vorstellen, dass die empirische Forschung über der Profession steht, beide stehen vielmehr nebeneinander. Nach dem hierarchischen Modell könnte die therapeutische Praxis durchaus von der Forschung *determiniert* werden, was aber in der Wirklichkeit nicht zutrifft: Die Praxis kann nur *informiert* werden über empirische Befunde. Gegenseitige Informiertheit erst führt dazu, dass beide Bereiche als souverän geschaffen und erhalten werden. Souveränität möchte ich hier als Fähigkeit bezeichnen, wechselseitige Abhängigkeit anzuerkennen. Professionelle Kliniker sind abhängig von Patienten, wir sind abhängig von einem wissenschaftlichen Denken, das auf empirischer und sonstiger Forschung beruht, um unsere Ansichten korrigieren und uns mit neuen Ideen versorgen zu können. Doch die Forschung ist auch abhängig – von Theorien, von Drittmitteln, von professionellen Praktikern und von der Teilnahme ihrer Patienten an Studien. In dieser Situation bedeutet Souveränität nicht, dass man wie ein König in seinem Reich herrschen will, sondern dass man Kommunikation akzeptiert. Doch die Kommunikation ist nur dann sinnvoll, wenn wir den je anderen Bereich auf nichthierarchische Weise akzeptieren und von ihm akzeptiert werden. Psychotherapeutische Praxis kann nicht Forschung, Forschung kann nicht Praxis dominieren. Wo Dominanz und Hierarchie war, soll Kommunikation werden. Ansonsten laufen wir Gefahr, eine Art von Forschung zu haben, vor der uns William Henry und andere gewarnt haben; sie würde uns nicht nur taub machen, sie würde die Sirenen zum Verstummen bringen (Bollas 2005).

Neben der allgemeinen Ebene gibt es noch die Ebene der individualisierten Praxis der Profession. Auch auf dieser Ebene müssen wir gegenseitig unsere Souveränität akzeptieren. Die Kommunikation auf dieser Ebene sollte unter einem besonderen Thema stehen: Wie kann man als Analytiker seine Intuition so gestalten, dass der Patient davon profitiert? Aufseiten der Profession müssen wir meines Erachtens akzeptieren, dass es ohne Person oder, besser gesagt, ohne Persönlichkeit keine »Methode« gibt. Die Verschiedenheit der therapeutischen Persönlichkeiten würde die Schwierigkeit der Suche nach dem »common ground« verständlich machen. In der Forschung könnte mehr Interesse daran wachsen, mit welcher Art von Ausbildung man gute Psychotherapeuten hervorbringen kann. Ich meine ein »coming out« im doppelten Sinn des Wortes »hervorbringen«: seine intuitive Kraft und sich selbst zeigen dürfen! Die Praktiker unserer Profession sollten dazu ermuntert werden, in klaren Konzepten zur Forschung beizutragen und ihr Denken so klar wie möglich zu demonstrieren. Doch ihre Beiträge sollten nicht nur nach jenen

Kriterien bewertet werden, die ausschließlich dem Empirismus entnommen sind.

Mit dem Begriff »Theorie« verbinden beide Felder, professionelle Praxis und Forschung, unterschiedliche Vorstellungen. In der empirischen Forschung kann man eine Theorie testen, sie muss Vorhersagen machen können und sie wird nach wahr oder falsch bewertet. In der Forschung braucht man keine besondere *persönliche* Erfahrung, um verstehen zu können, um was es in der Theorie geht. In der therapeutischen Praxis aber braucht man einerseits Theorie, um die eigene Erfahrung verstehen zu können (Lear 2003), andererseits ist Theorie nichts als die Formulierung einer Sinnspur aus der kommunikativen Matrix der Teilhabe an einer gemeinsamen »Gefühlsreise« und es muss deshalb verschiedene Variationen davon geben. Von daher hat der Begriff »Theorie« in der professionellen Praxis eine andere Bedeutung. Hier ist Theorie ein Instrument zur subtilen Verfeinerung unserer Fähigkeit, (mit den Worten Sterns) im Körper und im Geist eines anderen zu sein. In den Humanwissenschaften ist Theorie in den Worten von George Steiner nichts anderes als eine Form der Intuition, die sozusagen ihre Geduld verloren hat.

Wir brauchen deshalb – wie schon Hölderlin vorschlug – einen Monotheismus der Vernunft und des Herzens, aber einen Polytheismus unserer Vorstellungskraft und unserer professionellen und wissenschaftlichen Kunst. Vor diesem Hintergrund können wir vielleicht eines Tages verstehen, woran Freud dachte, als er die psychoanalytische Profession als säkulare Seelsorge definierte.

Literatur

Argelander, H. (1970): Die szenische Funktion des Ichs und ihr Anteil an der Symptom- und Charakterbildung. Psyche – Z Psychoanal 24, 325–345.
Aveline, M. (2005): The person of the therapist. Psychotherapy Research 15, 155–164.
Bachrach, H. M.; Galatzer-Levy, R.; Skolnikoff, A. & Waldron, S. Jr. (1991): On the efficacy of psychoanalysis. J Psychoanal Ass 39(4), 871–916.
Bateman, A. & Fonagy, P. (2004): Psychotherapy for Borderline Personality Disorder. Oxford/New York, Oxford Univ. Pr.
Blomberg, J.; Lazar, A. & Sandell, R. (2001): Long-term outcome of long-term psychoanalytically oriented therapies: First findings of the Stockholm outcome of psychotherapy and psychoanalysis study. Psychotherapy Research 11, 361–282.
Blomberg, J. & Sandell, R. (1996): Does a material incentive affect response on a psychotherapy follow-up questionnaire? Psychotherapy Research 6, 155–163.
Bollas, C. (2005): I have heard the mermaids singing. London, Free Association Books.
Brown, T. L. (2003): Making Truth – Metaphor in Science. Urbana/Chicago, Univ. Illinois Pr.

Buchholz, M.B. (1999): Psychotherapie als Profession. Gießen, Psychosozial.
Buchholz, M.B. (2004): Psycho-News. Briefe zur empirischen Verteidigung der Psychoanalyse. Gießen, Psychosozial.
Cox, M., & Theilgaard, A. (1987): Mutative Metaphors in Psychotherapy. The Aeolian Mode. London/New York, Tavistock.
Donnellon, A. (1996): Team Talk. Listening Between the Lines to Improve Team Performance. Boston, Harvard Business School Pr.
Feldman, M. (1990): Common ground: The centrality of the Ödipus complex. Int J Psycho-Anal 71, 37–48.
Fonagy, P., & Roth, A. (2004): Ein Überblick über die Ergebnisforschung anhand nosologischer Indikationen, Teil II. Psychotherapeutenjournal 3, 300–315.
Freud, S. (1916–17a): Vorlesungen zur Einführung in die Psychoanalyse. GW XI.
Freud, S. (1926e): Die Frage der Laienanalyse. GW XIV, S. 207–286.
Freud, S. (1927a): Nachwort zur Frage der Laienanalyse. GW XIV, S. 287–296.
Freud, S. & Pfister, O. (1963): Briefe 1909–1939. Frankfurt/M., Fischer.
Fürstenau, P. (2002): Grundorientierung – Verfahren – Technik. Psychodynamische Psychotherapie 1, 12–17.
Gabbard, G.O. (1995): Gegenübertragung: Die Herausbildung einer gemeinsamen Grundlage. Psyche – Z Psychoanal 53, 1999, 972–990.
Goldfried, M.R. (2000): Consensus in psychotherapy research and practice: Where have all the findings gone? Psychotherapy Research 10, 1–16.
Görnitz, T. & Görnitz, B. (2002): Der kreative Kosmos. Geist und Materie aus Information. Heidelberg/Berlin, Spektrum Akademischer Verl.
Görnitz, T. & Görnitz, B. (2005): Das Bild des Menschen im Licht der Quantentheorie. In: Buchholz, M.B. & Gödde, G.: Das Unbewußte in aktuellen Diskursen – Anschlüsse. Band II. Gießen, Psychosozial, S. 720–745.
Grant, J., & Sandell, R. (2004): Close family or mere neighbours? Some empirical data on the differences between psychoanalysis and psychotherapy. In: Richardson, P.; Kächele, H. & Redlund, C. (Hg.): Research on Psychoanalytic Psychotherapy with Adults. London, Karnac, S. 81–108.
Grawe, K.; Donati, R. & Bernauer, F. (1994): Psychotherapie im Wandel. Von der Konfession zur Profession. Göttingen, Hogrefe.
Green, A. (2005): The illusion of common ground and mythical pluralism. Int J Psychoanal 86, 627–632.
Henry, W.P. (1998): Science, politics and the politics of science: The use and misuse of empirically validated treatment research. Psychotherapy Research 8, 126–140.
Knorr Cetina, K. (1995): Metaphors in the scientific laboratory: Why are they there and what do they do? In: Radman, Z. (Hg.): From a Metaphorical Point of View. A Multidisciplinary Approach to the Cognitive Content of Metaphor. Berlin, de Gruyter, 329–350.
Kurtz, T. (2003): Gesellschaft, Funktionssystem, Person: Überlegungen zum Bedeutungswandel professioneller Leistung. In: Mieg, H. & Pfadenhauer, M. (Hg.): Professionelle Leistung – Professional Performance. Positionen der Professionssoziologie. Konstanz, UVK-Verlagsgesellschaft, S. 89–110.
Lambert, M.J. (Hg.) (2004): Bergin and Garfield's Handbook of Psychotherapy and Behavior Change. 5. Aufl. New York, Wiley.
Lear, J. (2003): Therapeutic Action. An Earnest Plea for Irony. New York/London, Karnac.
Leichsenring, F. (2005): Are psychodynamic and psychoanalytic therapies effective? A review of empirical data. Int J Psycho-Anal 86, 841–868.

Leichsenring, F.; Biskup, J.; Kreische, R. & Staats, H. (2005): The Göttingen study of psychoanalytic therapy: First results. Int J Psycho-Anal 86, 433–457.
Leuzinger-Bohleber, M. (1994): Veränderung kognitiv-affektiver Prozesse in Psychoanalysen. In: Faller, H. & Frommer, J. (Hg.): Qualitative Psychotherapieforschung. Heidelberg, Asanger, S. 208–224.
Leuzinger-Bohleber, M. (2003): How to study the »quality of psychoanalytic treatments«. Int J Psycho-Anal 84, 263–290.
Leuzinger-Bohleber, M. (2003): Die langen Schatten von Krieg und Verfolgung: Kriegskinder in Psychoanalyse. Beobachtungen und Berichte aus der DPV-Katamnesestudie. Psyche – Z Psychoanal 57, 982–1016.
Leuzinger-Bohleber, M. & Stuhr, U. (Hg.) (1997): Psychoanalysen im Rückblick. Methoden, Ergebnisse und Perspektiven der neueren Katamneseforschung. Gießen, Psychosozial.
Loewald, H. W. (1986): Psychoanalyse. Aufsätze aus den Jahre 1951–1979. Stuttgart, Klett-Cotta.
Lorenzer, A. (1970): Sprachzerstörung und Rekonstruktion. Frankfurt/M., Suhrkamp.
Maiwald, K.-O. (2003): Der unsichtbare Mediator: Probleme der Ausweisung beruflicher Leistung in der Familienmediation. In: Mieg, H. & Pfadenhauer, M. (Hg.): Professionelle Leistung – Professional Performance. Konstanz, UVK, S. 195–226.
Malin, S. (2003): Dr. Bertlmanns Socken. Wie die Quantenphysik unser Weltbild verändert. Leipzig, Reclam.
Meltzoff, A. N.; Gopnik, A. & Repacholi, B. M. (1999): Toddlers' understanding of intentions, desires and emotions: Explorations of the dark ages. In: Zelazo, P. D.; Astington, J. W. & Olson, D. R. (Hg.): Developing Theories of Intention. Social Understanding and Self-Control. Mahwah, NJ/London, Lawrence Earlbaum, S. 17–42.
Orlinsky, D. E., & Ronnestad, M. E. (2005): How psychotherapists develop. A study of therapeutic work and professional growth. Washington, Amer. Psychol. Ass.
Paniagua, C. (1995): Common ground, uncommon methods. Int J Psycho-Anal 76, 357–371.
Peräkylä, A. (2004): Making links in psychoanalytic interpretations: A conversation analytical perspective. Psychotherapy Research 14, 289–307.
Polanyi, M. (1958): Personal knowledge. Towards a post-critical philosophy. London, Routledge & Kegan.
Reber, R. A., & Reber, P. (1999): Implicit versus explicit learning. In: Sternberg, R. J. (Hg.): The Nature of Cognition. Cambridge, Mass., MIT-Press, S. 504–523.
Richardson, P.; Kächele, H. & Redlund, C. (Hg.) (2004): Research on Psychoanalytic Psychotherapy with Adults. London, Karnac.
Rothwell, P. M. (2005): External Validity of Randomized Controlled Trials: »To whom do the results of this trial apply?«. Lancet 365, 82–93.
Sandell, R. (2001): Jenseits der Spekulation. Empirische Unterschiede zwischen Psychoanalyse und psychodynamischer Psychotherapie. In: Bohleber W. & Drews, S. (Hg.): Die Gegenwart der Psychoanalyse – die Psychoanalyse der Gegenwart. Stuttgart, Klett-Cotta, S. 473–490.
Sandell, R.; Blomberg, J. & Lazar, A. (2002): Time matters: On temporal interactions in long-term follow-up of long-term psychotherapies. Psychotherapy Research 12, 39–58.
Sandell, R.; Blomberg, J. & Lazar, A.; Broberg, J. & Schubert, J. (2001): Unterschiedliche Langzeitergebnisse von Psychoanalysen und Langzeitpsychotherapien. Aus der Forschung des Stockholmer Psychoanalyse- und Psychotherapieprojekts. Psyche – Z Psychoanal 55, 277–310.
Schachtner, C. (1999): Ärztliche Praxis. Die gestaltende Kraft der Metapher. Frankfurt/M., Suhrkamp.

Schafer, R. (1990): The search for common ground. Int J Psycho-Anal 71, 49–52.
Schön, D.A. (1983): The Reflective Practitioner. How Professionals Think in Action. New York, Basic Books.
Schön, D.A. (Hg.) (1991): The Reflective Turn. Case Studies In and On Educational Practice. New York/London, Teachers College, Columbia Univ.
Schommers, W. (2002): Formen des Kosmos. Physikalische und philosophische Formen der Wirklichkeit. Kusterdingen, Die graue Edition.
Schütze, F. (1992): Sozialarbeit als bescheidene Profession. In: Dewe, B.; Ferchhoff, W. & Radtke, F.O. (Hg.): Erziehen als Profession. Opladen, Westd. Verl., S. 192–213.
Schwartz, M.A. & Wiggins, O.P. (1987): Typifications: The first step for clinical diagnosis in psychiatry. J Nerv Ment Dis 175, 65–77.
Shaw, R. (2004): The Embodied Psychotherapist: An Exploration of the Therapists' Somatic Phenomena Within the Therapeutic Encounter. Psychotherapy Research 14, 271–288.
Silverman, D. (1998): Harvey Sacks – Social Science and Conversation Analysis. New York, Oxford Univ. Pr.
Spence, D.P.; Mayes, L.C. & Dahl, H. (1994): Monitoring the analytic surface. J Amer Psychoanal Asso 42, 43–64.
Stern, D.N. (2004): Der Gegenwartsmoment. Veränderungsprozesse in Psychoanalyse, Psychotherapie und Alltag. Übers. E. Vorspohl. Frankfurt/M., Brandes & Apsel, 2005.
Stichweh, R. (1996): Professionen in einer funktional differenzierten Gesellschaft. In: Combe, A. & Helsper, W. (Hg.): Pädagogische Professionalität. Untersuchungen zum Typus pädagogischen Handelns. Frankfurt/M., Suhrkamp, S. 49–69.
Svensson, L. (2003): Market, management and professionalism: Professional work and changing organisational contexts. In: Mieg, H. & Pfadenhauer, M. (Hg.): Professionelle Leistung – Professional Performance. Konstanz, UVK, S. 313–356.
Tänzler, D. (2003): Politdesign als professionalisierte Performanz. Zur Rolle von *spin doctors* bei der Politikinszenierung. In: Mieg, H. & Pfadenhauer, M. (Hg.): Professionelle Leistung – Professional Performance. Konstanz, UVK, S. 227–248.
Thomä, H. & Kächele, H. (1985): Lehrbuch der psychoanalytischen Therapie. Bd. 1. Berlin u. a., Springer.
Tomasello, M. (1999a): Having intentions, understanding intentions, and understanding communicative intentions. In: Zelazo, P.D.; Astington, J.W. & Olson, D.R. (Hg.) (1999): Developing Theories of Intention. Social Understanding and Self-Control. Mahwah, NJ/London, Lawrence Earlbaum, S. 63–76.
Tomasello, M. (1999b): Die kulturelle Entwicklung des menschlichen Denkens. Zur Evolution der Kognition. Frankfurt/M., Suhrkamp, 2002.
Tomasello, M. (2001): Perceiving intentions and learning words in the second year of life. In: Tomasello M. & Bates, E. (Hg.): Language Development. The Essential Readings. Oxford, Blackwell, S. 111–128.
Tomasello, M. (2003): The key is social cognition. In: Gentner, D. & Goldin-Meadow, S. (Hg.): Language in Mind. Advances in the Study of Language and Thought. Cambridge/London, MIT-Press, S. 47–58.
Tomasello, M. (2003): Constructing a Language. A Usage-Based Theory of Language Acquisition. Cambridge, Mass./London, Harvard Univ. Pr.
Tuckett, D. (1993): Some thoughts on the presentation and discussion of the clinical material of psychoanalysis. Int J Psycho-Anal 74, 1175–1189.
Wallerstein, R.S. (2005): Will psychoanalytic pluralism be an enduring state of our discipline? Int J Psycho-Anal 86, 623–626.

Westen, D.; Novotny, C.M. & Thompson-Brenner, H. (2004): The empirical status of empirically supported psychotherapies: Assumptions, findings, and reporting in controlled clinical trials. Psychol Bull 130, 631–663.

Wolff, S. (1994): Innovative Strategien qualitativer Sozialforschung im Bereich der Psychotherapie. In: Buchholz, M.B. & Streeck, U. (Hg.): Heilen, Forschen, Interaktion. Psychotherapie und qualitative Sozialforschung. Opladen, Westd. Verl., S. 39–65.

14 Evidence based psychoanalysis?

Zur Forschungs- und Wissenschaftspolitik der Psychoanalyse

Alf Gerlach

Die Zusammenführung der Begriffe »Evidenzbasierung« und »Psychoanalyse« muss bei Psychoanalytikern zunächst das Gefühl auslösen, dass hier zwei vollkommen gegensätzliche, ja sogar widersprüchliche Grundhaltungen zusammengebracht werden sollen. Diese Überzeugung, dass Psychoanalyse nicht evidenzbasiert gedacht werden könne, löst in der Regel bei Psychoanalytikern einen Rückzug von weiteren Überlegungen aus, führt zu einer Denkhemmung, die eine fruchtbare Auseinandersetzung mit den Konzepten der evidenzbasierten Medizin vermeidet. Meine folgenden Überlegungen sollen deshalb dazu dienen:

1. den grundlegenden Denkhaltungen der evidenzbasierten Medizin nachzuspüren
2. aufzuweisen, dass Evidenzbasierung für die Psychoanalyse und die von ihr abgeleiteten therapeutischen Verfahren nichts Neues ist, sondern z.B. in Deutschland den von Psychoanalytikern mitkonzipierten Leitlinien und Richtlinien für psychoanalytische Behandlungen zugrunde liegt
3. die notwendigen und unvermeidlichen Spannungen zwischen einer psychoanalytischen Grundhaltung und der Orientierung an evidenzbasierter Forschung zu benennen.

In der Definition der *evidence based medicine* wird immer wieder auf die Beschreibung von David Sackett und vier seiner Kollegen aus dem Editorial des British Medical Journal 1996 Bezug genommen: »The conscientious, explicit, and judicious use of current best evidence in making decisions about the care of individual patients. The practice of evidence-based medicine means integrating individual clinical expertise with the best available external evidence from systematic research«[5] (Sackett et al. 1996, S. 71). Damit hebt die evidenzbasierte Medizin hervor, die klinische Praxis einerseits auf die individuelle klinische Erfahrung, aber eben auch unbedingt auf die jeweils beste verfügbare externe Evidenz aus systematischen Forschungsstudien, letztlich auf experimentell gewonnene Erfahrung zu gründen. Damit vertritt die evidenzbasierte Medizin zunächst einmal einen gegenüber dem eigenen diagnostischen und therapeutischen Handeln selbstkritischen Ansatz. Diese Selbstkritik, die den Zweifel als grundlegende Methode jeder Wissenschaft betont, findet sich besonders deutlich dargestellt in dem Grundlagenkapitel des deutschsprachigen »Lehrbuchs Evidenzbasierte Medizin in Klinik und Praxis«, das im Jahre 2000 im Deutschen Ärzte-Verlag erschienen ist. Hier wird zum Beispiel »vor der verbreiteten menschlichen Neigung zur Selbst- und Fremdtäuschung« (Kunz 2000, S. 45) gewarnt und darauf verwiesen, wie fehlender oder unterdrückter Zweifel an scheinbar wissenschaftlichen Erkenntnissen den Prozess des Erkenntnisgewinns immer wieder behindert oder behindert hat. An sehr eindrucksvollen Beispielen wird demonstriert, wie mangelnder Zweifel in der Medizin über Jahre hinweg zu falschen diagnostischen und therapeutischen Verfahren geführt hat, die anhaltende Schädigungen bei den betroffenen Patienten nach sich zogen. Die Autoren untersuchen sodann die möglichen Gründe für fehlenden oder unterdrückten Zweifel bei der Gewinnung von wissenschaftlichen Erkenntnissen und stoßen auf folgende Faktoren:

1. Sie benennen allgemeine negative menschliche Eigenschaften wie Eitelkeit, Dominanzstreben, unbändige Erfolgssucht als mögliche Gründe, Ergebnisse wissenschaftlicher Forschung nicht wahrzunehmen oder trotz Kenntnis nicht anzuwenden. Auch die Angst vor einem vollständigen Gesichtsverlust bei Aufgabe bestimmter Hypothesen habe bei einzelnen Wissenschaftlern über Jahre hinweg zu einer immer wieder neuen Absicherung eines Gebäudes von Lügen und Selbsttäuschungen geführt.
2. Sie benennen sodann ökonomische Faktoren, nämlich finanzielle Zuwendungen zu Forschungsprozessen, und formulieren, dass Geldzuwendungen »daher immer unethisch sind, auch dann, wenn sie formal keinen

---

[5] »Der gewissenhafte, ausdrückliche und vernünftige Gebrauch der aktuell bestverfügbaren Evidenz bei der Entscheidungsfindung über die Behandlung einzelner Patienten. Die Anwendung von evidenzbasierter Medizin bei Entscheidungen über die Behandlung konkreter Patienten bedeutet die Integration individueller klinischer Erfahrung mit der besten verfügbaren externen Evidenz aus systematischen Forschungen« (Übersetzung A. G.)

Gesetzen widersprechen« (Kunz 2000, S. 25). Die Autoren machen sich sodann Gedanken, wie über die Unterdrückung von Zweifel bezüglich eigener Hypothesen hinaus auch bei der interpersonellen Anerkennung der Hypothesen anderer in einem weit verbreiteten Ausmaß von notwendigem und angemessenem Zweifel Abstand genommen wird. Hier benennen sie:

3. »Wenn bestimmte Hypothesen erst einmal ein hohes Maß an Anerkennung gefunden haben und von bedeutenden und charismatischen Menschen vertreten werden, kann dies leicht dazu führen, dass ein Beobachter sich selbst Fesseln auferlegt und aufkommende Zweifel nicht wahrhaben will« (Kunz 2000, S. 26). Hier argumentieren sie also mit einer Autoritätsfixierung, die über unbewusste Mechanismen zu einer Immunisierung gegenüber Zweifeln führt.

4. Sie argumentieren sodann mit der Angst vor dem Ärger, der den Zweifler trifft, und den sie auf Projektionen derjenigen, die selbst kurz zweifelten, diesen Zweifel aber »erfolgreich« unterdrückten, zurückführen.

Diese Argumente können zunächst nur unseren Beifall verdienen. Sie stützen sich auf Einsichten in von der Psychoanalyse beschriebene Charakterpathologien wie die des phallisch-narzisstischen Charakters, der Eitelkeit, Dominanzstreben und Erfolgssucht mit sich bringt, und des analen Charakters, der sich durch unbewusste Gier und Machtstreben auszeichnet. Weiterhin beschreiben die Argumente Abwehrvorgänge wie Autoritätsfixierung und Projektion, die wir aus der psychoanalytischen Klinik zur Genüge kennen und die selbstverständlich auch bei Forschern und Ärzten zu finden sind.

Es könnte weiterhin so aussehen, als teile die evidenzbasierte Medizin mit der Berufung auf den Zweifel als grundlegender Methode von Wissenschaft einen wichtigen Ansatz mit der Psychoanalyse, die jedem vorgegebenen »Wissen« kritisch gegenübersteht. Auch der Psychoanalytiker ist darauf verpflichtet, sich im psychoanalytischen Diskurs nicht nur auf Bekanntes oder auf theoretische Konstrukte zu stützen, sondern in einer grundsätzlich zweifelnden Haltung den Äußerungen seines Analysanden zuzuhören und den Zweifel auch auf sein eigenes Fühlen, Denken und Handeln zu richten, um so eine Entfaltung des (noch) nicht Gewussten zu befördern.

Wie sehr in den gesamten Verhaltenswissenschaften, der Ethnologie, Psychologie, Pädagogik, aber auch in den sogenannten »exakten« Naturwissenschaften die Unterdrückung von Zweifeln die wissenschaftliche Forschung behindert, hat von psychoanalytischer Seite her Georges Devereux mit seiner

Studie zu »Angst und Methode in den Verhaltenswissenschaften« (Devereux 1967) dargestellt. Aber die evidenzbasierte Medizin versucht, den Zweifeln Rechnung zu tragen durch mess- und wägbare Mittelwerte von Untersuchungen an Kollektiven (kontrollierte prospektive klinische Studien). Das mag für einige Bereiche der Medizin ein wissenschaftlich angemessener Weg sein. Versuchte man ihn allerdings auf die psychoanalytische Situation und die verschiedenen Formen der psychoanalytischen Therapie anzuwenden, so wäre der zentrale Einwand von Devereux, dass alle verhaltenswissenschaftlichen Daten Ängste erregen, die durch eine von der Gegenübertragung inspirierte Pseudomethodologie abgewehrt werden. Mit seinen zahlreichen und überzeugenden Beispielen setzt er sich nun nicht dafür ein, auf immer exaktere und kontrolliertere Studienbedingungen zurückzugreifen, sondern propagiert den Einsatz der psychoanalytischen Untersuchung der Gegenübertragung als zentrale Methode, um die unvermeidbaren, aus der Gegenübertragung stammenden Verzerrungen systematisch in die Reflexion der Forschungsergebnisse mit einzubeziehen. Er plädiert also dafür, wie in der Relativitätstheorie den Standort des Beobachters systematisch bei der Interpretation der Untersuchungsergebnisse zu berücksichtigen.

> »Der […] letzte Schritt, den man im gegenwärtigen Stadium unseres Wissens unternehmen kann, besteht darin, die Subjektivität des Beobachters und die Tatsache, dass seine Gegenwart den Verlauf der beobachteten Ereignisse so radikal beeinflusst wie die Messung das Verhalten eines Elektrons beeinflusst (›stört‹), zu akzeptieren und auszuwerten. Der Verhaltensforscher muss lernen zuzugeben, dass er *niemals* ein Verhaltensereignis beobachtet, wie es in seiner Abwesenheit ›stattgefunden haben könnte‹, und dass ein Bericht, den er zu hören bekommt, niemals mit dem identisch sein kann, den derselbe Berichterstatter einer anderen Person gibt. Glücklicherweise werden die sogenannten ›Störungen‹, die durch die Existenz und das Agieren des Beobachters entstehen, wenn sie entsprechend ausgewertet werden, zu Ecksteinen einer wissenschaftlichen Erforschung des Verhaltens und bleiben nicht – wie man gemeinhin glaubt – bedauerliche Malheurs, die man am besten eilends unter den Teppich kehrt« (Devereux 1967, S. 28f.).

»Der Bericht, den er zu hören bekommt, kann niemals identisch sein mit dem, den derselbe Berichterstatter einer anderen Person gibt« (ebd.). Für uns als Psychoanalytiker ist dieser Satz für jede klinische Situation mit einem Patienten gültig. Und überraschend viele Ärzte teilen die Auffassung, dass die praktische ärztliche Erfahrung mit einem individuellen Patienten, die unmittelbare Beobachtung im Rahmen der Arzt-Patient-Beziehung, Grundlage der ärztlichen Entscheidungsfindung sein muss, und widersprechen aus dieser Haltung heraus einer einseitigen Orientierung an der evidenzbasierten Medizin und ihrer Wertung von Evidenzkriterien.

Ich behaupte nun, dass wir in Deutschland seit der Anerkennung der analytischen und der tiefenpsychologisch fundierten Psychotherapie als von der Psychoanalyse abgeleitete Formen der Krankenbehandlung, deren Kosten von den Krankenkassen übernommen werden, uns zu einer Evidenzbasierung dieser Verfahren bekennen, insofern

1. diese Therapie nur aufgrund einer Evidenzprüfung als Leistung der Gesetzlichen Krankenversicherung anerkannt wurde
2. wir mit dem Gutachterverfahren eine individualisierte Form der Konsensfindung betreiben, die sich der Evidenzbasierung nicht entziehen kann

In Deutschland sind die Anwendungen der analytischen Methode unter dem Namen »analytische Psychotherapie« und »tiefenpsychologisch fundierte Psychotherapie« seit 1967 in das System der Gesetzlichen Krankenversicherung integriert. Seit damals konnten Ärzte und Psychologen mit einer spezifischen Weiterbildung zunächst begrenzte Formen der Psychotherapie, wenn es um die Auswirkungen aktueller, unbewusster Konflikte ging, seit 1976 auch die auf Strukturveränderung zielende analytische Psychotherapie bei geeigneten Patienten zu Lasten der Gesetzlichen Krankenversicherung erbringen. Zugleich wurden in den Psychotherapie-Richtlinien und -vereinbarungen hohe qualitative Anforderungen an die Weiterbildung der psychotherapeutischen Behandler normiert. Dadurch wurde die Krankenbehandlung im Bereich der Psychotherapie zu einem wichtigen Bestandteil im Gesundheitssystem, sowohl im ambulanten wie auch im stationären Bereich. Zur Zeit werden jährlich rund 150.000 Anträge auf Psychotherapie in den analytisch begründeten Verfahren gestellt, wobei rund ein Drittel auf »analytische Psychotherapie« entfällt, zwei Drittel auf »tiefenpsychologisch fundierte Psychotherapie« (eine in Deutschland übliche Umschreibung der psychodynamischen Psychotherapie mit einem Setting von einer Stunde pro Woche, im Sitzen). Zahlreiche Menschen konnten und können also von dieser Krankenbehandlung profitieren, erleben, wie sich ihre Symptome verändern, oder erfahren, wie sie mit den Symptomen anders leben können, erweitern ihr Verständnis für sich selbst und ihre Mitmenschen, erleben ihre inneren Konflikte bewusster und verstehen besser ihre eigene Dynamik, die sie immer wieder in gleiche, schwierige Beziehungskonstellationen gebracht hat.

Dabei stellen die Patienten in einem Gutachterverfahren einen Antrag auf Kostenübernahme für die beabsichtigte Psychotherapie an ihre Krankenkasse, und der behandelnde Psychotherapeut verfasst einen Bericht über die lebensgeschichtliche Entwicklung, den psychischen und somatischen Befund, die Psychodynamik des Patienten und über Behandlungsplan, Zielsetzung und Prognose der Therapie. Dieser Bericht wird in anonymisierter Form über die Krankenkasse an einen psychoanalytisch ausgebildeten Gutachter gerichtet. Der Gutachter nimmt sodann dem Therapeuten und der Krankenkasse gegenüber Stellung. Die Krankenkasse schließt sich in der Regel seiner Empfehlung an. Als verlaufsbezogene Einzelfallprüfung umfasst das Gutachterverfahren dabei Aspekte der Struktur-, Prozess- und Ergebnisqualität (vgl. Rudolf et al. 2002).

Während im Gutachterverfahren die Prüfung der einzelfallbezogenen Umstände eine große Rolle spielt und auch die Wahl des Therapieverfahrens in seiner Begründung beziehungsbezogen zu erfolgen hat, drängten im letzten Jahrzehnt andere Entscheidungskriterien für einzelne therapeutische Schritte in den Vordergrund. Diese Entwicklung hat mit der wachsenden Bedeutung von Verfahren der Qualitätssicherung in der Medizin zu tun, die den grundlegenden Paradigmenwechsel im deutschen Gesundheitssystem begleiten, der »einen Wechsel von der egalitären umfassenden Fürsorge für alle zu einer rationierten Grundversorgung für alle mit selektiven Ergänzungsoptionen für einige« (Bruns 2000) beinhaltet. Zu dieser Qualitätssicherung gehören z.B. codierbare diagnostische Schemata wie ICD 10, Outcome- und Kostenstudien für medizinische Verfahren, Erfolgs- und Fallkostenkontrollen, auch auf die einzelne ärztliche oder psychotherapeutische Praxis bezogen, Überprüfung von Fortbildung durch regelmäßige Rezertifizierung, Normierung und Durchsetzung von Qualitätsparametern für alle Verfahrensabläufe in der Praxis und eben die Entwicklung evidenzbasierter Leitlinien für alle Gebiete und Bereiche der medizinischen und psychotherapeutischen Versorgung.

Ein Beispiel hierfür sind die Disease-Management-Programme. Am 8. Februar 2002 hatte das Bundesgesundheitsministerium die vier chronischen Erkrankungen benannt, für die ab Mitte 2002 Disease-Management-Programme angeboten werden sollten. In diese Programme sollten sich Patienten einschreiben können, die dann nach strukturierten Behandlungsprogrammen von ihren Ärzten, aber auch von den Krankenkassen »versorgt« werden. Zwar wurde allgemein von der erwarteten Qualitätsverbesserung der Behandlung gesprochen. Für die Krankenkassen waren und sind daneben aber ökonomische Anreize gesetzt, um möglichst viele ihrer Versicherten zur Einschreibung in diese Programme zu bewegen. Denn für jeden darin eingeschriebenen Versicherten erhielten sie besondere Ausgleichszahlungen aus dem Finanzausgleich zwischen den Krankenkassen, dem sogenannten Risikostrukturausgleich. Kaum hatte die Diskussion um die Disease-Management-Programme begonnen, begannen auch die psychotherapeutischen Berufs- und Fachgesellschaften ein Mitwirkungsrecht bei der Erstellung diagnostischer und therapeutischer Schritte bei diesen chronischen Erkrankungen einzufordern. Dabei hatten sie nachzuweisen, dass ihre Vorschläge den Anforderungen an die Behandlung nach evidenzbasierten Leitlinien genügten. Nun ist es unbestritten, dass ein breites Spektrum sozialer und psychischer Probleme sich auf den Verlauf chronischer Krankheiten und ihre Bewältigung auswirken. Hierzu existieren auch zahlreiche empirische Studien, die insbesondere auf Persönlichkeits- und Verhaltenseigenschaften der Erkrankten abstellen. Ebenso ist erwiesen, dass psychotherapeutische Methoden wirksam sind bei der Klärung interpersoneller und intrapsychischer Konflikte, bei der Stressbewältigung und bei der Bearbeitung der Selbstrepräsentanz chronisch Kranker. Entsprechend wurden Selbstmanagementstrategien, psychotherapeutische Interventionen bei Compliance-Problemen sowie psychotherapeutische Behandlungen angeboten, um das komplexe chronifizierte Krankheitsgeschehen zu verändern.

Wir müssen aber realisieren, dass Kriterien der evidenzbasierten Medizin schon lange vor den Disease-Management-Programmen in der Gesundheitspolitik eine Rolle gespielt haben. Schon 1997 wurde eine Verpflichtung zur Qualitätssicherung im deutschen Sozialgesetzbuch V festgeschrieben:

> »Die Leistungserbringer sind zur Sicherung und Weiterentwicklung der Qualität der von ihnen erbrachten Leistungen verpflichtet. Die Leistungen müssen dem jeweiligen Stand der wissenschaftlichen Erkenntnisse entsprechen und in der fachlich gebotenen Qualität erbracht werden« (Sozialgesetzbuch V, §135a).

Eine besondere Rolle spielt hierbei der Gemeinsame Bundesausschuss (G-BA) gemäß §135, welcher unter anderem auch für die Verfassung der Psychotherapie-Richtlinien verantwortlich zeichnet, die genaue Vorgaben enthalten, welche Behandlungsmethoden bei welchen Erkrankungen auch im psychotherapeutischen Bereich in der Gesetzlichen Krankenversicherung anwendbar sind. Der Gemeinsame Bundesausschuss

> »soll insbesondere *auf der Grundlage evidenzbasierter Leitlinien* die Kriterien für eine im Hinblick auf das diagnostische und therapeutische Ziel ausgerichtete zweckmäßige und wirtschaftliche Leistungserbringung für mindestens zehn Krankheiten je Jahr beschließen, bei denen Hinweise auf unzureichende, fehlerhafte oder übermäßige Versorgung bestehen und deren Beseitigung die

Morbidität und Mortalität der Bevölkerung nachhaltig beeinflussen kann« (§137e Abs. 3 Nr. 1; Hervorh. A.G.).

Hier hat der deutsche Gesetzgeber also ausdrücklich für die Leitlinienerstellung eine Evidenzbasierung gefordert, allerdings ist der entsprechende Beschluss, jedes Jahr mindestens zehn Krankheiten zu behandeln, noch nicht umgesetzt worden.

Andererseits hat der Bundesausschuss Ärzte und Krankenkassen schon 1997 eine (Verfahrens-)Richtlinie für die Bewertung neuer und etablierter Verfahren erlassen, in denen explizit auf die Kriterien der evidenzbasierten Medizin Bezug genommen wird. Dabei wurden auch Evidenzklassen festgelegt. Als Bedingung für die Aufnahme neuer Untersuchungs- und Behandlungsverfahren in die vertragsärztliche Versorgung muss nun in der Regel eine Studie der höchsten Evidenzklasse den Nutzen des Verfahrens, auch im Vergleich zu bereits etablierten Verfahren belegen. Dagegen genügen für eine Beibehaltung bzw. positive Bewertung bereits etablierter Verfahren auch Studien niedrigerer Evidenzklassen. Der Ausschuss hat die Evidenzstufen folgendermaßen definiert:

»I: Evidenz aufgrund wenigstens einer randomisierten, kontrollierten Studie, durchgeführt und veröffentlicht nach international anerkannten Standards (z.B. »Gute klinische Praxis« (GCP), Consort)
IIa: Evidenz aufgrund anderer prospektiver Interventionsstudien
IIb: Evidenz aufgrund von Kohorten- oder Fallkontroll-Studien, vorzugsweise aus mehr als einer Studiengruppe
IIc: Evidenz aufgrund von zeitlichen oder räumlichen Vergleichen mit bzw. ohne die zu untersuchenden Interventionen
III: Meinungen anerkannter Experten, Assoziationsbeobachtungen, pathophysiologische Überlegungen oder deskriptive Darstellungen; Berichte von Expertenkomitees; Konsensus-Konferenzen; Einzelfallberichte«

Seit 2005 ist nun eine Verfahrensordnung des G-BA zur Überprüfung neuer Untersuchungs- und Behandlungsmethoden in Kraft getreten, die regelt, dass alle Verfahren (auch die etablierten auf einen möglichen Antrag einer Kassenärztlichen Vereinigung) für die sozialrechtliche Überprüfung oder Neuzulassung einer HTA- (Health Technology Assessment)-Überprüfung unterzogen werden müssen. Diese Regelung gilt im Grundsatz auch für alle psychotherapeutischen Verfahren, die von den Krankenkassen bezahlt werden.

Für unseren Bereich werden diese Kriterien relevant, wenn z. B. der Gemeinsame Bundesausschuss über die Integration neuer Verfahren in die Gesetzliche Krankenversicherung zu entscheiden hat. Er wird sich dann Gedanken machen müssen, ob die genannten Kriterien auch den fachspezifischen Besonderheiten der Psychotherapie gerecht werden. Hier haben Psychoanalytiker z. B. darauf hinzuweisen, dass randomisierte kontrollierte Studien unter Laborbedingungen keine versorgungsrelevanten Aussagen erlauben, diese dagegen im Hinblick auf Effektivität und Effizienz im Rahmen naturalistischer Studien möglich werden. Alle randomisierten kontrollierten Studien in der Psychotherapie enthalten einen schwerwiegenden Fehler, nämlich die Ausschaltung des therapeutenbezogenen Faktors. Verfahrensübergreifend ist aber gerade die Qualität der Beziehung zwischen Behandler und Behandeltem von ausschlaggebender Bedeutung für den Behandlungserfolg. Wir stoßen hier auf die bekannten und in der Psychotherapieforschung eingehend diskutierten methodischen Schwierigkeiten, die auch in der berufs- und wissenschaftspolitischen Auseinandersetzung mit dem Wissenschaftlichen Beirat Psychotherapie eine Rolle spielen. Der Wissenschaftliche Beirat hat in den Mindestanforderungen für die Begutachtung von Wirksamkeitsstudien im Bereich der Psychotherapie festgehalten, dass neben anderen Kriterien »eine Kontrollbedingung gegeben sein muss, die im Vergleich zur Intervention erlaubt abzuschätzen, wie über die Zeit hin der Spontanverlauf oder der Verlauf unter einer anderen Therapie gewesen wäre« (Wissenschaftlicher Beirat Psychotherapie 2004, S. 369). Grundsätzlich gehören zu kontrollierten Studien auch die Aspekte, dass die Patienten den Behandlungen zufällig zugewiesen werden und die Therapie nach Manualen durchgeführt wird. Führt man noch die Forderung nach Randomisierung hinzu, landet man natürlich bei einer Auswahl von Studien, die mit den Bedingungen des psychotherapeutischen Alltags nichts mehr gemein haben. Unter anderem von Leichsenring wurde massive Kritik an diese Forderung nach einer unbehandelten Kontroll- oder einer Placebogruppe vorgetragen:

> »Solange nur randomisierte kontrollierte Studien als Wirkungsnachweise zugelassen werden, werden (psychodynamische) Therapien längerer Dauer automatisch von einer empirischen Validierung ausgeschlossen. Das ist Politik, nicht wissenschaftliche Forschung. Heute wächst die Einsicht, dass kontrollierte Studien nicht das Non-Plus-Ultra der Psychotherapieforschung sind. Vielmehr ist eine Kombination von naturalistischen und kontrollierten Studien notwendig« (Leichsenring 2002, S. 141f.).

Auch in der Organmedizin ist die einseitige Orientierung einer »evidence-based medicine« an die Ergebnisse randomisierter kontrollierter Studien inzwischen infrage gestellt worden. Vor allem vonseiten der Sozialmedizin und der Versorgungsforschung wird gefordert, sich für die Nutzenbewertung von Verfahren und Strategien in der medizinischen Routineversorgung nicht mehr ausschließlich auf randomisierte kontrollierte Studien zu verlassen, sondern naturalistische Studien zumindest ergänzend hinzuzuziehen. Während der randomisierten kontrollierten Studie weiterhin ein Platz als Methode der Wahl für die Etablierung eines neuen Therapieprinzips eingeräumt wird, werden für die Beurteilung der Relevanz in der medizinischen Routineversorgung zusätzliche Studien aus dem Bereich der Versorgungsforschung eingefordert (vgl. z. B. Rabe-Menssen et al. 2010).

Aus diesem Grund spricht Kächele (2004) nicht länger von einer absoluten Hierarchie der Qualität in Psychotherapiestudien, sondern unterscheidet verschiedene Stadien der Psychotherapieforschung, die miteinander in einem zirkulären Verhältnis stehen, sich wechselseitig bedingen und aufeinander aufbauen. Dabei versteht er unter klinischen Fallstudien Einzelfallstudien aus klinisch-psychotherapeutischen Behandlungen, wie sie Psychoanalytiker seit Freud immer wieder vorgelegt haben. Als deskriptive Studien bezeichnet er systematisch und empirisch kontrollierte Studien bzgl. einzelner Aspekte oder Prozessvariablen in Psychotherapien, während er unter dem Begriff experimentelle Analogstudien Laborstudien zusammfasst, in denen ein bestimmter Aspekt der Theorie mit außerklinischen Methoden untersucht wird. Es folgen dann die klinisch kontrollierten Studien und die naturalistischen Studien sowie patientenfokussierte Studien, in denen die subjektive Perspektive des Patienten und sein Erleben im psychotherapeutischen Prozess im Vordergrund stehen. Alle diese unterschiedlichen Stadien haben ihren eigenen wissenschaftlichen Wert und regen jeweils neue Untersuchungen in den anderen Stadien der Psychotherapieforschung an.

Auch der Sachverständigenrat für die Konzertierte Aktion im Gesundheitswesen hat in seinem Gutachten »Finanzierung, Nutzerorientierung und Qualität« vom 24.02.2003 die Evidenzbasierung der Psychotherapie als Kriterium benannt, um bestimmte psychotherapeutische Leistungen zur Diskussion zu stellen:

> »Im Sinne einer Eingrenzung des Leistungskataloges könnten z. B. folgende Leistungen zumindest partiell zur Diskussion stehen: [...] in Abhängigkeit von ihrer Evidenzbasierung Indikationen und Formen der ambulanten Psychotherapie bei Erwachsenen« (Sachverständigenrat 2003, S. 161).

Evidenzbasierte Medizin wird aber auch zunehmend eine Rolle in der Formulierung von Leitlinien spielen. Unter Leitlinien verstehen wir systematisch entwickelte Darstellungen und Empfehlungen mit dem Zweck, bei der Entscheidung über zweckdienliche Maßnahmen der Krankenversorgung unter spezifischen klinischen Umständen Behandler und Patienten zu unterstützen. Es ist allgemein anerkannt, dass bei der Erstellung von Leitlinien nicht nur die wissenschaftliche Fundierung, möglichst nach den Kriterien der evidenzbasierten Medizin, sondern auch die Qualität der Konsensbildung eine bedeutende Rolle spielt. Damit ist gemeint, dass der subjektive Einfluss von Experten, die zur Leitlinie beitragen, durch Techniken wie »Konsensus-Konferenz«, »Delphi-Konferenz« oder nominaler Gruppenprozess minimiert wird. Die psychoanalytischen Fachgesellschaften und die DGPT sind in Deutschland schon lange in einen Prozess der Leitlinienerstellung einbezogen, der im Wesentlichen in der Konsensus-Konferenz der DGPT stattfindet. Es geht hier um einen konsensualen Prozess bei der Erstellung und bestmöglichen Formulierung des aktuellen Wissensstandes. Konsensus-Konferenz und Geschäftsführender Vorstand der DGPT diskutieren aus psychoanalytischer Sicht, arbeiten andererseits bei der Leitlinienerstellung aber auch mit anderen AWMF[6]-Fachgesellschaften zusammen (DKPM, AÄGP; DGPM).

Auch das Manual *Die Indikation zur hochfrequenten analytischen Psychotherapie in der vertragsärztlichen Versorgung* stellt eine Leitlinie dar, »eine im übertragenen Sinne manuelle Leitung der Entwicklung und Entstehung einer Indikation zur hochfrequenten analytischen Psychotherapie« (Danckwardt/Gattig 1996, S. 45). Die Autoren des Manuals sprechen von einem »Kommentar zu den Psychotherapie-Richtlinien, der speziell die Beantragung hochfrequenter analytischer Psychotherapie erläutert« und sehen es als eine Ergänzung des »Faber-Haarstrick-Kommentars« (Rüger et al. 2005). Einen anderen Kommentar zu den Psychotherapie-Richtlinien hatte Nedelmann mit seiner Veröffentlichung »Die Psychoanalyse als Krankenbehandlung in der Kassenärztlichen Versorgung« (Nedelmann 1990) vorgelegt. Nicht nur Leitlinien, auch Richtlinien bleiben also auslegbar, kommentierbar, und sollten unsere Kreativität als Psychoanalytiker herausfordern, sie mit Leben zu füllen, einem Leben, das unserer Methode und unserer Wissenschaft entspricht.

Wir können also festhalten: Gesundheitspolitisch wird die Forderung nach Evidenzbasierung weiter zunehmen. Das muss uns aber nicht schrecken. Die Psychoanalyse verfügt über einen reichen Forschungs- und Erfahrungsschatz, der teilweise schon evidenzbasiert dargestellt ist, teilweise einer weiteren

---

6 Arbeitsgemeinschaft Wissenschaftlich-Medizinischer Fachgesellschaften

Aufbereitung in dieser Richtung bedarf. In ihren Stellungnahmen für den wissenschaftlichen Beirat Psychotherapie (Brandl et al. 2004) und für den Gemeinsamen Bundesausschuss (DGPT 2011) haben die beteiligten psychoanalytischen Wissenschaftler dies in einer Form getan, die sich sowohl an die wissenschaftliche Öffentlichkeit wie auch an klinisch tätige Psychoanalytiker wendet. Es wird also auch weiterhin eine Entwicklung hin zu einer »evidence-based-psychoanalysis« geben. Zugleich kann die Psychoanalyse aber wissenschafts-, sozial- und kulturkritisch auf die Folgen einer Politik hinweisen, die einseitig einer bestimmten Methodologie und bestimmten Kriterien den Vorrang bei Entscheidungsfindungen einräumt.

Literatur

Brandl, Y.; Bruns, G.; Gerlach, A.; Hau, S.; Janssen, P. L.; Kächele, H.; Leichsenring, F.; Leuzinger-Bohleber, M.; Mertens, W.; Rudolf, G.; Schlösser, A.-M.; Springer, A.; Stuhr, U. & Windaus, E. (2004): Psychoanalytische Therapie. Eine Stellungnahme für die wissenschaftliche Öffentlichkeit und für den Wissenschaftlichen Beirat Psychotherapie. Forum Psychoanal 20, 13–125.

Bruns, G. (2000): Rationierung statt Fürsorge – Qualitätssicherung als Hebel eines Paradigmenwechsels in der Medizin. Vortrag am Frankfurter Psychoanalytischen Institut, 15.9.2000.

Danckwardt, J. F. & Gattig, E. (1996): Die Indikation zur hochfrequenten analytischen Psychotherapie in der vertragsärztlichen Versorgung. Ein Manual. Stuttgart-Bad Cannstatt, frommann-holzboog.

Devereux, G. (1967): Angst und Methode in den Verhaltenswissenschaften. München, Kindler.

Kächele, H. & von Troschke, J. (2004): A German internet journal »Psycho-Social Medicine«. Psychotherapie, Psychosomatik, medizinische Psychologie 54(1), 3.

Kunz, R.; Ollenschläger, G.; Raspe, H.; Jonitz, G. & Kolkmann, F.-W. (2000): Lehrbuch Evidenzbasierte Medizin in Klinik und Praxis, Deutschen Köln, Ärzte-Verlag.

Leichsenring, F. (2002): Zur Wirksamkeit tiefenpsychologisch fundierter und psychodynamischer Therapie. Eine Übersicht unter Berücksichtigung von Kriterien der Evidence-Based Medicine. Z Psychosom Med Psychother 48, 139–162.

Nedelmann, C. (1990): Die Psychoanalyse als Krankenbehandlung in der Kassenärztlichen Versorgung. Forum der Psychoanalyse 6, 1–14 & 147–162.

Rabe-Menssen, C.; Albani, C.; Leichsenring, F.; Kächele, H.; Kruse, J.; Münch, K. & von Wietersheim, H. (2010): Versorgungsforschung in der Psychotherapie und Psychosomatik. In: Pfaff, H.; Neugebauer, E.; Glaeske, G. & Schrappe, M. (Hg.): Lehrbuch Versorgungsforschung. Stuttgart, Schattauer, S. 400–405.

Rudolf, G.; Jakobsen, T; Hohage, R. & Schlösser, A. (2002): Wie urteilen Psychotherapiegutachter? Psychotherapeut 47, 249–253.

Rüger, U.; Dahm, A. & Kallinke, D. (2005): Faber/Haarstrick. Kommentar Psychotherapie-Richtlinien. München, Urban&Fischer.

Sachverständigenrat für die Konzertierte Aktion im Gesundheitswesen (2003): Gutachten »Finanzierung, Nutzerorientierung und Qualität« vom 24.02.2003. URL: http://www.svr-gesundheit.de/Informationen/pm03.pdf.

Sackett, D. L.; Rosenberg, W. M.; Gray, J. A.; Haynes, R. B. & Richardson, W. S. (1996): Evidence based medicine: what it is and what it isn't [editorial]. BMJ. 312, 71–72.
Sozialgesetzbuch Teil V »Krankenversicherung« (SGB V).
Wissenschaftlicher Beirat Psychotherapie (2004): Mindestanforderungen für die Begutachtung von Wirksamkeitsstudien im Bereich der Psychotherapie. Dtsch. Ärztebl 101: A369.

15 Psychosoziale Probleme bei Patienten mit chronischer Depression

Stephan Hau

Bereits der Titel dieses Kapitels weist auf die Untersuchung einer speziellen Patientengruppe hin: Patienten mit sogenannten schwer behandelbaren beziehungsweise chronischen Depressionen (»difficult to treat depression« – DTD). Ein Ziel dieses Beitrages ist es, die Aufmerksamkeit sowohl auf die Sicht der Patienten mit rezidivierender Depression und auf deren außerordentliches Leid zu lenken, als auch auf Faktoren, die zur Aufrechterhaltung der depressiven Zustände beitragen. Ein anderes Ziel ist es, die Notwendigkeit und die Vorteile interdisziplinärer Forschung zu verdeutlichen, um diesen Patienten zu helfen, sowie Wege aufzuzeigen, wie die Grenzen zwischen verschiedenen Behandlungs- sowie Forschungsansätzen überschritten werden können.

Es ist unbestritten, dass in der Vergangenheit erhebliche Fortschritte bei der Verminderung der psychischen Leiden von Patienten mit Depression erzielt wurden. In den vergangenen Jahrzehnten wurde Depression als eine psychische Erkrankung eingestuft, die sich gut psychotherapeutisch oder psychopharmakologisch behandeln lässt. Heute hat sich dieses Bild jedoch vollständig gewandelt. Mehr als 50% der Patienten mit Depression werden ohne zusätzliche Hilfe nicht wieder vollständig gesund, was in der Regel nur mit einem vermehrten Behandlungseinsatz erreicht werden kann. Als Problem dabei haben sich die hohen Komorbiditätsraten in dieser Patientengruppe erwiesen, wodurch eine klare und genaue Abgrenzung dieser Patientengruppe Probleme bereitet, denn es lässt sich ein sehr heterogenes klinisches Erscheinungsbild feststellen.

Es existieren gut etablierte psychopharmakologische und psychotherapeutische Behandlungen, die in Fällen akuter Depression, als Rückfallprävention oder als Frühintervention eingesetzt werden können. Beide Behandlungsvarianten haben spezifische Foci, heterogene Ansätze und unterschiedliche wissenschaftliche Evidenz. Zwar wurde die Wirksamkeit von Behandlungen nachgewiesen, meist jedoch für akute Depression, wobei ältere depressive Patienten aus den Stichproben exkludiert wurden. Sowohl für Non-Responders als auch für Patienten mit wiederkehrenden Rückfällen oder für chronisch depressive Patienten gibt es keine wissenschaftlichen Studien, welche die Wirksamkeit der angewandten Interventionen überprüfen. Es wird vermutet, dass sich für diese Patientengruppen hochfrequente und längere Psychotherapien als vielversprechende Behandlungsmöglichkeiten erweisen könnten. Hierzu werden zurzeit gleich mehrere prospektive Vergleichsstudien durchgeführt (vgl. Leuzinger-Bohleber et al. 2010; Böker 2005; Taylor 2008; Roose 2011).

Bei Patienten mir chronischer oder rezidivierender Depression erscheint es darüber hinaus wichtig zu sein, die Bedingungen zu verstehen, unter denen die Patienten mit ihrer depressiven Erkrankung leben, oder wie der unerfüllte Wunsch nach Heilung die Einstellung des Patienten im Hinblick auf seine depressive Erkrankung beeinflusst. Sich der Umstände bewusst zu sein, wie die immer wiederkehrende Erkrankung das Lebensgefühl und die Sicht der Patienten verändert und welche Probleme daraus entstehen, erscheint mitentscheidend dafür, wie adäquat klinische Untersuchungen mit dieser Patientengruppe durchgeführt werden. Des Weiteren erscheint das Wissen über Faktoren, die zu Depression führen können, relevant. Damit sind nicht nur psycho-soziale Faktoren gemeint, sondern zum Beispiel auch Indikatoren, die auf eine Einschränkung der strukturellen Plastizität und zellulären Resilienz hinweisen. So hat Böker (2005) die Depression als somatopsychisch-psychosomatische Erkrankung beschrieben und die Interdependenz dieser verschiedenen Dimensionen hervorgehoben.

Aufgrund der Komplexität dieser Prozesse bedarf es einer nachhaltigen Forschung, auch wenn die wissenschaftlichen Untersuchungen in diesem Feld sich als kompliziert in der Durchführung erweisen (z. B. muss man mit hohen Dropout-Raten und Adherence-Problemen rechnen). Um diese Gruppe von Patienten zu untersuchen, bedarf es neuer Ansätze von Forschungsdesigns, denn die Anwendung eines klassischen, randomisiert-kontrollierten Studiendesigns erscheint wenig hilfreich.

Das generelle Problem

Depression ist eine der häufigsten psychiatrischen Erkrankungen im Erwachsenenalter (vgl. Böker et al. 2002, S. 1; Crown et al. 2002; Hautzinger 1998,

2003; Laux 2003). Nach WHO-Angaben leiden zurzeit über 300 Millionen Patienten an Depressionen (in Deutschland 2,8 Millionen Männer und 5 Millionen Frauen). Bis zum Jahre 2020 wird diese die Hauptursache für »durch Behinderung gekennzeichnete Lebensjahre« (Disability-Adjusted Life Year, DALY)[7] aufgrund von Erkrankung oder Tod sein (Murray & Lopez 1997). Allerdings hängt die genaue Anzahl von den gebräuchlichen diagnostischen Kriterien und von den untersuchten Gruppen ab. Die Weltgesundheitsorganisation (WHO) geht von einer durchschnittlichen Prävalenzrate von 10,4% aus (vgl. Maier et al. 1996). Während der letzten Jahre ist die Anzahl der Depressionserkrankungen gestiegen, während zur gleichen Zeit die Geschlechtsunterschiede abgenommen haben. Es leiden jedoch immer noch doppelt so häufig Frauen an Depressionen wie Männer.

Neben Geschlecht und fortgeschrittenem Alter wurden weitere Variablen identifiziert, die einen Einfluss auf die Erkrankung haben. Ungefähr zwei Drittel aller Depressionspatienten, die von Psychiatern behandelt werden, sind Frauen (Brown & Harris 1978). Das Risiko, im Laufe des Lebens an einer Depression zu erkranken, schwankt zwischen 10–25% für Frauen und zwischen 5–12% für Männer. Depression geht mit erhöhter Inanspruchnahme medizinischer Versorgungsleistungen einher und ist die häufigste psychiatrische Erkrankung bei älteren Menschen (Linden 1997).

Berücksichtigt man diese Datenlage, muss Depression als Ursache für erhebliches psychisches Leiden der einzelnen Betroffenen und deren Angehörigen angesehen werden, verbunden mit erheblichen gesellschaftlichen Auswirkungen. Hierunter fallen extrem hohe offene und versteckte Kosten für psycho-soziale Leistungen.[8]

In mehreren Studien wurden verschiedene Manifestationen der Depression in Abhängigkeit von verschiedenen sozialen Zusammenhängen beschrieben. Diese Vielfalt ist mit ein Grund dafür, warum selbst Praktiker (wie z. B. Allgemeinmediziner oder anderes Personal im Gesundheitswesen) depressive Patienten oft ungenau oder nicht früh genug diagnostizieren (Crown et al.

---

7 Das DALY misst die Lebensjahre, die durch Krankheiten/Behinderungen und frühzeitigen Tod verloren gehen. Es gibt also nicht die verbleibenden, »behinderungsfreien« Lebensjahre an, sondern die verlorenen.
8 Für die Gruppe der Patienten mit chronischen depressiven Erkrankungen addieren sich diese Kosten in Deutschland zu mehreren Milliarden Euro, aufgrund von Arbeitsunfähigkeit, dem hohen somatischen Erkrankungsrisiko, negativen Einflüssen auf Familienmitglieder wie Kinder, etc. Die durchschnittliche Anzahl der Arbeitsunfähigkeitstage für diese Patienten liegt bei 51 pro Jahr. 18 Millionen solcher Arbeitsunfähigkeitstage werden für diese Diagnosegruppe allein in Deutschland geschätzt.

1998; Greden 2001; Hautzinger 1998, 2003; Laux 2003; Leichsenring 2001). Ineffizienz in der Diagnostik wird als wichtiger Grund dafür angenommen, warum Behandlungsresistenz, Rückfälle oder Chronifizierung im Verlauf der depressiven Erkrankung recht häufig sind und das individuelle Leiden der einzelnen Patienten verlängern.

Die Schwierigkeiten in der Diagnostik könnten aber auch mit schwerwiegenden Übertragungs- und Gegenübertragungsproblemen zusammenhängen, die sich im diagnostischen Gespräch zwischen Patient und behandelndem Arzt entwickeln. Diese Patienten können ein unbewusstes, hoch konflikthaftes Beziehungsmuster im Behandlungszimmer entstehen lassen, welches dann von untrainiertem Personal schwierig zu handhaben ist. Idealisierung und Entwertung etwa oder die narzisstische Kränkung, nicht in der Lage zu sein, zu helfen, sind nur einige Phänomene, mit denen es schwierig ist, ohne entsprechende Ausbildung adäquat umzugehen.

Berücksichtigt man Katamnesezeiträume von mehr als sechs Monaten nach Behandlungsende bei Patienten mit Major Depression wird deutlich, dass das in der Vergangenheit positive Bild der Therapieresultate sich recht dramatisch verändert hat.

- Bei 50% der Patienten mit Major Depression nimmt diese einen chronischen Verlauf (vgl. Biological Psychiatry, Vol. 53, 8, 2003);
- 50% haben Rückfälle nach allen Formen von Kurzzeitpsychotherapien (in der NIMH-Depressionsstudie waren dies Kognitive Verhaltenstherapie und psychoanalytische Kurzzeitpsychotherapie);
- Bei einem Drittel der Patienten, die auf Antidepressiva reagierten, kam es innerhalb eines Jahres zu Rückfällen, bei 75% innerhalb von fünf Jahren;
- 20–30% der Patienten reagierten überhaupt nicht auf Antidepressiva;
- 20% der hospitalisierten Patienten mit Depression waren auch nach zwei Jahren depressiv, trotz medikamentöser Behandlung;
- 60% der von Allgemeinmedizinern behandelten depressiven Patienten waren auch nach zwölf Monaten noch depressiv;
- 10–30% der medikamentös behandelten Patienten reagierten nicht auf Antidepressiva;
- 50–70% der Responder weisen nur teilweise Symptomverbesserungen auf, auch während Zeit der Medikamenteneinnahme.

Weiterhin gibt es eine hohe Rate von nur teilweiser Response auf medikamentöse Behandlung. Lewis und Hoofnagle (2003) weisen darauf hin, dass ein Viertel der wegen Depressionen behandelten Personen, die auf eine Online-Befragung antworteten, von keinerlei Symptomveränderung seit Behandlungsbeginn berichteten. 78% beschreiben, in den letzten beiden Monaten über keine vollständige Kontrolle über die Erkrankung zu verfügen, auch wenn sie während der letzten 3–5 Jahre die gleichen Medikamente bekamen. Diese Daten weisen darauf hin, dass die schnelle Heilung von Depression eher die Ausnahme und nicht die Regel zu sein scheint.

Das Definitionsproblem

Bis heute gibt es keine einheitliche, allgemeine Definition von schwer behandelbaren Depressionen. Im Gegenteil, mehr als 15 verschiedene Definitionsversuche gibt es, die auf die Dauer der Erkrankung, die Länge oder das Ausmaß der Behandlungen fokussieren (vgl. Fawcett & Kravits 1985, Nierenberg/Amsterdam 1990). Eine wichtige Differenzierung wurde von Thase und Rush (1997) eingeführt. Sie beschreiben verschiedene Kategorien von schwer behandelbaren depressiven Patienten und entwickelten ein fünfstufiges Kontinuum der Behandlungsresistenz, in Abhängigkeit vom Behandlungseinsatz, sodass zum Beispiel Patienten mit relativer Behandlungsresistenz von solchen mit Behandlungsresistenz und Refraktorität unterschieden werden können:

Stufe I	Scheitern von zumindest einem angemessenen Behandlungsversuch mit einem erprobten Antidepressivum
Stufe II	Stufe I Resistenz plus Scheitern eines angemessenen Behandlungsversuchs mit einem Antidepressivum einer deutlich anderen Klasse als das, welches in Stufe 1 angewendet worden war
Stufe III	Stufe II Resistenz plus Scheitern eines angemessenen Behandlungsversuchs mit einem Trizyklischen Antidepressivum
Stufe IV	Stufe III Resistenz plus Scheitern eines angemessenen Behandlungsversuchs mit einem Monoaminooxidase-Hemmer (MAO-Hemmer
Stufe V	Stufe IV Resistenz plus Scheitern von bilateraler Elektrokonvulsiver Therapie

Tabelle 1. Stufen der Resistenz (nach Thase & Rush 1997)

Bei der Entwicklung dieser Einteilung von schwierig zu behandelnden depressiven Patienten (Thase & Rush 1997) war die leitende Behandlungsidee die Gabe eines Medikaments als angemessene Intervention. »Die adäquate Therapie der Depression besteht gewöhnlich aus einem oder mehreren Behandlungsversuchen mit einem Antidepressivum mit etablierter Wirksamkeit bei Major Depression. Zusätzlich bedarf es bei diesen Versuchen einer Dosierung, die als effektiv angesehen werden kann (z. B. einer Dosierung, die sich in kontrollierten klinischen Studien gegenüber einem Placebo als überlegen erwiesen hat), sowie einer Dauer, die genügend lang ist, um einen nachhaltigen therapeutischen Effekt erzielen zu können (z. B. 12 Wochen)« (Fava 2003, S. 649; Übersetzung: S. H.).

Es bleibt allerdings unklar, wie eine »adäquate Reaktion als Folge einer angemessenen Therapie mit Antidepressiva« (ebd.; Übersetzung: S. H.) erreicht werden kann, wenn viele Patienten stattdessen Therapieresistenz entwickeln. Ist der Patient somit die einzige Variable, die sich nicht wirklich kontrollieren lässt? Es könnten andere Faktoren im Spiel sein, die ein erfolgreiches Therapieresultat verhindern und die besser und effektiver im Rahmen einer therapeutischen Beziehung behandelbar sind (wie die Resultate der Stockholmer Studie von Sandell et al. [2000] und die DPV-Katamnesestudie [Leuzinger-Bohleber et al. 2003] zeigen).

Das Modell des stufenweise ansteigenden Behandlungswiderstandes von Thase und Rush erscheint brauchbar, auch wenn dessen prädiktiver Wert noch nicht systematisch untersucht wurde. Besonders der bereits erwähnte Faktor Komorbidität verkompliziert das Bild (psychiatrische Komorbidität: z. B. Borderline-Persönlichkeitsstörung und Angststörungen; medizinische Komorbidität: Anxiolytika und Benzodiazepine). Soziodemografische Variablen müssen ebenfalls in ihrem möglichen Einfluss berücksichtigt werden, zum Beispiel das subjektiv Gefühl verminderter sozialer Unterstützung, aber auch Schwangerschaft oder Mutterschaft.

Die unterschiedlichen Definitionsweisen von schwer zu behandelnden depressiven Patienten (Difficult to Treat Depression, DTD) haben zu Schwierigkeiten beim Vergleich verschiedener klinischer Studien geführt, die unterschiedliche Kriterien für DTD verwenden. Es besteht die Gefahr, dass die Bezeichnung DTD oder refraktäre Depression als eine Papierkorbdiagnose verwendet wird, in der die unterschiedlichsten Arten von individuell verschiedenen depressiven Erkrankungen versammelt werden, mit dem Resultat, dass es zunehmend schwieriger werden würde, die physiologischen und psychologischen Bedingungen genauer zu untersuchen, unter denen depressive Erkrankungen beim Einzelnen vorkommen, um dann adäquate Behandlungen entwickeln und anbieten zu können. Vor allem Komorbidität scheint eine oft unterschätzte Ursache dafür zu sein, warum es so schwierig ist, ein genaueres Bild dieses Depressionstyps zu bekommen. Unter den Patienten mit DTD besteht eine erhöhte Prävalenz für Komorbidität (z. B. Persönlichkeitsstörungen wie Borderline-Persönlichkeitsstörung, an der 30–70% der stationären Patienten leiden, DeBattista/Mueller 2001). Thase (1996) beschrieb, dass depressive Patienten mit Komorbidität sogar in Medikamentenversuchen schlechtere Resultate erzielten (Ezquioga et al. 1998). Nunes et al. (1996) fanden ähnliche Ergebnisse für Komorbidität bei Substanz- oder Alkoholmissbrauch.

Nach heutigem Kenntnisstand haben Depressionen – als Teil der affektiven Störungen – unterschiedliche Ursachen und können am besten durch die Interaktion von biologischen, sozialen, psychologischen und kulturellen Faktoren beschrieben werden. Allerdings sind das Zusammenspiel, die Prozessverläufe und Ursachen dieser Variablen unbekannt. Deshalb kommt einem besseren Verständnis der Ätiologie der Depression in der aktuellen Forschung eine besondere Bedeutung zu. Je besser wir über die spezifischen Faktoren Bescheid wissen, die bei DTD Patienten von Bedeutung sind, desto besser kann die Behandlung ausfallen, die für diese Patienten zur Verfügung steht, was, nicht zuletzt wegen des hohen Suizidrisikos bei DTD Patienten, von besonderer Bedeutung ist. Um den Wissensbestand hier zu vertiefen, bedarf es der Kooperation und des interdisziplinären Austauschs unter Klinikern und Forschern aus den unterschiedlichen Disziplinen, wie zum Beispiel der Biologie, der Genetik, der Psychiatrie, der Psychologie, der Epidemiologie, der Versorgungsforschung oder den Kultur- und Sozialwissenschaften (vgl. Leuzinger-Bohleber 2005; Böker 2005; Hau 2005a, 2009).

Behandlung

In der psychoanalytischen Literatur nimmt das Thema Depression einen breiten Raum ein. Es finden sich sowohl klinische Falldarstellungen als auch systematische Fallstudien. Es existieren gut etablierte psychodynamische Behandlungsansätze (Böker 2000), die einen großen Wissensbestand an klinischen Erfahrungen zusammengetragen haben. Die meisten publizierten empirischen Untersuchungen zeigen die Komplexität und Vielfalt depressiver Erkrankungen auf und heben die Notwendigkeit multidimensionaler Formen der Behandlung hervor. Dennoch bleiben in vielen Behandlungen mögliche Verbindungen zwischen Persönlichkeitsfaktoren und unbewussten Konflikten unberücksichtigt (vgl. Böker et al. 2002).

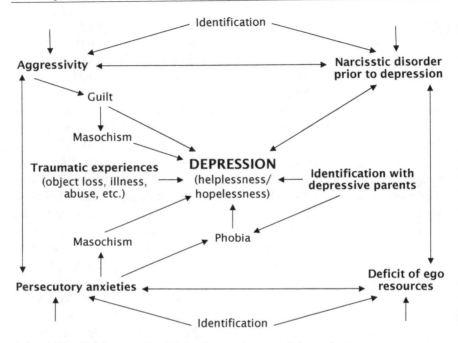

Schaubild 1: Bleichmar's Modell der Depressionsentstehung (entnommen aus Bleichmar 1996)

Aufgrund klinischer Erfahrungen wurden komplexe Modelle der Symptomentstehung und -aufrechterhaltung entwickelt (z. B. Bleichmar 1996). Auch wenn sich nicht jede einzelne Komponente in Bleichmars Modell als empirisch überprüfbar herausstellt, beeindruckt das Modell jedoch als Resultat von über 40 Jahren gesammelten klinischen Erfahrungswissens.

Ein wichtiger Aspekt von Bleichmars integrativem Modell ist der Versuch, die Depression als fortdauerndes Prozessgeschehen zu beschreiben. Aus einer psychoanalytischen Perspektive wird es möglich, die Faktoren zu verstehen und zu beschreiben, welche Rückfälle und Behandlungswiderstände im Einzelfall verursachen können. Depression wird als eine Kette von internen und externen Ereignissen und Bedingungen verstanden.[9]

---

9 Ein anderes interaktives Modell wurde von Taylor (2003) und seiner Forschungsgruppe an der Tavistock Klinik, London entwickelt. Dieses Modell liefert den theoretischen Hintergrund für die Frankfurter LAC-Studie, eine aktuelle empirische Studie zur Behandlung von refraktären Depressionen (vgl. Leuzinger-Bohleber et al. 2010).

In der psychoanalytischen Behandlung wird jeder Patient als Individuum behandelt, das heißt, in jeder Behandlung versuchen Analytiker und Patient die idiosynkratischen unbewussten Determinanten der Depression zu verstehen. Es wird angenommen, dass Einsicht in die unbewussten Prozesse und das Durcharbeiten innerhalb der therapeutischen Beziehung die Voraussetzungen für eine nachhaltige Verbesserung sind.

Soweit es das psychoanalytische Behandlungsmodell betrifft, erscheint ein besseres Verständnis der beim jeweiligen Patienten vorhandenen unterliegenden psychodynamischen Konflikte erreichbar, was wiederum mit einer stabilen Verbesserung verbunden sei (vgl. Carlyle 2005, Deserno et al. 1999, Deserno 2005). Aber wurde dieser Zusammenhang auch in systematischen Untersuchungen nachgewiesen? In den meisten Studien, die unterschiedliche Psychotherapieansätze im Hinblick auf das Behandlungsresultat vergleichen, wurden Kurzzeitpsychotherapien untersucht. Im Gegensatz zur Metaanalyse von Grawe et al. (1994) hat man in anderen Metaanalysen (z. B. Gerson et al. 1999; Crits-Christoph 1992; Leichsenring 1996, 2001) keine Unterschiede zwischen Kognitiver Verhaltenstherapie und Psychodynamischer Psychotherapie gefunden. Beide Verfahren weisen ähnliche Ergebnisse auf und die Resultate nach Behandlungsende waren besser als die von Placebogruppen. Die Therapieresultate scheinen jedoch nicht stabil zu sein, wenn man Katamnesezeiträume von über 6–12 Monaten berücksichtigt.

Es ist immer wieder darauf hingewiesen worden, dass die Behandlungsresultate randomisiert-kontrollierter Studien schwerlich die Situation in »naturalistischen« Settings widerspiegeln, das heißt die in Behandlungen von Psychodynamischen Psychotherapeuten oder Kognitiven Verhaltenstherapeuten in der klinischen Praxis (vgl. Persons/Silberschatz 1998; Seligman 1994, 1995). Deshalb sind die Ergebnisse aus naturalistischen Settings wichtig, denn sie helfen zu illustrieren, wie erfolgreich psychotherapeutische Behandlungen unter Praxisbedingungen sind und ob den Behandlungsmanualen gefolgt wurde (vgl. Leuzinger-Bohleber 1985; Klüwer 1995). Die Ergebnisse naturalistischer Studien stehen im Einklang mit den oben genannten Überlegungen über die Länge von Therapien bei chronifizierter Depression: Die Zufriedenheit ehemaliger Patienten mit ihrem Therapieergebnis korreliert positiv mit der Behandlungslänge.

Es ist ein Mythos zu behaupten, Psychoanalytiker würden keine empirische Forschung betreiben. Gleichzeitig werden die Anstrengungen psychodynamisch orientierter Forscher in den aktuellen Diskussionen in der Psychotherapieforschung oft ignoriert. In einer Stellungnahme für den Wissenschaftlichen Beirat Psychotherapie wurden zahllose empirische Studien zusammengetragen, welche das umfangreiche Forschungswissen widerspiegeln (Hau/Leuzinger-Bohleber 2006). Auch liegen mehrere Metaanalysen, unter anderem auch zu Langzeittherapien vor (Leichsenring 2001; Leichsenring et al. 2004; Leichsenring/Rabung 2008, 2011). Soweit es die Depression betrifft, wurden bereits zahlreiche Studien durchgeführt oder sind in der Vorbereitung beziehungsweise Durchführung, wobei auch die individuelle Perspektive auf das Zusammenspiel zwischen Patient und Therapeut berücksichtigt wird:

➢ Die Stockholmer Psychotherapie Studie (Sandell et al. 1999, 2000),
➢ die Heidelberger »Praxisstudie« (Rudolf et al. 2001),
➢ die DPV Katamnese Studie von psychoanalytischen Langzeitbehandlungen (Leuzinger-Bohleber et al. 2002, 2003),
➢ die Münchner Depressionsstudie (Huber et al. 2001),
➢ die Tavistock Adult Depression Study (Richardson et al. 2003; Taylor 2003.),
➢ die Züricher Depressionsstudie (Böker 2005; Stassen et al. 2005; Stassen/Angst 2002),
➢ die Frankfurter Depressionsstudie (Leuzinger-Bohleber et al. 2002, 2005, 2010), oder
➢ die New Yorker Depressionsstudie (Roose 2011).

Insgesamt gesehen besteht ein Mangel an differenzierten naturalistischen Studien, besonders für die Langzeitbehandlungen. Leuzinger-Bohleber et al. (2002, 2003) untersuchten eine repräsentative Stichprobe von 401 ehemaligen Patienten, welche ihre Psychoanalysen oder psychoanalytischen Langzeitbehandlungen zwischen 1990 und 1993 abgeschlossen hatten. In dieser multiperspektivischen Katamnesestudie wurden unterschiedliche qualitative und quantitative Untersuchungsverfahren eingesetzt und deren Ergebnisse miteinander verglichen. Wichtig im hiesigen Kontext ist, dass die Autoren ausführliche Interviews mit einer repräsentativen Stichprobe von 129 ehemaligen Patienten und mit deren Psychoanalytikern durchführten. In diesen Interviews berichteten die ehemaligen Patienten in ihren eigenen Worten über ihre subjektiven Erfahrungen vor, während und nach der Therapie. Affektive Störungen waren die zweitgrößte Gruppe in dieser Stichprobe (27,1%). Die Patienten litten meistens unter schweren Depressionen, oft in Kombination mit Persönlichkeitsstörungen, massiven Traumata in der Lebensgeschichte sowie häufigen Rückfällen in depressive Episoden oder chronische Depressionen (vgl. Leuzinger-Bohleber et al. 2002). Im Durchschnitt 6,5 Jahre nach

Behandlungsende zeigten 80% dieser ehemaligen Patienten stabile Verbesserungen. Vergleichbare positive Ergebnisse psychoanalytischer Langzeitbehandlungen wurden ebenfalls von Sandell et al. (2000) berichtet.

Die Ergebnisse dieser Studien zeigen, dass psychoanalytische Langzeitbehandlungen zu stabilen Symptomreduktionen führen, wie sie durch Kurzzeittherapien nicht erreicht werden können. Je länger der untersuchte Katamnesezeitraum war, desto größer schienen die Unterschiede zwischen Langzeit- und Kurzzeitbehandlungen auszufallen, und je höher die wöchentliche Stundenfrequenz, desto besser erschien das Therapieresultat (z. B. bessere Lebensanpassung, Symptomreduktion).

Die Ergebnisse einer prospektiven Studie von Brockmann et al. (2002) weisen in die gleiche Richtung. In einem naturalistischen Design wurden 31 Patienten miteinander verglichen, die mit Langzeit-KVT (durchschnittlich 63 Sitzungen) und psychoanalytischer Therapie (durchschnittlich 183 Sitzungen) behandelt wurden. Inklusionkriterium war eine depressive Störung oder Angststörung (nach DSM-III Kriterien). Die Patienten in der Verhaltenstherapiegruppe zeigten eine schnellere Symptomreduktion, die Patienten aus der psychoanalytischen Therapie jedoch holten diesen Unterschied auf und wiesen stabilere Resultate auf.

Die Perspektive der Patienten

In den meisten Studien (mit Ausnahme der DPV-Katamnese-Studie) wurden die Patienten hauptsächlich mit Fragebögen untersucht. Es bleibt offen, ob dies als eine adäquate Untersuchungsmethode erscheint, um ein realistisches Bild über die subjektiven Gefühle und das Leiden dieser Patienten zu erhalten oder bei Bedarf mehr über die psycho-sozialen Lebensumstände zu erfahren, in denen die Patienten leben. Hier geben Einkommensstatistiken, Angaben über Sozialstatus, Familiensituation, Krankheitstage, etc. nur ein grobes und unvollständiges Bild. Für eine angemessene Forschung in diesem Bereich ist es von Bedeutung, dass sowohl Forscher als auch Therapeuten sich darüber bewusst sein sollten, wie diese Patienten leiden, wie frustrierend es ist, verschiedene Behandlungen auszuprobieren, ohne eine Erfolgs- oder Entlastungserfahrung zu erleben. Die Forschung muss die Patienten als Individuen begreifen und dabei deren Leiden und Frustrationen mit berücksichtigen. Von daher erscheint es angemessen, mithilfe qualitativer Daten, wie sie zum Beispiel in Interviews generiert werden, diese schwierigen Belastungszustände zu verdeutlichen. Berücksichtigt man diese Daten und kombiniert sie mit anderen Evaluationsmethoden innerhalb komplexer Forschungsdesigns, scheint dies ein vielversprechender, wenn auch komplizierter Weg für zukünftige Forschung zu sein (vgl. Leuzinger-Bohleber et al. 2005, Leuzinger-Bohleber 2005, Hau 2005b).

Wie beschreiben diese Patienten selbst ihre Gefühle und Erfahrungen, wenn sie wiederholt depressiv sind, wenn kein Weg in Sicht zu sein scheint, der aus der Depression herausführen könnte? Die drei folgenden Statements sind als nicht-repräsentative Beispiele gedacht:

> »Ich möchte wieder glücklich leben, in meiner Berufskarriere erfolgreich sein, normale Beziehungen mit Freunden und Familie haben, und am meisten wünsche ich mir, eine gute Mutter für meinen Sohn zu sein. Mit dieser Depression, die mich so herunterzieht, kann ich nichts von dem so gut wie ich sollte. Bitte sagen Sie mir, dass Sie mir helfen können und dass es für Leute wie mich Hoffnung gibt.«
>
> »Das Problem ist, dass meine Depression nie vollständig aus meinem Leben verschwunden ist. Ich kann mich an keine Lebensphase erinnern, in der ich nicht depressiv gewesen wäre. Mein Psychiater hat mir vorgeschlagen, mit einem Psychotherapeuten zusammenzuarbeiten, um meine depressiven Probleme zu bearbeiten. Meine Depression ist ganz klar nicht situationsgebunden, wenn man die Langwierigkeit bedenkt. Bitte schlagen Sie mir nicht vor, meinen Psychiater mit diesen depressiven Problemen erneut aufzusuchen, was ich bereits getan habe [... Meine] Fragen [...] sind nicht zu meiner Zufriedenheit beantwortet worden.«
>
> »Ich habe über Jahre unter wiederkehrenden Depressionen gelitten. Ich glaube, ich habe sie, seit ich Kind war [...] 1997 verfiel ich in die schlimmste Depression, die ich jemals erlebt habe [...] Mein ganzes Selbst, meine Seele tat weh. Suizidgedanken tauchten auf – es war nicht so sehr, dass ich sterben, sondern dass ich die Qualen beenden wollte« (Lewis/Hoofnagle 2003, S. 635, Übersetzung: S. H.).

Man bekommt eine Ahnung davon, wie schwer depressiv sich diese Patienten fühlen müssen, wenn sie ihre Medikamente nehmen und dann aufgefordert werden, etwa einen Monat zu warten, bis die Wirkung des Medikaments einsetzt; wie sich ein Patient gegenüber seinem Arzt fühlen mag und dessen Kompetenz erlebt, wenn »nichts passiert«, auch nach Wochen oder Monaten oder Jahren der Behandlung.

Aber wenn diese Patienten über eine lange Zeit unbehandelt bleiben, dann kann Behandlungsresistenz allein dadurch entstehen, dass sich diese Patienten (psychologisch und physiologisch) einfach enorm ausgelaugt fühlen. Auf diese Weise leidend, suchen diese Patienten vielleicht deshalb keine Behandlung mehr auf, weil es einfach zu anstrengend erscheint oder sie letztlich das Vertrauen in die Fähigkeiten der Behandler verloren haben. Eine typische Fehleinschätzung, welche diese Patienten zu hören bekommen, lautet, dass sie ihre schlechte Stimmung selbst heilen sollten, indem sie lernten, »positiv zu denken«. Andererseits werden Depressionen oft über Jahre nicht erkannt und die Patienten suchen auch keine Behandlung auf – mit dem Risiko der Chronifizierung.

Innerhalb des Familiensystems sind verschiedene Faktoren denkbar, die einen Einfluss auf Entwicklung und Verlauf einer chronischen Depression haben können. Eltern, die keine Freude empfinden oder ausdrücken können, fungieren gleichzeitig als Vorbild für andere Familienmitglieder. Vor allem für Kinder ist es dann schwer zu lernen, Freude zu empfinden. Ihre Welt bleibt grau und hoffnungslos und dies mag die einzige Wirklichkeit sein, die sie erfahren. Ein anderer wichtiger Aspekt ist nicht weniger von Bedeutung: Lewis und Hoofnagle (2003) weisen auf die Tatsache hin, dass

> »viele Eltern sich nicht darüber bewusst sind, dass ständige Gereiztheit, über mehrere Stunden andauernde Wut und Reden über Selbstmord bei kleinen Kindern nicht etwa das Bestehen einer behandelbaren Gemütsstörung anzeigen, sondern einen Versuch, ›Aufmerksamkeit zu bekommen‹. So viele Menschen verstehen nicht, dass die Symptome, die ihr Leben beeinträchtigen und ihre interpersonellen Beziehungen zerstört haben, behandelbar sind« (S. 636, Übersetzung: S. H.).

Ein weiterer Grund für die Probleme und Ursachen von chronischer Depression kann in den Schwierigkeiten der Diagnose liegen. So ist es für den Arzt oft nicht einfach, eine Depression zu erkennen, denn die Patienten sprechen nicht ohne Weiteres über die typischen Symptome einer Depression, sondern klagen eher über physische Beschwerden, als dass sie über psychische Schwierigkeiten berichten würden. Ein Teil der Patienten mit Depression wird eine Beratung erst gar nicht aufsuchen. Falls dies doch geschieht, so stellen Allgemeinärzte bei knapp 50% der Patienten die korrekte Diagnose Depression (Mitchell/Kroenke 2010; Mitchell et al. 2009). Selbst wenn die richtige Diagnose gestellt wird, ist es jedoch nicht sicher, dass alle Patienten auch eine adäquate Behandlung bekommen.

Ein Grund für dieses dürftige Resultat bei Diagnose und Indikationsprozess kann in der kurzen Zeit gesehen werden, in der ein Arzt einen Patienten bei der initialen Untersuchung und für die Diagnosestellung einer Depression sieht: Es sind laut der »Depression and Bipolar Support Alliance (DBSA)« nicht mehr als 20 Minuten (DBSA 2000). Gemäß der Daten der DBSA sehen die Hälfte der Ärzte ungefähr 23 Patienten am Tag und 60% berichten, dass ungefähr 10 von 23 Patienten an Depressionen leiden. Es besteht dringender Bedarf für eine Verbesserung dieses Screening-Prozesses (zum Beispiel für bipolare affektive Störungen) und für mehr Direktkontakt. Ärzte neigen dazu, sich zu wenig Zeit für Patienten zu nehmen, besonders wenn diese kompliziert erscheinen und eine Menge negativer Affekte induzieren. Wenn Ärzte nicht dafür ausgebildet sind, mit komplexen Übertragungs- und Gegenübertragungsprozessen umgehen zu können, neigen sie dazu, diese Patienten loswerden zu wollen, etwa durch das schnelle Verschreiben von Medikamenten. Man kann darüber spekulieren, inwieweit unter solchen Bedingungen substanzielle Gespräche stattfinden können.

Es gibt einen weiteren wichtigen Faktor in der Gruppe der behandlungsresistenten depressiven Patienten, die sich nicht erholen, unabhängig davon, ob sie die korrekte Behandlung bekommen oder nicht und dieser Faktor lautet *Informationsmangel*. Es erscheint wesentlich, nicht nur für die Patienten, sondern auch für deren Familien, über die Krankheit informiert zu sein. Das ist eine wichtige Aufgabe, sowohl für Ärzte (gemeint sind auch die Psychotherapeuten) als auch für die Verbraucherschutzorganisationen. Diese Informationen sollten nicht nur den zeitlichen Rahmen der Erkrankung beschreiben, sondern auch mögliche Nebeneffekte der Behandlung.

Wichtig gegenüber depressiven Patienten erscheint auch eine Haltung der im Gesundheitssystem Arbeitenden, die zu verstehen und den Patienten Hoffnung zu geben versucht. Die Botschaft lautet: Heilung ist möglich. Der Patient sollte niemals vom Arzt eine Bemerkung hören, dass es für ihn »keine Behandlungsmöglichkeiten mehr« gebe. Eine ermutigende Haltung kann auch bedeuten, die Patienten aufzufordern, das Gespräch mit dem Arzt zu suchen, um gemeinsam einen spezifischen, adäquaten Behandlungsvorschlag zu entwickeln. Dies schließt auch mit ein, die Patienten zu ermutigen, sich eine zweite Meinung einzuholen.

Zusammenfassend: Es muss nicht extra betont werden, dass hier von Patienten die Rede ist, die über Jahre hinweg schwer depressiv erkrankt sind und darunter gelitten haben. Es besteht ein großer Bedarf an Forschung und an neuen therapeutischen Lösungen, um dieser großen Patientengruppe helfen zu können. Die Weltgesundheitsorganisation (WHO) spricht eine deutliche Sprache, wenn sie den gesellschaftlichen Teil des Problems betont (vgl. Murray/Lopez 1997). Aber die Dringlichkeit des Problems wird umso deutlicher, wenn man den einzelnen Patienten betrachtet. Patienten mit chronischer Depression erleben sich selbst in einer Situation ohne mögliche Lösung oder Hoffnung. Jedes Jahr begehen weltweit tausende dieser Patienten Suizid, weil sie keinerlei Hoffnung mehr sehen und ihre Situation nicht mehr ertragen können.

»Jeder, der eine niederschmetternde Depression hatte, die sich über Jahre nicht besserte und der mit einem schluchzenden Kind dasaß, das keine Freunde hat, nicht zur Schule gehen kann und sich fragt, warum ihn/sie der liebe Gott so traurig machte, kann verstehen, warum es so wichtig ist, neue Lösungen zu finden« (Lewis/Hoofnagle 2003, S. 638, Übersetzung: S.H.).

Diese Lösungen sollten es den Patienten ermöglichen, sowohl am Arbeitsleben als auch am sozialen Leben wieder teilnehmen zu können. Langzeitbehandlungen, wie sie in verschiedenen Forschungsprojekten untersucht werden, können eine Möglichkeit für eine Lösung darstellen. Allerdings wird auch deutlich, dass diese Aufgabe Forscher und Kliniker aus den verschiedensten Feldern auffordert, in einer interdisziplinären Anstrengung zusammenzuarbeiten. Es ist an der Zeit, diese Brücken weiter zu schlagen.

Literatur

Bleichmar, H. (1996): Some subtypes of depression and their implications for psychoanalytic treatment. Int J Psycho-Anal 77, 935–961.
Böker, H. (2005): Vergleichende Therapieforschung bei Depressionen. In: Leuzinger-Bohleber, M.; Hau, S. & Deserno, H. (Hg.): Depression – Pluralismus in Praxis und Forschung. Göttingen, Vandenhoeck & Ruprecht, S. 258–280.
Böker, H. (Hg.) (2000): Depression, Manie und schizoaffektive Psychosen. Psychodynamische Theorien, einzelfallorientierte Forschung und Psychotherapie. Gießen, Psychosozial.
Böker, H.; Gramigna, R. & Leuzinger-Bohleber, M. (2002): Ist Psychotherapie bei Depressionen wirksam? In: Versorgungsbedarf und Versorgungsrealitäten. Jahrbuch für Kritische Medizin, Bd. 56, Hamburg, S. 54–75.
Böker, H.; Hell, D.; Budischewski, K.; Eppel, A.; Härtling, F.; Rinnert, H.; von Schmeling, F.; Will, H.; Schoeneich, F. & Northoff, G. (2000): Personality and object relations in patients with affective disorders. Ideographic research by means of the repertory grid-technique. J Affect Disord 60, 53–59.
Brockmann, J.; Schlüter, T.; Brodbeck, D. & Eckert, J. (2002): Effekte psychoanalytisch orientierter und verhaltenstherapeutischer Langzeittherapien. Eine vergleichende Studie aus der Praxis niedergelassener Psychotherapeuten. Psychotherapeut 47, 347–355.
Brown, G. & Harris, T. (1978): Social Origin of Depression. A Study of Psychiatric Disorders in Women. London, Tavistock Publications.

Carlyle, J.-A. (2005): Die psychoanalytische Behandlung depressiver Patienten. In: Leuzinger-Bohleber, M.; Hau, S. & Deserno, H. (Hg.): Depression: Pluralismus in Praxis und Forschung. Göttingen, Vandenhoeck & Ruprecht, S. 62–81.
Crits-Christoph, P. (1992): The efficacy of brief dynamic psychotherapy. A meta-analysis. Amer J Psychiatry 149, 151–158.
Crown, W. H.; Finkelstein, S.; Berndt, E. L.; Ling, D.; Poret, A. W.; Rush, A. J. & Russell, J. M. (2002). The impact of treatment-resistant depression on health care utilization and costs. J Clinical Psychiatry 63, 963–971.
Crown, W. H.; Hylan, T. R. & Meneades, L. (1998): Antidepressant selection and use and healthcare expenditures. An empirical approach. Pharmacoeconomics 13, 435.
DeBattista, C. & Mueller, K. (2001): Is electroconvulsive therapy effective for the depressed patient with comorbid borderline personality disorder? J ECT 17, 91–98.
Depression and Bipolar Support Alliance (2000): Beyond diagnosis: Depression and treatment. URL: http://www.DSBAlliance.org (Stand: 02.12.2002), (zit. n. Lewis/Hoofnagle 2003).
Deserno, H. (2005): Übertragungskonstellationen in der Behandlung von Depressionen und ein beispielhafter Verlauf. In: Leuzinger-Bohleber, M.; Hau, S. & Deserno, H. (Hg.): Depression: Pluralismus in Praxis und Forschung. Göttingen, Vandenhoeck & Ruprecht, S. 82–105.
Deserno, H.; Hau, S.; Brech, E.; Braun, B.; Graf-Deserno, S. & Grünberg, K. (1999): »Wiederholen« der Übertragung? Das zentrale Beziehungskonfliktthema (ZBKT) der 290. Stunde – Fragen, Probleme, Ergebnisse. Psychotherapie, Psychosomatik, Medizinische Psychologie 48, 287–297.
Ezquioga, E.; Garcia, A.; Bravo, F. & Pallares, T. (1998): Factors associated with outcome in major depression: a 6-month prospective study. Soc Psychiatry Psychiatr Epidemiol 33, 552–557.
Fava, M. (2003): Diagnosis and definition of treatment-resistant depression. Biological Psychiatry 53, 649–659.
Fawcett, J. & Kravitz, H. M. (1985). Treatment refractory depression. In: Schatzberg, A. F. (Hg.): Common Treatment Problems in Depression. Washington DC, American Psychiatric Press, 2–27.
Gerson, S.; Belin, T. R.; Kaufman, A.; Mintz, J. & Jarvik, L. (1999): Pharmacological and psychological treatments for depressed older patients. A meta-analysis and overview of recent findings. Har Rev Psychiatry 7, 1–28.
Grawe, K.; Donati, R. & Bernauer, F. (1994): Psychotherapie im Wandel. Von der Konfession zur Profession. Göttingen, Hogrefe.
Greden, J. F. (2001): The burden of disease for treatment-resistant depression. J Clinical Psychiatry 62, Suppl. 16, 26–31.
Hau, S. (2009): Unsichtbares sichtbar machen. Forschungsprobleme in der Psychoanalyse. Göttingen, Vandenhoeck & Ruprecht.
Hau, S. (2005a): Kreativität und Depression. Ein ausgewähltes psychoanalytisch-klinisches Konzept. In: Hau, S.; Busch, H. J. & Deserno, H. (Hg.) (2005): Depression – zwischen Lebensgefühl und Krankheit. Göttingen, Vandenhoeck & Ruprecht, S. 46–76.
Hau, S. (2005b): Auf dem Weg zu einer interdisziplinären Depressionsforschung – die Züricher, Londoner und Frankfurter Depressionsprojekte. In: Leuzinger-Bohleber, M.; Hau, S. & Deserno, H. (Hg.): Depression – Pluralismus in Praxis und Forschung. Göttingen, Vandenhoeck & Ruprecht, S. 281–290.
Hau, S. & Leuzinger-Bohleber, M. (Hg.) (2006): Psychoanalytic Psychotherapy. A summary of empirical research. URL: http://www.dgpt.de/forschung.
Hau, S.; Busch, H. J. & Deserno, H. (2005): Depression – zwischen Lebensgefühl und Krankheit. Göttingen, Vandenhoeck & Ruprecht.

Hautzinger, M. (2003): Kognitive Verhaltenstherapie bei Depressionen (6. edition). Weinheim, Beltz/PVU.
Hautzinger M. (1998): Depression. Göttingen, Hogrefe.
Huber, D.; Klug, G. & Rad, M. v. (2001): Die Münchner-Prozess-Outcome Studie – Ein Vergleich zwischen Psychoanalysen und psychodynamischen Therapien unter besonderer Berücksichtigung therapiespezifischer Ergebnisse. In: Stuhr, U.; Leuzinger-Bohleber, M. & Beutel, M. (Hg.): Langzeit-Psychotherapie. Perspektiven für Therapeuten und Wissenschaftler. Stuttgart, Kohlhammer, S. 260–270.
Klüwer, R. (1995): Die verschenkte Puppe. Darstellung und Kommentierung einer psychoanalytischen Fokaltherapie. Frankfurt/M., Suhrkamp.
Laux, G. (2003): Affektive Störungen. In: Möller, H.J.; Laux, G. & Kapfhammer, H. P. (Hg.): Psychiatrie und Psychotherapie. 2. Aufl. Heidelberg u.a, Springer, S. 1153–1158.
Leichsenring, F. (2001): Comparative effects of short-term psychodynamic psychotherapy and cognitive-behavioral therapy in depression. A meta-analytic approach. Clinical Psychology Rev 21, 401–419.
Leichsenring, F. (1996): Borderline-Stile. Denken, Fühlen, Abwehr und Objektbeziehungen von Borderline-Patienten. Eine ganzheitliche Sichtweise. 2. vollst. überarb. Aufl., 2003. Bern, Huber.
Leichsenring, F. & Rabung, S. (2011): Long-term psychodynamic psychotherapy in complex mental disorders: update of a meta-analysis. Brit J Psychiatry 199, 15–22.
Leichsenring, F. & Rabung, S. (2008): Effectiveness of long-term psychodynamic psychotherapy: a metaanalysis. J Amer Medical Asso 300, 1551–1565.
Leichsenring, F.; Rabung, S. & Leibing, E. (2004): The efficacy of short-term psychodynamic psychotherapy in specific psychiatric disorders: A meta-analysis. Archives of General Psychiatry 61, 1208–1216.
Leuzinger-Bohleber, M. (2005): Depression – Pluralität in Praxis und Forschung. In: Leuzinger-Bohleber, M.; Hau, S. & Deserno, H. (Hg.): Depression – Pluralismus in Praxis und Forschung. Göttingen, Vandenhoeck & Ruprecht, S. 13–61.
Leuzinger-Bohleber, M. (1985): Psychoanalytische Kurztherapien. Wiesbaden, Verlag für Sozialwissenschaften.
Leuzinger-Bohleber, M.; Bahrke, U.; Beutel, M.; Deserno, H.; Edinger, J.; Fiedler, G.; Haselbacher, A.; Hautzinger, M.; Kallenbach, L.; Keller, W.; Negele, A.; Pfenning-Meerkötter, N.; Prestele, H.; Strecker-von Kannen, T.; Stuhr, U. & Will, A. (2010): Psychoanalytische und kognitiv-verhaltenstherapeutische Langzeittherapien bei chronischer Depression: Die LAC-Depressionsstudie. Psyche – Z Psychoanal 64, 782–832.
Leuzinger-Bohleber, M.; Hau, S. & Deserno, H. (Hg.) (2005): Depression – Pluralismus in Praxis und Forschung. Göttingen, Vandenhoeck & Ruprecht.
Leuzinger-Bohleber, M.; Stuhr, U.; Rüger, B. & Beutel, M. (2003): How to study the »quality of psychoanalytic treatments« and their long-term effects on patients' well-being. A representative, multiperspective follow-up study. Int J Psycho-Anal 84, 263–290.
Leuzinger-Bohleber, M.; Rüger, B.; Stuhr, U. & Beutel, M. (2002): »Forschen und Heilen« in der Psychoanalyse. Ergebnisse und Berichte aus Forschung und Praxis. Stuttgart, Kohlhammer.
Lewis, L. & Hoofnagle, L. (2003): Treatment-Resistant Depression: The Patient Perspective. Biol Psychiatry 53, 635–639.
Linden, M. (1997): Therapieresistenz und Patienten-Non-Compliance bei depressiven Störungen. In: Bauer, M. & Berghöfer, A. (Hg.): Therapieresistente Depressionen. Heidelberg, Springer.

Maier, W.; Linden, M. & Sartorious, N. (1996): Psychische Erkrankungen in der Allgemeinpraxis. Deutsches Ärzteblatt 93, 1202–1206.
Mitchell, A. & Kroenke, K. (2010): Review: GPs accurately diagnose about 50% of patients with depression and accurately classify 81% of nondepressed patients. Ann Intern Med April 20, 2010 152:JC4–13.
Mitchell, A.; Vaze, A. & Rao, S. (2009): Clinical diagnosis of depression in primary care: a metaanalysis. Lancet 374, 9690, 609–619.
Murray, C. & Lopez, A. (1997): Alternative protections of mortatlity and disability by cause 1990–2020: Global burden of disease study. Lancet 349, 1498–1504.
Nierenberg, A. A. & Amsterdam, J. D. (1990): Treatment-resistant depression. Definition and treatment approaches. J Clinical Psychiatry 51, 39–47.
Nunes, E. V.; Deliyannides, D.; Donovan, S. & McGrath, P. J. (1996): The management of treatment resistance in depressed patients with substance use disorders. Psychiatr Clin North Amer 19, 311–327.
Persons, J. B. & Silberschatz, G. (1998): Are results of randomized trials useful to psychotherapists? J Consulting and Clinical Psychology 66, 126–135.
Richardson, L. P.; Davis, R.; Poulton, R.; McCauley, E.; Moffitt, T. E.; Caspi, A. & Connell, F. (2003): A longitudinal evaluation of adolescent depression and adult obesity. Archives of Pediatrics and Adolescent Medicine 157, 739–745.
Roose, S. (2011): The New York Depression Study. Paper presented at the International Symposium on »Chronic Depression – Clinical, Conceptual and Empirical Research«, Sigmund-Freud-Institut, Frankfurt/M., Germany, 28.–30.10.2011.
Rudolf, G.; Grande, T.; Dilg, R.; Jakobsen, T.; Keller, W.; Oberbracht, C.; Pauli-Magnus, C.; Stehle, S. & Wilke, S. (2001): Strukturelle Veränderungen in psychoanalytischen Behandlungen – Zur Praxisstudie analytischer Langzeittherapien (PAL). In: Stuhr, U.; Leuzinger-Bohleber, M. & Beutel, M. (Hg.): Langzeit-Psychotherapie. Stuttgart, Kohlhammer, S. 238–259.
Sandell, R.; Blomberg, J.; Lazar, A.; Carlsson, J.; Broberg, J. & Rand, H. (2000): Varieties of long-term outcome among patients in psychoanalysis and long-term psychotherapy: a review of findings in the Stockholm outcome of psychoanalysis and psychotherapy project (STOPPP). Int J Psycho-Anal 81, 921–943.
Sandell, R.; Blomberg, J. & Lazar, A. (1999): Wiederholte Langzeitkatamnesen von Langzeitpsychotherapien und Psychoanalysen. Zeitschrift für Psychosomatische Medizin und Psychotherapie 45, 43–56.
Seligman, M. (1995): The effectiveness of psychotherapy. The Consumer Reports study. American Psychologist 50, 965–974.
Seligman, M. (1994): What you can change and what you can't. New York, Knopf.
Stassen, H. H.; Angst, J. & Scharfetter, C. (2005): Genetik affektiver Störungen – der quantitative Ansatz Syndrom-orientierter Modelle. In: Leuzinger-Bohleber, M.; Hau, S. & Deserno, H. (Hg.): Depression – Pluralismus in Praxis und Forschung. Göttingen, Vandenhoeck & Ruprecht, S. 219–257.
Stassen, H. H. & Angst, J. (2002): Wirkung und Wirkungseintritt in der Antidepressiva-Behandlung. In: Böker, H. & Hell, D. (Hg.): Therapie der affektiven Störungen. Stuttgart u. a., S. 141–165.
Taylor, D. (2008): Psychoanalytic and psychodynamic therapies for depression. The evidence base. Advances in Psychiatric Treatment 14(6), 410–413.
Taylor, D. (2003): Thinking, ideomotor mental action and depression as a psychosomatic illness. Paper given at the Joseph Sandler Conference, University College London, March 6, 2003.

Thase, M.E. (1996): The role of Axis II comorbidity in the management of patients with treatment-resistant depression. Psychiatr Clin North Amer 19, 287–309.

Thase, M.E. & Rush, A.J. (1997): When at first you don't succeed. Sequential strategies for antidepressant nonresponders. J Clinical Psychiatry 58 (Suppl 13), 23–29.

Die Autorinnen und Autoren

Elitsur Bernstein, geb. 1939, ist klinischer Psychologe, Psychotherapeut und Supervisor. Er ist Klinischer Direktor des »Shalem« Instituts für Psychotherapie, Diagnose und Supervision. Von 2003–2007 war er Leiter des Postgraduierten Ausbildungsprogramms in Dynamischer Psychotherapie am Safed College und von 2001–2002 Vorsitzender der Israelischen Psychotherapeutischen Vereinigung.

Christopher Bollas ist Mitglied der British Psychoanalytic Society sowie des Los Angeles Instituts und der Gesellschaft für Psychoanalytische Studien, ebenso Ehrenmitglied des Instituts für Psychoanalytische Ausbildung und Forschung. Er ist Gründungsmitglied der European Study Group on Unconscious Thought (ESGUT). Er ist Autor zahlreicher wissenschaftlicher Publikationen, ebenso dreier Novellen und eines Buchs über Spiele.

Peter Bründl, geb. 1942, studierte Deutsch und Geschichte in München und Berkeley, Kalifornien. Er absolvierte seine Psychoanalytische Ausbildung für Kinder, Jugendliche und Erwachsene in New York und München. Er arbeitet in eigener Praxis und als Lehranalytiker der Münchner Arbeitsgemeinschaft für Psychoanalyse. Bründl ist Mitglied der DGPT und der VAKJP sowie der ACP (Association for Child Psychoanalysis). Seine Arbeits- und Forschungsgebiete sind: Adoleszenz; Langzeitfolgen des Naziterrors in den Folgegenerationen; männliche Entwicklung; Migration.

Michael B. Buchholz, Dipl.-Psych., Dr. phil., Dr. disc. pol., ist Professor am Fachbereich Sozialwissenschaften der Universität Göttingen und Gastprofessor an der IPU (International Psychoanalytic University), Berlin. Er ist

Lehranalytiker und führt eine private Praxis in Göttingen. Seine Hauptarbeitsgebiete sind: qualitative Psychotherapieforschung, insbesondere Metaphernanalyse, Mikroanalysen von Interaktionen. Diese Themen wurden u. a. in den Büchern *Die unbewusste Familie* (1995) und *Tat-Sachen. Narrative von Sexualstraftätern* (gem. verfasst mit Franziska Lamott und Kathrin Mörtl) ausführlich untersucht. Zuletzt erschienen, zus. hg. mit Günter Gödde, 3 Bände *Das Unbewusste* (2004–6) und 2 Bände *Der Besen, mit dem die Hexe fliegt – Wissenschaft und Therapeutik des Unbewussten* (2012). Autor der *Psycho-News-Letters* (2004–2009, 4 Bände).

Georgia Chalkia, M. A., ist Psychologin und Assoziiertes Mitglied der Griechischen Gesellschaft für Psychoanalytische Psychotherapie. Sie arbeitet in privater Praxis und ist Doktorandin am Zentrum für Psychoanalytische Studien der Universität Essex, U. K. Ihr Hauptinteresse liegt in der Forschung zum Thema Psychoanalyse und Narzissmus.

Serge Frisch ist Lehranalytiker der Belgischen Psychoanalytischen Gesellschaft (BPS) und der IPA. Er war von 1997–2005 Vorsitzender der European Federation for Psychoanalytic Psychotherapy (EFPP) und ist seit 2012 Präsident der Europäischen Psychoanalytischen Föderation (EPF).

Alf Gerlach ist Soziologe und Psychoanalytiker. Er arbeitet in eigener Praxis und als Lehranalytiker der Deutschen Psychoanalytischen Vereinigung (DPV) und der Deutschen Psychoanalytischen Gesellschaft (DPG). Von 1999–2005 war er Vorstandsmitglied, von 2001–2003 Vorsitzender der DGPT. Seit 2000 ist er Leiter der Ausbildung in psychoanalytisch orientierter Psychotherapie am Shanghai Mental Health Centre. Er ist außerdem Privat-Dozent am Fachbereich Humanwissenschaften der Universität Kassel. Veröffentlichungen zur klinischen Psychoanalyse und zur Ethnopsychoanalyse.

Bernard Golse ist Kinderpsychiater und Psychoanalytiker und leitet die Kinderpsychiatrische Abteilung am Necker-Enfants Malades Hospital in Paris. Er ist Professor für Kinder- und Jugendpsychiatrie an der Universität René Descartes in Paris. Sein spezielles Interesse gilt der Arbeit mit autistischen Kindern und der Perinatal-Psychiatrie sowie den Verbindungen zwischen Metapsychologie und Bindungstheorie sowie Psychoanalyse und Neurowissenschaften. Er schreibt der Sprache große Bedeutung zu, insbesondere deren musikalischen Aspekten bei der Entstehung des Sprachvermögens. Er ist Direktor eines Forschungsprogramms zu den körperlichen und interaktiven Vorläufern des kindlichen Zugangs zu verbaler Sprache und Kommunikation (PILE-Programm) und Mitglied des Französischen Nationalkommittees für Adoption und Vorsitzender der French Pikler-LOCZY-Vereinigung.

Wouter Gomperts, PhD, ist klinischer Psychologe und Lehr- und Kontrollanalytiker der Holländischen Psychoanalytischen Gesellschaft. Aktuelle Forschungsschwerpunkte drehen sich um die Themen der »Society in the mind«: Transkulturelle Psychoanalyse, von Massen ausgehende Gewalt, die gesellschaftliche Beziehung zwischen Psychoanalytiker und Wissenschaft. Gomperts veröffentliche zahlreiche Beiträge in Zeitschriften und Sammelbänden und ist Herausgeber dreier Bücher. Er arbeitet im Vorstand der Holländischen Psychoanalytischen Gesellschaft und als Professor in der Abteilung für Klinische Psychologie der Universität Amsterdam.

Stephan Hau ist Mitglied der Schwedischen Psychoanalytischen Vereinigung und Professor für Klinische Psychologie am Institut für Psychologie der Universität Stockholm. Von 1991–2005 war er wissenschaftlicher Mitarbeiter am Sigmund-Freud-Institut Frankfurt. Forschungsaktivitäten: Experimentelle Traum- und Gedächtnisforschung, Psychotherapieforschung, Sozialpsychologie und Großgruppenverhalten.

Grigoris Maniadakis ist Psychiater und assoziiertes Mitglied der Griechischen Gesellschaft für Psychoanalytische Psychotherapie. Er arbeitet in eigener Praxis and als Leiter der Abteilung für Pädagogik des Griechischen Zentrums für Seelische Gesundheit und Forschung. Er gehört außerdem zur Klinik für Persönlichkeitsstörungen der Psychiatrischen Klinik der Universität Athen, in der Borderlinepatienten mit psychoanalytischer Psychotherapie behandelt werden. Zusammen mit G. Vaslamatzis und D. Rigas hat er das Buch *Marie Bonaparte as historical and psychoanalytic figure* herausgegeben. Weitere Veröffentlichungen betreffen die psychoanalytische Behandlung von Borderline- und narzisstischen Patienten sowie Psychoanalyse und Kunst.

Luisa Perrone ist Lehranalytikerin und Supervisorin der Italienischen Gesellschaft für Psychoanalytische Psychotherapie und Vorsitzende des italienischen Zweiges der Europäischen Föderation für Psychoanalytische Psychotherapie (EFPP). Sie arbeitet an der Medizinischen Fakultät »Friedrich II« der Universität Neapel und als Professorin und Leiterin der Abteilung für

Forensische Psychopathologie. Sie ist Professorin für Psychoanalytische Psychotherapie an der Post Graduate Abteilung für Klinische Psychologie der Universität Neapel.

Jan Philipp Reemtsma studierte Germanistik und Philosophie und promovierte in Germanistik an der Universität Hamburg. Er lebt und arbeitet in Hamburg, ist Gründer und Direktor des Hamburger Institutes für Sozialforschung und der Hamburger Stiftung für die Förderung von Forschung und Kultur sowie Vorstandsvorsitzender der Arno Schmidt Stiftung. Er hat vielfach über literarische geschichtliche, politische und philosophische Themen veröffentlicht, zuletzt *Vertrauen und Gewalt. Versuch über eine besondere Konstellation der Moderne* (2008, [Paperback-Ausg. 2009]), *Lessing in Hamburg* (2007), *Über Arno Schmidt: Vermessung eines poetischen Terrains* (2006), *Das unaufhebbare Nichtbescheidwissen der Mehrheit: Sechs Reden über Literatur und Kunst* (2005), *Folter im Rechtsstaat?* (2005), *Warum Hagen Jung-Ortlieb erschlug: Unzeitgemäßes über Krieg und Tod* (2003), *Verbrechensopfer: Recht und Gerechtigkeit* (zusammen mit Winfried Hassemer 2002).

Maurizio Russo ist assoziiertes Mitglied der Italienischen Gesellschaft für Psychoanalytische Psychotherapie. Er hat viele Jahre als Psychiater bei der italienischen Luftwaffe gearbeitet, danach zehn Jahre an einer psychiatrischen Abteilung, wo er Patienten mit schweren Psychosen und Störungen der Geschlechtsidentität behandelte. Seit 2005 arbeitet er in eigener Praxis als Psychiater und Psychoanalytischer Psychotherapeut.

Anne-Marie Schlösser ist Diplompsychologin und Psychoanalytikerin, Gesprächspsychotherapeutin und Psychodramatherapeutin. 1975 bis 1993 arbeitete sie als wissenschaftliche Mitarbeiterin der Abteilung für Medizinische Psychologie der Universität Göttingen, seither in eigener Praxis. Sie ist Lehranalytikerin und Supervisorin der Deutschen Psychoanalytischen Gesellschaft (DPG) und der Internationalen Psychoanalytischen Vereinigung (IPV). Von 1995–2005 war sie im Vorstand der Deutschen Gesellschaft für Psychoanalyse, Psychotherapie, Psychosomatik und Tiefenpsychologie (DGPT), davon vier Jahre als Vorsitzende. Sie ist Mitglied im Gemeinsamen Bundesausschuss sowie der Faculty for Psychoanalytic Psychotherapy am Shanghai Mental Health Center. Seit 2011 ist sie Präsidentin der Europäischen Föderation für Psychoanalytische Psychotherapie (EFPP). Veröffentlichungen über Psychologie in der Medizin, Supervision in der Forensischen Psychiatrie, Mitherausgeberin mehrerer Bücher zu berufspolitischen Themen.

Hermann Staats ist Sigmund-Freud-Professor für psychoanalytisch orientierte Entwicklungspsychologie an der Fachhochschule Potsdam, wo er eine Ausbildung zum Bachelor in Entwicklungspsychologie und Pädagogik mit psychoanalytischem Profil aufbaut, außerdem einen Masterstudiengang in familienorientierter Sozialarbeit. Er arbeitet als Psychoanalytiker in eigener Praxis und als Dozent für Psychotherapie, Psychoanalyse und Eltern-Kind-Beratung. Er ist Lehranalytiker der DPG und IPV und Mitglied der Forschungskommission der DPG. Forschungsschwerpunkte sind Outcome- und Prozessforschung bei Langzeittherapien, Beratung und kindliche Entwicklung, Analyse von Narrativen als Indikator für interpersonale und intrapsychische Muster und deren Veränderung.

Martin Teising ist Psychiater und Psychoanalytiker (Deutsche Psychoanalytische Vereinigung DPV, Internationale Psychoanalytische Vereinigung IPV), Professor an der Fachhochschule Frankfurt am Main und Vorsitzender der DPV. Er veröffentlichte zu Suizidtendenzen und Narzissmus im Alter, Pflegebeziehungen, Kontaktbarrieren, psychosomatischen Aspekten der Diabetes und Erscheinungsformen von Krankheit.

Sieglinde Eva Tömmel ist Soziologin und Psychoanalytikerin in eigener Praxis sowie Lehranalytikerin und Supervisorin der Deutschen Gesellschaft für Psychoanalyse, Psychotherapie, Psychosomatik und Tiefenpsychologie (DGPT) an der Ärztlichen Akademie für die Psychotherapie von Kindern und Jugendlichen. Veröffentlichungen zur Entwicklung und Geschichte der Psychoanalyse, Psychoanalyse der Kultur sowie Migrationsproblemen.

Salman Akhtar
Immigration und Identität
Psychosoziale Aspekte und kulturübergreifende Therapie

Sigrid Scheifele (Hg.)
Migration und Psyche
Aufbrüche und Erschütterungen

2007 · 232 Seiten · Broschur
ISBN 978-3-89806-590-0

2008 · 151 Seiten · Broschur
ISBN 978-3-89806-864-2

Warum wandern Menschen aus ihrem Heimatland in ein anderes Land aus? Was ist der Unterschied zwischen Immigration und Exil? Wie wirkt sich Immigration psychologisch aus? Kann man jemals den Verlust seines Landes verarbeiten? Was sind die defensiven Funktionen von Nostalgie? Gibt es spezielle Richtlinien für die Psychotherapie und Psychoanalyse für immigrierte Patienten? Wie kann der Therapeut die kulturellen Rationalisierungen von den zugrunde liegenden innerpsychischen Konflikten der Patienten entwirren?

Salman Akhtar gibt Antworten auf diese Fragen. Er beobachtet, dass die Immigration von einem Land in ein anderes andauernde Auswirkungen auf die Identität eines Individuums hat. Ein derartiger Identitätswechsel beinhaltet die Dimension von Antrieb und Affekten, psychischem Raum und sozialer Zugehörigkeit.

Die Beiträge des Bandes geben einen breiten Überblick über die Chancen und Erschütterungen, die der Aufbruch in ein fremdes Land mit sich bringt. Thematisiert werden u.a. die Faszination des Fremden, Glück und Unglück in der Emigration, die Spezifität des ödipalen Konflikts der Muslime im Iran, Gender-Differenzen in Migrantenfamilien sowie transkulturelle Psychotherapie. Diskutiert wird auch, was der Aufbruch der Eltern für ihre hier geborenen oder aufgewachsenen Kinder bedeutet. Fundiert und informativ beleuchtet der Band zahlreiche Aspekte von Migration und transkultureller Psychotherapie.